ITALIA
(Carta Fisica)

SVIZZERA

AUSTRIA

ALPI

ALPI

FRANCIA

Lago Maggiore

Lago di Garda

Po

Adige

Scala di Chilometri
0   50   100   150

Scala di Miglia
0   50   100   150   200

JUGOSLAVIA

Arno

MARE LIGURE

ELBA

CORSICA (Francia)

MARE ADRIATICO

A P P E N N I N I

Tevere

SARDEGNA

MARE TIRRENO

ISCHIA

CAPRI

Vesuvio

MARE MEDITERRANEO

ISOLE LIPARI

SICILIA

Etna

MARE IONIO

AFRICA

P R E G O !

AN INVITATION TO ITALIAN

ABOUT THE COVER

The illustration on the cover of this text was created by Virgilio Simonetti (b. Rome, 1897) for the *Dizionario Enciclopedico Italiano*. Entitled "Maschere italiane," the illustration pictures masked figures representing various Italian cities and regions. They are, from left to right:

In the foreground:

1.	Peppe Nappa (Sicily)
2.	Pulcinella (Naples)—"Punch"
3.	Colombina (Venice)
4.	Arlecchino (Bergamo)—"Harlequin"
5.	Gianduia (Turin)

On the steps:

6.	Stenterello (Tuscany)
7.	Rugantino (Rome)
8.	Capitan Spavento
9.	Dottor Ballanzone (Bologna)
10.	Brighella (Bergamo)
11.	Pantalone (Venice)—"Pantaloon"
12.	Meneghino (Milan)

PREGO!
AN INVITATION TO ITALIAN

GRAZIANA LAZZARINO

UNIVERSITY OF COLORADO, BOULDER

CONTRIBUTING AUTHORS

ANNAMARIA KELLY   University of Arizona, Tucson
ANTONELLA PEASE   University of Texas, Austin
LUIGI ROMEO   University of Colorado, Boulder

RANDOM HOUSE   NEW YORK

First Edition

987654321

Library of Congress Cataloging in Publication Data

Lazzarino, Graziana.
  Prego! : An invitation to Italian.

  Includes index.
  1. Italian language—Text-books for foreigners.
I. Title.
PC1128.L35   458.2'421   79-27527

ISBN: 0-394-32376-9

Text design: Denise Schiff
Cover design: Meryl Sussman Levavi
Photo Editor: R. Lynn Goldberg
Photographs by Leonard Speier and others

This book was developed for Random House by Eirik Børve, Inc.

Manufactured in the United States of America

PREFACE

PREGO! An Invitation to Italian is a new, imaginative first-year program which introduces all fundamental Italian grammatical structures and offers a well-balanced coverage of the four language skills. Written and illustrated by an all-Italian team, *PREGO!* encourages students' active use of the language. Numerous exercises and innovative activities provide a flexible framework that can be adapted to any classroom situation and accommodate many different goals and methodologies.

This program was developed by the authors with the assistance of over forty coordinators of Italian courses throughout the United States and Canada.

Organization

The main text consists of 22 chapters. Each chapter is divided into six or seven parts as follows:

1. **Obiettivi,** which outline the grammar and culture presented in each chapter;
2. **Grammatica,** three to six grammar points, each introduced in context by a short dialog and accompanied by numerous and varied exercises;
3. **Esercizi di pronuncia** (in the first 14 chapters), which focus on individual sounds that are particularly difficult for native speakers of English;
4. **Dialogo,** the main dialog, presenting true-to-life situations and introducing students to the people, customs and institutions of Italy;
5. **Esercizi di ricapitolazione,** review exercises that combine and reinforce the structures and vocabulary of the chapter;
6. **Lettura culturale,** an illustrated reading that focuses on a cultural theme related to the main dialog of the chapter, giving the student practice in reading Italian;
7. **Parole da ricordare,** the chapter vocabulary list, including all words and expressions that students should learn.

   Between chapters, a special section called *Intermezzo* presents directed oral and written activities and adds an element of fun and humor to the classroom.

Supplementary materials

PREGO! may be used in conjunction with any of the following components:

Workbook, by Luigi Romeo, provides additional practice with grammatical structures through a variety of written assignments;

Lab manual and tape program, by Graziana Lazzarino, offers phonetic drills, listening comprehension exercises, dictations, pattern practice, and additional grammar exercises;

Instructor's manual contains guidelines for the teacher;

Per tutti i gusti, by Graziana Lazzarino, a communication manual which offers a choice of additional oral and written activities that stress the creative use of Italian.

Authors

Professor Annamaria Kelly, University of Arizona, contributed the *Letture culturali* and related exercises, except where indicated; Professor Antonella Centaro Pease, University of Texas at Austin, wrote the main dialogs; the cultural commentaries following some of them, and many of the minidialogs; Professor Luigi Romeo, University of Colorado at Boulder, is the author of all pronunciation sections; and Professor Graziana Lazzarino, University of Colorado at Boulder, is the coordinator of the project and the author of all grammatical explanations, exercises and activities.

Acknowledgments

The publishers would like to thank the following instructors who participated in the various surveys and whose input has proved invaluable in the development of *PREGO!* The appearance of their names does not necessarily constitute an endorsement of this text and its methodology.

Gloria C. Astiazarán, University of Texas at El Paso; Laszlo Balint, Wichita State University; Fiora A. Bassanese, Northwestern University; Rodney B. Boynton, Brigham Young University; Erminio Braidotti, West Chester State College; Anthony A. Cacossa, Towson State University; Flora Calabrese; Mia Cocco, State University of New York at Stony Brook; Deborah L. Contrada; Marcella Croce, University of Wisconsin at Madison; Anthony C. DeBellis, University of Missouri at Columbia; Patrick DeCicco, Jersey City State College; Vincenzo E. DeNardo, Southern Methodist University; Angela Ellis, University of California at Santa Barbara; Ronald D. Farrar, Los Angeles Pierce College; Giovanni Fontecchio, University of Southern Mississippi; Lidia C. Frazier, American River College; Clifford J. Gallant, Bowling Green State University; Orazio Giusti, Northern Arizona University, Sylvia Giustina, University of Oregon; Joseph V. Greco, University of Pittsburgh; Vivian Gruber, Stephen F. Austin State University; Angelo Gualtieri, St. Jerome's College, University of Waterloo; Sharon Harwood, Memphis State University; Graziella Kehrenberg, San Diego State University; Giorgio Lena, Kean College of New Jersey; Emanuele Licastro, State University of New York at Buffalo;

Susan Mancini, Ohio State University; Augustus A. Mastri, University of Louisville; Michael L. Mazzola, Northern Illinois University; Mary Beth Nelson, University of California at Santa Barbara; Anna Marie Nigro; Joseph Palermo, Virginia Polytechnic Institute; Peter N. Pedroni, Miami University at Oxford; Barbara P. Perrins, Virginia Commonwealth University; Clara Pinsky, University of Tennessee at Knoxville; Tom Pomposo, West Valley College; Carmelo Presti; Paola Quargnali, University of New Mexico; Seymour Resnick, Queens College, City University of New York; Robert I. Rodini, University of Wisconsin at Madison; Livia P. Seim, California State University at Sacramento; J. Siracusa, State University of New York at Brockport; Hugh Skubikowski, State University of New York at Stony Brook; K. Strmen, Cleveland State University; Teresa Thorpe, Modesto Junior College; Maurizio Viano, University of Oregon; Robert Vitale, Miami-Dade Community College; Roberta Waldbaum, Metropolitan State College; Bernice Weiss, Long Beach City College.

Other individuals, too many to mention, deserve our thanks and appreciation for their help and support; among them in particular, David J. Maxey, Karen Moreira, and last but not least, Eirik Børve and his staff, who inspired the project and carried it through to completion.

CONTENTS

THE SOUNDS OF ITALIAN

Like French, Spanish, Portuguese, and Rumanian, the Italian language was derived from Latin, which was spoken by the ancient Romans. Both Italian and English use the same alphabet: 26 written letters.

a (a)	h (acca)	o (o)	v (vu *or* vi)
b (bi)	i (i)	p (pi)	w (doppia vu)
c (ci)	j (i lunga)	q (cu)	x (ics)
d (di)	k (cappa)	r (erre)	y (ipsilon)
e (e)	l (elle)	s (esse)	z (zeta)
f (effe)	m (emme)	t (ti)	
g (gi)	n (enne)	u (u)	

This does not mean, however, that letters which are familiar in printed form are always pronounced the same way as in English. There are noticeable differences. If you want to develop a good accent, you must learn to listen and imitate.

The two most striking differences in pronunciation are vowel sounds and double consonants.

Vowels

Italian vowels are represented by five letters: **a, e, i, o,** and **u,** and five or seven sounds. The letters **a, i,** and **u** are pronounced the same way all over Italy; **e** and **o,** which may vary somewhat from one region to another, have an open sound or a closed sound.

Unlike English vowels, the five or seven basic vowels of Italian are never slurred or weakened to the point of becoming indistinguishable. They are pronounced sharp and clear, regardless of their position.

Listen to the Italian pronunciation of the following words and contrast it with their English pronunciation:

marina saliva alibi quota fiasco propaganda bravo
gusto piano idea camera replica quasi aroma

a is pronounced as in *father*: b*a*nan*a*, p*a*tat*a*, g*a*l*a*
i is pronounced as in *marine*: mar*i*na, Afr*i*ca, *I*da
u is pronounced as in *rude*: l*u*na, s*u*, *u*no
e is pronounced roughly as in *late* or *quest*: s*e*t*e*, pr*e*sto
o is pronounced roughly as in *cosy* or *cost*: c*o*me, p*o*c*o*, n*o*.

Two vowels may combine to form a diphthong (two vowel sounds pronounced together without a pause): *Laura, fiasco, piove, pieno, mai*.

Consonants

Unlike English, Italian consonants are never aspirated. Compare Italian **pane** *(bread)* with English *pan.* Consonants can be either single or double. In most English double consonants, the doubling is rarely pronounced: we*dd*ing, gu*tt*er, ru*bb*ing, bu*ff*er, sto*pp*er, hi*ss*ing. In Italian, the doubling is pronounced, as in the English words u*nn*erve and i*ll*ogical. Imitate your instructor, and compare the English and Italian pronunciation of these words: motto, spaghetti, donna, Anna, dilemma.

All of the consonant sounds are introduced step by step in Chapters 1 through 14, not in alphabetical order but according to their frequency in the grammar sections in which they appear. They are enclosed between slants, that is, /č/ as in /čao/ **ciao** *(hi),* to indicate the sound and not the spelling, although sound and spelling are nearly identical in most Italian words.

Stress

Most Italian words are pronounced with the stress on the next to the last syllable: **minestrone** (mi-ne-stro-ne), **vedere** (ve-de-re), **domanda** (do-man-da).

Some words are stressed on the last syllable; they always have a written accent on that syllable: **virtù** (vir-tu), **però** (pe-ro), **così** (co-si).

Some words are stressed on a different syllable, but this is rarely indicated in writing. As an aid to students, the stressed syllable has been indicated in the vocabulary lists by a dot below the stressed vowel: **camera** (ca-me-ra), **credere** (cre-de-re), **piccolo** (pic-co-lo).

A written accent is also used on a few monosyllabic words. In many cases the accent distinguishes words that are spelled and pronounced alike yet have different meanings. Compare **si** (oneself) with **sì** *(yes),* and **la** *(the)* with **là** *(there).*

Although two written accents (`) and (´) exist in Italian, most people use only one (`), as in this text.

PREGO!
AN INVITATION TO ITALIAN

CAPITOLO 1

I.
OBIETTIVI

Culture

This chapter introduces you to the world of Italy and the Italians. The dialog presents a café scene: young Italians are discussing the arrival of two Italian-Americans. In the **lettura culturale** at the end of the chapter, you will get your first visual overview of Italy.

Grammar

This chapter presents the masculine and feminine genders of Italian nouns; the formation of the plural of nouns; numbers from 1 to 50; a very useful adjective, **buono** *(good);* and one of the most widely used verbs in Italian, **avere** *(to have).*

II.
GRAMMATICA

A. Nouns

In una stazione italiana*.
VENDITORE: Panini, banane, gelati, vino, caffè, aranciate, birra!
TURISTA AMERICANA: Due panini e una birra, per favore!
VENDITORE: Ecco, signorina! Duemila lire.
TURISTA AMERICANA: Ecco due dollari. Va bene?

*In Italian railroad stations, vendors with pushcarts offer various types of snacks and beverages to passengers who remain on the train. Travelers can simply lean out of the window and order.

A noun is the name of any person, place, thing, quality, or idea: John, station, car, patience.

1. *Gender.* Italian nouns, with a few exceptions, end in a vowel (**-a, -e, -i, -o, -u**). They are either masculine or feminine even when they refer to inanimate objects or abstract notions.

MASCULINE	FEMININE
ragazzo boy	**ragazza** girl
treno train	**stazione** station
coraggio courage	**pazienza** patience

Generally, nouns ending in **-o** are masculine; nouns ending in **-a** are feminine. Nouns ending in **-e** can be masculine or feminine, so the gender of each must be memorized.

In an Italian railroad station.
VENDOR: Sandwiches, bananas, ice cream, wine, coffee, orangeade, beer! AMERICAN TOURIST: Two sandwiches and a beer, please! VENDOR: Here you are, Miss. Two thousand lira. AMERICAN TOURIST: Here are two dollars. Is that O.K.?

MASCULINE	FEMININE
giorno day	**sera** evening
cameriere waiter	**cameriera** waitress, maid
professore male teacher	**professoressa** female teacher
bicchiere glass	**forchetta** fork
orario schedule	**lezione** lesson, class
pesce fish	**carne** meat

Nouns that end in a consonant are foreign words and are masculine in gender.

sport
week-end
scotch
film

2. *Number.* The plural of Italian nouns is formed in different ways, generally depending on the final vowel. Nouns ending in **-o** generally form their plural by changing **-o** to **-i.**

giorno day **giorni** days

Nouns ending in **-a** change to **-e** in the plural; nouns ending in **-ca** change to **-che.**

sera evening **sere** evenings
amica friend **amiche** friends

Nouns ending in **-e** change to **-i** in the plural regardless of whether they are masculine or feminine.

notte (f) night	**notti** nights
professore (m) teacher	**professori** teachers
lezione (f) lesson	**lezioni** lessons

Nouns ending in a consonant or an accented vowel do not change in the plural.

città city	**due città** two cities
caffè coffee	**due caffè** two coffees
week-end weekend	**due week-end** two weekends
film film	**due film** two films

Esercizi

a. Give the plural of the following nouns.

   1. ragazzo   2. ragazza   3. treno   4. cameriere   5. cameriera
   6. professore   7. sport   8. signorina   9. stazione

b. Imagine that you are at a snack bar. Order two of each of the following and add per favore.

1. banana   2. caffè   3. birra   4. aranciata   5. panino   6. pizza
7. gelato

c. *Call someone's attention to two of each item listed below.*

Esempio: treno
         Ecco due treni!

1. bicchiere   2. forchetta   3. pesce   4. professoressa   5. venditore
6. dollaro   7. automobile

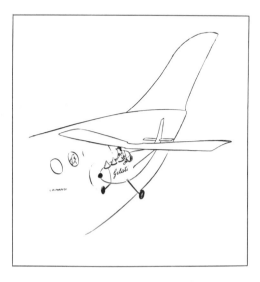

— Crema, cioccolata, limone!...*

B.   The indefinite article

Una ragazza in un caffè.
CAMERIERE: Un caffè, signorina?
MARCELLA: No, un cappuccino, per favore, e due paste.
CAMERIERE: Subito, signorina!

The Italian indefinite article corresponds to the English *a/an* or the
number *one*. It has four forms that conform to the gender and initial letter
of the word that follows.

A young woman in a coffee shop.
WAITER: A cup of coffee, Miss?   MARCELLA: No, a cappuccino, please, and two pastries.
WAITER: Right away, Miss!

*Crema (vanilla), **cioccolata** (chocolate), and **limone** (lemon) are the three most popular
flavors of ice cream in Italy.

MASCULINE	FEMININE
un caffè	**una** birra
un espresso	**un'**aranciata
uno scotch	

Un is used before most masculine nouns beginning with a consonant or a vowel; **uno** is used before masculine nouns beginning with **z** or **ps,** or **s** + consonant. **Una** is used before all feminine nouns beginning with a consonant; **un'** (note the apostrophe) is used before feminine nouns beginning with a vowel. The article is repeated before each noun to which it refers.

Michele ha **una** zia e **uno** zio in Italia.	Michael has *an* aunt and uncle in Italy.
Ecco **un** coltello e **una** forchetta!	Here's *a* knife and fork!

— Un momento, prego...

Esercizi

a. Follow the example and order each of the following items.

Esempio: pizza
         Cameriere, una pizza!

1. Coca-Cola   2. caffè   3. scotch   4. birra   5. aranciata
6. bicchiere di vino

b. Follow the example and imagine you are a teacher showing your students the parts of speech.

Esempio: verbo
         Ecco un verbo!

1. articolo   2. aggettivo   3. avverbio *(adverb)*   4. nome (m)
5. pronome (m)   6. preposizione (f)

c. One potato, two potatoes. Repeat the pattern in the example with each of the following nouns.

Esempio: patata
            Una patata, due patate . . .

1. minuto   2. ora *(hour)*   3. giorno   4. sera   5. settimana *(week)*
6. mese (m) *(month)*   7. anno *(year)*   8. secolo *(century)*

C.   The adjective *buono*

CESARE: Ha molti amici Marco?
CRISTINA: No, non ha molti amici, ma ha un buon amico, Carlo, e una buon'amica, Luisa.

An adjective is a word that modifies a noun: *good* boy, *tough* life. **Buono** *(good)* follows the same pattern as the indefinite article.

un vino	un **buon** vino	**una** birra	una **buona** birra
un espresso	un **buon** espresso	**un'**aranciata	una **buon'**aranciata
uno scotch	un **buono** scotch		

Buono is the adjective frequently used in greetings and good wishes for various occasions.

Buon giorno!   *Good* morning! *Good* afternoon!
Buona sera!   *Good* evening!
Buona notte!   *Good* night!
Buon Natale!   *Merry* Christmas!

CESARE: Does Marco have a lot of friends?   CRISTINA: No, he doesn't have a lot of friends, but he has a good (male) friend, Carlo, and a good (female) friend, Luisa.

Buon anno!   *Happy* New Year!
Buon week-end!   Have a *good* weekend!
Buon viaggio!   Have a *good* trip!
Buon compleanno!   *Happy* birthday!

— Buon anno!

Esercizi

a. Supply the correct form of **buono**.

    1. una _____ idea   2. un _____ orario   3. un _____ cameriere
    4. una _____ ricetta *(recipe)*   5. un _____ cane *(dog)*   6. un _____ sport

b. It's time for compliments. Follow the example.

    Esempio: profumo *(perfume)*
              Che buon profumo! (**che:** *what a*)

    1. panino   2. cappuccino   3. insalata *(salad)*   4. pesce   5. carne
    6. aranciata   7. pronuncia *(pronunciation)*   8. stufato *(stew)*

D.   Numbers from 1 to 50

CESARE: Quanti anni ha Beppino?
ANNA: Beppino ha vent'anni.
CESARE: Anche Vittoria ha vent'anni?
ANNA: No, Vittoria ha diciannove anni.

1. *Quanti anni ha Beppino?*
2. *Quanti anni ha Vittoria?*

CESARE: How old is Beppino?   ANNA: Beppino is twenty.   CESARE: Is Vittoria twenty, too?   ANNA: No, Vittoria is nineteen.

The Italian cardinal numbers (one, two, three, and so forth) are:

1 uno, una	11 undici	21 ventuno	31 trentuno
2 due	12 dodici	22 ventidue	32 trentadue
3 tre	13 tredici	23 ventitrè	33 trentatrè
4 quattro	14 quattordici	24 ventiquattro	40 quaranta
5 cinque	15 quindici	25 venticinque	50 cinquanta
6 sei	16 sedici	26 ventisei	
7 sette	17 diciassette	27 ventisette	
8 otto	18 diciotto	28 ventotto	
9 nove	19 diciannove	29 ventinove	
10 dieci	20 venti	30 trenta	

1. All numbers are invariable in Italian except for **uno (una),** which follows the pattern of the indefinite article.

2. The numbers **venti, trenta,** and so on, drop the final vowel before adding **uno** or **otto.**

20 venti	21 ventuno	28 ventotto
30 trenta	31 trentuno	38 trentotto

When **tre** is at the end of a larger number, it takes an accent.

3 tre   23 ventitrè   33 trentatrè

3. Numbers such as **venti** and **trenta** become **vent'** and **trent'** before nouns beginning with a vowel.

vent'anni   *20 years*   trent'anni   *30 years*

4. **Ventuno, trentuno, quarantuno,** and other such numbers become **ventun, trentun, quarantun** in front of a noun.

ventun anni   *21 years*   trentun giorni   *31 days*

Italian and English express the concept of age differently.

In English we say: *He is eighteen.*
In Italian we say: **Ha diciotto anni.** *(He has eighteen years.)*

To find out how old someone is, you ask: **Quanti anni ha?** *(How many years does he/she have?)*

Esercizi

a. Supply the correct number (using a word) for each of the following sentences.

1. Novembre ha _____ giorni.   2. Febbraio ha _____ giorni.   3. Dicembre ha _____ giorni.   4. Un gatto *(cat)* ha _____ vite *(lives).*   5. Un giorno

ha _____ ore.   6. Un anno ha _____ mesi.   7. Roma ha _____ colli
(hills).

b. *Count from two to twenty, skipping odd numbers, and then count from nineteen to
one, skipping even numbers.*

c. *Give the age of each of the following people using a complete sentence.*

Giuseppe: 50   Marta: 21
Isabella: 46   Maurizio: 17
Carlo: 25

d. *Ready for takeoff? Give the countdown. In Italian it's called* **conto alla rovescia**
(literally, count backward). **Meno dieci, meno nove, . . .**

E.   The present tense of *avere*

PROFESSORE: Avete parenti in Italia?
BEPPINO: Sì, abbiamo uno zio, due zie e molti
           cugini.
PROFESSORE: Anche Pietro ha molti parenti in Italia?
BEPPINO: No, Pietro ha soltanto una cugina in Italia.

1. *Beppino ha molti parenti in Italia?*
2. *Anche Pietro ha molti parenti in Italia?*

TEACHER: Do you have relatives in Italy?   BEPPINO: Yes, we have an uncle, two aunts and
many cousins.   TEACHER: Does Peter also have many relatives in Italy?   BEPPINO: No,
Peter has only one cousin in Italy.

1. **Avere** *(to have).*

SINGULAR		
first person	**ho***	I have
second person	**hai**	you have
third person	**ha**	he, she, it has
PLURAL		
first person	**abbiamo**	we have
second person	**avete**	you (pl.) have
third person	**hanno**	they have

*The **h** is silent in Italian.

Ho una Fiat.	*I have* a Fiat.
Pietro **ha** un lavoro.	Peter *has* a job.
Abbiamo parenti in California.	*We have* relatives in California.

2. Negative forms of **avere.** To make a verb negative (I have → I don't have), a **non** (not) is placed directly before the verb. **No** means *no* (opposite of **sì,** *yes*) and is not used with a verb.

Non ho una Ferrari, ho una Fiat.	*I do not have* a Ferrari, I have a Fiat.
Non hanno vino.	*They do not have* wine.

3. Interrogative forms of **avere.** To make a verb interrogative (I have → Do I have?), no change is needed in writing except for a question mark at the end of the sentence. In speaking there is a change in intonation: the pitch goes up at the end of the sentence.

Avete birra.	*You have* beer.
Avete birra?	*Do you have* beer?
Non hanno vino.	*They don't have* wine.
Non hanno vino?	*Don't they have* wine?

4. If a subject (the doer, the person or thing that performs the action) is expressed, it can be placed either at the beginning of the sentence before the verb or at the end of the sentence.

Mario ha un lavoro?	Does *Mario* have a job?
Ha un lavoro **Mario?**	

5. Subject pronouns. In English we need to express the subject pronouns (I, you, he, she, it, we, they): *I* have, *you* have, *he* has, and so forth. In Italian the form of the verb identifies the subject. The subject pronouns, therefore, need not be used. To stress the subject (*I'm* the one who has a

job) or to contrast the subject with another subject (*I* have this, *you* have that), however, the subject pronouns may be used. Their forms are:

io	I	**noi**	we
tu	you (sing)	**voi**	you (pl)
lui	he		
lei	she	**loro**	they (m and f)

Hanno una Fiat Pietro e Vittoria?
Lui ha una Fiat; **lei** ha un'Alfa Romeo.

Do Peter and Vittoria have a Fiat?
He has a Fiat; *she* has an Alfa Romeo.

Io ho un cane; **tu** hai un gatto.
Io ho un lavoro.

I've got a dog; *you*'ve got a cat.
I have a job. (I'm the one who has a job.)

Esercizi

*a. Supply the correct form of **avere**.*

1. Luciana _____ un appartamento, io _____ una casa.   2. Loro _____ dollari, voi due _____ lire.   3. Lui _____ molti amici, tu non _____ molti amici.   4. Noi _____ vent'anni; lei e lui _____ ventitrè anni.   5. Lisa e io _____ una professoressa; Mario _____ un professore.   6. Io _____ un cane, loro _____ un gatto.

*b. Complete each question with the correct form of **avere**.*

Esempio: Loro non hanno bicchieri. E tu . . .?
          E tu **hai** bicchieri?

1. Loro non hanno parenti. E tu . . .?   2. Loro non hanno amici. E lui . . .?
3. Loro non hanno una buona ricetta. E voi . . .?   4. Loro non hanno un buon orario. E lei . . .?   5. Loro non hanno soldi (*money*). E noi . . .?
6. Loro non hanno tempo (*time*). E io . . .?   7. Io non ho un buon lavoro. E tu . . .?

— Ma che cos'ha lui che io non ho?

c. *Answer each question in the negative. Use either the first person singular or the first person plural as necessary, then state what you do have using a different noun.*

Esempio: Hai birra?   No, non **ho** birra; ho (vino).
          Avete dollari?   No, non **abbiamo** dollari; abbiamo (lire).

1. Hai lire?   2. Hai vino?   3. Hai una foto?   4. Avete un appartamento?   5. Avete un cavallo *(horse)*?

III.
ESERCIZI DI PRONUNCIA: THE SOUNDS /k/ AND /č/

1. /k/: a sound similar to the *c* in the English word *cool*. In Italian it is never aspirated. If you put your hand in front of your lips while saying *cool,* you can feel a burst of air. If you pronounce *cool* without this burst of air, you will have the Italian /k/, as in **cubo, cugino, curioso.**

   In Italian /k/ is written **ch** before **e** or **i**; **c** before **a** or **o**; and either **c** or **q** before **u.**

   a.   Initial position

   Canadà, **che, chi, c**ome, **c**ugino, **qu**asi

   b.   Medial position (single and double)

Ameri**c**a	bo**cc**a
Mi**ch**elangelo	bo**cch**e
po**chi**	ma**cch**ina
ami**c**o	e**cc**o
la**c**una	a**cqu**a

2. /č/: a sound similar to the *ch* in the English word *church*. It is never aspirated in Italian.

   In Italian /č/ is written **c** before **e** or **i**; and **ci** before **a, o,** or **u.**

   a.   Initial position

   ciao, **C**esare, **ci**nque, **ci**ò, **ci**uffo

   b.   Medial position (single and double)

aran**ci**ata	a**cci**aio
Mar**c**ella	e**cc**ezione
Si**ci**lia	cappu**cc**ino
di**ci**otto	paglia**cci**o
pan**ci**uto	a**cci**uga

Practice /k/ and /č/ in the following sentences.

1. Abbiamo pochi amici.   2. Marcella ha cinque cugini in Sicilia.   3. Cameriere, un cappuccino e un bicchiere d'acqua, per piacere!   4. Anche Cesare ha una macchina americana.   5. Chi ha un'amica a Calcutta?

IV.
DIALOGO

	Un caffè in *Piazza* San Marco a Firenze.	*square*
Personaggi:	Marcella Pepe, una ragazza di Firenze; Vittoria Piattelli, una buon'amica di Marcella	*characters*
MARCELLA:	Ciao, Vittoria, come va?	
VITTORIA:	Abbastanza bene, e tu?	
MARCELLA:	Bene, grazie.	
VITTORIA:	*Novità?*	*What's new?*
MARCELLA:	Sì: domani *arriva* Beppino.	*is coming*
VITTORIA:	Beppino? E chi è Beppino?	
MARCELLA:	Un cugino *texano!*	*from Texas*
VITTORIA:	Arriva *a cavallo?*	*on a horse*
MARCELLA:	*Spiritosa!* Arriva in treno con un amico di New York; Pietro, Pietro Nicolosi.	*Don't be funny!*
VITTORIA:	Quanti anni ha *questo* cow-boy?	*this*
MARCELLA:	Beppino non è un cow-boy, è uno studente e ha vent'anni.	
VITTORIA:	Hai una foto?	
MARCELLA:	Sì, ecco!	
VITTORIA:	Non c'è male! Ma *non pare* americano, pare napoletano . . . A domani, allora.	*he doesn't seem*
MARCELLA:	A domani. Ciao, Vittoria!	
VITTORIA:	Ciao, Marcella!	

Dialog Comprehension Check

Indicate whether each of the following statements is true (vero) or false (falso). Change each false statement to make it true.

1. Vittoria è un'amica di Marcella.   2. Beppino è un cugino di Vittoria.
3. Pietro è un amico di Beppino.   4. Beppino è americano.   5. Beppino arriva domani.   6. Beppino arriva in treno.   7. Beppino ha ventun anni.

CULTURAL NOTES

The 57 million inhabitants of the Italian peninsula (an area only one-thirtieth that of the United States) do not constitute a culturally compact unit. Until the late nineteenth century, Italy was divided into separate states, many under foreign domination. Consequently, customs and language vary strongly from region to region, even from town to town. While all Italians learn a standard Italian language in school, each region has its own dialect that differentiates a Venetian from a Sicilian, or even a Roman from a Neapolitan. To this day, average Italians tend to identify themselves more with their place of birth than with the nation at large.

In the twentieth century, large numbers of Italians have emigrated to other countries, many of them to the New World. The city of New York has the world's largest "Italian" population outside Italy. Many Americans of Italian descent have maintained the old country traditions to some extent and have kept in touch with their families in Italy. The highlight of a trip to Italy by a third generation Italian-American might well be the extraordinarily warm welcome by an unknown set of relatives proudly boasting of **il cugino** or **il nipote** (*nephew, grandchild*) **americano.**

V.
ESERCIZI DI RICAPITOLAZIONE

a. *Answer each question stating that you have only one of the persons or things mentioned.*

Esempio: Hai amici?
          Ho solo un amico.

1. Hai cugini?   2. Hai zie?   3. Hai dollari?   4. Hai studenti?
5. Hai amiche?   6. Hai ricette?

b. *Read the following dialog; then substitute each of the following words for* **amico.** *Make all necessary changes.*

X: Hai **un** amico?
Y: Ho **molti** amici!
X: **Quanti** amici hai?
Y: Ho (quindici) amici. (You may vary the number.)

1. segreto (*secret*)   2. bicchiere   3. zio   4. cugino   5. gatto
6. panino

c. *Express in Italian.*

Who is coming tomorrow? Beppino. He is coming by train with Pietro, a friend from New York. Beppino is twenty. He is American but he *looks like a* **(pare)** Neapolitan.

d. *Interview a classmate using as many of the following questions as you can.*

1. Hai un buon carattere *(disposition)*?   2. Hai tempo?   3. Hai un buon orario?   4. Quanti anni hai?   5. Hai un cane?   6. Quanti libri d'italiano hai: uno o due?   7. Hai un professore o una professoressa d'italiano? 8. Hai una buona pronuncia?   9. Hai buon gusto?   10. Hai un lavoro? un buon lavoro?

CURIOSITÀ

What fingers do you use in counting? It often depends on your nationality! For many Americans, the index finger is one, and the thumb makes five. If you are Italian, you start with your thumb as one and end with your little finger as five. And these two are not the only ways. Which way is yours?

VI.
LETTURA CULTURALE: L'ITALIA*

The northern Italian border is formed by the Alps, a central European chain of very high mountains. Some of the peaks are over 14,000 feet high. This area has some of Europe's most popular ski resorts. (Italian Government Travel Office)

*See map on front endpaper.

Only 150 miles from the Alpine ski resorts is the famous Italian Riviera. (Leonard Speier)

The Italian coastline is over 5,000 miles long. On the eastern shores along the Adriatic Sea are numerous beach resorts. (Leonard Speier)

The Appennines, a mountain chain, divides the Italian boot from north to south, contributing to the scenic and climatic variety of the peninsula. (Leonard Speier)

The climate of southern Italy is dry and warm and favors citrus growth. (United Nations)

VII.
PAROLE DA RICORDARE

VERBS

avere   to have
è   is

NOUNS

amica (pl. **amiche**)   friend (f)
amico (pl. **amici**)   friend (m)
anno   year
aranciata   orangeade
automobile (f)   car
bicchiere (m)   glass
birra   beer
caffè (m)   coffee; café, coffee shop
cameriere (m)   waiter
cane (m)   dog
cappuccino   cappuccino (expresso coffee and hot milk)
cugino   cousin (m)
cugina   cousin (f)
dollaro   dollar
espresso   expresso
Firenze   Florence
foto (f) (short for **fotografia**)   photo
gatto   cat
gelato   ice cream
giorno   day
gusto   taste
lavoro   job

lezione (f)   lesson; class
lira   lira (Italian currency)
macchina   car
orario   schedule
panino   sandwich; roll
parente (m or f)   relative
professore (m); **professoressa**   male teacher; female teacher
pronuncia   pronunciation
ragazza; ragazzo   girl, young woman; boy, young man
ricetta   recipe
sera   evening
signorina   Miss, young lady
stazione (f)   station
studente (m); **studentessa**   student (m); student (f)
tempo   time
treno; in treno   train; by train
vino   wine
zia; zio   aunt; uncle

ADJECTIVES

americano   American
buono   good
italiano   Italian
molti   many
quanti   how many

OTHERS

a   in, at
abbastanza   enough
allora   then
anche   also
bene   well
chi?   who?
ciao   hi, goodbye
come va?   how's it going?
con   with
di (**d'** in front of words beginning with a vowel)   of, from
domani; a domani   tomorrow; see you tomorrow
duemila   two thousand
e (**ed** in front of words beginning with a vowel)   and
ecco   here you are; here is, here are, there is, there are
grazie   thank you
ma   but
no   no
non   not
non c'è male   not bad
o   or
per favore, per piacere   please
sì   yes
solo, soltanto   only
subito   right away

I. ARRIVO IN ITALIA (*ARRIVAL IN ITALY*)

Every air traveler landing in Italy is asked to fill out a disembarkation card. Pretend you are on a plane to Milano and that the flight attendant just gave you a card to fill out. Glance at what another passenger did and then fill out your own card.

REPUBBLICA ITALIANA

CARTA DI SBARCO O TRANSITO
DISEMBARKATION OR TRANSIT CARD

T W A
(Compagnia - Carrier)

842
(Volo N. - Flight Nr.)

COGNOME *Smith*
Surname
Nom

NOME *Laura*
Christian name
Prénom

IMBARCATO SU QUESTO VOLO A *New York*
Embarked on this flight at
Embarqué sur ce vol à

VIAGGIO AEREO INIZIATO A *New York*
Air Journey commenced at
Voyage Aérien commencé à

INDIRIZZO PREVISTO IN ITALIA *Firenze*
(limitatamente ai soli passeggeri sbarcanti)
Planned address in Italy (for disembarking passengers only)
Addresse prévue en Italie (pour les passagers débarquant en Italie)

Via Boccaccio 17

FIRMA DEL PASSEGGERO
Passenger's Signature

Laura Smith

REPUBBLICA ITALIANA

CARTA DI SBARCO O TRANSITO
DISEMBARKATION OR TRANSIT CARD

(Compagnia - Carrier)

(Volo N. - Flight Nr.)

COGNOME
Surname
Nom

NOME
Christian name
Prénom

IMBARCATO SU QUESTO VOLO A
Embarked on this flight at
Embarqué sur ce vol à

VIAGGIO AEREO INIZIATO A
Air Journey commenced at
Voyage Aérien commencé à

INDIRIZZO PREVISTO IN ITALIA
(limitatamente ai soli passeggeri sbarcanti)
Planned address in Italy (for disembarking passengers only)
Addresse prévue en Italie (pour les passagers débarquant en Italie)

FIRMA DEL PASSEGGERO
Passenger's Signature

II. AL SUPERMERCATO (*AT THE SUPERMARKET*)

Imagine that you are at a new supermarket. Ask the salesperson (another student) whether or not the market has the following items in stock. He or she answers "yes" for some items and "no" for others.

Esempio: Avete caffè?
    Sì, abbiamo caffè (No, non abbiamo caffè).

spaghetti	prosciutto (*Italian ham*)
birra	vino Chianti
panini	mozzarella
paste	gelati
parmigiano (*Parmesan cheese*)	

III. ORA BASTA! (*ENOUGH IS ENOUGH!*)

Massimo frequently borrows things from his roommate Roberto and never returns them. Roberto has had enough: he decides to say "no" to every question Massimo asks him.

Esempio: Hai duemila lire?
    No, non ho duemila lire!

With another student play the two roles, using the nouns you learned in Capitolo 1.

INTERMEZZO I

CAPITOLO 2

I.
OBIETTIVI

Culture

This chapter continues the story of Beppino, the Italian-American from Texas who is coming to Florence. The **lettura culturale** introduces you to various regions of Italy.

Grammar

Chapter 2 introduces adjectives and explains how they agree in both gender and number with the noun. You will learn several useful expressions: *there is, there are, how is, how are,* and a second important verb: **essere** *(to be).* Finally, you will learn a series of expressions with the verb **avere.**

II. GRAMMATICA

A. Adjectives

MARISA: È una ragazza carina Giovanna?
FRANCA: Sì, è molto carina: è alta e snella ed è anche molto simpatica.
MARISA: E Mario com'è?
FRANCA: È un ragazzo piuttosto brutto, ma simpatico.

1. *È carina Giovanna?*
2. *Com'è?*
3. *È simpatico Mario?*

1. In English, adjectives have only one form. In Italian, they have either *two* forms or *four* forms depending on how they end in the masculine singular.

   first class: adjectives whose singular masculine form ends in **-o** have four endings

	SINGULAR	PLURAL
masc.	alt**o**	alt**i**
fem.	alt**a**	alt**e**

   second class: adjectives whose singular masculine form ends in **-e** have two endings

---

MARISA: Is Giovanna a pretty girl?   FRANCA: Yes, she's very pretty: she's tall and slender and is also very nice.   MARISA: What is Mario like?   FRANCA: He's a rather plain boy but likeable.

SINGULAR   PLURAL

masc.
and   > intelligente | intelligenti
fem.

2. Adjectives agree in gender and number with the nouns they modify whether they are used next to the nouns or after the verb **essere** *(to be)*.

un ragazzo american**o***	an *American* boy
una ragazza american**a**	an *American* girl
due ragazzi american**i**	two *American* boys
due ragazze american**e**	two *American* girls
Geraldine è american**a**.	Geraldine is *American*.
un ragazzo canades**e**	a *Canadian* boy
una ragazza canades**e**	a *Canadian* girl
due ragazzi canades**i**	two *Canadian* boys
due ragazze canades**i**	two *Canadian* girls
Tony e Michelle sono canades**i**.	Tony and Michelle are *Canadian*.

Most adjectives are placed after the noun.

3. Demonstrative adjectives, such as **questo,** and adjectives indicating quantity, such as **quanto** *(how much)* or **molto** *(much, a lot)*, always precede the noun.

Quanti bicchieri abbiamo?	*How many* glasses have we got?
Quanti coltelli e **quante** forchette?	*How many* knives and *how many* forks?
Ho **molto** coraggio e **molta** pazienza.	I have *a lot of* courage and *a lot of* patience.

4. In addition, the following adjectives usually precede the noun they modify.

bello beautiful	**buono** good
brutto ugly	**cattivo** bad
giovane young	**grande** big, great
vecchio old	**piccolo** small, short
caro dear	**bravo** good, able

una **bella** cosa	a *beautiful* thing
una **grande** casa	a *big* house
due **grandi** occhi	two *big* eyes
un **bravo** professore	a *good* teacher

5. All adjectives, however, when modified by adverbs, such as **molto** *(very)*, or **piuttosto** *(rather)*, must follow the noun.

*Adjectives of nationality are not capitalized in Italian.

un professore molto **bravo**   a very *good* teacher
una casa piuttosto **grande**   a rather *big* house

Note that the word **molto** can be used as an adjective or as an adverb. As an adjective, **molto** must agree in gender and number with the noun it modifies.

molt**a** carne   much meat, a lot of meat
molt**e** banane   many bananas
molt**i** soldi   a lot of money

As an adverb, that is, when it is used with an adjective, **molto** is invariable.

Anna è molt**o** bella.   Anna is very beautiful.
due panini molt**o** buoni   two very good sandwiches

Esercizi

a. Change each sentence to match the new subject suggested in parentheses.

Esempio: Pietro è alto. (Anche Bianca)
       Anche Bianca è alta.

1. Pietro è intelligente. (Anche Maria)   2. Marco è pronto *(ready)*. (Anche Laura)   3. Giovanna è simpatica. (Anche Giovanni)   4. Marcella è snella. (Anche Beppino)   5. Luigino è carino. (Anche Pierina)   6. Mario è giovane. (Anche Marisa)

b. Imagine that you are a tour guide. Point out famous landmarks according to the example.

Esempio: monumento
       Ecco un monumento famoso!

1. palazzo *(palace)*   2. chiesa *(church)*   3. statua   4. piazza   5. teatro *(theater)*   6. zoo   7. ospedale (m) *(hospital)*

vero: right

c. *Agree with each statement by adding* **sì** *and* **molto.**

Esempio: Pietro è gentile.
             Sì, è molto gentile.

1. Marcella è intelligente.   2. Vittoria è una bella ragazza.   3. Massimo è un caro ragazzo.   4. Paolo e Gianni sono alti.   5. Mirella è simpatica.
6. Linda e Patrizia sono piccole.   7. Luigino è un bravo studente.   8. È una buona ricetta.

d. *Wrong nationalities. Answer each question in the negative; then offer the correct information.*

Esempio: Beppino è italiano? (americano)
             No, non è italiano: è americano.

1. Barbara è americana? (canadese)   2. Mirella è italiana? (francese [*French*])
3. Hans è inglese *(English)*? (tedesco [*German*])   4. Linda è spagnola *(Spanish)*? (messicana [*Mexican*])   5. Oscar è americano? (italiano)   6. Tony è canadese? (inglese)

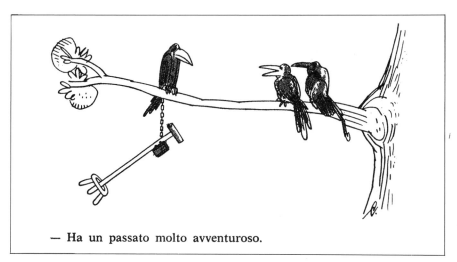

— Ha un passato molto avventuroso.

passato: past
avventuroso:
adventurous

e. *Answer the following questions according to the example.*

Esempio: Un ragazzo?
             No, molti ragazzi!

1. Un giorno?   2. Un amico?   3. Un'amica?   4. Una stazione?
5. Uno studente?   6. Una ricetta?   7. Un'ora?   8. Uno zio?   9. Una zia?   10. Un'automobile?

B.   The present tense of *essere*

Ecco Gianni e Marilena! Tutt'e due sono italiani, ma Gianni è alto e
biondo e Marilena è piccola e bruna.

1. *Sono italiani Gianni e Marilena?*
2. *Com'è Gianni?*
3. *Com'è Marilena?*

ESSERE(*TO BE*)

	SINGULAR	
first person	**sono**	I am
second person	**sei**	you are
third person	**è**	he, she, it is
	PLURAL	
first person	**siamo**	we are
second person	**siete**	you (pl.) are
third person	**sono**	they are

Sono un ragazzo italiano.	*I'm* an Italian boy.
Noi **siamo** pronti; voi **siete** pronti?	*We're* ready; *are you* ready?
È un buon amico.	*He's* a good friend.
È un esercizio facile.*	*It's* an easy exercise.
È vero.	*It's* true.
Non **sono** americani.	*They are* not American.

Essere is used with **di** to indicate origin (the city someone or something is
from) or possession. Note that no apostrophe is used in Italian.

Noi **siamo di** Chicago: tu **di** dove **sei?**	We *are from* Chicago: where *are you from?*
Questa chitarra è **di** Beppino.	This guitar *is* Beppino's.

Here are Gianni and Marilena! They're both Italian, but Gianni is tall and blond and Marilena
is short and dark.

*Usually there is no word for *it* as the subject of a sentence in Italian.

Esercizi

a. Replace the subject with each subject in parentheses and change the verb form accordingly. Make any other necessary changes.

1. Noi siamo americani. (voi due, lei, lei e lui, Geraldine)   2. Io sono di Roma. (Valeria e Patrizia, noi due, Cesare, anche tu)

b. Rewrite each sentence in the plural.

Esempio: Sono americano.
         Siamo americani.

1. Sono italiano.   2. Sono canadese.   3. Sono messicana.   4. Sono inglese.   5. Sono francese.   6. Sono spagnola.

— Allora è pronta questa frittata?

pronta: *ready*
frittata: *omelette*

c. Deny each statement; then correct it by giving the adjective with the opposite meaning.

Esempio: Sono brutti.
         No, non sono brutti; sono **belli.**
1. Sono biondi. No, _____.   2. Sono stupide.   3. Sono grandi.
4. Sono buone.   5. Sono vecchie.   6. Sono belli.

d. Indicate to whom the following objects belong.

Esempio: Questa macchina è di Antonio.

1. Questo gatto (Patrizia)   2. Questa casa (Pietro)   3. Questi bicchieri (Vittoria)   4. Queste paste (Giovanna)   5. Questo cane (Luigi)
6. Questi panini (Marco)

e. Imagine that there are six students in your class who come from the following cities:
***Parigi** (Paris), **Acapulco, Londra, San Francisco, Berlino, Madrid, Toronto.** Ask where each is from and react to the information according to the example.*

Esempio: Di dove sei?
         Sono di Toronto.
         Ah, sei canadese!

Then introduce yourself and tell where you are from.

Esempio: Io sono Jim; sono di Detroit; sono americano.

C.   *Com'è, come sono*

Com'è simpatica Patrizia!
È sempre di buon umore, ha pazienza con tutti, è educata e gentile.
Ed è anche carina!

1. È simpatica Patrizia?
2. È carina Patrizia?

To make exclamations such as *How sweet it is! How kind they are!,* Italian begins with **Come** (**Com'** in front of verbs beginning with a vowel), but the word order differs from English.

COME (COM') + VERB + ADJECTIVE +   HOW + ADJECTIVE + SUBJECT +
   SUBJECT   VERB

Com'è bella questa casa!   How beautiful this house is!
Come sono gustosi questi panini!.   How tasty these rolls are!

Esercizi

*a. Give a full exclamation, imagining that you are talking to the various people listed below. Begin with **Come sei**. . .or **Come siete**. . .*

Esempio: Come sei alto!
                 Come siete gentili!

1. un ragazzo alto   2. un'amica curiosa *(curious)*   3. una bambina carina
4. una ragazza bionda   5. un amico educato   6. due bambini cattivi
7. due amici gentili   8. due ragazze snob *(snobbish)*   9. due zie simpatiche   10. due zii spiritosi

*b. Now use an exclamation beginning with **Com'è** or **Come sono**.*

Esempio: Questa casa è piccola.
                 Com'è piccola questa casa!

1. Questo palazzo è vecchio.   2. Questo museo è grande.   3. Questi bicchieri sono belli.   4. Queste parole sono facili.   5. Questa bambina è bionda.   6. Questo ragazzo è simpatico.   7. Questa banana è cattiva.   8. Questo caffè è buono.   9. Questi panini sono buoni.

How nice Patrizia is! She's always in a good mood, she is patient with everyone, she's polite and kind. And she's pretty, too!

D.   C'è, ci sono

STEFANO: Ci sono molti studenti d'italiano?
SANDRA: Non molti, ma sono tutti bravi e intelligenti.
STEFANO: E il professore com'è?
SANDRA: Simpatico, ma severo!

1. *Ci sono molti studenti d'italiano?*
2. *Come sono?*
3. *Il professore è simpatico?*

C'è (*there is*) and **ci sono** (*there are*) state the existence of something or someone. In front of a verb beginning with a vowel, **ci** elides to **c'**. (To elide means to drop a vowel.) The negative forms are **non c'è** and **non ci sono.**

Ci sono molti italiani a Nuova York.	*There are* many Italians in New York.
Non c'è tempo.	*There's no* time.

C'è and **ci sono** are not to be confused with **ecco** (*here is, here are, there is, there are*), which points at—or draws attention to—something or someone (singular or plural).

Ecco una parola difficile!	*Here's* a difficult word!
C'è una parola difficile in questa frase.	*There's* a difficult word in this sentence.
Ecco due statue famose!	*Look at* (those) two famous statues!
Ci sono due statue famose in questa piazza.	*There are* two famous statues in this square.

Esercizi

a. Reply to each question using the information given in parentheses.

Esempio: C'è un teatro? (molti)
Ci sono molti teatri.

STEFANO: Are there many students taking Italian?   SANDRA: Not many, but they're all capable and intelligent.   STEFANO: And how is the instructor?   SANDRA: Nice, but strict!

1. C'è un museo (*museum*)? (tre)   2. C'è una chiesa? (molte)   3. C'è un palazzo? (molti)   4. C'è un ospedale? (quattro)   5. C'è una stazione? (due)   6. C'è una banca? (sette)

b. Tell how many of the buildings mentioned in Exercise a. *exist in your home town.*

E. Idioms* with *avere*

PUBBLICITÀ ITALIANA

Avete fame?
Ecco Nutella!

Avete sete?
Ecco un'aranciata amara San Pellegrino.

Avete sonno?
Ecco un materasso Permaflex!

permaflex
il famoso materasso a molle
non è frutto di improvvisazione
è l'esperienza di un quarto di secolo

Many useful Italian expressions are formed with **avere** + nouns. Their equivalent English expressions are formed with *to be* + adjectives.

		AVERE + NOUN	TO BE + ADJECTIVE
caldo	heat	avere (molto) caldo	to be (very) warm
freddo	cold	avere (molto) freddo	to be (very) cold
fame (f)	hunger	avere (molta) fame	to be (very) hungry
sete (f)	thirst	avere (molta) sete	to be (very) thirsty
sonno	sleep	avere (molto) sonno	to be (very) sleepy
paura	fear	avere (molta) paura	to be (very much) afraid
fretta	hurry	avere (molta) fretta	to be in a (great) hurry

ITALIAN ADVERTISEMENTS.
Are you hungry? Here's Nutella! (a chocolate and hazelnut spread)   Are you thirsty? Here's San Pellegrino bitter orange!   Are you sleepy? Here's a Permaflex mattress!

*An idiom is an expression peculiar to a certain language.

Note that in these expressions **molto** is used as an adjective and therefore must agree with the noun.

Luigino **ha sete.**	Luigino *is thirsty.*
Non **hanno fretta.**	*They are* not *in a hurry.*
Sei stanco? **Hai fame?**	*Are you tired? Are you hungry?*
Ho molta **paura.**	*I'm* very *scared.*

Esercizi

a. Replace the subject with each subject in parentheses and change the verb form accordingly.

1. Io ho sempre fame. (noi due, Luisa, tu, questi bambini)   2. Non hai sonno? (loro, voi due, Paolo, Lisa)   3. Avete freddo. (anche noi; Vittoria; tu, papà; quante ragazze?)

— Hai ancora paura di volare?

volare: flying

*b. Answer each question first in the affirmative (with or without **molto/molta**), then in the negative.*

Esempio: Hai fame?
　　　　　Sì, ho fame. Sì, ho molta fame. No, non ho fame.

1. Hai paura?   2. Hai caldo?   3. Hai sonno?   4. Hai sete?   5. Hai freddo?   6. Hai fretta?

*c. Complete the captions below, using an expression with **avere.***

Lei _____.
Anche lui _____.
Tutt'e due _____.

C'è un topo!

d. How would you ask a friend:

1. whether he is thirsty;   2. whether she is hungry;   3. whether he has a lot of money;   4. how old she is;   5. whether he has a good job; 6. how many relatives she has;   7. if he feels cold;   8. if she has a good schedule;   9. if he is in a good mood;   10. whether he has an Italian recipe;   11. whether she has friends with Italian names;   12. if she is in a hurry.

III.
ESERCIZI DI PRONUNCIA: THE SOUNDS /s/ AND /z/

The sounds /s/ and /z/ are represented by the letter *s*.

a.   Initial position

Before vowels and /p/, /t/, /k/, and /f/, the sound /s/ is similar to the English *s* in the same position.

santa, **s**ei, **s**ignorina, **so**no, **su**bito, **sf**ogliare, **sp**aghetti, **st**anco, **sc**ala

Before the consonant sounds /b/, /d/, /ǧ/, /g/, /m/, /n/, /l/, /r/, and /v/, the sound /z/ is similar to the *s* in the English word *eyes*.

sbaglio, **sg**elo, **sg**obbare, **sm**og, **sn**ello, **sl**egare, **sv**edese, **sd**raio

b.   Medial position

Between two vowels, the sound /s/ is pronounced either /s/ as in *aside* or /z/ as in *reside*. Both pronunciations are acceptable. Imitate your instructor.

ca**s**a, mu**s**eo, ri**s**o, ro**s**a, u**s**o

Double **s (ss)** is always pronounced /s/ as in *hiss*.

gra**ss**a, matera**ss**o, me**ss**icano

Notice the contrast between the single and double sound.

ca**s**a	ca**ss**a
ri**s**a	ri**ss**a
ro**s**a	ro**ss**a

Practice the sounds /s/, /z/, and /ss/ in the following sentences:

1. Sette studentesse sono snelle.   2. È un grosso sbaglio di pronuncia. 3. Tommaso ha sei rose rosse.   4. È un museo storico o artistico?   5. Non siete stanchi di sgobbare?

IV.
DIALOGO

Stazione di Santa Maria Novella a Firenze: arriva Beppino.

Personaggi: Marcella; Vittoria; Maria Pepe, mamma di Marcella;
Tonino Pepe, padre di Marcella; Beppino

Breve descrizione		*brief*
MARCELLA:	una ragazza di diciotto anni, capelli castani e occhi *grigi*. Ha una bella figura, piuttosto alta e snella.	*gray*
VITTORIA:	ha diciannove anni, capelli neri e *lisci*, occhi neri. Vittoria è piccola, magra, *vivace*.	*straight* *vivacious*
MAMMA DI MARCELLA:	una signora *di media statura, un po' robusta* ma non grassa; è *ancora* giovane e molto elegante.	*of average height, a bit plump*
PADRE DI MARCELLA:	un uomo alto e robusto con un naso aquilino e capelli grigi.	*still*
BEPPINO:	ha capelli neri e *ricciuti* e denti *bianchi* e regolari. È alto e magro. Pare proprio un napoletano!	*curly / white*

. . .

TONINO PEPE:	Beppino! Beppino! Siamo qui. . . *Come stai?*	*How are you?*
BEPPINO:	Bene! Ciao, zio! Ciao, zia! E Marcella? Sei tu Marcella? (*guarda* Vittoria)	*he looks at*
VITTORIA:	Ma no, io non sono Marcella, sono Vittoria, un'amica di Marcella.	
MARCELLA:	Marcella sono io. Ciao, Beppino, come stai? E Pietro? Pietro non c'è?	
BEPPINO:	No, Pietro è a Roma: arriva *lunedì*.	*Monday*
MARIA PEPE:	Caro ragazzo! Come sei bello! Come stai? Sei stanco? Hai fame?	
BEPPINO:	No, zia, non sono stanco e non ho fame; però ho sete.	
TONINO PEPE:	C'è un bar qui vicino. . . Una Coca-Cola o una birra?	
BEPPINO:	Una birra, per favore!	

Dialog comprehension check

*Indicate whether each of the following statements is **vero** or **falso**. Change each false statement to make it true.*

1. Beppino arriva a Firenze con Pietro.   2. Beppino è stanco e ha fame.
3. Beppino è piccolo e grasso.   4. Beppino ha capelli castani e lisci.   5. Marcella è alta e snella.   6. Vittoria è piccola e magra.   7. Maria Pepe è grassa.

CURIOSITÀ

— Ciao, Rockefeller...

*How many times have you heard or used the greeting **ciao?** Do you know its origin? At one time **schiavo** (literally, your servant) was a greeting showing great respect. Then, in the northeastern regions of Italy, **schiavo** was abbreviated, first to **s-ciao** and finally to **ciao.** Eventually, the greeting became very casual. Of course, no one using **ciao** today thinks of its original meaning I am your servant. Until half a century ago the word was known only in northern Italy; now it has extended to the whole country and, indeed, to the whole world.*

V.
ESERCIZI DI RICAPITOLAZIONE

a. *Complete each sentence using either **avere** or **essere,** according to the example.*

Esempio: Noi __abbiamo__ un cane; __non abbiamo__ un gatto.

1. Lui _____ fame; _____ sete.   2. Tu _____ vent'anni; _____ ventun anni.
3. Antonella _____ bruna; _____ bionda.   4. Questa turista _____ dollari canadesi; _____ dollari americani.   5. Loro _____ una Volkswagen; _____ una Fiat.   6. Noi _____ magri; _____ grassi.   7. Noi _____ fretta; _____ tempo.   8. Voi _____ un professore italiano; _____ un professore americano.
9. Voi _____ di Milano; _____ di Roma.   10. Io _____ paura; _____ coraggio.

b. ***Automobili americane e straniere.*** *Complete each sentence indicating the origin of each car.*

Esempio: Ha una Fiat*: è una macchina __italiana__.

1. Ha una Ford.   2. Ha una Renault.   3. Ha una Mercedes.   4. Ha una Rolls Royce.   5. Ha una Chevrolet.   6. Ha una Ferrari.

c. ***Geografia intercontinentale.*** *Give the adjective form for the country in which each city is located.*

1. Acapulco è una città _____.   2. Madrid è una città _____.   3. Ottawa è una città _____.   4. Berlino è una città _____.   5. Milano è una città _____.   6. Bordeaux è una città _____.

*In Italian the names of cars are feminine because **macchina/automobile** are feminine words.

d. Express in Italian.

1. There are many adjectives in this lesson but they aren't very difficult.
2. Aren't there (any) rolls? I'm hungry!   3. Have you got a photo of Beppino? Yes, here you are. How tall he is!   4. I'm in a big hurry because I have a date **(appuntamento)** with an Italian boy.   5. Many American cars are big.   6. We have twenty Canadian dollars and twenty-five American dollars.

e. Describe two members of your class to the other students.

— Ciao, Carlo... Sei Carlo, vero?...

VI.
LETTURA CULTURALE: REGIONI ITALIANE*

Fiat factory at Rivalta, Turin province. (Keystone Press Photo)

*See map on back endpaper.

Genoa harbor. (Leonard Speier)

Grape harvesting near Verona. (Leonard Speier)

Farming in the Po Valley. (Leonard Speier)

Tuna fishing, Egadi Islands, Sicily. (Leonard Freed/Magnum)

VII.
PAROLE DA RICORDARE

VERBS

avere caldo   to be very warm, hot
avere coraggio   to be brave, have
 courage
avere fame   to be hungry
avere freddo   to be cold
avere fretta   to be in a hurry
avere pazienza   to be patient, have
 patience
avere paura   to be scared, afraid
avere sete   to be thirsty
avere sonno   to be sleepy

NOUNS

banca (pl. **banche**)   bank
bar (m)   bar, café
capelli (m. pl.)   hair
chiesa   church
dente (m)   tooth
mamma   mom
museo   museum
occhio (pl. **occhi**)   eye
padre (m)   father
Roma   Rome
signora   lady
soldi (m. pl.)   money

teatro   theater
uomo (pl. **uomini**)   man

ADJECTIVES

alto   tall, high
bello   beautiful, handsome
biondo   blond
bravo   good, able
bruno   dark
brutto   ugly, plain
canadese   Canadian
carino   pretty, cute
caro   dear
castano   brown
cattivo   bad
difficile   difficult
elegante   elegant
facile   easy
famoso   famous
francese   French
gentile   kind
giovane   young
grande   big, great
grasso   fat
inglese   English
intelligente   intelligent
magro   thin

messicano   Mexican
molto   much, a lot
nero   black
piccolo   small, little
pronto   ready
quanto   how much
severo   strict
simpatico   likeable, nice
snello   slender
spagnolo   Spanish
straniero   foreign
stupido   stupid
tedesco   German
triste   sad
vecchio   old
vero   true

OTHERS

come   how
come stai?   how are you?
di buon umore   in a good mood
di dove sei?   where are you from?
dove   where
molto (inv.)   very
però   however
piuttosto   rather
qui; qui vicino   here; nearby

I. IDENTIKIT

A. You have just witnessed a bank robbery. The police ask you to describe the suspect so that the police artist can make a composite drawing (**identikit** in Italian). Describe the robber in as much detail as possible, using the vocabulary learned in Capitolo 2.

B. **Identikit personale.** Now give your own **identikit,** or verbal self-portrait, including personality traits. Start with **Sono** or **Non sono** and use adjectives from the list.

snello / magro / grasso / robusto   curioso   nervoso
alto / di media statura / piccolo   snob   timido
bruno / biondo / castano   educato   studioso
elegante   gentile   triste
calmo   simpatico   vivace

II. APPENA ARRIVATA *(JUST ARRIVED)*

Anna has just moved into a new house in a new neighborhood. She asks Bianca, a friendly neighbor, whether the following facilities can be found in the neighborhood. Bianca replies that there is one of each.

Esempio: Ci sono teatri qui vicino?
          Sì, c'è un teatro.

All students can participate by playing the two roles in turn. You may want to use the following words:

teatro   biblioteca
museo   piscina *(swimming pool)*
ospedale   caffè
chiesa   supermercato
scuola

III. ESSERE FELICI

List in order of importance what things make you happy.
Per *(in order to)* essere felici è importante avere

amici   _____   serenità   _____
buona salute *(health)* _____   un hobby   _____
un buon lavoro   _____   una macchina straniera   _____
molti soldi   _____

Now compare your priorities with those of other students.

CAPITOLO 3

I.
OBIETTIVI

Culture

In the **lettura culturale,** you will continue your visual exploration of Italy, this time with a focus on major Italian cities.

Grammar

In this chapter you will learn to conjugate a large group of regular Italian verbs, those with the infinitive ending in **-are,** as well as four very frequently used irregular verbs.

You will learn the four Italian words for *you* and how to choose the correct form, depending on whether you are talking to one or more persons and how well you know the person(s) you are addressing. You will also learn what titles to use when addressing a man or a woman in Italian.

II.
GRAMMATICA

A.   Present tense of regular *-are* verbs

Ci sono persone che non cantano mai.
Luciano canta quando è contento.
Io canto spesso: quando ballo, quando cucino,
quando cammino.
Quando cantate voi?

1.   All regular verbs in Italian end in **-are, -ere,** or **-ire** and are referred to as
     first, second, and third conjugation verbs. The basic verb form with these
     endings is called the infinitive; in English, the infinitive consists of *to*
     plus the verb.

> **cantare** *(to sing)*   **vedere** *(to see)*   **dormire** *(to sleep)*

Verbs with infinitives ending in **-are** are called first conjugation or **-are**
verbs. The present tense of a regular **-are** verb is formed by dropping the
infinitive ending **-are** and adding the appropriate endings. There is a
different ending for each person.

There are people who never sing. Luciano sings when he is happy. I sing often: when I
dance, when I cook, when I walk. When do *you* sing?

> CANTARE (*TO SING*) = INFINITIVE
> CANT = INFINITIVE STEM
>
> ### SINGULAR
>
> | | | |
> |---|---|---|
> | first person | cant**o** | I sing |
> | second person | cant**i** | you sing |
> | third person | cant**a** | he, she, it sings |
>
> ### PLURAL
>
> | | | |
> |---|---|---|
> | first person | cant**iamo** | we sing |
> | second person | cant**ate** | you (pl.) sing |
> | third person | cạnt**ano** | they sing |

Note the placement of stress in the third person plural.

2. The present tense in Italian corresponds to several English present tense forms.

Canto una canzone. (present)
- *I sing* a song. (present)
- *I am singing* a song. (present progressive)
- *I do sing* a song. (present emphatic)

Parlano italiano. (present)
- *They speak* Italian. (present)
- *They are speaking* Italian. (present progressive)
- *They do speak* Italian. (present emphatic)

3. Other **-are** verbs that are conjugated like **cantare** are:

arrivare (*to arrive*)
ballare (*to dance*)
camminare (*to walk*)
comprare (*to buy*)
cucinare (*to cook*)
domandare (*to ask*)
entrare (*to go in, come in*)
guardare (*to look at*)
guidare (*to drive*)
lavorare (*to work*)
parlare (*to speak, talk*)
suonare (*to play* [an instrument])
telefonare (*to phone*)

4. Verbs ending in **-iare,** such as **mangiare, studiare,** and **cominciare,** drop the **i** of the infinitive stem before adding the **-i** ending of the second person singular and **-iamo** of the first person plural.

MANGIARE (*TO EAT*)	STUDIARE (*TO STUDY*)	COMINCIARE (*TO BEGIN*)
mangio	studio	comincio
mangi	studi	cominci
mangia	studia	comincia
mangiamo	studiamo	cominciamo
mangiate	studiate	cominciate
mangiano	studiano	cominciano

5. Verbs ending in **-care** and **-gare,** such as **giocare** and **pagare,** insert an **h** between the infinitive stem and the endings **-i** and **-iamo** to preserve the hard **c** and **g** sound of the stem.

GIOCARE (*TO PLAY*)	PAGARE (*TO PAY*)
gioco	pago
giochi	paghi
gioca	paga
giochiamo	paghiamo
giocate	pagate
giocano	pagano

6. In yes/no questions, the word order of the interrogative (Do I sing?, Does she sing?) and the affirmative is identical. The only difference is the intonation: the voice goes up at the end of the sentence when asking a question.

Parlate italiano?	Do you speak Italian?
Cominciano ora?	Are they beginning now?
Studi una lingua straniera?	Are you studying a foreign language?
Giochi a tennis?	Do you play tennis?

7. In the present tense the negative (I do *not* sing, she does *not* sing) is formed by placing **non** (*not*) immediately before the verb.

Non parlano italiano.	They do *not* speak Italian.
Gianni **non** mangia carne.	Gianni does *not* eat meat.
Non giochiamo a carte.	We do *not* play cards.

To express the idea of *never*, place **non** in front of the verb and **mai** after it.

Luigi **non** canta **mai.**   Luigi *never* sings.

8. Common adverbs of time, such as **già, spesso, sempre,** and **ancora,** usually come immediately after the verb.

Parliamo **sempre** italiano.   We *always* speak Italian.

Esercizi

a. Give the corresponding forms of each verb.

1. io: parlare, guardare, telefonare, giocare.   2. tu: ballare, dimenticare, guidare, entrare, cominciare.   3. noi: cucinare, mangiare, camminare, suonare.

b. Rewrite each sentence replacing the subject with the words in parentheses. Change the verb accordingly.

1. **Cristina** lavora in una banca. (voi due; loro; io e Maria; io)   2. **Noi due** studiamo una lingua straniera. (Pietro; lui e lei; anche tu; voi)   3. **Lui** non paga. (io; noi; Paolo e Patrizia; tu)

— Litigano ancora?

litigare: to quarrel

c. React to a friend's statement asking why he or she does not do the following things.

Esempio: Non parlo italiano.
          Perchè non parli italiano?

1. Non parlo inglese.   2. Non mangio a casa.   3. Non cammino.
4. Non studio una lingua straniera.   5. Non gioco a tennis.   6. Non compro gelati.

d. Show your admiration for some friends who seem to do everything well.

Esempio: Come ballano bene!

1. ballare   2. parlare   3. cantare   4. cucinare   5. suonare
6. giocare   7. guidare

B. Forms of address

Dialogo fra studenti stranieri.
PAOLO: Siete americani voi due?
GERALDINE: Io sono americana; lui è canadese. E tu?
PAOLO: Io sono messicano, ma ora abito in Italia.

1. *È canadese Geraldine?*
2. *È italiano Paolo?*
3. *Dove abita Paolo?*

Italian has four words for the word *you:* **tu, voi, Lei,** and **Loro.**

1. **Tu** and **voi** are the familiar forms. They are used to address members of the family, close friends, and children. Young people use **tu** freely when talking among themselves. **Tu** is the singular form: it is used when addressing one person. **Voi** is the plural form: it is used to address two or more people.

Tu, mamma.	*You,* Mom.
Voi, ragazzi.	*You* guys.

2. **Lei** and **Loro** (often written with a capital **L** to distinguish them from **lei** [*she*] and **loro** [*they*]) are the polite forms. They are used to address people whom the speaker does not know well. **Lei** is the singular form: it is used to address one person, male or female. **Loro** is the plural form: it is used to address two or more people (men, women, or men and women).

Lei, professore.	*You,* professor.
Lei, signora.	*You,* ma'am.
Loro, signore e signori.	*You,* ladies and gentlemen.

    Tu is used with the second person singular of a verb, and **voi** is used with the second person plural. **Lei** is used with the third person singular, and **loro** is used with the third person plural.

Tu, papà, **sei** pronto?	*Are you* ready, Dad?
Voi, ragazze, **siete** pronte?	*Are you* ready, girls?
Lei, professore, **è** pronto?	*Are you* ready, professor?
Lei, signora, **è** pronta?	*Are you* ready, ma'am?
Loro, signori, **sono** pronti?	*Are you* ready, gentlemen?

Dialog between foreign students.
PAOLO: Are you two Americans? GERALDINE: I'm American; he's Canadian. And you?
PAOLO: I'm Mexican, but I'm living in Italy now.

Esercizi

*Restate each question as you first address your instructor **(Lei)**, then other students **(voi)**.*

Esempio: Tu lavori?

Lei lavora? Voi lavorate?

1. Tu dove abiti?   2. Tu mangi carne?   3. Tu paghi ora?   4. Tu fumi?
(fumare: *to smoke*)   5. Tu parli italiano a casa?   6. Tu studi una lingua
straniera?   7. Tu canti quando sei contento?   8. Tu hai fortuna quando
giochi a carte?

— Lei è assicurato?

assicurato: *insured*

C.   Present tense of *andare, dare, fare,* and *stare*

CRISTINA: Stasera Marcella dà una festa in onore di Beppino: vai
anche tu?
PATRIZIA: Purtroppo no: ho un brutto raffreddore e così sto a casa e
vado a letto presto.
CRISTINA: E Cesare cosa fa di bello in questi giorni?
PATRIZIA: Cesare? Lavora da mattina a sera.

1. *Che cosa dà Marcella stasera?*
2. *Che cosa domanda Cristina?*
3. *Perchè sta a casa Patrizia?*
4. *Lavora molte ore Cesare?*

CRISTINA: Tonight Marcella is giving a party in honor of Beppino. Are you going, too?
PATRIZIA: Unfortunately not. I have a terrible cold, so I'm staying home and going to bed
early.   CRISTINA: And Cesare, what is he up to these days?   PATRIZIA: Cesare? He
works from morning till evening.

Many important Italian verbs are irregular. This means that they do not follow the regular pattern of conjugation (infinitive stem + endings). They may have a different stem or different endings. You have already learned two irregular Italian verbs: **avere** and **essere.** There are only four irregular verbs in the first conjugation:

andare *(to go)*   **fare** *(to do, make)*
dare *(to give)*   **stare** *(to stay)*

1. **Andare** and **dare** are conjugated as follows:

ANDARE *(TO GO)*	DARE *(TO GIVE)*
vado	do
vai	dai
va	dà
andiamo	diamo
andate	date
vanno	danno

Note that the first and second person plural forms are regular.

Vanno a letto presto.   *They go* to bed early.
Perchè non **diamo** una festa?   Why don't *we give* a party?

If it is followed by another verb (to go *dancing,* to go *eat*), **andare** is conjugated but the following verb is always in the infinitive preceded by **a:**

Quando **andiamo a ballare?**   When *are we going dancing?*
Dove **vanno a mangiare?**   Where do *they go to eat?*

A means of transportation, if indicated, is accompanied by **in** or **a.**

andare in automobile (in macchina)	to drive, go by car
andare in aeroplano	to fly, go by plane (air)
andare in treno	to go by train
andare in bicicletta	to ride a bicycle
andare a piedi	to walk, go on foot

Voi **andate in automobile,** noi **andiamo a piedi!**   You drive, we'll walk!

2. **Fare** and **stare** are conjugated as follows:

FARE (*TO DO, MAKE*)	STARE (*TO STAY*)
faccio	sto
fai	stai
fa	sta
facciamo	stiamo
fate	state
fanno	stanno

Faccio molte cose.   *I do* many things.
Voi state a casa stasera?   *Are you staying* home tonight?

Un proverbio italiano:

"Una rondine non fa primavera"

rondine: *swallow (bird)*
primavera: *spring*

Esercizi

a. Replace the subject with each subject in parentheses and change the verb form accordingly.

1. Marcella dà una festa. (io; noi due; voi; Michele e Lisa)   2. Io non faccio discorsi. (lui; loro; io e Mario; tu)   3. Stiamo a casa stasera. (Patrizia; Patrizia e Cesare; io; voi due)

*b. Supply the correct form of **andare**. Note that **in** is used for countries, **a** for cities.*

1. Io _____ in Italia, ma loro _____ in Francia.   2. Noi due _____ a Roma, non a Venezia.   3. Chi _____ a teatro?   4. Tu e Michele _____ a scuola domani.   5. Lei non _____ a casa di Marcella.

*c. A friend of yours tells you what city she's going to visit. Express your enthusiasm over her choice of the country, according to the example. Use the following countries: **Canadà, Francia, Germania, Inghilterra** (England), **Irlanda, Messico, Spagna** (Spain).*

Esempio: Vado a Roma.
          Oh, vai in Italia. Fortunata!

1. Vado a Toronto.   2. Vado a Madrid.   3. Vado a Acapulco.   4. Vado a Berlino.   5. Vado a Parigi.   6. Vado a Dublino.   7. Vado a Londra. 8. Vado a New York.

*d. **Intervista.** Ask one or two students if they do the following things.*

Esempio: **Tu vai** a letto presto?
   Voi andate a letto presto?

1. andare a letto presto   2. lavorare da mattina a sera   3. fare molto sport
4. dare feste   5. cercare una scusa *(excuse)*   6. stare a casa   7. fare
molti errori

— Io faccio diciotto chilometri con
un litro, e tu?

D.   Idioms with *fare*

CESARE: Maria, andiamo a fare una passeggiata?
MARIA: Sì, volentieri! Fa così bello oggi. Dove andiamo?
CESARE: In un posto molto carino dove faccio sempre
   molte fotografie.

1. *Dove vanno Cesare e Maria?*
2. *Perchè Maria va a fare una passeggiata volentieri?*

Fare is the most frequently used Italian verb. Many idiomatic expressions contain the verb **fare,** whereas in English *be, take,* or another verb is
used.

CESARE: Maria, shall we go take a walk?   MARIA: Yes, I'd be glad to. The weather is so
nice today. Where are we going?   CESARE: To a very nice spot where I always take a lot of
pictures.

fare una passeggiata   to go for a walk
fare un viaggio   to take a trip
fare una domanda   to ask a question
fare una fotografia   to take a picture
fa bello   it's nice weather
fa brutto   it's bad weather
fa caldo   it's hot
fa freddo   it's cold

Esercizi

Answer each question with a complete sentence.

1. Lei fa molte domande in classe?   2. Lei ha una macchina fotografica *(camera)*? Lei fa fotografie? Ha molte fotografie? Dove sono? In un album? In un cassetto *(drawer)*?   3. Fa una passeggiata quando fa bello?   4. Sta a casa volentieri quando fa brutto?   5. Sta a letto volentieri quando fa freddo?   6. Mangia meno *(less)* quando fa caldo?

E. Idioms with *stare*

LUCIANA: È un bravo bambino Luigino?
MIRELLA: Per carità, è una vera peste! Non sta mai fermo, non sta mai zitto, non sta mai attento. . .

1. *È bravo Luigino?*
2. *Parla molto Luigino?*
3. *Sta attento Luigino?*

The verb **stare** *(to stay)* is used in many idiomatic expressions and has different meanings according to the adjective, adverb, verb, or phrase that goes with it.

stare bene   to be well
stare attento   to pay attention
stare fermo   to keep still
stare zitto   to keep quiet
stare per + infinitive   to be about to do something

Ciao, zio, **come stai?**   Hi, uncle, *how are you?*
Sto bene, grazie.   *I'm well,* thanks.

LUCIANA: Is Luigino a good kid?   MIRELLA: Good heavens, he's a real pest! He never stays still, he never keeps quiet, he never pays attention. . .

Perchè non **state fermi?**	Why don't you *stay still?*
Molte studentesse **stanno attente.**	Many students *pay attention.*
Luigino non **sta** mai **zitto.**	Luigino never *keeps quiet.*
Stiamo per andare.	*We are about to go.*

Esercizi

a. Replace the subject with each subject in parentheses and change the verb form and the adjective accordingly.

1. Stiamo attenti in classe. (Luigino; loro; tu; io)   2. Perchè non stai fermo un momento? (voi due; Luisa; lui e lei; Roberto)

*b. Greet each of the following people (use **ciao, buon giorno, buona sera**) and ask "How are you?"*

1. _____, zio, _____?   2. _____, professore, _____?   3. _____, professoressa, _____?   4. _____, signora, _____?   5. _____, ragazzi, _____?
6. _____, mamma, _____?

*c. Answer each question indicating that the people mentioned are about to do certain things, using **stare** and an infinitive.*

Esempio: Che cosa fanno? Mangiano?
          No, **stanno per mangiare.**

1. Che cosa fanno? Suonano?   2. Che cosa fa? Canta?   3. Che cosa fa? Telefona?   4. Che cosa fanno? Ballano?   5. Che cosa fa? Entra?   6. Che cosa fanno? Vanno a letto?

F.   Titles

VITTORIA: Signor Rossi, come sta?
SIG. ROSSI: Abbastanza bene, grazie; e Lei, signorina?
VITTORIA: Non c'è male, ma sono stanca perchè studio troppo.

1. *Perchè è stanca Vittoria?*
2. *Anche Lei è stanco/stanca per la stessa ragione (the same reason)?*

VITTORIA: Mr. Rossi, how are you?   MR. ROSSI: Pretty good, thank you; and you, Miss?   VITTORIA: Not bad, but I'm tired because I study too much.

The most common Italian titles are **signore** *(Mr.)*, **signora** *(Mrs.)*, and **signorina** *(Miss)*. The capitalization of these titles is optional.

1. A woman is usually addressed as **signora** or **signorina,** and usually no last name is used even if it is known. On the other hand, a gentleman is addressed with **signore** alone only in places where he is served, such as restaurants, stores, or offices.

2. Note that **signore,** like all titles ending in **-ore (dottore** *doctor,* **professore)** drops the final **-e** before a name or another noun.

    Signor Rossi
    Signor Presidente

3. The abbreviations are:

    Sig.(signore)
    Sig.ra (signora)
    Sig.na (signorina)

4. Teachers in Italy are addressed simply as:

    maestro/signor maestro ⎫
    maestra/signora maestra ⎭ (elementary school only);
    professore/professoressa (from sixth grade on through secondary school and college).

    Female teachers are often addressed as **signora** or **signorina.**

5. The plural **signori** can include both *Mr. and Mrs.* as a title, or it can mean *ladies and gentlemen.*

6. A **dottore** or **dottoressa** in Italy is not just a medical doctor. Any person who graduates from the university receives this title. The abbreviation is **Dott.** or **Dr.**

Esercizi

Greet each of the following persons and ask them where each is going.

Mr. Rossi, Mrs. Rossi, Miss Rossi, Dr. Verdi, Prof. Bianchi

Now ask two persons whether they do the following things:

1. cantare canzoni italiane   2. suonare la chitarra   3. guidare una Fiat
4. lavorare in una banca   5. mangiare in sala da pranzo

— Signori, avanti per favore!

III.
ESERCIZI DI PRONUNCIA: THE SOUNDS /g/ AND /ǧ/

1. /g/: a sound similar to the *g* in the English word *go*. It is written **gh** before **e** or **i**; and **g** before **a, o** or **u**.

    a. Initial position

        gatto, **ghe**tto, **ghi**ro, **go**ndola, **gu**sto

    b. Medial position (single and double)

pa**ga**re	se**gga**
to**ghe**	
pa**ghi**	
re**go**lare	le**ggo**
ra**gù**	a**ggu**ato

        Contrast /g/ with /gg/;

le**go**	le**ggo**
fu**ga**	fu**gga**

2. /ǧ/: a sound similar to the *g* in the English word *giant*. It is written **g** before **e** or **i**; and **gi** before **a, o** or **u**.

a. Initial position

giallo, **ge**nte, **gi**ro, **gio**vane, **giu**gno

b. Medial position (single and double)

re**gi**	corre**ggi**
pa**ge**lla	le**gge**
pa**gi**ne	persona**ggi**
ada**gio**	pa**ggio**
	la**ggiù**

Contrast /ǧ/ with /ǧǧ/:

a**gio**	ma**ggio**
re**gia**	re**ggia**
mo**gio**	mo**ggio**

Practice the sounds /g/ and /ǧ/ in the following sentences:

1. Lego un pacco ma leggo un libro.   2. È giovane Giovanni? Sì, è giovane e intelligente.   3. Quando ha sonno, Giorgio dorme come un ghiro.   4. Giuseppe non mangia formaggio.   5. Facciamo una passeggiata.   6. Perchè Giulia non paga?

IV.
DIALOGO

Festa in casa Pepe in onore di Beppino.

È un *sabato* sera; in casa Pepe ci sono molte persone: ci sono parenti, amici e molti ragazzi e ragazze, amici di Marcella. In sala da pranzo c'è una tavola con molti dolci, panini, vini e liquori. *Saturday*

Personaggi: Beppino, Marcella, Signori Verdi, Vittoria, Paolo, Mario

MARCELLA: Cari signori Verdi! Come stanno? Ecco *mio* cugino Beppino! *my*

SIGNORA VERDI: (esamina Beppino *da capo a piedi*) Ah, Lei arriva *dal Texas*, non è vero? E a Firenze cosa fa? Studia? *from head to toe / from Texas*

BEPPINO: *Per ora* faccio fotografie, però *ho intenzione di* studiare all'Accademia di Belle Arti. *for the time being / I intend*

SIGNOR VERDI: (un *vecchietto* timido e gentile) Ma bravo! E come parla bene l'italiano! *little old man*

Arrivano Vittoria, Paolo e Mario. Paolo e Mario *frequentano* già l'Accademia di Belle Arti a Firenze; Vittoria e Marcella invece studiano Lettere. *attend*

VITTORIA:	Ora *metto* un disco e balliamo; va bene, Beppino?	*I play*
BEPPINO:	Benone! Ora balliamo e poi mangiamo. Ci sono tante cose buone!	
MARCELLA:	Un momento, ragazzi! Ci sono qui Paolo e Mario che hanno la chitarra e cantano bene. . .	
VITTORIA:	Canti anche tu, Beppino?	
BEPPINO:	Sì, canto anch'io: country music. . .	
MARCELLA:	State zitti, per favore!	
	Signore e signori, attenzione: concerto di musica folk con Paolo Rossi e Mario Casini, famosi cantautori toscani e Beppino *il texano* . . .	*the Texan*

Dialog comprehension check

Answer the following questions.

1. Ci sono molte persone in casa Pepe?   2. Che cosa c'è in sala da pranzo?   3. Che cosa fa Beppino per ora?   4. Che cosa ha intenzione di fare Beppino?   5. Che cosa studiano Vittoria e Marcella?   6. Canta Beppino?

V.
ESERCIZI DI RICAPITOLAZIONE

a. *Rewrite each sentence with the subject in parentheses.*

1. Quando vado a Bologna, mangio bene. (voi)   2. Cercate un ristorante *(restaurant)* perchè avete fame. (noi)   3. Stanno zitti quando non stanno bene. (io)   4. Quando spiego, do molti esempi. (lui)   5. Fai una passeggiata quando hai tempo. (loro)   6. Fa molti errori quando parla italiano. (io)   7. Stiamo a casa perchè abbiamo un brutto raffreddore. (tu)

b. *Do you do each of the following things willingly* **(volentieri)** *or unwillingly* **(malvolentieri)?**

Esempio: Cammino volentieri.

1. camminare   2. dare consigli *(advice)*   3. parlare italiano   4. stare a casa   5. giocare a carte   6. studiare   7. cucinare   8. andare a ballare   9. telefonare   10. pagare

Which five activities do you think students do most **volentieri?**

Esempio: Cucinano volentieri.

c. *Complete each sentence in Column A by choosing the appropriate answer from Column B.*

	A			B
	Faccio domande			ho sete.
	Vado a letto			lavoro da mattina a sera.
	Vado a mangiare			ho sonno.
	Ordino (*I order*) un'aranciata	} perchè {		sono curioso.
	Sto a casa			ho un brutto raffreddore.
	Non mangio carne			ho fame.
	Sono stanco			sono vegetariano.

d. Express in Italian.

When I have time, I do many things: I play cards, I sing a song, I go for a walk, I ride my bike, I go dancing with a friend, I watch a movie (**film**), I take pictures . . .

When you have time, what do you do?

Now answer the last question in Italian as fully as you can.

VI.
LETTURA CULTURALE: CITTÀ ITALIANE*

Venice (Leonard Speier)

Verona (Leonard Speier)

*See map on back endpaper.

*Florence (Leonard
Speier)*

*Rome (Leonard
Speier)*

*Naples (Henri Cartier-
Bresson/Magnum)*

Palermo (Italian Government Travel Office)

VII.
PAROLE DA RICORDARE

VERBS

abitare to live
andare to go
arrivare to arrive
avere fortuna to be lucky
ballare to dance
camminare to walk
cantare to sing
cominciare to begin
comprare to buy
cucinare to cook
dare to give
dimenticare to forget
domandare to ask
fare to do, make
giocare (a + noun) to play (a sport or a game)
guidare to drive
lavorare to work
mangiare to eat
pagare to pay
parlare to speak, talk
spiegare to explain
stare to stay
studiare to study
suonare to play (an instrument)
telefonare to phone

NOUNS

bambino kid, child
bicicletta bicycle
canzone (f) song
carta playing card
concerto concert
cosa thing
disco (pl. **dischi**) record
dolce (m) sweet
domanda question
dottore (m), **dottoressa** doctor/ university graduate
festa party
italiano Italian; Italian language
Lettere (f. pl.) Liberal Arts
letto; a letto bed; in bed
lingua language
mattina; da mattina a sera morning; from morning till evening
papà (m) dad, daddy
persona person
piede (m); **a piedi** foot; on foot
raffreddore (m) cold
sala room
sala da pranzo dining room
signore (m) gentleman, sir, Mr.
tavola table

ADJECTIVES

contento glad
stanco tired
tanto so much
timido shy

OTHERS

a casa, in casa at home
a casa di at the house of
benone quite well
che who, which, that
cosa? (same as **che cosa?**) what?
Cosa fa di bello? What is he/she up to? What are you up to?
così so
da from
fra among, between
già already
invece instead
non è vero? isn't it true?
non. . .mai never
ora now
perchè why, because
poi then, afterward
presto early
purtroppo unfortunately
quando when
spesso often
stasera tonight, this evening
troppo too much
volentieri gladly

I N T E R M E Z Z O   I I I

I. CHE COSA FA QUANDO È FELICE (INFELICE)?

Choose one or more of the suggested activities or, if you prefer, come up with your own.

A. Quando sono felice

canto
ballo
telefono
compro un regalo *(present)* per un amico
faccio una passeggiata

_____
_____
_____

B. Quando sono infelice

mangio
compro un vestito
sto zitto/zitta
sto a letto

_____
_____
_____

II. STORIELLE UMORISTICHE *(HUMOROUS ANECDOTES)*

Presentiamo Whisky, un cane intelligente e simpatico.

Using as many of the following words and expressions as possible, describe what is happening in the comic strip.

essere una bella notte di luna

cantare
pensare
cantare bene/male
desiderare imparare

andare in città; essere un giorno di
    sole
cercare un professore di canto;
    trovare Giovanni Verdi
dare lezioni di canto
studiare canto con Giovanni Verdi

CAPITOLO 4

I.
OBIETTIVI

Culture

This chapter deals with the Italian university and how it differs from your own, both in the way it looks and in the way it functions.

Grammar

The various forms of the Italian definite article are introduced; they all correspond to the English word *the*. You will study the present tense of the other two groups of regular verbs, those with infinitives ending in **-ere** and **-ire,** as well as some irregular verbs. You will learn how the *present tense* of verbs followed by **da** + a time expression describes an action that began in the past and is still going on. You will also be able to distinguish between **conoscere** and **sapere,** the two Italian verbs that correspond to the English verb *to know*.

II.
GRAMMATICA

A. The definite article

Marcella mostra a Vittoria una vecchia fotografia di famiglia.

MARCELLA: Ecco la nonna e il nonno, la zia Luisa e lo zio Massimo, papà e la mamma molti anni fa . . . Buffi, no?

VITTORIA: E i due in prima fila chi sono?

MARCELLA: Sono gli zii di Chicago.

1. *Che cosa guardano Marcella e Vittoria?*
2. *Chi è Luisa? Chi è Massimo?*
3. *Secondo (according to) Marcella, come sono queste persone?*
4. *Chi sono i due in prima fila?*
5. *Lei ha un vecchio album di fotografie?*

In English the definite article has only one form: *the.* In Italian it has different forms according to the gender, the number, and the first letter of the noun or adjective it precedes.

	SINGULAR		PLURAL	
	MASCULINE	FEMININE	MASCULINE	FEMININE
	il bambino	**la** bambina	**i** bambini	**le** bambine
	l'amico	**l'**amica	**gli** amici	**le** amiche
	lo studente	**la** scuola	**gli** studenti	**le** scuole
	lo zio	**la** zia	**gli** zii	**le** zie
	lo psicologo		**gli** psicologi	

Marcella shows Vittoria an old family photograph.
MARCELLA: Here are Grandma and Grandpa, Aunt Luisa and Uncle Massimo, Dad and Mom many years ago . . . Funny, aren't they?   VITTORIA: Who are the two in the front row? MARCELLA: They are my aunt and uncle from Chicago.

1. **Il** (pl. **i**) is used before masculine nouns beginning with most consonants; **l'** (pl. **gli**) is used before masculine nouns beginning with a vowel; **lo** (pl. **gli**) is used before masculine nouns beginning with **s** + consonant, **z**, or **ps. La** (pl. **le**) is used before feminine nouns beginning with a consonant; **l'** (pl. **le**) is used before feminine nouns beginning with a vowel.

2. The article agrees in gender and number with the noun it modifies and is repeated before each noun.

la Coca-Cola e **l'**aranciata	*the* Coke and orangeade
i nomi e **gli** indirizzi	*the* names and addresses
gli zii e **le** zie	*the* uncles and aunts

3. The word immediately following the article is the one that determines the article's form. Compare:

il giorno	*the* day	**lo** zio	*the* uncle
l'altro giorno	*the* other day	**il** vecchio zio	*the* old uncle
i ragazzi	*the* boys	**l'**amica	*the* girlfriend
gli stessi ragazzi	*the* same boys	**la** nuova amica	*the* new girlfriend

4. In Italian the definite article is always used with titles, such as **dottore, professore, signore, signora, signorina,** when the speaker is talking *about* the person.

Il professor Biagi è un bravo insegnante.	*Professor* Biagi is a good teacher.
La signorina Bini non sta bene.	*Miss* Bini isn't well.

    The definite article is not used when the speaker is talking directly to someone whose name is preceded by a title.

Buon giorno, **Professor** Biagi.	Good morning, *Professor* Biagi.
Signorina Bini, come sta oggi?	*Miss* Bini, how are you today?

Esercizi

a. Supply the proper form of the article.

1. _____ giorno, _____ ora e _____ anno.   2. _____ amici e _____ amiche.
3. _____ ravioli e _____ spaghetti.   4. _____ acqua e _____ vino.
5. _____ stadio e _____ zoo.   6. _____ nomi e _____ date.

b. *Imagine that you are handing out gifts, telling who gets which gift. Use the appropriate article.*

Esempio: **(La)** borsa *(handbag)* è per *(for)* **(la)** mamma.*

1. _____ sigari sono per _____ nonno.   2. _____ chitarra è per _____ zio.
3. _____ dischi sono per _____ zia.   4. _____ treno elettrico è per _____
cugini di Napoli.   5. _____ scialle (m) *(shawl)* è per _____ nonna.
6. _____ sigarette sono per _____ amico di Beppino.

c. ***Posso presentare*** (may I introduce?)? *Imagine you and another student are in a receiving line. One of you announces each guest, the other greets the guest.*

Esempio: X: Il signor Martini!
          Y: Buona sera, signor Martini!

1. Mr. Martini, Mrs. Martini, Miss Martini.   2. Professor Rossi, Mrs. Rossi.
3. Dr. Bianchi, Miss Bianchi.

d. ***Il cameriere distratto*** (the absent-minded waiter). *Your waiter has a hard time remembering who ordered what. Yet he should remember, because you go to his café almost every day. Here is what happens. He says:* **Ecco la birra per il dottore!** *And you correct him:* **No, la birra è per la signorina.**

caffè	avvocato
Coca-Cola	professore
gelato	sìgnora
espresso	bambino
scotch	americana
acqua minerale	ingegnere

— Carlo, gli spaghetti sono pronti!

Mom is **la mamma;** *Dad* is **papà; papà** is usually used without an article.

B. Present tense of regular -*ere* and -*ire* verbs (first group)

È una serata tranquilla in casa Bianchi: la mamma e la zia Ada guardano la televisione, papà legge il giornale, lo zio Toni scrive una lettera, il bambino piccolo dorme, Franca e Roberto sentono un disco.

1. *Che cosa guardano la mamma e la zia Ada?*
2. *Che cosa legge papà?*
3. *Legge il giornale lo zio?*
4. *Che cosa fa il bambino piccolo?*
5. *Chi sente un disco?*

1. The present tense of regular verbs ending in -**ere** (second conjugation) and -**ire** (third conjugation) is formed by adding the appropriate endings to the infinitive stem.

-ERE VERBS SCRIVERE *(TO WRITE)*	-IRE VERBS (FIRST GROUP) DORMIRE *(TO SLEEP)*
scriv**o** I write	dorm**o** I sleep
scriv**i** you write	dorm**i** you sleep
scriv**e** he, she, it writes	dorm**e** he, she, it sleeps
scriv**iamo** we write	dorm**iamo** we sleep
scriv**ete** you (pl.) write	dorm**ite** you (pl.) sleep
scriv**ono** they write	dorm**ono** they sleep

Note that the endings are the same for both conjugations except in the second person plural: -**ete** for -**ere** verbs, -**ite** for -**ire** verbs.

Scrivete gli esami con la penna o con la matita?

Do you write the exams with a pen or pencil?

Il nonno **dorme** e anche i bambini **dormono.**

Grandpa *is sleeping* and the children *are sleeping*, too.

It's a quiet evening at the Bianchis'. Mother and Aunt Ada are watching TV, Dad is reading the newspaper, Uncle Toni is writing a letter, the baby is sleeping, Franca and Roberto are listening to a record.

2.   Other **-ere** verbs conjugated like **scrivere** are:

correre *(to run)*	Perchè **correte?**
leggere *(to read)*	**Legge** il giornale.
perdere *(to lose, waste)*	**Perdo** molto tempo.
prendere *(to take; to eat, or drink food)*	Noi **prendiamo** l'autobus qui.
	Io **prendo** un cappuccino.
ricevere *(to receive)*	Luisa **riceve** molte lettere.
rispondere *(to answer)*	Perchè non **rispondi** in italiano?
vedere *(to see)*	**Vedono** un film.

Note that almost all verbs ending in **-ere** have the stress not on **-ere** but on the preceding syllable: **prendere, ricevere.**

3.   Some **-ire** verbs conjugated like **dormire** are:

aprire *(to open)*	**Apriamo** la finestra.
offrire *(to offer)*	**Offro** un caffè a tutti.
partire *(to leave)*	Quando **partite? Partiamo** domani.
sentire *(to hear, to feel)*	**Sentite** la voce di Mario?
servire *(to serve)*	**Servi** vino bianco o vino rosso?

Esercizi

a. Replace the subject with each subject in parentheses and change the verb form accordingly.

1. Tu senti la musica. (loro; Paolo; voi; io)   2. Apriamo la porta di casa. (io; tu, mamma; lui; le ragazze)   3. Prendono un gelato. (tu ed io; Luciana; voi; il professor Bini)   4. Leggo romanzi. (lui e lei; le ragazze; lo zio; anche noi)

b. Everything I do, Giuseppina does too! React to each statement according to the example.

Esempio: Io corro.
      Anche lei corre.

1. Io prendo un'aspirina.   2. Io leggo il giornale.   3. Io servo vino.
4. Io offro un caffè.   5. Io rispondo in italiano.   6. Io faccio una passeggiata.

*c. Respond to each sentence indicating that "the others" (**gli altri**) do the same thing.*

Esempio: Pietro legge *Panorama.*
      Anche gli altri leggono *Panorama.*

1. Pietro sente un disco.   2. Pietro apre la porta.   3. Pietro suona la chitarra.   4. Pietro va a teatro.   5. Pietro dà la mancia *(tip).*   6. Pietro scrive una lettera.

d. Conversazione.

1. Lei legge il giornale ogni *(every)* giorno?   2. Lei scrive lettere o telefona?
3. Lei corre volentieri?   4. Lei perde molto tempo?

C. Present tense of regular *-ire* verbs (second group)

> MARCELLA: Tu, Vittoria, capisci Beppino quando parla inglese?
> VITTORIA: Beh, quando parla adagio, capisco tutto; quando parla in fretta o usa parole difficili, non capisco niente!
>
> *1. Vittoria capisce sempre Beppino?*
> *2. Lei parla adagio o in fretta?*
> *3. Lei usa parole difficili quando parla inglese?*

Not all verbs ending in **-ire** are conjugated in the present like **dormire.** The majority of **-ire** verbs follow this pattern:

-IRE VERBS *(SECOND GROUP)* CAPIRE *(TO UNDERSTAND)*	
cap**isco**	I understand
cap**isci**	you understand
cap**isce**	he, she, it understands
capiamo	we understand
capite	you (pl.) understand
cap**iscono**	they understand

The endings are the same as for the verb **dormire,** but **-isc-** is inserted between the stem and the ending except in the first and second person plural. The pronunciation of **sc** changes according to the vowel that follows: before **e** or **i,** it is pronounced /š/ as in *she;* before **o,** it is pronounced /sk/ as in *ski.*

The following **-ire** verbs are conjugated like **capire:**

finire *(to finish)*   I ragazzi **finiscono** gli esercizi.
preferire *(to prefer)*   **Preferite** leggere o scrivere?
pulire *(to clean)*   Quando **pulisci** la casa?

MARCELLA: Vittoria, do you understand Beppino when he speaks English?   VITTORIA: Well, when he talks slowly, I understand everything; when he talks fast or uses difficult words, I don't understand anything!

In this text the infinitive of verbs conjugated like **capire** will be followed by **(isc)** in vocabulary lists and in the end vocabulary.

Esercizi

a. Replace the subject with each subject in parentheses and change the verb form accordingly.

1. Pietro preferisce stare a casa. (voi due, la signora Biagi, anche noi, i bambini)   2. Non pulisco il garage. (Luigi, loro due, tu, voi)

b. Domandare a un amico/un'amica:

1. quando pulisce il garage   2. dove preferisce andare   3. perchè serve Coca-Cola   4. se capisce il Professor Müller

c. Verb review. Complete with the appropriate form of the same verb.

1. Parto per Firenze. Anche tu . . .   2. Capisco l'inglese.* Anche il cameriere . . .   3. Loro sono di Londra. Anche noi . . .   4. Abbiamo fortuna. Anche voi . . .   5. Facciamo il caffè. Anche tu . . .   6. Tu vai a piedi. Anch'io . . .   7. Roberto lavora. Anche voi . . .   8. Preferiamo stare a casa. Anche loro . . .   9. Danno una festa. Anche lui . . . 10. Prendo una Coca-Cola. Anche Lei . . .

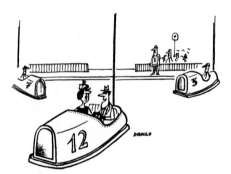

— **Dove preferisci andare?**

d. Conversazione.

1. Lei capisce il francese?   2. Preferisce guardare la televisione o leggere? 3. Preferisce gli occhi azzurri *(blue)* o gli occhi castani?   4. Preferisce passare le serate con gli amici o in famiglia?   5. Preferisce stare zitto o parlare quando ci sono molte persone?

*Names of languages are masculine and are preceded by the definite article. The article is omitted after the verb **parlare** and after **di** or **in** (**parliamo inglese; canta in inglese; è professore di inglese**).

D. Present tense of some irregular verbs

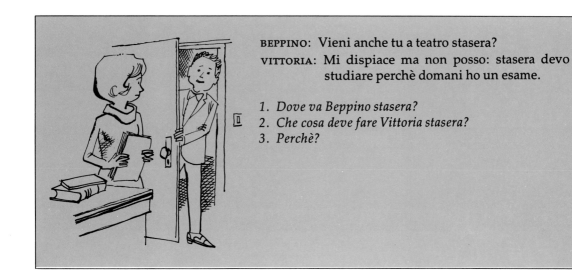

BEPPINO: Vieni anche tu a teatro stasera?

VITTORIA: Mi dispiace ma non posso: stasera devo studiare perchè domani ho un esame.

1. Dove va Beppino stasera?
2. Che cosa deve fare Vittoria stasera?
3. Perchè?

Some commonly used **-ere** and **-ire** verbs are irregular in the present tense.

BERE *(TO DRINK)*	DOVERE *(TO HAVE TO, MUST)*
bevo	devo (debbo)*
bevi	devi
beve	deve
beviamo	dobbiamo
bevete	dovete
bẹvono	dẹvono (dẹbbono)*

POTERE *(TO BE ABLE, CAN, MAY)*	VOLERE *(TO WANT)*
posso	voglio
puoi	vuoi
può	vuole
possiamo	vogliamo
potete	volete
pọssono	vọgliono

BEPPINO: Are you coming to the theater tonight, too?   VITTORIA: I'm sorry, but I can't. I have to study tonight because I've got an exam tomorrow.

***Debbo** and **debbono** are alternate spellings.

DIRE *(TO SAY, TELL)*

dico
dici
dice
diciamo
dite
dicono

USCIRE *(TO GO OUT)*

esco
esci
esce
usciamo
uscite
escono

VENIRE *(TO COME)*

vengo
vieni
viene
veniamo
venite
vengono

Il bambino **beve** latte.	The child *drinks* milk.
Dovete aspettare dieci minuti.	*You must* wait ten minutes.
Non **posso** venire.	I *can't* come.
Non **vogliono** pagare.	They don't *want* to pay.
Diciamo buon giorno.	*We say* good morning.
Perchè non **esci?**	Why don't you *go out?*
Vengo domani.	*I'm coming* tomorrow.

Esercizi

a. Replace the subject with each subject in parentheses and change the verb form accordingly.

1. Tu devi imparare le parole nuove. (voi, lui)   2. La signora vuole un caffè. (tu, loro)   3. Potete venire stasera? (Lei, noi)   4. Devo restare a casa. (lui, voi due)

b. Complete each sentence conjugating the infinitive given.

1. Quando i nonni possono venire, _____.   2. Se Carlo vuole aspettare, _____.   3. Se non puoi correre, non _____.   4. Se dobbiamo ripetere (*repeat*), _____.   5. Quando volete dire la verità (*truth*), _____ la verità. 6. Quando non posso stare fermo, non _____ fermo.

c. Respond to each question by stating: "Of course I do!" for the things mentioned.

Esempio: Lei beve caffè?
          Certo che bevo caffè!

1. Lei viene stasera?   2. Lei vuole camminare?   3. Lei dice "Ciao"?
4. Lei può venire?   5. Lei deve telefonare?

— Non devo star molto bene: ho freddo!

E.   *Conoscere* and *sapere*

Conoscere and **sapere** both correspond to the English verb *to know*, but they have different uses.

Sapere is irregular. Its present tense forms are:

so	sappiamo
sai	sapete
sa	sanno

Conoscere is regular. Note the pronunciation of **sc** with the different endings.

conosco	conosciamo
conosci	conoscete
conosce	conoscono

1. **Conoscere** means *to know* in the sense of being acquainted with someone or something. It can also mean to make the acquaintance of, to meet.

Conosci l'amico di Beppino?	*Do you know* Beppino's friend?
Non conosciamo la città.	*We don't know* the city:
Voglio **conoscere** quella ragazza.	I want *to meet* that girl.

2. **Sapere** means *to know* a fact, to have knowledge of something. When followed by a verb in the infinitive, it means *to know how*, that is, to be able to do something.

Scusi, **sa** dov'è lo zoo?	*Excuse me, do you know* where the zoo is?
Non so perchè non mangiano.	*I don't know* why they are not eating.
Sapete ballare voi?	*Do you know how* to dance?
Sanno tutti i nomi.	*They know* all the names.

— Io non so nuotare. E lei?

Esercizi

a. *Complete each sentence with the appropriate verb.*

1. _____ Roma, signorina? (Sa, conosce)   2. Io _____ suonare il piano. (so, conosco)   3. Tutti _____ che Pietro arriva oggi. (sanno, conoscono) 4. _____ un ristorante francese a New York. (Sappiamo, conosciamo) 5. _____ se vengono stasera? (Sai, conosci)   6. Chi _____ la differenza tra *(between)* ''arrivederci'' e ''arrivederla''? (sa, conosce)

b. *Re-create the following dialog. Substitute the words listed for the italicized words and make any necessary changes.*

X: Scusi, Signorina, sa dov'è *lo zoo?*
Y: Mi dispiace, non lo so: non conosco *la città.*

ristorante Tritone	Roma
cinema Capitol	Milano
stadio	Napoli
Biblioteca Nazionale	Firenze
(National Library)	

c. *Give the names of five persons you know well. Then tell one thing you know about each person. Follow the example.*

Esempio: **Conosco** Beppino. **So** che suona la chitarra.

d. *Conversazione.*

1. Sa dove abita il professore/la professoressa d'italiano?   2. Sa dov'è Pisa? 3. Conosce un buon ristorante italiano?   4. Sa il nome di un formaggio *(cheese)* italiano e di un formaggio francese?   5. Sa chi è il marito *(husband)* di Sophia Loren?   6. Sa cucinare? Sa fare altre cose?   7. Vuole conoscere studenti italiani?   8. Conosce canzoni italiane? Ha una bella voce *(voice)*?

F. Present tense + *da* + time expressions

Ho un appuntamento con Paolo a mezzogiorno in piazza. Io arrivo puntuale ma lui non c'è. Aspetto e aspetto, ma lui non viene . . . Finalmente, dopo un'ora, Paolo arriva e domanda: "Aspetti da molto tempo?" E io rispondo: "No, aspetto solo da un'ora!"

1. *A che ora* (at what time) *è l'appuntamento?*
2. *Chi arriva puntuale?*
3. *Quando arriva Paolo?*
4. *Che cosa domanda Paolo?*
5. *Che cosa rispondo io?*

Italian uses the present tense + **da** + time expressions to indicate an action that began in the past and is still going on in the present. To express the same kind of action, English uses the present perfect tense (e.g., *I have known, I have been waiting*). Compare:

PRESENT TENSE + DA + TIME EXPRESSION	PRESENT PERFECT TENSE
Aspetto da un'ora.	*I've been waiting* for an hour.

Da plus a time expression corresponds to the English *for* or *since* plus a time expression.

Abitano a Roma **da** molti anni.	They've been living in Rome *for* many years.
Non mangio pasta **da** un mese.	I haven't eaten pasta *for* a month.
Non scrivete **da** settembre.	You haven't written *since* September.
Siamo senz'acqua **da** una settimana.	We've been without water *for* a week.
Non parlo italiano **da** un anno.	I haven't spoken Italian *for* a year.

To ask *how long* something has been going on, use **da quanto tempo** + present.

Da quanto tempo aspetti?	*How long* have you been waiting?

I have a date with Paolo at noon in the square. I arrive on time but he isn't there. I wait and wait, but he doesn't come . . . Finally, after an hour, Paolo arrives and asks: Have you been waiting long? And I reply: No, I've only been waiting for an hour!

Esercizi

a. ***Da quanto tempo parli italiano?*** *(How long have you been speaking Italian?) Respond to each question stating that you haven't done the particular activity for a long time.*

Esempio: Voglio **mangiare** le lasagne.
   Non mangio le lasagne **da molto tempo.**

1. Voglio andare a ballare. 2. Voglio fare il pane. 3. Voglio suonare la chitarra. 4. Voglio leggere un buon libro. 5. Voglio sentire un disco. 6. Voglio pulire il garage.
Is there something you *want to do that you haven't done in a long time?*

b. Conversazione.

1. Da quanto tempo studia l'italiano? 2. Da quanto tempo non vede un film? 3. Da quanto tempo parla inglese? 4. Da quanto tempo non mangia zucchini? 5. Da quanto tempo non beve Coca-Cola? 6. Sa guidare? Da quanto tempo?

G. Interrogative words

MARCELLA: Pronto, chi parla?
MAURO: Pronto! Luciana?
MARCELLA: No, sono Marcella.
MAURO: Marcella? Io non conosco nessuna Marcella.
MARCELLA: Scusi, chi è Lei? Che cosa vuole?
MAURO: Signorina, non capisco: ci deve essere uno sbaglio. Qual è il Suo numero telefonico?
MARCELLA: Ventuno, tredici, ventisette.*
MAURO: Ah, ora capisco. Io voglio il ventuno, zero tre, ventisette! Scusi tanto!

1. *Con chi vuole parlare Mauro?*
2. *Con chi parla?*
3. *Quale numero vuole Mauro?*
4. *Quale numero ha Marcella?*

MARCELLA: Hello, who's speaking? MAURO: Hello! Luciana? MARCELLA: No, this is Marcella. MAURO: Marcella? I don't know any Marcella. MARCELLA: Excuse me, who are you? What do you want? MAURO: Miss, I don't understand: there must be a mistake. What is your phone number? MARCELLA: Twenty-one thirteen twenty-seven. MAURO: Ah, now I understand. I want twenty-one zero three twenty-seven! Sorry about that!

*Phone numbers in Italian cities are normally composed of six digits, which are given in groups of two.

The most common interrogative words (words used to ask questions) are:

Chi?	Who? Whom?
Che cosa? ⎫	
Che? ⎬	What?
Cosa? ⎭	
Quale (pl. **quali**)?	Which? What?
Quanto, -a?	How much?
Quanti, -e?	How many?
Come?	How?
Dove?	Where?
Quando?	When?
Perchè?	Why?

1. **Chi** is used only in reference to people. It can be the subject or the object of a verb.

Chi è Pietro?	*Who* is Peter?
Chi sono i signori con Marcella?	*Who* are the gentlemen with Marcella?
Chi capisce l'italiano?	*Who* understands Italian?
Chi viene stasera?	*Who* is coming tonight?
Chi conosci a Roma?	*Whom* do you know in Rome?
Con **chi** uscite?	With *whom* are you going out?

2. **Che** and **cosa** are variants of **che cosa.** The forms are interchangeable.

Che cosa fanno in Italia?	*What* are they doing in Italy?
Che dici?	*What* are you saying?
Cosa studiate?	*What* are you studying?

3. The interrogative adjectives **quale** and **quanto** agree in gender and number with the nouns they modify.

Quanta pazienza avete?	*How much* patience do you have?
Quante persone conoscete?	*How many* people do you know?
Quali libri usiamo?	*Which* books are we using?
Quale fiume c'è a Firenze?	*Which* river is in Florence?

4. **Dove** is elided to **dov'** before verbs beginning with a vowel.

Dov'è Giovanni?	*Where* is John?

Esercizi

a. Complete the question with the appropriate word.

1. (Quanti, quante) automobili hanno i Rossi?   2. (Che, chi) facciamo stasera?   3. (Quando, quanto) parte il treno?   4. (Quante, quale) giornale leggete?   5. (Come, cosa) parla inglese Beppino?   6. (Quali, quanti) dischi compri, due o tre?

b. What was the question? Formulate the question that each sentence answers, using interrogative words based on the italicized words. (Of course, the italicized words should not appear in the question.)

1. Viaggiano *in treno.*   2. Firenze è *in Toscana.*   3. Abbiamo *cinque* cugini.   4. Beve *Coca-Cola.*   5. *Vittoria* deve studiare.   6. L'amico di Beppino arriva *oggi.*   7. Mangio perchè *ho fame.*   8. Vogliono l'automobile *rossa.*   9. Aspettano da *due settimane.*

c. Conversazione.

1. Qual* è la capitale d'Italia?   2. Chi è il presidente americano?
3. Che cosa beve Lei quando ha sete?   4. Quante sono le sinfonie di Beethoven?   5. Quali lingue parlano in Canadà?   6. A chi scrive Lei?

— Chi è?

*Quale is frequently shortened to **qual** in front of verb forms beginning with a vowel.

III.
ESERCIZI DI PRONUNCIA: THE SOUNDS /š/ AND /sk/

/š/: a single sound pronounced as in the English word *shoe.* In Italian it is written **sci** when it comes before **a, o,** or **u;** and **sc** before **e** or **i.**

1. Initial position

scialle **sce**lta **sci** **scio**pero **sciu**pare

2. Medial position

fa**scia**re puli**sce** u**sci**ta la**scio** pro**sciu**tto

/sk/: a combination of /s/ and /k/ pronounced as in the English *sky.* In Italian it is written **sc** before **a, o,** or **u;** and **sch** before **e** or **i.**

1. Initial position

scala **sche**ma **schi**fo **sco**nto **scu**ltore

2. Medial position

fre**sca** pe**sche** tede**schi** di**sco** di**scu**tere

Practice the sounds /š/ and /sk/ in the following sentences.

a. Francesco preferisce uscire solo. b. Conosci dischi di musica classica per chitarra? c. Maria ha gli occhi scuri. d. I tedeschi sanno sciare bene. e. Dove posso lasciare il prosciutto?

IV.
DIALOGO

	Sui Lungarni.	*On the*
	Marcella e Vittoria camminano per i Lungarni, *verso*	*toward*
	la Biblioteca Nazionale.	
MARCELLA:	Vittoria, sai che finalmente arriva Pietro da Roma?	
VITTORIA:	L'amico di Beppino? E com'è questo Pietro?	
MARCELLA:	*Mah,* Beppino dice che è *un tipo in gamba.* Lui	*well / a swell guy*
	conosce Pietro da anni.	
VITTORIA:	Quando arriva?	
MARCELLA:	Oggi, ma non so a che ora. Viene in macchina con	
	un'amica americana.	
VITTORIA:	Chi è? *La sua ragazza?*	*his girlfriend*

MARCELLA:	*Boh,* non lo so. Perchè non vieni anche tu a casa stasera? Così conosci tutti e due.
VITTORIA:	Mi dispiace ma non posso. Devo studiare per l'esame di storia.
MARCELLA:	Povera Vittoria! Hai l'esame con il professor Biagi? Un vero *pignolo!* Vuole sapere tutte le date, tutti i nomi, tutti i grandi appuntamenti con la storia!
VITTORIA:	Sì, lo so, ma io non ho paura; ho una buona memoria. Ora vado in biblioteca a studiare; e tu, che fai?
MARCELLA:	Io? Vado a casa a fare lo yoga. Ciao, Vittoria, in bocca al lupo!

well

fussy person

Dialog comprehension check

*Indicate whether each of the following statements is **vero** or **falso**. Change each false statement to make it true.*

1. Oggi Pietro arriva finalmente a Firenze.   2. Pietro arriva a mezzogiorno in treno con un amico.   3. Beppino conosce Pietro da molto tempo. 4. Secondo Beppino, Pietro è un vero pignolo.   5. Vittoria non può andare a casa di Marcella stasera.   6. Vittoria deve studiare per un esame. 7. Vittoria dimentica sempre date e nomi.

CULTURAL NOTES

Lungarni: roads or streets along a river take their names from **lungo** *(along)* + the name of the river. In Florence there is the river **Arno** and the **Lungarno** (or **Lungarni**); in Rome, the river **Tevere** and the **Lungotevere;** in Torino, the **Po** and the **Lungopo.**

CURIOSITÀ

In bocca al lupo! (literally, into the wolf's mouth!) *is the Italian expression used to wish a person good luck. It is roughly comparable to the English expression* break a leg. *Typically, it is said to students who are about to take an exam or to anyone who is confronting a difficult or dangerous task. The expression derives from hunting. In that context,* into the wolf's mouth! *is an expression of good luck that implies "approach your enemy, the wolf, and be prepared to take care of him with your rifle." The wolf is a symbol of adventure and risk. The usual reply to* **In bocca al lupo!** *is* **Crepi!** *or* **Crepi il lupo!,** *that is,* let the wolf die!
Così, in bocca al lupo per il prossimo esame!

V.
ESERCIZI DI RICAPITOLAZIONE

a. *Combine one word or phrase from each column to form complete sentences. Remember to use the proper form of the verb.*

A	B	C
noi due	avere	le date
il professor Forni	essere	vent'anni
Luciana	sentire	due lettere
la signora Rossi	scrivere	le ragazze
lui e lei	andare	in macchina
io	pulire	i dischi
voi	sapere	la casa
tu	invitare	pignolo

b. *Ask a question about the information given. Speak directly to the person named.*

Esempio: Il professor Fermi **sta** bene.
　　　　 Professor Fermi, come **sta?**

1. La signora Verdi **abita** a Perugia.　2. La signorina Rossi **ricorda** gli appuntamenti.　3. Il dottor Bianchi **viaggia** in estate.　4. Il signor Neri **conosce** molti avvocati.　5. La professoressa Bini **preferisce** Shakespeare.

c. *Express in Italian.*

1. Do you know what he does?　2. She doesn't want to go out. She prefers to stay home and watch TV.　3. How many students prefer to drink milk?
4. What is Marcella's phone number?　5. Professor Rossi is a good teacher.

He explains well and has a lot of patience.   6. We must study for the exams.
7. Do you want to have coffee or tea **(tè)?**

d. *Complete the second half of each sentence by providing the correct verb ending and the nationality corresponding to the country mentioned in the first half of the sentence.*

Esempio: Vado in Italia ogni estate: conosc____o____ molti ____Italiani____ .

1. Vado in Francia ogni estate: conosc _____ molti _____.
2. Vai in Germania ogni estate: conosc _____ molti _____.
3. Vanno in Canadà ogni estate: conosc _____ molti _____.
4. Andate in Inghilterra ogni estate: conosc _____ molti _____.
5. Va in Messico ogni estate: conosc _____ molti _____.
6. Andiamo in Spagna ogni estate: conosc _____ molti _____.

e. *Conversazione.*

1. Lei cammina spesso?   2. Lei sa a che ora mangio io?   3. Conosce persone in gamba?   4. Ha un professore pignolo o una professoressa pignola?
5. Lei va in biblioteca a studiare o preferisce studiare a casa?   6. Che cosa diciamo a uno studente prima di *(before)* un esame?   7. Lei ha paura prima di un esame?

VI.
LETTURA CULTURALE: L'UNIVERSITÀ IN ITALIA

Ogni grande città italiana ha *la sua* università; per esempio, Roma, Bologna, Firenze, Milano, Napoli, Palermo, Padova, Pisa, Pavia. Ci sono circa quaranta università in Italia: *alcune antichissime,* come l'Università di Bologna, una delle prime università d'Europa, *fondata* verso *la metà* del *dodicesimo secolo;* altre *più* recenti, come l'Università della Calabria, fondata alcuni anni *fa.* Ogni studente che termina la scuola secondaria può continuare gli studi all'università di *sua scelta.* Non ci sono *criteri d'ammissione* nè limiti numerici (numero chiuso). *Attraverso* il Ministero della Pubblica Istruzione lo stato italiano controlla e finanzia l'istruzione universitaria, come, del resto, l'istruzione a tutti i *livelli.* Le università private sono poche. Gli studenti pagano poco per frequentare l'università: le *tasse* variano da una facoltà all'altra ma *non superano mai* le 100.000 (centomila) lire all'anno (circa 125—centoventicinque—dollari). Gli studi durano dai quattro ai sei anni secondo la facoltà (per esempio, quattro anni in Lettere; cinque in *Ingegneria,* sei in Medicina). Lo studente cha *dà* tutti gli esami e scrive la *tesi* completa gli studi e *diventa* "Dottore" (dottore in medicina, dottore in ingegneria, dottore in *legge,* dottore in lettere e così via). La "Laurea" o dottorato* è, per il momento, il solo titolo *conferito* dalle università italiane.

every / its

a few / very ancient
founded / the middle / twelfth / century / more / ago
his choice / admission requirements through levels
fees / never exceed

Engineering / takes thesis / becomes law given

(by GRAZIANA LAZZARINO)

*Between an M.A. and a Ph.D.

Reading Comprehension Check

a. *Indicate whether each of the following statements is true or false. Change each false statement to make it true.*

1. Le università italiane sono private.
2. Un numero limitato di studenti è ammesso *(admitted)* all'università ogni anno.
3. Le tasse universitarie sono basse.
4. Ogni corso di studi dura quattro anni.
5. Per prendere la laurea è necessario scrivere la tesi.
6. La laurea è uno dei tre titoli conferiti dall'università in Italia.

b. *Create your own composition about American universities by completing the following paragraph. Parole utili:* ***il dormitorio*** *(dorm);* ***settembre*** *(September);* ***agosto*** *(August).*

Ci sono molte differenze fra le università italiane e le università americane: in Italia è lo stato che paga i professori, in America _____. In Italia, di solito, gli studenti abitano con la famiglia o, se l'università è lontana, abitano in una pensione o in un appartamento vicino all'università; in America _____. Gli studenti italiani hanno un solo esame finale per corso; gli studenti americani _____. Per prendere la laurea è necessario scrivere la tesi; per prendere il B.A. _____. L'anno accademico in Italia comincia in novembre e termina in maggio e non è diviso in semestri o trimestri; l'anno accademico in America _____.

Biblioteca, Università di Bologna (David Seymour/Magnum)

Università di Genova: Facoltà di Lettere e Filosofia, Istituto di Lingue e Letterature Straniere (Leonard Speier)

Studenti a Milano (Leonard Speier)

Accademia di Belle Arti, Venezia (Leonard Speier)

VII.
PAROLE DA RICORDARE

VERBS

aprire to open
aspettare to wait
bere to drink
capire (isc) to understand
conoscere to know, be acquainted with
correre to run
dire to say, tell
dormire to sleep
dovere to have to, must
imparare to learn
leggere to read
offrire to offer
partire to leave, depart
perdere to lose
potere to be able
preferire (isc) to prefer
prendere to take; have (food)
pulire (isc) to clean
ricevere to receive
rispondere to answer, reply
sapere to know
scrivere to write
sentire to hear, listen to
servire to serve
uscire to go out
vedere to see
venire to come
volere to want

NOUNS

appuntamento date, appointment
autobus bus
avvocato lawyer
biblioteca; in biblioteca library; at/in/to the library
data (calendar) date
esame (m) examination
famiglia family
formaggio cheese
francese (m) Frenchman; French language
giornale (m) newspaper
inglese (m) Englishman; English language
latte (m) milk
lettera letter
matita pencil
memoria memory
mezzogiorno noon
nonno; nonna grandfather; grandmother
numero number
numero telefonico telephone number
pane (m) bread
penna pen
porta door
serata evening (descriptive)
sigaretta cigarette

storia history
televisione (f) television
università university

ADJECTIVES

pignolo fussy
povero poor
tutto + article all, whole

OTHERS

a che ora at what time
adagio slowly
a teatro at/to the theater
certo sure, of course
dopo after
fa ago
finalmente finally
in bocca al lupo! good luck!
in fretta in a hurry, fast
in gamba great, together
mi dispiace I'm sorry
molto tempo a long time
oggi today
per for
pronto! hello! (over the phone)
scusi! excuse me!

I N T E R M E Z Z O   I V

I.   VIVA O ABBASSO?

Gli italiani che sono favorevoli a qualcosa *(something)* o a qualcuno *(someone)* dicono o scrivono: Viva (W). Esempio: W la pace! *Long live peace!* Gli italiani che sono contrari a qualcosa o a qualcuno, dicono o scrivono: Abbasso (M). Esempio: M lo smog! *Down with smog!* Attribuire i seguenti *(following)* slogan (colonna A) a ciascuna *(each)* delle seguenti persone (colonna B).

A	B
Abbasso la guerra! *(war)*	Un naturalista
Abbasso lo smog!	Un vegetariano
Viva Marx!	Un pacifista
Viva le donne *(women)!*	Un comunista
Abbasso la carne!	Una femminista

E ora inventare uno slogan per ciascuna categoria.

1. uno studente svogliato *(lazy)*   2. un fumatore *(smoker)*   3. un militarista

II.   STORIELLE UMORISTICHE: WHISKY

Using as many of the following words and expressions as possible, describe what is going on in the comic strip. Use the present tense in your narration.

fare una passeggiata	non capire
sentire	andare in salotto
l'orologio	guardare la televisione
correre	il programma preferito
il padrone	contento

CAPITOLO 5

I.
OBIETTIVI

Culture

In this chapter you will learn what an integral part the **caffè/bar** plays in the life of Italians. You will also learn more about the Italian university and how it differs from your own.

Grammar

You will learn how some Italian prepositions, when followed by a definite article, combine into one word (contractions); how the **passato composto,** one of the tenses of the past, will make it possible for you to speak in Italian about things that have already happened to you and others.

II.
GRAMMATICA

A.   Prepositions + articles

Le vie e le piazze delle città italiane sono sempre affollate: c'è molta gente* nei caffè, seduta ai tavolini all'aperto, nei negozi, per le strade, sugli autobus, sui filobus. . . . E gli stranieri domandano: Ma non lavora questa gente?

1. *Quando sono affollate le vie e le piazze italiane?*
2. *Dove sono i tavolini di molti caffè?*
3. *Dove vediamo molta gente?*
4. *Quale domanda fanno gli stranieri?*
5. *Lei va spesso al caffè?*

1.   When the prepositions **a, di, da, in,** and **su** are followed by a definite article (**il, lo, la,** and so on), they combine with it to form one word. Each contraction has the same ending as the article.

PREPOSITIONS	PREPOSITIONS + ARTICLES						
	SINGULAR					PLURAL	
	+il	lo	la	+l' (m. and f.)	+i	+gli	+le
a *(at, in, to)*	al	allo	alla	all'	ai	agli	alle

Streets and squares of Italian cities are always crowded: there are many people in the coffee shops, seated at the tables outside, in the stores, on the streets, on the buses, on the trolley buses. . . And foreigners ask: Don't these people work?

* **Gente:** Unlike the English word *people* or the Italian **persone, gente** is a singular feminine word requiring a third person singular verb.

C'è molta **gente.**
Ci sono molte **persone.**   } There are many *people.*

La gente parla.
Le persone parlano.   } *People* talk.

da *(from, by)*	dal	dallo	dalla	dall'		dai	dagli	dalle
di→de *(of, 's)*	del	dello	della	dell'		dei	degli	delle
in→ne *(in, to, into)*	nel	nello	nella	nell'		nei	negli	nelle
su *(on, over)*	sul	sullo	sulla	sull'		sui	sugli	sulle

Andiamo **al** caffè.
Arrivano **dall'**aeroporto.
Il giornale è **sulla** panchina.
Mettiamo il formaggio **sugli** spaghetti.
Siamo **negli** Stati Uniti.
Dov'è la casa **del** professore?

We're going *to the* coffee shop.
They arrive *from the* airport.
The newspaper is *on the* bench.
We put cheese *on* spaghetti.

We are *in the* United States.
Where's *the* professor's house?

2. The preposition **con** may also contract with the article, but only two forms, **col (con + il)** and **coi (con + i),** are commonly used. The contraction is optional.

Vedi l'uomo **col** cane (**con il** cane)?
Chi sta **coi** bambini (**con i** bambini)?
Esco **con** le amiche di Marcella.

Do you see the man *with the* dog?
Who stays *with the* children?

I go out *with* Marcella's girl friends.

3. All other prepositions—such as **fra/tra** *(between, among),* **per** *(for)*—do not contract with the definite article.

Abito **fra** la stazione e l'aeroporto.

Studiamo **per** gli esami.

I live *between* the station and the airport.
We study *for* the exams.

In usually needs no article in front of words like **sala da pranzo** (and other nouns designating rooms of a house), **biblioteca, banca, piazza, prigione, macchina, treno,** and so forth.

Mangiamo **in cucina,** non **in sala da pranzo.**

We eat *in the kitchen,* not *in the dining room.*

Esercizi

a. *Substitute the suggested words for the italicized word and make any other necessary changes.*

Andiamo alla *stazione*.
1. festa   2. caffè   3. concerto   4. aeroporto   5. cinema
6. giardini   7. biblioteca

L'aeroplano vola sull'*aeroporto*.
1. città   2. case   3. palazzi   4. ospedale   5. stadio

b. *Change the following sentences according to the example.*

Esempio: Entrano nel ristorante
Escono dal ristorante.

1. Entrano nella discoteca.   2. Entrate nel palazzo.   3. Entriamo nell'ufficio.   4. Entro nella libreria.   5. Entra nel bar.   6. Entri nel cinema.

c. *Some people are forgetful. Fill in the blanks.*

Valentina non ha buona memoria: non ricorda mai il prezzo _____ giornale,
_____ latte, _____ pane; l'orario _____ banca; il numero telefonico _____ amiche; il compleanno _____ genitori *(parents)*; la data _____ esami. . .
C'è qualcosa che Lei non ricorda?

d. *Conversazione.*

1. Lei beve caffè? Che cosa mette nel caffè?   2. Lei mangia spaghetti? Che
cosa mette sugli spaghetti?   3. Lei sa il nome del professore/della professoressa d'italiano? Il nome, non il cognome?   4. Lei ha ancora i nonni? Scrive o
telefona ai nonni qualche volta *(sometimes)*?   5. Preferisce ricevere lettere o
telefonate dagli amici e dalle amiche?

B. The partitive

Stasera, all'ora di cena, arrivano inaspettatamente degli amici. Valentina non perde la calma. In casa ha spaghetti, salame e vari tipi di formaggio, così può preparare dei panini o fare un buon piatto di pasta. Da bere, può servire del vino, della birra o, se preferiscono, dell'acqua minerale.

1. *Chi arriva inaspettatamente stasera?*
2. *Che cosa ha in casa Valentina?*
3. *Che cosa può servire?*
4. *Lei preferisce bere vino o birra con gli spaghetti?*

1. The various combinations of **di** plus article (singular: **del, dello, della, dell'**; plural: **dei, degli, delle**) can be used with a noun to express an unspecified or undetermined quantity. In Italian this is called the partitive. In English the same idea is expressed with the word *some* or *any* or no special word at all.

Ecco **del** latte per il tè.	Here's *some* milk for the tea.
Avete **dei** dischi italiani?	Do you have *any* Italian records?
Ho **della** birra.	I have beer.

In the partitive sense, **dei, degli,** and **delle** can be viewed as the plural forms of **uno, una, un,** and **un'.**

Scriviamo **una** lettera.	We are writing *a* letter.
Scriviamo **delle** lettere.	We are writing *some* letters.
Conosco **un** dottore molto bravo.	I know *a* very good doctor.
Conosco **dei** dottori molto bravi.	I know *some* very good doctors.

2. The use of the partitive, although frequent, is not mandatory. Just as we can say in English, *I have some relatives in Italy* or *I have relatives in Italy*, we cay say in Italian **Ho dei parenti in Italia** or **Ho parenti in Italia.**

   In questions, and especially in negative sentences, the partitive is almost always left out.

Tonight, at supper time, some friends arrive unexpectedly. Valentina doesn't "lose her cool." In the house she has spaghetti, salami, and various types of cheese, so she can prepare some sandwiches or make a good plate of pasta. For beverages, she can serve some wine, some beer, or, if they prefer, some mineral water.

Avete **[degli]** amici a Milano.   You have [*some*] friends in Milan.
Avete amici a Milano?   Do you have [*any*] friends in Milan?
Non avete amici a Milano.   You don't have [*any*] friends in Milan.

Esercizi

a. Supply the appropriate form of the partitive. Remember that each sentence is perfectly correct without it.

1. Vado a comprare _____ vino, _____ scotch e _____ birra.   2. Avete _____ parenti o _____ amici in Italia?   3. C'è _____ burro (*butter*) nel frigo (*refrigerator*).   4. Chi ha _____ dischi italiani?   5. Se ho fame, ordino _____ paste col cappuccino.   6. Conosci _____ studenti stranieri?

b. Read the following paragraph. Then rewrite it in the affirmative expressing the partitive.

Non ho tempo libero (*free*), non ho amici, non ho idee, non ho iniziativa; non faccio sport, non conosco persone intelligenti, non vedo film interessanti, non leggo libri divertenti (*amusing*), non ricevo lettere da casa.

What are your complaints?

c. State what you need at the store using at least five items. Start with **Devo comprare. . .**

d. **Intervista.** *How do you think most Americans would answer this question, using the partitive?*

Che cosa beve a colazione (*breakfast*)? A pranzo (*dinner*)? A cena (*supper*)?

succo d'arancia	*orange juice*
succo di carota	*carrot juice*
acqua minerale	
acqua con ghiaccio	*ice water*
latte	
caffè	
tè	
Coca-Cola	
vino	
birra	
spumante	*sparkling wine*

How would you answer the same question? From what you know, how would an Italian answer it? Interview your instructor and friends and find out what they drink at meal time.

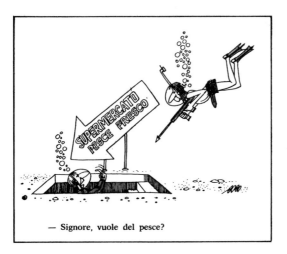

— Signore, vuole del pesce?

C. The *passato composto* with *avere*

> PAOLO: Ciao, Massimo! Hai già fatto colazione?
> MASSIMO: No, Paolo, io non faccio mai colazione.
> PAOLO: Cosa? Ho letto che la colazione è il pasto più importante della giornata.
> MASSIMO: Forse. Ma noi in famiglia abbiamo sempre preferito saltare la colazione.
>
> 1. *Ha fatto colazione Massimo?*
> 2. *Che cosa ha letto Paolo?*
> 3. *Che cosa hanno sempre preferito fare nella famiglia di Massimo?*
> 4. *Lei ha fatto colazione stamattina?*
> 5. *È una buon'idea saltare la colazione?*

1. The **passato composto** is a tense that reports an action completed in the past. Unlike the present, the **passato composto** is a compound tense, that is, it consists of two words: the present tense of **avere** (called the auxiliary or helping verb) and the past participle of the verb. The past participle of regular verbs is formed by adding **-ato, -uto,** and **-ito** to the infinitive stem of **-are, -ere,** and **-ire** verbs.

PAOLO: Hi, Massimo! Have you had breakfast yet?　MASSIMO: No, Paolo, I never eat breakfast.　PAOLO: What? I've read that breakfast is the most important meal of the day. MASSIMO: Maybe. But in our family we have always preferred to skip breakfast.

INFINITIVE	mangi**are**	av**ere**	dorm**ire**
PAST PARTICIPLE	mangi**ato**	av**uto**	dorm**ito**

MANGIARE

ho		la pizza
hai		gli spaghetti
ha		le lasagne
abbiamo	mangiato	i ravioli
avete		le fettuccine
hanno		il salame

The past participle remains the same in the various persons.

Oggi non mangio perchè ieri sera **ho mangiato** troppo.	Today I'm not eating because last night *I ate* too much.
Anche noi **abbiamo mangiato** troppo!	*We ate* too much, too!

2. In negative sentences **non** is placed before the auxiliary verb.

Hai dormito abbastanza?	Did you get enough sleep (did you sleep enough)?
No, **non ho** dormito abbastanza.	No, I *did not* sleep enough.
Non avete capito?	*Didn't you* understand?

3. The **passato composto** has several English equivalents:

Ho mangiato la pizza.	*I have eaten* pizza. (present perfect) *I ate* pizza. (simple past) *I did eat* pizza. (emphatic past)
Non ho ordinato spaghetti.	*I have not ordered* spaghetti. *I didn't order* spaghetti.

4. Note the position of common adverbs of time like **già** *(already, yet)*, **sempre** *(always)*, **mai** *(ever)*, **non...ancora** *(not...yet)*, and **non...mai** *(never)*. In the **passato composto** they are normally placed between **avere** and the past participle.

Ho **sempre** avuto paura dei cani.	I've *always* been afraid of dogs.
Ha **mai** mangiato i tortellini?	Have you *ever* eaten tortellini?
Non hanno **ancora** fatto colazione.	They have*n't* had breakfast *yet*.

5. Most irregular verbs also have irregular past participles. Two used in the dialog you have just read are **fatto** (from **fare**) and **letto** (from **leggere**). Other irregular past participles, mostly from **-ere** verbs, are:

INFINITIVE	PAST PARTICIPLE
bere *(to drink)*	**bevuto** Hai **bevuto** il latte?
chiedere *(to ask, ask for)*	**chiesto** Non hanno **chiesto** perchè.
dire *(to say, tell)*	**detto** Avete **detto** "ciao" al professore?
prendere *(to take, get)*	**preso** Abbiamo **preso** l'autobus.
scrivere *(to write)*	**scritto** Chi ha **scritto** questa parola?
vedere *(to see)*	**visto** (there is Ho **visto** il presidente. also a regular form **veduto**)

— Scusi, ha visto un uomo con una valigia in mano?

valigia:
suitcase

Esercizi

a. Replace the subject with each subject in parentheses and make all necessary changes.

Voi avete dormito bene. (noi due; i bambini; Valentina; Lei, signorina; anch'io; tu, mamma)
Ho dimenticato il latte. (Roberto, voi, loro, noi)

b. ***Pierino è un bambino terribile.*** *Continue each sentence with* ***Anche ieri*** *and use the* ***passato composto,*** *according to the example.*

Esempio: Non dice mai "Grazie."
        Anche ieri non ha detto "Grazie."

1. Non fa il compito *(homework)*. Anche ieri. . .   2. Mangia con la bocca aperta *(open)*.   3. Salta spesso la lezione d'italiano.   4. Non dice mai "Per favore!"   5. Dorme fino a tardi *(until late)*.

c. Simonetta e Graziella sono compagne di camera (roommates). *Graziella passa il week-end con la famiglia e quando ritorna, domanda all'amica: Che hai fatto questo week-end? Simonetta risponde con una lunga lista.*

Esempio: Ascoltare *(listen to)* dei dischi
Ho ascoltato dei dischi.

1. pulire la casa   2. lavare i vetri *(windowpanes)*   3. fare il pane
4. scrivere agli zii di Chicago   5. leggere una rivista *(magazine)*   6. studiare la lezione d'italiano

d. Conversazione.

1. Ha mai bevuto il cappuccino?   2. Ha mai viaggiato in treno?   3. Ha mai volato in un jumbo? In un aereo supersonico?   4. Ha mai fatto l'autostop *(hitchhiking)?*   5. Ha ricevuto una lettera oggi?   6. Ha avuto l'influenza l'anno scorso *(last year)?*   7. Quanti quiz ha avuto fino ad oggi in questo corso?   8. Ha mai saltato la lezione d'italiano?   9. Ha letto l'oroscopo di oggi?   10. Che cosa abbiamo fatto il primo giorno di lezione?

— Enrico, abbiamo dimenticato i bambini!...

D. The *passato composto* with *essere*

MARCELLA: Sei andata al cinema ieri sera, Vittoria?
VITTORIA: No, Marcella. Gli altri sono andati al cinema; io sono stata a casa e ho studiato tutta la santa serata!

1. *È andata al cinema ieri sera Vittoria?*
2. *Chi è andato al cinema?*
3. *Lei è andato(a) al cinema ieri sera?*
4. *Che cosa ha fatto Vittoria?*
5. *Quante sere è stato(a) a casa questa settimana Lei?*

MARCELLA: Did you go to the movies last night, Vittoria?   VITTORIA: No, Marcella. The others went to the movies; I stayed home and studied the whole blessed evening!

Some verbs* utilize the present of **essere** (not **avere**) to form the **passato composto.** The past participle of a verb conjugated with **essere** always agrees in gender and number with the subject of the sentence; it can end in **-o, -a, -i, -e.**

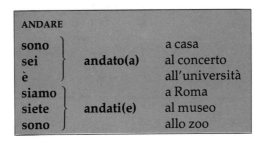

ANDARE		
sono		a casa
sei	**andato(a)**	al concerto
è		all'università
siamo		a Roma
siete	**andati(e)**	al museo
sono		allo zoo

The most common verbs conjugated with **essere** are:

andare *(to go)*   Vittoria **è andata** all'università.
arrivare *(to arrive)*   Quando **sono arrivati** i nonni?
diventare *(to become)*   Luigi **è diventato** famoso.
entrare *(to go in, come in, enter)*   Perchè non **siete entrati?**
essere [stato] *(to be)*   Non **sono stati** gentili.
nascere [nato] *(to be born)*   La nonna **è nata** in Italia.
partire *(to leave, depart)*   **Sono partiti** da Napoli o da Genova?

ritornare, tornare *(to return)*   **Siamo ritornati** tardi.
stare *(to stay, remain)*   Tu **sei stata** a casa?
uscire *(to go out)*   Con chi **sei uscita?**
venire [venuto] *(to come)*   Chi **è venuto** oggi?

Note that the verbs **essere** and **stare** have identical forms in the **passato composto. Sono stato** can mean either *I was* or *I stayed,* according to the context.

Mario **è stato** ammalato tre volte in un mese.   Mario *was* sick three times in a month.
Mario **è stato** a casa una settimana.   Mario *stayed* home a week.

— Pierino, dove sei stato?

*Most verbs are conjugated with **avere.** The few that take **essere** must be memorized.

Esercizi

a. Replace the subject and make all necessary changes.

Noi siamo andati al cinema.
1. Beppino   2. I signori Pepe   3. Vittoria e Marcella   4. La signorina
5. Tu, Patrizia   6. Io

*b. Put the following paragraph in the **passato composto**. Do the exercise three times. The first time, make the subject **Pietro**, the second time, **Marcella**, the third time, **Pietro e Marcella.***

Esce di casa, prende l'autobus, arriva all'università; va a lezione d'italiano, poi a lezione di fisica; incontra degli amici e mangia alla mensa. Poi va a lezione di scienze naturali, ritorna a casa e guarda la televisione.

c. Conversazione.

1. È mai stato/stata in Europa?   2. È nato/nata in una piccola città o in una grande città?   3. È stato/stata a casa ieri sera o è uscito/uscita?   4. È arrivato/arrivata all'università in ritardo *(late)* oggi?   5. Ha mai lasciato le chiavi *(keys)* in macchina? Il portafoglio *(wallet)* a casa? Un oggetto *(object)* sull'aeroplano? Il cuore *(heart)* a San Francisco?

È nato a Pisa.

E.   *Partire, uscire, and lasciare*

Partire, uscire, and **lasciare** all correspond to the English verb *to leave,* but they cannot be used interchangeably.

1.   **Partire** means *to leave* in the sense of departing, going away on a trip. It is used either alone or with **da** plus noun *(leaving from)* or **per** plus noun *(leaving for).*

Lo zio di Mario è **partito.**	Mario's uncle *left.*
È partito da Milano.	He *left from* Milan.
È partito per Roma.	He *left for* Rome.

2. **Uscire** means *to leave, to go out, to come out.* One can go out of a room or out of a building (**uscire da),** out on a date, or just go out (**uscire).**

Quando **sei uscito da**ll'ufficio?	When *did you leave* the office?
Marcella vuole **uscire** con Pietro.	Marcella wants *to go out* with Peter.
Siete usciti ieri sera?	*Did you go out* last night?

3. **Lasciare** means *to leave* (a person or a thing) *behind* and is always accompanied by a direct object; that is, you always express whom or what you are leaving.

Lascia sempre i bambini soli.	He always *leaves* the kids alone.
Hai lasciato il portafoglio a casa.	You *left* your wallet home.
Perchè Gina **ha lasciato** il marito?	Why did Gina *leave* her husband?
Quando **avete lasciato** l'Italia?	When did you *leave* Italy?

Esercizi

a. Complete each sentence with the appropriate verb form.

1. I ragazzi _____ molto presto (sono partiti, hanno lasciato).   2. _____ il giornale sulla panchina (sono uscito, ho lasciato).   3. Un autobus _____ dalla stazione ogni quindici minuti (parte, lascia).   4. È vero che tu non _____ mai la mancia al cameriere (esci, lasci)?   5. Quando _____ dal cinema, siamo ritornati subito a casa (siamo usciti, siamo partiti).

b. Express in Italian.

1. She left the children at the movies.   2. Has she left the hospital yet?
3. Do you know when they're leaving?   4. I left the wallet at the coffee shop.
5. When did the book come out?   6. We're leaving the highway (**l'autostrada)** now.

CURIOSITÀ

Do you know the origin of the word *cappuccino, the very popular Italian-style* **caffellatte** *(expresso coffee with hot milk)?*

The name **cappuccino** *comes from the color (medium brown) of the robes worn by the Capuchin monks, who are called in Italian* **i Cappuccini.**

Did you know that the universal word jeans (blue jeans) *is of Italian origin?*

The characteristic blue material was originally made in the mills of Northern Italy and exported to America from Genoa via France. On the big bales the name **Genoa** *was written in its French form* **Gênes.** *Americans pronounced and spelled the word in a familiar way:* jeans.

III.
ESERCIZI DI PRONUNCIA: THE SOUND /t/

The Italian /t/ is almost similar in sound to the *t* in the English word *stop*. The sound /t/ is never aspirated in Italian. To pronounce it, place the tip of the tongue against the back of the upper teeth, but a bit lower than for the same sound in English.

Contrast the Italian and English /t/ in the following words.

preti	*pretty*
siti	*city*
metro	*metro*
patti	*patty*
rotte	*rotten*
tutti i frutti	*tutti-frutti*

a. Initial position

tavola, **te**lefono, **ti**po, **To**polino, **tu**

b. Medial position (single and double)

capitale	città
date	latte
fatica	spaghetti
passato	fatto
maturo	lettura

Contrast /t/ and /tt/:

fato	fatto
tuta	tutta
mete	mette
rito	ritto

Practice /t/ in the following sentences.

1. Ho fatto tutto in venti minuti.   2. Tu hai avuto la parte di Amleto?
3. Quanti tavolini all'aperto!   4. Avete dormito fino a tardi.   5. Il treno delle quattro è partito in ritardo.

IV.
DIALOGO

In Piazza San Marco, *verso* mezzogiorno.
Nel piccolo giardino al centro della piazza ci sono dei   *around*
ragazzi seduti sulle panchine. Ci sono anche molti

studenti sul *marciapiede davanti al* caffè e alla libreria.
Delle motorette sono *parcheggiate ai lati* della piazza.
Beppino e Pietro arrivano sulla moto rossa di Pietro. I
ragazzi parcheggiano, entrano nel caffè e ordinano
un cappuccino e delle paste.

*sidewalk / in front of
parked / on the
sides*

BEPPINO: Hai mille lire? Ho lasciato il portafoglio a casa.

PIETRO: Non ho una lira: ho solo dei travelers' checks. Ma ho
dimenticato il passaporto.

BEPPINO: Che stupidi! E ora come facciamo? Chi paga?

PIETRO: (mangia un'altra pasta) Buona! Che fame! Stamattina
ho dormito fino a tardi e non ho avuto il tempo di
fare colazione.

BEPPINO: Ma che fai? Vuoi finire in prigione?

PIETRO: *Figurati!* Per due paste!

imagine

Nel caffè entra Geraldine. È una ragazza alta, bionda,
snella. Porta un paio di jeans e una maglietta rossa.

GERALDINE: Salve, ragazzi! Come va?

BEPPINO: Va male: non abbiamo soldi per pagare le paste.

GERALDINE: Mi dispiace, ma neanch'io ho un soldo. Non sono
ancora andata in banca.

BEPPINO: (preoccupato): E ora come facciamo? Chi paga?

PIETRO: *Guarda chi c'è:* c'è Vittoria!

VITTORIA: (entra nel caffè tutta *sorridente*) Ragazzi, ho finito ora
l'esame di storia. Ventotto! Ho preso ventotto!

*look who's here
smiling*

BEPPINO, PIETRO
E GERALDINE IN
CORO: Congratulazioni! Festeggiamo il successo! Vittoria
paga per tutti!

Dialog comprehension check

Answer the following questions.

1. Chi c'è e cosa c'è in Piazza San Marco?   2. Perchè chiede mille lire Beppino?   3. Perchè Pietro non ha fatto colazione stamattina?   4. Com'è Geraldine?   5. Geraldine ha soldi per pagare?   6. Perchè è contenta Vittoria?

V.
ESERCIZI DI RICAPITOLAZIONE

*a. Compose sentences stating where people (column 1) are (column 2), and what they are
doing there (column 3).*

Esempio: I ragazzi sono alla discoteca "Regina." Ballano.

Then offer new sentences in the past tense telling where people went and what they did.

Esempio: I ragazzi sono andati alla discoteca "Regina." Hanno ballato.

1	2	3
turiste	aeroporto	prendere l'aereo
amici	ristorante	cenare
nonna	cucina	preparare il pranzo
zio	sala da pranzo	mangiare
ragazze	supermercato	fare la spesa (to buy groceries)
cugino texano	cinema	vedere un film

b. *Paolo, Patrizia, Anna, Marcello, and Valentina are all on a diet. They have only one meal a day. They will tell which meals they skipped and which meals they ate today.*

Esempio: Paolo: Io ho saltato la colazione, ma ho cenato.

1. Patrizia: Io ho saltato _____, ma ho _____.   2. Anna   3. Marcello
4. Valentina

c. *Express in Italian.*

X: What did you do last night? Did you go out?   Y: No, I stayed home.
X: Did you go to bed early?   Y: No, I watched TV.   X: What did you see?   Y: A beautiful play **(commedia).**

d. *Conversazione.*

1. Ha una moto Lei? Dove parcheggiano moto e biciclette gli studenti dell'università?   2. Ci sono panchine nel campus?   3. Ha sempre il tempo di fare colazione Lei?   4. Dorme fino a tardi quando non ha lezioni la mattina presto?   5. Conosce dei negozi dove può comprare paste (italiane o francesi)?   6. Quando un esame va bene, come festeggia il successo?   7. Lei porta spesso magliette e jeans?   8. Ha mai visto un paio di jeans italiani?

—. . . E' entrato questa mattina in quel
portone e non è ancora uscito!

CULTURAL NOTES

Unlike most universities in the United States, Italian universities do not have a campus. The various schools and colleges, called **Facoltà** or **Istituti,** are scattered among the streets and squares of the city itself, usually within walking distance of each other. The American concept of a "campus" as a self-contained way of life is entirely foreign to Italians even when there is a **città universitaria** as in Rome, where the **Facoltà** are all in one single location. Most students remain with their families and live away from home only when distance makes commuting impossible.

The academic year in Italy runs from the middle of November to the end of May. The university calendar is counted in years, not semesters. Class attendance is not compulsory. At the end of each course, however, there is a comprehensive exam that covers the entire range of material studied during the year. Examinations are generally held between the end of May and the middle of July, in September, and in February. Nearly all exams are oral and are administered by a committee of three professors.

Passing grades range from a minimum of eighteen to a maximum of thirty. Twenty-seven to thirty is the equivalent of an A; thirty **e lode** *(and praise)* is A+.

I PASTI IN ITALIA: TERMINOLOGIA

Italians normally have three meals a day: one in the morning when they get up, one after noon (the exact time varies from place to place), and a third in the evening around eight o'clock.

The morning meal (il pasto del mattino) is **la colazione.**

The meal after twelve (il pasto di mezzogiorno) is the biggest meal of the day and is called **il pranzo** (dinner).

The evening meal (il pasto della sera) is a lighter meal and is called **la cena** (supper).

To have breakfast or eat breakfast is **fare colazione.**

To have dinner is **pranzare.**

To have supper is **cenare.**

This is the traditional terminology. Eating habits have changed in some parts of Italy, however. Fewer people, particularly those who work, have time for a big meal in the middle of the day. Today we hear: **la prima colazione** *for breakfast;* **la seconda colazione** *for lunch or a lighter noon meal; and* **il pranzo** *for the big meal that some people now eat in the evening. Secondary meals are:* **lo spuntino (fare uno spuntino),** *a snack, and* **la merenda (fare merenda),** *an afternoon snack for children. Adults just call it* **il tè,** *even if, with tea, they may have something more substantial like little sandwiches, tarts, or pastry.*

VI.
LETTURA CULTURALE: IL CAFFÈ

Il caffè o bar (in molti casi non c'è differenza fra le due parole) ha sempre avuto una parte importante nella vita sociale degli italiani. Gli italiani vanno al caffè per incontrare gli amici, discutere di *affari* e di politica, vedere la gente e essere visti. La vita sociale degli italiani è pubblica, e il caffè è *il ritrovo* preferito.

business
meeting place

    I caffè hanno una lunga storia: in *alcune* città esistono caffè che *risalgono al diciottesimo o diciannovesimo secolo*. Il Caffè Florian di Venezia, il Caffè Greco di Roma, il Caffè Pedrocchi di Padova, ritrovi di generazioni di artisti, *scrittori*, giornalisti e uomini politici, sono eleganti *testimoni* di un'era e di una *civiltà* passata.

some / date back to
the eighteenth or
* nineteenth century*
writers / witnesses
civilization

    Oggi, vicino alle università, ci sono i caffè degli studenti; poi ci sono i caffè che *servono da* ritrovo a categorie speciali (i caffè degli avvocati, dei medici, dei *commercianti*, degli *sportivi*, ecc.); poi ci sono i caffè frequentati da tutti. In ogni città o *paese* d'Italia, numerosi caffè offrono la scusa per una pausa nel lavoro della giornata e per *un aperitivo* (prima dei pasti) o *un digestivo* (dopo i pasti) o un caffè a *qualsiasi* ora del giorno e della sera.

serve as
businessmen / sport fans
village
before dinner drink / after
* dinner drink / any*

(BY GRAZIANA LAZZARINO)

Reading comprehension check

Domande:

1. Il caffè è il ritrovo preferito degli italiani; qual è il ritrovo preferito degli americani?   2. Descrivere il caffè di una delle fotografie.   3. Conosce il nome di un famoso caffè o in Italia o negli Stati Uniti?

Caffè Florian, Venezia (Leonard Speier)

Caffè Florian, Venezia (Leonard Speier)

Caffè Florian, Venezia (Leonard Speier)

Caffè Greco, Roma (Leonard Speier)

Caffè Motta, Milano (Leonard Speier)

Caffè Quik Bar, Florence (Leonard Speier)

VII.
PAROLE DA RICORDARE

VERBS

An asterisk* indicates verbs
conjugated with **essere**.

ascoltare to listen, listen to
cenare to have supper
chiędere (p.p. **chiesto**) to ask, ask
for
*****diventare** to become
fare (p.p. **fatto**) **colazione** to have
breakfast/lunch
fare la spesa to buy groceries
fare l'autostop to hitchhike
fare uno spuntino to have a snack
festeggiare to celebrate
incontrare to meet
męttere (p.p. **messo**) to put
*****nąscere** (p.p. **nato**) to be born
ordinare to order
portare to wear
pranzare to have dinner, to dine
preparare to prepare
ricordare to remember
*****ritornare (tornare)** to return
saltare to skip
volare to fly

NOUNS

aęreo (short for **aeroplano**) plane
aeroporto airport

cena supper
centro center
chiave (f) key
cįnema (m) (from
cinematọgrafo) movie theater
colazione (f) breakfast/lunch
compagno(a) di camera roommate
fįlobus trolley; trolley car
frigo (from **frigorịfero**) refrigerator
genitori (m. pl.) parents
gente (f) people
giardino garden
giornata day (descriptive)
libreria bookstore
maglietta T-shirt, top
mancia tip
merenda afternoon snack
moto (f) (short for
motocicletta) motorcycle
motoretta motor scooter
panchina bench
passaporto passport
pasta[1] macaroni products
pasto meal
piatto dish
portafoglio wallet
prigione (f) prison
rivista magazine
salame (m) salami
spuntino snack
strada street, road
straniero foreigner

successo success
telefonata telephone call
ufficio office
via street

ADJECTIVES
aperto open
importante important
interessante interesting
lịbero free
mille one thousand
preoccupato worried
scorso last
seduto seated, sitting
vario various

OTHERS
**che stupido(a)!; che
stupidi(e)!** how stupid (of me)!;
how stupid (of us)!
fino a until
forse perhaps, maybe
ieri yesterday
ieri sera last night
per in order to
qualche volta sometimes
salve! hi!
stamattina this morning
su on, upon, above
tardi; dormire fino a tardi late; to
sleep late

[1]Note that this is the same term used for the word *pastry*. In that sense **pasta** can be pluralized; in the sense of *macaroni products*, **pasta** is normally used in the singular.

I. STORIELLE UMORISTICHE

Using as many as possible of the following words and expressions, describe
what is going on in the cartoon. Use the present tense in your narration.

uomo	il cameriere
piccola isola	arrivare
mangiare pesci	portare un vassoio
il sole	una bottiglia
splendere	due bicchieri
palma	il tovagliolo
sorpreso	il mare

II. CARO IDEALE

Quali qualità devono avere le seguenti persone? Utilizzate le espressioni e gli
aggettivi suggeriti in fondo alla pagina.

Esempio: La compagna di camera ideale deve essere ordinata; deve avere
pazienza.

la compagna (il compagno) di camera ideale	i giornalisti
la professoressa (il professore) ideale	i camerieri
una turista	il presidente degli Stati Uniti
un attore del cinema	

III. AUTOCRITICA

Completate le seguenti frasi:

Sono troppo....	I difetti che non ho sono...
Non sono abbastanza...	Il mio difetto principale è...
Le qualità che non ho sono...	La mia qualità principale è...

Espressioni	*Nomi*	*Aggettivi*
avere pazienza	la gentilezza	gentile
avere una buona pronuncia	l'intelligenza	intelligente
avere una bella voce	la sincerità	sincero
avere una buona memoria	l'orgoglio	orgoglioso
essere bello/bella	la timidezza	timido
sapere scrivere bene	l'aggressività	aggressivo
spiegare bene	l'insicurezza	insicuro
avere buona salute	l'onestà	onesto
avere il senso dell'umorismo	la curiosità	curioso
avere coraggio	il disordine	disordinato
	l'ordine	ordinato
	la generosità	generoso
	l'avarizia	avaro
	l'ambizione	ambizioso

CAPITOLO 6

I.
OBIETTIVI

Culture

Throughout the ages, Italy has been famous for its contributions to the visual arts —painting, sculpture, and architecture. The **lettura culturale** of this chapter describes the important role that the arts play in Italy.

Grammar

Chapter 6 introduces the concept of the direct object and shows the form a pronoun takes when it functions as a direct object in a sentence. This chapter also deals with reflexive verbs and how to tell time in Italian.

II.
GRAMMATICA

A. Direct object pronouns

GRAZIELLA: Conosci i signori Lorenzini?
FRANCA: Sì, li conosco ma non li vedo spesso. Lei è simpatica, ma lui è un vero ficcanaso!
GRAZIELLA: Hanno figli?
FRANCA: Sì, un bambino di otto anni.
GRAZIELLA: Il bambino com'è?
FRANCA: Francamente, io lo trovo un po' stupido!

1. *Franca conosce i signori Lorenzini?*
2. *Come sono i Lorenzini?*
3. *Quanti anni ha il figlio dei Lorenzini?*
4. *Come lo trova Franca?*

1. A direct object is the direct recipient of the action of a verb.

We visit our relatives.   Whom do we visit? *Our relatives.*
He plays the guitar.   What does he play? *The guitar.*

Relatives and *guitar* are direct objects. They answer the question *whom* or *what*. Verbs that take a direct object are called *transitive* verbs. Verbs that do not take a direct object *(she walks, I sleep)* are called *intransitive*.
    Direct object pronouns replace direct object nouns.

We visit our *relatives.*   We visit *them.*
He plays *the guitar.*   He plays *it.*

2. In Italian the forms of the direct object pronouns are:

GRAZIELLA: Do you know the Lorenzinis?   FRANCA: Yes, I know them, but I don't see them often. She is nice, but he is a real busybody!   GRAZIELLA: Do they have any children?   FRANCA: Yes, an eight-year-old boy.   GRAZIELLA: What is the kid like? FRANCA: Frankly, I find him a little dumb!

	SINGULAR		PLURAL
mi	me	**ci**	us
ti	you (informal)	**vi**	you (informal)
La	you (formal m and f)	**Li**	you (formal m)
		Le	you (formal f)
lo	him, it	**li**	them (m) (m and f)
la	her, it	**le**	them (f)

3. A direct object pronoun is usually placed immediately before the conjugated verb.

Lo conosco bene.   I know *him* well.

4. In a negative sentence, the word **non** must come before the object pronoun.

Non lo conosco bene.   I do*n't* know *him* well.

5. When an infinitive is used, the object pronoun is attached to the end of the infinitive. Note that the final **-e** of the infinitive is dropped.

È difficile conoscer**lo** bene.   It is difficult to know *him* well.

If the infinitive is preceded by a form of **dovere, potere,** or **volere,** the object pronoun may either be attached to the infinitive or placed before the conjugated verb.

Voglio conoscer**lo** meglio. }
Lo voglio conoscere meglio. }   I want to know *him* better.

— Ti vogliono al telefono...

6. An object pronoun is attached to **ecco** to mean *here I am, here you are, here he is,* and so on.

Dov'è la signorina? **Eccola!**	Where is the young woman? *Here she is!*
Hai trovato le chiavi?	Have you found the keys?
Sì, **eccole!**	Yes, *here they are!*

7. It is possible, but not necessary, to elide *singular* direct object pronouns in front of verbs that begin with a vowel or forms of **avere** that begin with an **h.** The plural forms **li** and **le** are never elided.

M'ama, non **m'**ama. ⎫	
Mi ama, non **mi** ama. ⎭	He loves *me*, he loves *me* not.
Il passaporto? Loro non **l'**hanno (**lo** hanno).	The passport? They don't have *it*.
Hai fatto i ravioli? **Li** adoro!	Did you make ravioli? I love *them!*

8. **Lo** *(him, it)* can also be used to refer to actions, situations, or ideas with verbs such as **sapere, credere** *(to think, believe),* **sperare** *(to hope),* and **dire.** It corresponds to the English *that* or *so* and is sometimes used where English uses no word at all, especially with **sapere.**

Dov'è Maria? Non **lo** so.	Where's Maria? I don't know.
Chi **lo** dice?	Who says *so?*
Vanno in Italia? **Lo** sperano.	Are they going to Italy? They hope *so.*

— M'ama... non m'ama... m'ama... non m'ama...

Esercizi

a. Rewrite each sentence, replacing the italicized direct object with the appropriate pronoun.

1. Non accettano *travelers' checks.*   2. Non è vero che suono *la chitarra.*   3. Dove comprate *il caffè?*   4. Conosci *il dottor Bruni?*   5. Dove lascia *la macchina?*   6. Saltano *i pasti.*   7. Fate *il pane.*   8. Non dimentichiamo *le date.*

b. *Giorgio can't believe how nearsighted his roommate Carlo is. He decides to give him an eye test.*

Esempio: Giorgio: Vedi la casa, vero?
　　　　　Carlo: No, non la vedo.

Play the two roles, using the words listed below and any others you can think of.

1. la chiesa　　2. l'ospedale　　3. gli alberi *(trees)*　　4. le nuvole *(clouds)*
5. le macchine

c. *Indicate your likes and dislikes by answering each question. Work with another student.*

Esempio: Ami i bambini?
　　　　　Sì, li amo (No, non li amo).

1. la solitudine *(solitude)*　　2. la natura　　3. gli animali　　4. la musica
5. i fiori *(flowers)*　　6. gli studi　　7. le vacanze *(vacation)*　　8. il riposo
(rest)　　9. i libri　　10. la fatica *(effort)*

d. *Ask other students each of the following questions. They will answer using either of the following expressions:* **Sì, lo so. No, non lo so.** *If the answer is affirmative, they should supply the information. Follow the example.*

Esempio: Sai dov'è la Statua della Libertà?
　　　　　No, non lo so.
　　　　　Sì, lo so: è a New York.

1. Sai chi ha inventato la radio?　　2. Sai quanti anni ha Robert Redford?　　3. Sai dov'è il Teatro alla Scala?　　4. Sai quanti sono i segni dello zodiaco?

— Tu non sai l'evoluzione che ho dovuto fare per venire a trovarti.

B. Agreement of the past participle in the *passato composto*

> PAOLO: Massimo, tu sei andato alla festa in casa Pepe sabato, vero?
>   Hai visto Giovanna?
> MASSIMO: No, non l'ho vista. Non è venuta.
> PAOLO: Sai perchè?
> MASSIMO: No, non lo so.
>
> 1. *Dov'è andato Massimo sabato?*
> 2. *Ha visto Giovanna?*
> 3. *Sa perchè Giovanna non è andata alla festa?*

As you know, the **passato composto** of most verbs is formed with the present tense of **avere** plus a past participle. When there is a direct object pronoun, it is placed before the auxiliary. The past participle then agrees in gender and number with the preceding direct object pronouns **lo, la, li, le.**

> Hai visto **Massimo?**   Sì, l'ho (**lo ho**) vist**o.**
> Hai visto **Giovanna?**   Sì, l'ho (**la ho**) vist**a.**
> Hai visto **i bambini?**   Sì, **li ho** vist**i.**
> Hai visto **le bambine?**   Sì, **le ho** vist**e.**

Remember that singular object pronouns (**lo** and **la**) elide with the forms of **avere** that follow, but that the plural forms (**le** and **li**) never elide.

The agreement of the past participle with the other direct object pronouns **mi, ti, ci,** or **vi** is optional.

Mamma, chi **ti** ha invitato (invitat**a**)?   Mother, who *invited you?*
Ragazze, chi **vi** ha invitato (invitat**e**)?   Girls, who *invited you?*

Remember that the past participle of a verb conjugated with **essere** always agrees *with the subject* in gender and number.

La professoressa è andat**a** a Roma.   The teacher has *gone* to Rome.
Gli studenti sono andat**i** a Roma.   The students have *gone* to Rome.

PAOLO: Massimo, you went to the party at the Pepes' on Saturday, didn't you? Did you see Giovanna?   MASSIMO: No, I didn't see her. She didn't come.   PAOLO: Do you know why?   MASSIMO: No, I don't.

Esercizi

a. Did you buy all the groceries on the list? Working with another student, ask and answer questions based on the example. Use the following words, or any other items you can think of.

Esempio: Hai comprato il formaggio?
     Sì, l'ho comprato.
  or: No, non l'ho comprato.

1. il salame 2. le olive 3. la pasta 4. i panini 5. il latte
6. gli spinaci *(spinach)* 7. l'insalata *(lettuce)*

b. What kind of nosy questions can you ask a classmate? Here are some.

1. Hai lavato i piatti ieri sera? 2. Hai fatto il letto stamattina? Fai il letto ogni giorno? 3. Hai pulito la casa lo scorso week-end *(last weekend)?* 4. Hai studiato la lezione d'italiano? 5. Quante volte hai lasciato le chiavi in macchina?

c. Answer each question by indicating that you still have to do the task mentioned.

Esempio: Hai letto il giornale?
     No, devo ancora leggerlo.

1. Hai pagato le tasse? 2. Hai fatto il compito? 3. Hai lavato la macchina? 4. Hai scritto l'indirizzo *(address)?*

— Ma sì, mamma, sono venuto appena mi hai chiamato!

appena: *as soon as*

d. Complete each sentence using the past participle of the verb in parentheses.

1. Ho preso i giornali ma non li ho _____ (leggere).   2. Le due bambine sono _____ (andare) a giocare.   3. Ecco le chiavi: le ho _____ (trovare) sotto il tavolo.   4. I ragazzi hanno _____ (bere) molte aranciate.   5. So che c'è una mostra ma non l'ho ancora _____ (vedere).   6. Marcella è _____ (andare) al concerto con Pietro.

C. Reflexive verbs

> SIG.RA ROSSI: Nino è un ragazzo pigro: ogni mattina si sveglia tardi e non ha tempo di lavarsi e fare colazione. Si alza presto solo la domenica per andare in palestra a giocare al pallone.
>
> SIG.RA VERDI: Ho capito: a scuola si annoia e in palestra si diverte.
>
> 1. *Che cosa non ha tempo di fare Nino?*
> 2. *Perchè?*
> 3. *Perchè si alza presto la domenica?*
> 4. *Dove si annoia e dove si diverte Nino?*

1. A reflexive verb is a transitive verb whose action falls back on the subject. The subject and object are the same. For example, *I* consider *myself* intelligent; *we* enjoy *ourselves* playing cards; *he* hurt *himself*. A reflexive verb is always accompanied by a reflexive pronoun. Reflexive pronouns are the same as the direct object pronouns, except for **si**, the third person singular and plural form: **mi, ti, si; ci, vi, si.**

> **DIVERTIRSI** (*TO ENJOY ONESELF, TO HAVE A GOOD TIME*)
>
> | | |
> |---|---|
> | **mi diverto** | I enjoy myself |
> | **ti diverti** | you enjoy yourself |
> | **si diverte** | he enjoys himself; she enjoys herself |
> | **ci divertiamo** | we enjoy ourselves |
> | **vi divertite** | you enjoy yourselves |
> | **si divertono** | they enjoy themselves |

2. Just like direct object pronouns, reflexive pronouns are placed before a conjugated verb or attached to the infinitive. If the infinitive is preceded

---

MRS. ROSSI: Nino is a lazy boy. Every morning he wakes up late and doesn't have time to wash and eat breakfast. He gets up early only on Sundays to go to the gym to play ball.
MRS. VERDI: I get it! At school he's bored and in the gym he has a good time.

by a form of **dovere, potere,** or **volere,** the reflexive pronoun is either attached to the infinitive, which drops its final **-e,** or is placed before the conjugated verb.

Mi diverto.   I have a good time.
Voglio divertir**mi.** ⎫
Mi voglio divertire. ⎭   I want to have a good time.

    The reflexive pronoun agrees with the subject even when the verb is in the infinitive form.

Non volete vestir**vi,** bambini?   Don't you want to get dressed, kids?

3. In dictionary or vocabulary listings, reflexive verbs can be recognized by the ending **-arsi, -ersi,** or **-irsi.** The following common verbs are used reflexively, but their meaning is not always reflexive.

alzarsi	to get up	**lavarsi**	to wash (oneself)
annoiarsi	to get bored	**mettersi**	to put on
arrabbiarsi	to get angry	**pettinarsi**	to comb one's hair
chiamarsi	to be called	**sentirsi bene**	to feel well
divertirsi	to enjoy oneself	**sposarsi**	to marry, get married
innamorarsi (di)	to fall in love (with)	**svegliarsi**	to wake up
lamentarsi (di)	to complain (about)	**vestirsi**	to get dressed

4. In most cases, the reflexive pronoun is the direct object.

Mi lavo.   I get washed, I wash myself.

But when the action performed by the subject affects a part of his or her own body, that part of the body becomes the direct object. In this case, Italian uses the definite article instead of the possessive adjective, as in English.

Mi lavo **la** faccia.   I wash *my* face.
Ci mettiamo **i** guanti.   We put on *our* gloves.

Some verbs used in this way are:

lavarsi (i capelli, i denti*, la faccia, le mani)	to wash (one's hair, teeth, face, hands)
mettersi (le scarpe, la camicia)	to put on (one's shoes, shirt)
tagliarsi (i capelli, i baffi, le unghie)	to cut (one's hair, moustache, nails)

*Note that Italian uses the expression *to wash one's teeth* instead of *to brush one's teeth.*

5. Some of the preceding verbs can also be used as nonreflexive transitive verbs if the action performed by the subject affects someone or something else.

Si lava.	He *washes himself*.
Lava i vetri.	He *washes* the windowpanes.
Ci svegliamo.	We *wake up*.
Svegliamo i bambini.	We *wake* the children *up*.

6. Almost any verb can be reflexive if the speaker wishes to stress his or her involvement with, or responsibility for, the action.

Voglio comprar**mi** una moto.
or:
Voglio comprare una moto. } I want to buy (*myself*) a motorcycle.

Hai il tempo di fumar**ti** una
   sigaretta?
or:
Hai il tempo di fumare una sigaretta? } Do you have time to smoke a
   cigarette?

— ...E se si sveglia?

Esercizi

a. Replace the subject in each sentence with each subject in parentheses, and change the verb form accordingly.

1. Io mi alzo presto. (Luigi, i bambini, noi due, anche voi)   2. A che ora vi svegliate voi? (tu, loro, Marcella, io)   3. Perchè ti arrabbi? (Carlo, voi, noi, io)   4. Che cosa si mette lei? (loro, voi, tu, io)   5. Puoi vestirti qui. (i bambini, la signora, io, noi)

b. What did the following people actually say? Follow the example.

Esempio: La bambina dice che si chiama Lucia.
        ''Mi chiamo Lucia.''

1. La signora dice che non si sente bene.   2. La mamma dice che si alza prima di (*before*) papà.   3. Le bambine dicono che si annoiano.   4. Le ragazze dicono che si divertono.   5. Tu dici che ti pettini volentieri. 6. Voi dite che vi vestite subito.   7. Lui dice che non si arrabbia mai. 8. Roberto dice che non vuole sposarsi.   9. Tu dici che vuoi divertirti. 10. Voi dite che dovete lavarvi.

c. Rispondere alle domande.

1. Si alza presto Lei quando non deve andare all'università?   2. Si pettina spesso?   3. Si annoia in classe qualche volta?   4. Che cosa vuole comprarsi?   5. Come si chiama?   6. Vuole sposarsi molto giovane?

d. Pick three favorite ways to complete the following statement. **Io mi diverto.** . .

1. quando vado al cinema.   2. quando esco con gli amici.   3. quando gioco a tennis.   4. quando faccio una passeggiata.   5. quando guardo la televisione.

How do your three choices compare with those of other students?

D.   The *passato composto* of reflexive verbs

PAOLO: Ieri siamo stati al mare e siamo tornati verso le otto di sera.
MAURIZIO: Vi siete divertiti?
PAOLO: Sì, ci siamo divertiti molto, ma Maria ha preso troppo sole ed è rossa come un gambero.

1. *Dove sono stati Paolo e Maria ieri?*
2. *Si sono divertiti?*
3. *Perchè Maria è rossa come un gambero?*

The **passato composto** of reflexive verbs is formed with the present tense of **essere** and the past participle. As always with **essere,** the past participle must agree with the subject in gender and number.

> **DIVERTIRSI**
>
> **mi sono divertito(a)**   I enjoyed myself
> **ti sei divertito(a)**   you enjoyed yourself
> **si è divertito(a)**   he enjoyed himself; she enjoyed herself
> **ci siamo divertiti(e)**   we enjoyed ourselves
> **vi siete divertiti(e)**   you enjoyed yourselves
> **si sono divertiti(e)**   they enjoyed themselves

PAOLO: We went to the beach yesterday and came back around 8 P.M.   MAURIZIO: Did you enjoy yourselves?   PAOLO: Yes, we had a great time, but Maria got too much sun and she's red as a lobster (*lit.* like a crayfish).

Paolo si è divertito alla festa, ma Laura non si è divertita per niente.	Paolo had a good time at the party, but Laura didn't enjoy herself at all!
Quando vi siete alzati? Ci siamo alzati tardi.	When did you get up? We got up late.
Ti sei lavato le mani?	Did you wash your hands?
Mamma, perchè ti sei arrabbiata?	Mother, why did you get angry?

Esercizi

a. Replace the subject in each sentence with each subject in parentheses, and make any other necessary changes.

1. Maria si è sposata molto giovane (la nonna, Roberto, gli zii, le cugine della mamma, la signora Verdi).   2. Mi sono alzato tardi (anche tu, noi due, i bambini, Patrizia).   3. Ci siamo mangiati una pizza (Marco, io, le ragazze, la signora).

b. Judy has just returned home after spending her junior year abroad. Her roommate fills her in on what happened during her absence. Follow the example.

Esempio: Patrizia (sposarsi)
      Patrizia si è sposata.

1. Cristina (laurearsi*)   2. Marco (sposarsi)   3. Roberto (innamorarsi)   4. la ragazza di Gianni (tagliarsi i capelli)   5. Pietro e Paolo (comprarsi una moto)   6. Pat e Julie (comprarsi un appartamento)

c. Complete each sentence with the correct form of the same verb used in the first part of the sentence.

1. Lorenzo si alza alle sei; io _____ alle sette.   2. Loro si pettinano spesso; tu non _____ mai!   3. Tu ti sei divertito alla festa, ma noi non _____.   4. Loro si sono comprati una moto; io _____ una bicicletta. 5. Lui si è sposato giovane, lei non _____.   6. Marco si è laureato in medicina, Luigi _____ in ingegneria.

*Italian makes a distinction between *graduating from high school* (**diplomarsi**) and *graduating from the university* (**laurearsi**).

E. Telling time

CRISTINA: Che ora è?
MARTA: Sono le dieci.
CRISTINA: Oh Dio, com'è tardi! Ho un appuntamento alle dieci e mezzo e non mi sono ancora vestita!

1. *Che ora è?*
2. *Perchè Cristina dice che è tardi?*

1. To ask *What time is it?*, Italian uses either the singular **Che ora è?** or the plural **Che ore sono?** The answer is **sono le** plus the number of the hour.

Sono le tre.	It is three o'clock.
Sono le quattro.	It is four o'clock.
Sono le undici.	It is eleven o'clock.

The feminine plural article **le** in the answer stands for **le ore.** Ore is normally dropped. The singular form **è** is used only for twelve noon, midnight, and one o'clock, which are all singular.

È mezzogiorno.	It is twelve (noon).
È mezzanotte.	It is midnight.
È l'una.	It is one o'clock.

2. From the hour to half past, fractions of an hour are expressed by **e** plus the minutes elapsed. From half past to the next hour, time is expressed by giving the next hour **meno** (*minus*) the number of minutes to go.

le tre e venti	3:20
le quattro e trenta	4:30
le cinque meno cinque	4:55

CRISTINA: What time is it?   MARTA: It's ten o'clock.   CRISTINA: My goodness, how late it is! I've got an appointment at ten thirty and I haven't got dressed yet!

Un quarto (*a quarter*) and **mezzo** (*a half*) can often replace **quindici** and **trenta.**

le tre e **un quarto** ⎫ le tre e **quindici** ⎬	3:15
le tre e **mezzo** ⎫ le tre e **trenta** ⎬	3:30
le cinque **meno** un quarto ⎫ le cinque **meno** quindici ⎬	4:45

Un quarto d'ora and **mezz'ora** mean *a quarter of an hour* and *half an hour.*

3. To indicate A.M., add **di mattina** to the hour; to indicate P.M., add **del pomeriggio** (12 P.M. to 6 P.M.), **di sera** (6 P.M. to 10 P.M.), or **di notte** (10 P.M. to early morning) to the hour.

le otto **di mattina**	8 A.M.
le quattro **del pomeriggio**	4 P.M.
le otto **di sera**	8 P.M.
le due **di notte**	2 A.M.

4. The twenty-four-hour clock is much more widely used in Europe than in the United States. Official time (for planes, buses, trains, theaters, movies, visiting hours for museums and hospitals, TV and radio programs, and so on) is expressed by the twenty-four hour system. The following list shows how the 12-hour clock and the 24-hour clock correspond to one another.

12-HOUR CLOCK		24-HOUR CLOCK	
12 (noon)	mezzogiorno	le dodici	12:00
1 P.M.	l'una	le tredici	13:00
2	le due	le quattordici	14:00
3	le tre	le quindici	15:00
4	le quattro	le sedici	16:00
5	le cinque	le diciassette	17:00
6	le sei	le diciotto	18:00
7	le sette	le diciannove	19:00
8	le otto	le venti	20:00
9	le nove	le ventuno	21:00
10	le dieci	le ventidue	22:00
11	le undici	le ventitrè	23:00
12 (midnight)	le dodici	le ventiquattro	24:00

5. **A che ora. . . ?** means *At what time. . .?* (**A che ora arrivano?** *What time do they arrive?*) To answer, use **alle** plus the hour.

Alle cinque.	At 5:00.
Alle otto e mezzo.	At 8:30.
Alle nove meno un quarto.	At 8:45.

A is used with **mezzogiorno** and **mezzanotte:**

A mezzogiorno.	At twelve noon.
A mezzanotte.	At midnight.

All' is used with **una:**

All'una.	At one o'clock.

Esercizi

a. Answer each question with a complete sentence, using the time in parentheses.

Esempio: A che ora fanno colazione? (7:30)
Fanno colazione alle sette e mezzo.

1. A che ora si alzano? (7:15)   2. A che ora vanno all'università? (8:40)   3. A che ora pranzano? (12:30)   4. A che ora fanno merenda? (16:00)   5. A che ora cenano? (20:00)   6. A che ora vanno a dormire? (22:45)

Now pick a partner and ask him or her the same questions. Change the verb forms accordingly.

b. George's watch is always ten minutes slow. Every time he states the time, you have to correct him.

Esempio: Sono le otto.
No, sono le otto e dieci.

1. Sono le quattro e un quarto.   2. È mezzogiorno e mezzo.   3. È l'una.   4. Sono le sei e cinque.   5. Sono le dieci meno un quarto.
6. È mezzanotte e dieci.

*c. **Ore importanti.** Lei sa:*

1. a che ora è nato(a)?   2. a che ora Cenerentola *(Cinderella)* ha lasciato il ballo?   3. a che ora gli inglesi prendono il tè?   4. a che ora aprono le banche?   5. a che ora comincia la lezione d'inglese?

d. Domande personali.

1. A che ora viene all'università ogni lunedì?   2. Quante lezioni ha?
3. A che ora cominciano e a che ora finiscono le lezioni all'università?
4. A che ora si è alzato(a) stamattina?   5. E ieri mattina?   6. A
che ora è andato(a) a dormire ieri sera?

— Scusi, è già passato il dinosauro delle 17 e 15?

III.
ESERCIZI DI PRONUNCIA: THE SOUNDS /ć/ AND /ź/

/ć/ and /ź/ are both represented in writing by **z**.
/ć/: a sound similar to the *ts* in the English word *cats*.
/ź/: a sound similar to *ds* in the English word *pads*.

a. Initial position
It is pronounced either /ć/ or /ź/ according to regional usage. Most Italians
use /ź/. Imitate your instructor.

zaino, **ze**ro, **zi**tto, **zo**na, **zu**cchero

b. Medial position (single and double)
The sounds may be either single or double /ć/ or /ź/. Imitate your instructor. The cluster **-nz-** is most often pronounced /-nć-/: Fire**nz**e, pazie**nz**a.

al**z**are	belle**zz**a	ga**zz**a
cal**z**ettoni	carro**zz**ella	ga**zz**etta
gra**zi**e	pe**zz**i	me**zz**i
can**z**one	ma**zz**o	me**zz**o

Practice the sounds /ć/ and /ź/ in the following sentences.

1. Sai che differenza c'è tra colazione e pranzo?   2. Alla stazione di Venezia vendono pizze senza mozzarella.   3. Conosci quella ragazza con gli occhi azzurri?   4. A mezzogiorno ho lezione di zoologia.   5. C'è un negozio di calzature
(shoe store) in Piazza Indipendenza.

No, grazie.

IV.
DIALOGO

Sono le nove di mattina. Pietro si alza, si lava, si fa la barba e si veste; poi telefona in casa Pepe. Risponde una vecchia domestica mezza sorda.

DOMESTICA:	Pronto, chi parla?
PIETRO:	Pietro Nicolosi. C'è la signorina Marcella?
DOMESTICA:	La signorina Pulcinella? Non la conosco.
PIETRO (*URLA*):	La signorina Marcella! Mi sente?

he shouts

DOMESTICA: La sento, La sento! Non sono sorda! La signorina Marcella? Ora la chiamo.

Un intervallo *prolungato*, poi la voce *sonnacchiosa* di Marcella.

prolonged / sleepy

MARCELLA: Pronto, chi parla?

PIETRO: Sono Pietro, non mi riconosci?

MARCELLA (*RIDE*): Ti riconosco, ti riconosco! La donna ha detto: "C'è il signor Pelosi!" Come mai telefoni così presto?

she laughs

PIETRO: Pigrona! Sai che ore sono? Sono già le nove e un quarto! Cosa hai fatto ieri sera? Sei stata fuori fino a tardi?

MARCELLA: Ficcanaso, *non ti riguarda!* Ma perchè ti svegli prima dei polli?

it doesn't concern you

PIETRO: I polli si svegliano prima dell'*alba* e ora splende il sole. Mi accompagni alla mostra di scultura al Belvedere*?

dawn

*The Belvedere is a sixteenth-century fortress on a hill overlooking Florence.

MARCELLA:	Buon'idea! Non l'ho ancora vista e m'interessa molto. Mi vesto subito: un paio di jeans e una maglietta e tra dieci minuti sono pronta.
PIETRO:	Allora tra un quarto d'ora passo con la moto?
MARCELLA:	Non esageriamo! Ti aspetto tra mezz'ora e poi facciamo colazione insieme.
PIETRO:	Benone! Ciao, bellezza!

Dialog comprehension check

*Indicate whether each of the following statements is **vero** or **falso**. Change each false statement to make it true.*

1. Pietro telefona in casa Pepe.   2. È l'una del pomeriggio.   3. Risponde una giovane domestica.   4. Pietro vuole parlare con Marcella.   5. La domestica non sente bene.   6. Pietro chiama Marcella "pigrona".   7. Pietro vuole andare a fare una passeggiata.   8. Marcella dice che deve ancora vestirsi.

Answer each question.

1. A che ora telefona Pietro in casa Pepe?   2. Chi risponde al telefono?   3. Perchè la domestica non capisce bene?   4. Perchè Pietro chiama Marcella "pigrona"?   5. Perchè Marcella chiama Pietro "ficcanaso"?   6. Che cosa vuole fare Pietro?   7. Ha già visto la mostra Marcella?

V.
ESERCIZI DI RICAPITOLAZIONE

a. *Expand the following sentences with the appropriate form of the verb **potere** in the present tense.*

Esempio: Non lo compro.
        Non posso comprarlo.

1. Non ti accompagno.   2. Non la taglia.   3. Non lo fate.   4. Non li laviamo.   5. Non ci vedono.   6. Non vi lascio.   7. Non le pulisci.   8. Non mi sente.

b. *Read the following paragraph.*

   Ogni mattina il signor Rossi si alza alle sei, si mette tuta (*overalls*), berretto, e scarpette (*tennis shoes*) e va a fare lo jogging per quaranta minuti. Ritorna a casa, fa una doccia tiepida, si veste e fa colazione.

*Rewrite the paragraph in the past tense, beginning with **Ieri il signor Rossi**. . .*

c. *Express in Italian.*

1. X: Excuse me, do you have the time **(l'ora)?**
   Y: Yes, it's three-thirty.
   X: Good heavens! I have to be at the university at three-forty and I've only got ten minutes . . .

Y: I can take (**portare**) you to the university. I have to go to the library anyway
(**in ogni modo**).

X: You're very kind. Thanks!

2. X: What time is the lecture?

Y: If I remember well, it's at 5 P.M.

X: I'm sorry, but I can't come. I leave the office at 6:30.

Y: That's too bad! (**Peccato!**)

*d. Now write a paragraph about what you did yesterday. Use at least four reflexive
verbs.*

VI.
LETTURA CULTURALE: L'ARTE IN ITALIA (I)

Roma, Firenze e Venezia sono *senza dubbio* le tre città d'arte italiane più cono-
sciute e ammirate in tutto il *mondo*. Ma non tutti sanno che ogni città italiana,
grande o piccola, ha una sua arte e un suo passato culturale. Per esempio, quando
un turista lascia il *solito* itinerario turistico, nota, a Siena, le strade *strette*, i palazzi e le *torri* caratteristiche del periodo medioevale; a Ravenna, le chiese, le
tombe e i mosaici dell'arte bizantina; ad Alberobello, i "trulli", antiche *abitazioni*
rotonde a *tetto* conico. Gli italiani conservano i monumenti del passato; non li
distruggono per costruire un *parcheggio* o per *erigere* un nuovo edificio. Molti
quartieri, oggi, sono *esattamente* come *erano* molti anni fa. Duemila anni di
storia sono visibili nelle città italiane ed è per questo che ogni anno milioni di
turisti vanno in Italia per conoscere e ammirare le *opere* d'arte della penisola.

undoubtedly
world

usual / narrow
towers
dwellings
roof
parking lot / erect
sections / exactly /
  they were
works

Reading comprehension check

Domande:

1. Quali città italiane sono incluse nel solito itinerario turistico?   2. Che
cos'ha ogni città italiana?   3. Che cosa sono i "trulli"? Dove sono?   4. Come
mai, oggi, molti quartieri italiani sono esattamente come erano molti anni fa?
5. Cosa è visibile nelle città italiane?

*I "trulli" di
Alberobello (Bari)
(Italian Government
Tourist Office)*

Siena (Andrew Brilliant/The Picture Cube)

S. Trinità dei Monti, Roma (Leonard Speier)

*Il Duomo di Milano
(Leonard Speier)*

Il Ponte dei Sospiri, Venezia (Leonard Speier)

I mosaici della Basilica di S. Apollinare, Ravenna (Madeline Grimoldi)

VII.
PAROLE DA RICORDARE

VERBS

accompagnare to accompany
alzarsi to get up
amare to love
annoiarsi to get bored
arrabbiarsi to get angry
chiamarsi to be called
diplomarsi to graduate from high
  school
divertirsi to enjoy oneself, have a
  good time
esagerare to exaggerate

fare la doccia to take a shower
farsi la barba to shave
giocare al pallone to play ball
innamorarsi (di) to fall in love
  (with)
lamentarsi (di) to complain
  (about)
laurearsi to graduate from the
  university
lavare to wash
  lavarsi to wash up
mettersi to put on

*passare to stop by
pettinarsi to comb one's hair
prendere il sole to sunbathe
riconoscere to recognize
*sembrare to seem
sentirsi bene to feel well
splendere to shine
sposarsi to marry, get married
svegliarsi to wake up
tagliare to cut
trovare to find
vestirsi to get dressed

NOUNS

baffi (m. pl.) moustache
barba beard
bellezza beauty; gorgeous person
camicia shirt
domenica Sunday
  la domenica on Sundays
domestica maid
donna woman; maid
faccia face
ficcanaso (il *or* **la)** busybody
figlio (pl. **figli**) son; child
mano (f) (pl. **mani**) hand
mare (m) sea
mezz'ora half an hour
mostra exhibit

ora hour; time
paio pair
palestra gym
pollo chicken
pomeriggio afternoon
quarto quarter
scarpa shoe
scultura sculpture
sole (m) sun
unghia nail
voce (f) voice

ADJECTIVES

mezzo half
ogni (inv.) every

pigro lazy
  pigrone, pigrona lazy bones
sordo deaf
tiepido lukewarm

OTHERS

come mai? how come?
francamente frankly
fuori out, outside
insieme together
male badly, poorly
molto a lot
prima di before
tra in (referring to future time)
un po' a bit, a little
verso toward

I.   STORIELLE UMORISTICHE

Using as many of the following words and expressions as possible, describe
what is happening in the comic strip. Use the present tense in your narration.

svegliarsi	andare alla finestra
essere di buon umore	aprire la finestra
alzarsi	essere rovesciato *(upside down)*
mettersi le pantofole *(slippers)*	

II.   INCHIESTA

Put a check under the statement that expresses your opinions on the following issues.

1. La donna deve realizzarsi come persona, non come casalinga.
2. Quando si sposa, la donna deve abbandonare ogni altra attività e dedicarsi
   completamente alla casa.
3. Il marito deve dare una mano a fare i lavori di casa.
4. Per una donna, la maternità è lo scopo del matrimonio.
5. La donna deve lavorare fuori casa per avere la sua indipendenza.

	SONO D'ACCORDO.	NON SONO D'ACCORDO.	NON SO.
1.			
2.			
3.			
4.			
5.			

CAPITOLO 7

I. OBIETTIVI

Culture

One often associates a country with its food. Think of pasta and spaghetti, and Italy will come to mind. The cultural topic of Chapter 7 is food and its importance in Italian life.

Grammar

Chapter 7 introduces the concept of the indirect object and shows the form a pronoun takes when it functions as an indirect object in a sentence. In this chapter you will learn how to use the verb **piacere** *(to please),* and how to express personal opinions such as *I like* or *I don't like.* By the end of the chapter, you will also be able to converse in Italian about a very important subject of conversation—the weather.

II.
GRAMMATICA

A.   Indirect object pronouns

ELISABETTA: Arturo fa molti regali alla fidanzata.
GIUSEPPINA: Ah sì? E cosa le regala?
ELISABETTA: Le regala sempre la stessa cosa, o un libro o un profumo. Non ha proprio fantasia!
GIUSEPPINA: E lei cosa gli regala?
ELISABETTA: Anche lei sempre la stessa cosa, o una cravatta o un disco di musica classica.

1. *Fa molti regali alla fidanzata Arturo?*
2. *Ha fantasia Arturo?*
3. *Che cosa regala sempre Arturo?*
4. *E la fidanzata, che cosa regala a Arturo?*

1. You will recall that a direct object receives the action of the verb directly. An indirect object is the person or thing indirectly affected by that action. An indirect object is often preceded by the words *to* or *for*. Most of the time, however, *to* or *for* is merely implied.

INDIRECT OBJECT	DIRECT OBJECT
I tell *Julia*	many things.
I speak *to Julia.*	
I tell *her*	many things.
I speak *to her.*	

2. The indirect object pronouns have the same form as the direct object pronouns, except in the third person, singular and plural.

ELISABETTA: Arthur gives his fiancée a lot of presents.   GIUSEPPINA: Does he? What does he give her?   ELISABETTA: He always gives her the same thing, either a book or perfume. He really has no imagination!   GIUSEPPINA: And what does she give him?   ELISABETTA: She, too, always gives him the same thing, either a tie or a record of classical music.

DIRECT OBJECT			INDIRECT OBJECT	
mi	**ci**	**mi** (to) me	**ci**	(to) us
ti	**vi**	**ti** (to) you	**vi**	(to) you
La	**Li/Le**	**Le** (to) you	**Loro**	(to) you
lo	**li**	**gli** (to) him		
la	**le**	**le** (to) her	**loro**	(to) them (m and f)

3. Indirect object pronouns, like direct object pronouns, precede a conjugated verb, except for **loro** and **Loro,** which follow the verb.

   Le do tre dollari.   I give *her* three dollars.
   Ci offrono un caffè.   They offer *us* a cup of coffee.
   Parliamo **loro** domani.   We'll talk *to them* tomorrow.
       or: **Gli** parliamo domani.*

4. Indirect object pronouns are attached to the infinitive.

   Non ho tempo di parlar**gli.**   I have no time to talk *to him.*

   If the infinitive is preceded by a form of **dovere, potere,** or **volere,** the indirect object pronoun is either attached to the infinitive or placed before the conjugated verb.

   Voglio parlar**gli.** ⎫
   Gli voglio parlare. ⎭   I want to talk *to him.*

5. **Mi, ti, ci,** and **vi** may elide before a verb that begins with a vowel. **Mi, ti,** and **vi** may also elide with a verb that begins with an **h.**

   T'hanno parlato? ⎫
   (**Ti** hanno parlato?) ⎭   Did they speak *to you?*

   Ci hanno detto la verità.   They told *us* the truth.

6. When an object pronoun precedes a verb in a compound tense, it is important to know whether the object pronoun is direct or indirect in order to use the correct form of the past participle. The past participle may agree with the preceding direct object pronoun, but it *never* agrees with a preceding indirect object pronoun.

   Hai visto Laura?   Did you see Laura?
   Sì, l'ho vist**a** (agreement), ma non   Yes, I saw *her*, but I didn't speak
       le ho parla**to** (no agreement).   *to her.*

---

*In contemporary usage, **loro** is often replaced by **gli,** which precedes the verb.

7.   Some Italian verbs take an indirect object in contrast to their English equivalents, which take a direct object. The most common of these verbs are:

domandare	to ask
rispondere	to answer, reply
telefonare	to phone, call

Gli (indirect object) telefoniamo alle nove.

We call *him* (direct object) at nine.

Similarly, some Italian verbs take a direct object, whereas their English equivalents take an indirect object.

ascoltare	to listen to
aspettare	to wait for
cercare	to look for
guardare	to look at

Hai visto Marco?
Lo (direct object) aspetto da venti minuti.

Have you seen Marco?
I've been waiting *for him* (indirect object) twenty minutes.

Ecco la statua: **la** guardiamo.

There's the statue. We're looking *at it*.

Esercizi

a. Answer each question according to the example.

Esempio: Mi parla?
      Sì, Le parlo.

1. Mi dice buon giorno?   2. Mi risponde ora?   3. Non mi domanda perchè?   4. Mi scrive subito?   5. Mi regala un disco?

Esempio: Mi rispondi in inglese?
      Sì, ti rispondo in inglese.

1. Non mi dici grazie?   2. Mi dai la ricetta?   3. Mi fai un regalo?
4. Mi canti una canzone?   5. Mi offri un caffè?

— Per caso, le hanno portato un cappello?

oggetti: objects
smarriti: lost

b. Dire a un amico:

1. che lei lo aspetta.   2. che lei lo capisce.   3. che lei gli dice la verità.
4. che lei gli regala dei dischi.   5. che lei gli scrive molte lettere.

c. Domandare al dottore:

1. quando dovete telefonargli.   2. quando potete vederlo.   3. che cosa dovete dirgli.   4. se dovete mostrargli le radiografie.   5. se dovete pagarlo subito.   6. che cosa dovete portargli.

— Mi hanno mandato al diavolo... sa dirmi che strada devo prendere?

diavolo: devil
mandare: to send

B.   Reciprocal construction

> BIANCA: Quelle due ragazze sono grandi amiche. Si vedono tutti i giorni e tutte le sere si telefonano.
> VALENTINA: Chi? Mara e Clara?
> BIANCA: Ma no! Quelle due non si possono vedere: quando s'incontrano non si salutano neppure! Parlo di Franca e Matilde.
>
> 1. *Che cosa fanno le grandi amiche?*
> 2. *Che cosa fanno due ragazze che non si possono vedere?*

1. Most verbs can express reciprocal actions (we see *each other*, you know *each other*, they speak *to one another*) by means of the reflexive pronouns **ci, vi,** and **si.**

    USED AS DIRECT OBJECT

Noi **ci** conosciamo.	We know *each other*.
Voi **vi** amate come fratelli.	You love *one another* like brothers.
Cani e gatti **si** odiano.	Dogs and cats hate *one another*.

    USED AS INDIRECT OBJECT

Noi **ci** parliamo.	We speak *to each other*.
Voi **vi** scrivete.	You write *to each other*.
Loro **si** telefonano spesso.	They phone *each other* often.

2. In compound tenses of verbs expressing reciprocal action, the auxiliary **essere** is used, and the past participle agrees with the subject in gender and number.

Non **ci** siamo capi**ti.**	We didn't understand *each other*.
Le ragazze **si** sono telefona**te.**	The girls phoned *each other*.

3. For clarification or emphasis, **l'un l'altro (l'un l'altra), tra (di) noi, tra (di) voi,** or **tra (di) loro** may be added.

Si guardano **l'un l'altro** in silenzio.	They look *at each other* in silence.
Si sono aiutati **tra di loro.**	They helped *each other*.

4. The following commonly used verbs express reciprocal actions:

BIANCA: Those two girls are good friends. They see each other every day and call each other every evening.   VALENTINA: Who? Mara and Clara?   BIANCA: Of course not! Those two can't stand each other. When they meet they don't even say hi to each other! I'm talking about Franca and Matilde.

abbracciarsi	to embrace
baciarsi	to kiss
aiutarsi	to help each other
guardarsi	to look at each other
incontrarsi	to meet
salutarsi	to greet each other
scriversi	to write to each other
vedersi	to see each other
telefonarsi	to phone each other

Esercizi

a. Use the information in parentheses to answer each question.

Esempio: Tu conosci Laura? (molto bene)
            Sì, ci conosciamo molto bene.

1. Tu conosci Marco? (da molto tempo)   2. Tu telefoni a Franca? (ogni sera)
3. Tu scrivi ai cugini di Milano? (spesso)   4. Tu vedi Laura? (alle cinque)
5. Tu saluti il professore? (in italiano)

*b. Restate each sentence in the **passato composto.***

1. Ci incontriamo al bar alle otto.   2. Non vi aiutate?   3. Come mai non si salutano?   4. Le signore italiane si baciano e si abbracciano quando si vedono.   5. Carlo e Sophia si fanno molti regali.

c. Tell about your relationship with your best friend. Use the following questions as a guide.

1. Lei ha un grande amico o una grande amica?   2. Vi vedete spesso?   3. Dove vi vedete?   4. Vi aiutate?   5. Vi telefonate spesso?
6. Vi fate regali?

C. *Piacere*

Gianni e Gianna hanno gusti completamente diversi. Per esempio, a lui piacciono i mobili moderni, a lei piacciono i mobili antichi. A lui piace fumare, lei odia le sigarette. A lui piace andare in montagna, a lei piace andare al mare.

1. *Amano le stesse cose Gianni e Gianna?*
2. *Fumano tutt'e due?*
3. *Va volentieri al mare Gianni?*

1. In Italian, the construction that expresses the notion *to like* is more similar to the English expression *to be pleasing to*.

    Carlo likes coffee.———→Coffee is pleasing to Carlo.
    Carlo likes bananas.———→Bananas are pleasing to Carlo.

ITALIAN	ENGLISH
INDIRECT OBJECT + VERB + SUBJECT	SUBJECT + VERB + INDIRECT OBJECT
A Carlo piace il caffè.	Coffee is pleasing to Carlo. (Carlo likes coffee.)
Gli piace il caffè.	Coffee is pleasing to him. (He likes coffee.)
A Carlo piacciono le banane.	Bananas are pleasing to Carlo. (Carlo likes bananas.)
Gli piacciono le banane.	Bananas are pleasing to him. (He likes bananas.)

It is important to remember that the elements of the sentence are identical in the two languages. The only difference is word order.

Gianni and Gianna have completely opposite tastes. For example, he likes modern furniture, she likes antique furniture. He likes to smoke, she hates cigarettes. He likes to go to the mountains, she likes to go to the beach.

2. **Piacere** is most commonly used in the third person singular or plural. The forms of the present are:

piaccio   piacciamo
piaci   piacete
piace   **piạcciono**

The forms of the **passato composto** are: **è piaciuto(a), sono piaciuti(e).**

Notice that **piacere** is conjugated with **essere** in compound tenses and that its past participle therefore agrees in gender and number with the subject (what is liked).

Ho mangiato l'insalata, ma non mi è piaciut**a**.	I ate the salad, but I didn't like it.
Le patate mi sono piaciut**e**.	I liked the potatoes.

3. When the subject is expressed as an infinitive (I like *to eat*), **piacere** is used in the third person singular.

Mi piace mangiare.   I like to eat.

4. Note that in expressions such as *Do you like it?* **Ti piace?** or *Do you like them?* **Ti piacciono?** Italian has no equivalent for *it* and *them*. In Italian, *it* and *them* are expressed, in this case, through the singular and plural verb endings.

5. *To dislike* is expressed by the negative of **piacere**.

Non mi **piace** il caffè.	I *dislike* coffee. (Coffee is not pleasing to me.)

Dispiacere means *to be sorry, to mind,* and is used in the same way as **piacere**.

Non possiamo venire; **ci dispiace**.	We cannot come; *we're sorry.*
Le dispiace aspettare?	*Do you mind* waiting?

Esercizi

*a. Complete each sentence with **piacere** or **non piacere** according to the example.*

Esempio: A Maurizio piace il francese.
          A Maurizio piacciono le lingue.

1. Nureyev / ballare   2. gli studenti / gli esami   3. gli Italiani / la musica
4. lo zio / i bambini piccoli   5. gli americani / le automobili

b. Create a sentence stating that you like or dislike each of the following.

Esempio: ballare
         Mi piace ballare.

1. viaggiare   2. la birra americana   3. gli uomini coi baffi   4. le scarpe nere   5. il caffè italiano

— Quello non mi piace: io voglio questo.

c. *Create a question and an answer, as in the examples.*

Esempio: pollo
        Vuole pollo?
        No, grazie, non mi piace il pollo.

1. patate   2. coniglio   3. caffè   4. spaghetti   5. frutta

Esempio: formaggio
        Non prendo formaggio.
        Perchè? Non Le piace?

1. carne   2. pesce   3. spinaci   4. pasta   5. paste

d. *Answer each question as in the example.*

Esempio: Perchè non ha ballato Roberto?
        Perchè non gli piace ballare.

1. Perchè non ha fatto il bagno Pierino?   2. Perchè non ha cantato Laura?
3. Perchè non ha scritto Paolo?   4. Perchè non è stato zitto Luigino?
5. Perchè non ha preso l'aereo la nonna?   6. Perchè non è uscita con Mario Cristina?

e. *Conversazione.*

1. Le piace mangiare al ristorante?   2. Le piacciono le persone con i capelli lunghi?   3. Le piacciono gli uomini con la barba?   4. Le piace la frutta? Mangia molta frutta?   5. Le piacciono i succhi di frutta *(fruit juices)*?

f. *List three things you don't like to do by yourself (**da solo/da sola**).*

Esempio: Non mi piace mangiare da solo.

g. *Express in Italian.*

1. Mary doesn't like to keep quiet. She likes to talk.   2. Do you like Brahms?
3. We don't like to skip breakfast.   4. Mary cannot come. She's sorry.
5. Did you eat the pastries? Did you like them?   6. Why didn't he like the party?   7. Do you mind repeating it?

—*Mi dispiace, ma noi non comperiamo niente a rate.*

D. *Bello* and *quello*

ANNA: Quel ragazzo è un bel maleducato. Quando m'incontra non mi saluta e si volta dall'altra parte.

MIRELLA: Anna, tu non lo capisci. Giancarlo è un ragazzo timido e forse è innamorato di te.

1. *Perchè Anna considera Giancarlo un bel maleducato?*
2. *Come spiega la cosa Mirella?*

1. The adjectives **bello** (*beautiful, handsome, nice, fine*) and **quello** (*that, those*) have shortened forms when they precede the nouns they modify. Notice that the shortened forms are similar to those of the definite articles (**il, lo, la,** and so on).

SINGULAR				PLURAL			
MASCULINE		FEMININE		MASCULINE		FEMININE	
bel	quel	bella	quella	bei	quei	belle	quelle
bell'	quell'	bell'	quell'	begli	quegli		
bello	quello			begli	quegli		

ANNA: That guy is a real jerk. When he runs into me he doesn't say hi and he turns away.   MIRELLA: Anna, you don't understand him. Giancarlo is a shy person and he may be in love with you.

Chi è **quel bel** ragazzo?	Who's *that handsome* boy?
Che **bei** capelli e che **begli** occhi!	What *beautiful* hair and eyes!
Quell'americana è di Boston.	*That* American is from Boston.
Quelle case sono nuove.	*Those* houses are new.

2. **Bello** retains its full form when it follows the noun it modifies or the verb **essere.**

Quel ragazzo è **bello.**	That boy is *handsome.*

3. When **quello** stands alone as a pronoun, it has four forms: **quello, quella, quelli, quelle.** It can mean *that one, those, the one(s).*

Preferisce questo palazzo o **quello?**	Do you prefer this palace or *that one?*
Ti piacciono i formaggi americani? Preferisco **quelli** francesi.	Do you like American cheeses? I prefer French *ones.*
Ecco una macchina: è **quella** di Luigi.	There's a car; it's Luigi's.

Esercizi

a. Supply the correct form of **quello.**

Esempio: Non conosco _quel_ ragazzo.

1. Chi sono _____ ragazzi? 2. Ti piace _____ automobile? 3. Vogliamo comprare _____ scarpe. 4. Non conoscete _____ studente? 5. _____ avvocati sono molto bravi. 6. _____ è un bel regalo. 7. _____ sono i cugini di Marcella. 8. Ti piacciono i mobili antichi? No, preferisco _____ moderni. 9. Non invito l'amica di Marco; invito _____ di Roberto. 10. Che cosa dice _____ uomo?

—*Vedi quell'uomo alto, biondo e con gli occhi azzurri . . .*

b. Create new exclamations by adding the appropriate form of **bello.**

Esempio: Che bocca!
            Che bella bocca!

1. Che faccia!   2. Che denti!   3. Che mani!   4. Che sole!   5. Che voce!   6. Che donne!   7. Che ragazzi!   8. Che spaghetti!

*c. Describe **un bell'uomo** or **una bella donna,** using as many as possible of the nouns and adjectives you have learned so far.*

E. Weather expressions

JOHN BROWN: Professore, Le posso fare una domanda?

PROFESSORE: Certo, John, che cosa vuoi sapere?

JOHN BROWN: Che tempo fa a Firenze in luglio?

PROFESSORE: Di solito fa bel tempo; spesso fa troppo caldo.

JOHN BROWN: Non mi piace il caldo. Dove posso andare per stare al fresco?

PROFESSORE: In montagna, sulle Dolomiti.

1. *Qual è la domanda di John?*
2. *Qual è la risposta del professore?*
3. *A John piace il caldo?*
4. *Dove può andare John per stare al fresco?*

Many weather expressions use the verb **fare** in the third person singular form: **fa.**

Che tempo **fa?**	How's the weather?
Fa bello. *or* **Fa** bel tempo.	It's nice weather.
Fa brutto. *or* **Fa** brutto tempo.	It's bad weather.
Fa freddo. (il freddo)	It's cold. (cold weather, the cold)
Fa caldo. (il caldo)	It's hot. (hot weather, the heat)
Fa fresco. (il fresco)	It's cool. (cool weather)

Other common weather expressions do not use the verb **fare.**

piovere	to rain	**piove**	it's raining
ha piovuto/è piovuto	it rained	**la pioggia**	the rain
nevicare	to snow	**nevica**	it's snowing
ha nevicato/è nevicato	it snowed	**la neve**	snow
c'è afa	it is muggy	**c'è (il) sole**	it is sunny
c'è nebbia	it is foggy	**c'è vento**	it is windy

JOHN BROWN: Professor, may I ask you a question? INSTRUCTOR: Sure, John, what do you want to know? JOHN BROWN: What's the weather like in Florence in July? INSTRUCTOR: It's usually nice; often it's too hot. JOHN BROWN: I don't like the heat. Where can I go to keep cool? INSTRUCTOR: To the mountains, in the Dolomites.

Esercizi

a. Respond to each exclamation, following the example.

Esempio: Che caldo!
          Sì, fa caldo oggi.

1. Che freddo!   2. Che vento!   3. Che sole!   4. Che afa!   5. Che nebbia!   6. Che brutto tempo!

b. Use a weather expression to complete the following statements.

1. Non esco volentieri quando...   2. Non dormo bene quando...
3. Usciamo soltanto quando...   4. Non mi piace guidare quando...
5. Fa . . . e sta per nevicare.   6. Vuoi il golf? Sì, fa . . .   7. Ti metti l'impermeabile *(raincoat)*? Sì, sta per . . .

— Sì, mamma, nevica!

c. Express in Italian.

1. It snowed yesterday.   2. I don't want to go out. It's very windy.   3. Is it cold in Milan? It's usually cold and it often snows.   4. In this city it's very warm and it never rains.

d. Conversazione.

1. Che tempo fa oggi?   2. Che tempo ha fatto ieri?   3. In quale città americana c'è molto vento?   4. In quali stati americani c'è molta afa?
5. Lei è di buon umore quando c'è il sole?   6. Dorme volentieri quando piove?   7. Ha freddo quando fa freddo?   8. Ha caldo in classe?   9. Le piace il caldo?   10. Le piace la neve?

III.
ESERCIZI DI PRONUNCIA: THE SOUNDS /l/ AND /ʎ/

1.   /l/: a sound similar to the *l* in the English word *lonely*. Unlike the *l* in *alter* or *will*, the Italian /l/ is a "clear" sound, articulated toward the front of the mouth, never in the back.

a.   Initial position

lavoro, **l**etto, **l**ibri, **l**oro, **l**una

b.   Medial position (or end of syllable): single

pa**l**a, a**l**ta, ve**l**e, sve**l**to, fi**l**i, fi**l**tro, vo**l**o, vo**l**to, mu**l**o, mu**l**ta

c.   Medial position: double

pa**ll**a, que**ll**i, mi**ll**e, a**ll**ora, su**ll**a

d.   Final position

a**l**, de**l**, i**l**, co**l**, su**l**

Contrast:

	ITALIAN	ENGLISH
	al	*all*
	del	*dell*
	il	*ill*
	col	*call*
	sul	*sulk*

2. /ʎ/: a sound similar to *lli* in the English word *million*. It is articulated with the top of the tongue against the hard palate. It is always spelled **gl** when followed by **i**, and **gli** when followed by any other vowel.

   a. Initial position

   gli, glielo

   b. Medial position

   pa**glia**, ve**glie**, fi**gli**, vo**glio**, lu**glio**

   Contrast:

pala	pa**glia**
vele	ve**glie**
fili	fi**gli**
volo	vo**glio**
mulo	lu**glio**
quelli	que**gli**
belli	be**gli**

Practice the sounds /l/ and /ʎ/ in the following sentences.

1. Come balla bene Alberto!   2. Sono mille lire o duemila lire?   3. Fa caldo in luglio?   4. Ecco il portafoglio di mio figlio.   5. Quella ragazza è alta e snella.   6. Vogliono il tè col latte o col limone?

IV.
DIALOGO

	Gita domenicale	*Sunday excursion*
PERSONAGGI:	Marcella Pepe; Beppino, il cugino americano di Marcella; Luisa Albergotti, zia di Marcella e di Beppino.	
	È una bella domenica di giugno: Beppino e Marcella sono andati a far visita alla zia Luisa, che abita in campagna in una vecchia casa vicino a Lucca. La zia Luisa è una vecchietta piccola piccola* ma ancora *arzilla*. Appena si vedono, la zia e Marcella si abbracciano.	*spry*

*Repetition of an adjective, such as **piccola piccola**, conveys the same idea as **molto** (*very*).

MARCELLA:	Cara *zietta*, come stai? Sempre in gamba, vero? Ti ho portato finalmente Beppino, *il nostro* grande texano.	*auntie* *our*
	(Zia Luisa e Beppino si guardano *commossi*, poi Beppino *si china* e bacia la zia.)	*moved / bends*
ZIA LUISA:	Mamma mia, come sei lungo! Proprio un bel ragazzo. Ma un po' magro: hai bisogno d'ingrassare. Ti piacciono i tortellini al sugo?	
BEPPINO:	Veramente non li ho mai mangiati; ho mangiato le lasagne, i ravioli e naturalmente gli spaghetti, ma non i tortellini.	
MARCELLA:	Sono una specialità di Bologna, ma li facciamo bene anche in Toscana. Zietta, ho una fame da lupi: cosa ci hai preparato di buono?	
ZIA LUISA:	Oh, le solite cose: roba semplice ma genuina. Per cominciare, *crostini di fegatini di pollo*; poi i tortellini, e dopo i tortellini, pollo e coniglio *arrosto* con patate al forno e insalata; e *per concludere*, la crostata e il caffè.	*chicken liver* *hors d'oeuvres* *roast* *to finish*
MARCELLA:	Hai sentito, Beppino? Io, dopo questo pranzo, non entro più nei jeans che mi hai regalato . . .	
	(*Più tardi*, verso la fine del pranzo)	*later*
BEPPINO:	Zia, questa crostata mi piace molto: mi dai la ricetta, per favore?	
ZIA LUISA:	Volentieri, ma tu sai cucinare?	
BEPPINO:	*Sicuro!* Non voglio morire di fame: la mia ragazza non sa cucinare e io mi devo arrangiare.	*Sure!*
ZIA LUISA:	Che tempi! In *che* mondo viviamo!	*what a*

Dialog comprehension check

Indicate whether each statement is **vero** *or* **falso**. *Change each false statement to make it true.*

1. Beppino e Marcella sono andati a trovare Luisa Albergotti.   2. Luisa è la cugina di Marcella.   3. Luisa abita in campagna.   4. Luisa trova Beppino un po' magro.   5. Luisa ha preparato un buon pranzo.   6. I tortellini sono una specialità di Firenze.   7. Marcella ha paura d'ingrassare.   8. Beppino dice che non sa cucinare.   9. Marcella vuole la ricetta della crostata.   10. La ricetta della crostata è per la ragazza di Beppino.

CURIOSITÀ

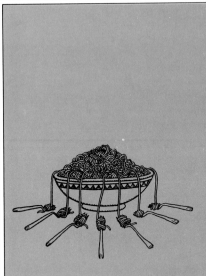

Etymology, the study of the origin of words, provides fascinating explanations of words we use. In Italian, **genuino** (genuine) means **vero** or **autentico**. But how many people know that it is related to the Latin word genu, which means knee? In ancient Rome, as soon as a baby was born, the father would pick it up and put it on his knees (genus) to indicate that he recognized the child as his own. Thus, from genu came the word genuine.

Nothing is more **genuino** than **spaghetti fatti in casa**. **Spaghetti** is a masculine plural word (the singular is **spaghetto**), which comes from **spago** (string). The suffix **-etto** conveys the idea of small or little; so **spaghetti** literally means little strings.

The cult of **pastasciutta** or **spaghetti** is probably as old as Italian civilization itself. Italy is the only country in the world that has a museum dedicated to spaghetti. It is in Pontedassio, on the Italian Riviera and contains everything you ever wanted to know about pasta.

V.
ESERCIZI DI RICAPITOLAZIONE

a. A fellow student tells you what he or she ate at an Italian restaurant. You then ask how he or she liked the various dishes.

Esempio: X: Ho mangiato il prosciutto col melone.
　　　　　 Y: Ti è piaciuto?
　　　　　 X: Sì, mi è piaciuto.
　　　　　　　 No, non mi è piaciuto.

b. Write a composition on two people who have "gusti completamente diversi."

c. Express in Italian.

1. Those two men hate each other.   2. What a jerk! He didn't say hi to me and turned away!   3. When the two girls met, they embraced and kissed each other.   4. How has the weather been? It has been very cold. It has snowed every day.   5. What a beautiful present! When did you receive it?

VI.
LETTURA CULTURALE: LA CUCINA ITALIANA

La cucina italiana è conosciuta e apprezzata in tutto il mondo e si può dire che in ogni città importante ci sono ristoranti italiani o ristoranti che servono specialità italiane. Ma è un errore credere che gli italiani mangino soltanto pizza o lasagne o spaghetti *al sugo:* la varietà della cucina italiana è infinita. Prendiamo, ad esempio, il famoso primo *piatto,* la pasta o il riso: quante variazioni sul tema! I nomi cambiano a seconda del *condimento* o della preparazione: le *tagliatelle* alla bolognese, fatte col ragù (sugo di carne); il risotto alla milanese, condito con lo *zafferano;* gli spaghetti alla carbonara, preparati con *uova* e *pancetta;* gli spaghetti alle *vongole;* i ravioli; le lasagne; i tortellini. . . L'*elenco* è lungo, ma che festa per il *buongustaio* alla ricerca di nuove esperienze culinarie!

with tomato sauce
course
seasoning / home-
made noodles
saffron / eggs /
bacon / baby
clams / list
gourmet

Per la pietanza, o secondo piatto, carne o pesce e *verdura,* la *scelta* è ancora più vasta, ma di solito la carne preferita è il *vitello.* Il pasto finisce quasi sempre con frutta fresca e caffè; gli italiani mangiano dolci raramente, nei giorni di festa o in occasioni speciali. Il vino è un necessario complemento della tavola italiana, anche se è un semplice vino locale.

vegetables / choice
veal

Gli italiani, dai *più umili* ai più sofisticati, sono tutti buongustai: *essi* non mangiano solamente per vivere, ma fanno di ogni pasto un'occasione *da godere* e ricordare.

humblest / they
to enjoy

Reading comprehension check

a. Domande:

1. Secondo Lei, quali piatti italiani sono conosciuti in tutto il mondo?   2. Cos'è il ragù?   3. Con che cosa è condito il risotto alla milanese?   4. Che cos'è la pietanza?   5. Quale tipo di carne preferiscono gli italiani?   6. Gli italiani mangiano dolci alla fine del pasto?

b. Preparare un menù all'italiana.

photos by
Leonard Speier

VII.
PAROLE DA RICORDARE

VERBS

abbracciare to embrace
aiutare to help
arrangiarsi to manage
avere bisogno di to need
avere una fame da lupi (lupo) to be very hungry
baciare to kiss
cercare to look for
fare un regalo a to give a present to
fare visita a to visit
fumare to smoke
guardare to look at
***ingrassare** to put on weight, get fat
***morire (morto)** to die
  morire di fame to starve
nevicare to snow
odiare to hate
***piacere** to please
piovere to rain
portare to bring, take
regalare to give (as a present)
salutare to greet, say hi to
stare al fresco to stay cool
vivere to live
voltarsi to turn

NOUNS

afa muggy weather
campagna country
  in campagna in, to the country
coniglio rabbit
cravatta tie
crostata pie
fantasia imagination
fidanzata(-o) fiancée, fiancé
fine (f) end
gita excursion
giugno June
insalata salad
luglio July
lupo wolf
maleducato ill-bred person
mobile (m) piece of furniture
  mobili furniture
mondo world
montagna mountain
  in montagna in, to the mountains
musica music
nebbia fog
neve (f) snow
pioggia rain
profumo perfume

ADJECTIVES

antico (pl. **antichi**) ancient, antique
diverso different
genuino genuine
innamorato (di) in love (with)
lungo long
quello that
semplice simple
solito usual
stesso same

OTHERS

al burro with butter
al forno baked (lit. in the oven)
al sugo with tomato sauce
appena as soon as
dall'altra parte in the opposite direction
di solito usually
proprio really
troppo too
vicino a near, close to
veramente truly, really
non . . . più not . . . any longer, no . . . longer

I. NATIONAL LIKES AND DISLIKES

Describe the "typical" Italian, German, and so on, by matching items in Column B with the nationalities listed in Column A.

Esempio: Agli americani piace la libertà.

A	B
i francesi	portare lederhosen / la birra / la musica / l'ordine e la disciplina
gli inglesi	la pasta / il vino / parlare / cantare
gli italiani	gli hamburger / la libertà / la natura / lavorare molto
i tedeschi	essere eleganti / il vino / il profumo
gli americani	il tè / essere puntuali / andare a teatro

Rispondere alle domande.

1. È vero che a tutti piace il sabato sera?   2. È vero che a nessuno piace il lunedì?   3. È vero che agli americani piace guardare le partite di football? 4. È vero che alle donne piacciono i diamanti?

II. STORIELLE UMORISTICHE

Using as many of the following words and expressions as possible, describe what is happening in the comic strip.

il televisore
il sofà
essere seduti davanti al televisore
il calcio

la partita di calcio
durante l'intervallo
baciarsi
guardare dall'altra parte

CAPITOLO 8

I.
OBIETTIVI

Culture

This chapter deals with shopping in Italy and how it differs from shopping in the United States.

Grammar

Chapter 8 introduces you to some command forms (imperatives) in Italian **(tu, voi,** and **noi).** You also learn two new pronouns, **ci** and **ne,** as well as the forms and placement of object pronouns when a sentence has two object pronouns, one direct and the other indirect.

II.
GRAMMATICA

A. The imperative *(tu, voi, noi)*

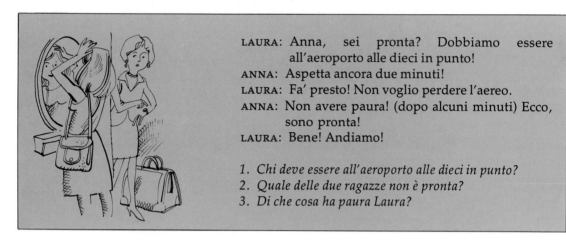

LAURA: Anna, sei pronta? Dobbiamo essere all'aeroporto alle dieci in punto!

ANNA: Aspetta ancora due minuti!

LAURA: Fa' presto! Non voglio perdere l'aereo.

ANNA: Non avere paura! *(dopo alcuni minuti)* Ecco, sono pronta!

LAURA: Bene! Andiamo!

1. *Chi deve essere all'aeroporto alle dieci in punto?*
2. *Quale delle due ragazze non è pronta?*
3. *Di che cosa ha paura Laura?*

1. The imperative is used to give orders, advice, and exhortations: *be good, stay home, let's go.* The imperative forms for **tu, voi,** and **noi** are the same as the present tense affirmative forms, with one exception: the **tu** imperative of regular **-are** verbs ends in **-a.**

	CANTARE	SCRIVERE	DORMIRE	FINIRE
(tu)	**canta**	**scrivi**	**dormi**	**finisci**
(noi)	**cantiamo**	**scriviamo**	**dormiamo**	**finiamo**
(voi)	**cantate**	**scrivete**	**dormite**	**finite**

2. The verbs **avere** and **essere** have irregular imperative forms.

AVERE	ESSERE
abbi	**sii**
abbiamo	**siamo**
abbiate	**siate**

LAURA: Anna, are you ready? We have to be at the airport at ten o'clock sharp. ANNA: Wait two more minutes! LAURA: Hurry up! I don't want to miss the plane. ANNA: Don't worry . . . (a few minutes later) Here I am, I'm ready! LAURA: Good! Let's go!

Abbi pazienza!   *Be* patient! (*lit.* have patience)

Siate pronti alle otto!   *Be* ready at eight!

3.   **Andare, dare, dire, fare,** and **stare** have an irregular **tu** imperative that is frequently used instead of the present tense form.

andare:	**va'** or **vai**	**Va' (vai)** a aprire la porta!
dare:	**da'** or **dai**	**Da' (dai)** una mano a Giovanni!
dire:	**di'**	**Di'** la verità!
fare:	**fa'** or **fai**	**Fa' (fai)** colazione!
stare:	**sta'** or **stai**	**Sta' (stai)** zitta un momento!

4.   The **noi** imperative corresponds to the English *let's (do something)*.

Parliamo italiano!   *Let's speak* Italian!
Andiamo al cinema!   *Let's go* to the movies!

5.   The negative command for the **tu** imperative is formed by the infinitive preceded by **non**. The negative for the **noi** and **voi** imperatives is formed by placing **non** before the affirmative forms.

Canta, Luciano!   Sing, Luciano!
Non cantare, Luciano!   *Don't sing*, Luciano!

Cantate, ragazzi!   Sing, boys!
Non cantate, ragazzi!   *Don't sing*, boys!

Cantiamo ora!   Let's sing now!
Non cantiamo ora!   *Let's not sing* now!

Esercizi

*a. Follow each question with the appropriate **tu** command. Add the words **su, dai,** or **avanti.***

Esempio: Perchè non mangi?
          Su, mangia!

1. Perchè non rispondi?   2. Perchè non entri?   3. Perchè non esci?
4. Perchè non bevi?   5. Perchè non paghi?   6. Perchè non guardi?

*These words are often used with the imperative forms to express encouragement, similar to the English "Come on!"

— Non hai visto il cartello?

pulita: clean
cartello: sign

b. *Answer each question with an affirmative **voi** command. Add the word **pure**.**

Esempio: Possiamo andare?
  Sì, andate pure!

1. Possiamo uscire?   2. Possiamo aspettare?   3. Possiamo ordinare?
4. Possiamo leggere?   5. Possiamo servire?   6. Possiamo stare?

c. *Respond to each statement with an affirmative **noi** command.*

Esempio: Carlo ordina l'antipasto.
  Ordiniamo l'antipasto anche noi!

1. Carlo va al mare.   2. Carlo gioca a tennis.   3. Carlo balla lo shake.
4. Carlo fa una foto.   5. Carlo mangia in una trattoria.   6. Carlo ha pazienza.   7. Carlo è gentile.

— Presto, presto scappiamo!

d. **Ordine e contrordine.** *Give the affirmative and negative of the **tu** imperative for each of the following.*

Esempio: aprire la porta
  Apri la porta!
  Non aprire la porta!

The imperative forms are often accompanied by **pure. Pure softens the intensity of the command; it adds the idea of "go ahead."*

1. finire l'esercizio   2. tagliare la carne   3. lavare la macchina   4. rispondere alla domanda   5. dare la mancia   6. prendere l'aereo   7. avere pazienza   8. essere gentile   9. fare una passeggiata   10. andare a casa

B. The imperative with pronouns

Cara Jane,
come stai? Io sto bene. Faccio foto e mi diverto.
Fammi un favore: scrivimi quando hai tempo e raccontami tutte le novità. Se vedi Clara, salutala e dille che non l'ho dimenticata.
Non studiare troppo e divertiti!
Ciao.

Beppino

1. *A chi scrive Beppino?*
2. *Che cosa desidera sapere Beppino?*
3. *Che cosa deve dire a Clara Jane?*
4. *Secondo Beppino, che cosa deve fare Jane?*

1. Object and reflexive pronouns, when used with the imperative, are attached to the end of the verb to form one word. The only exception is **loro,** which is always separate.

Scrivi**mi** quando puoi!	Write *to me* when you can!
Se vedete la zia, invitate**la!**	If you see your aunt, invite *her!*
Povero ragazzo! Aiutiamo**lo!**	Poor boy! Let's help *him!*
Alzate**vi** subito!	Get up right now! (*you,* plural)
Telefonate **loro!**	Call *them!*

2. When a pronoun is attached to the **tu** imperative of **dare, fare,** or **dire,** the first consonant of the pronoun is doubled, except when that pronoun is **gli.**

Fammi un favore!	*Do me* a favor.
Dille la verità!	*Tell her* the truth.
Dagli una mano!	*Give him* a hand.

Dear Jane, How are you? I'm well. I'm taking pictures and having a good time. Do me a favor. Write me when you have time and tell me all the news. If you see Clara, say hello to her and tell her that I haven't forgotten her. Don't work too hard and have a good time! Ciao. Beppino

3. When object or reflexive pronouns are used with the negative imperative, they may either precede the verb or be attached to the end of it. **Loro,** which always follows the verb, is the exception.

Non **mi** dire dove abiti!⎫
Non dir**mi** dove abiti! ⎭   Don't tell *me* where you live.

Non **gli** scriviamo! ⎫
Non scriviamo**gli!** ⎭   Let's not write *to him.*

Non **vi** lamentate dei professori!⎫
Non lamentate**vi** dei professori! ⎭   Don't complain about your teachers.

Non diciamo **loro** perchè!   Let's not tell *them* why.

—*Non aprire gli occhi: voglio farti una bella sorpresa!*

Esercizi

a. Answer each question with an affirmative imperative, changing the noun to a pronoun.

Esempio: Devo comprare il formaggio?
        Sì, compralo!

1. Devo prendere la medicina?   2. Devo scrivere alla nonna?   3. Devo telefonare al dottore?   4. Devo finire gli esercizi?   5. Devo tagliare la carne?   6. Devo aprire la porta?   7. Devo chiamare il cameriere?   8. Devo servire i gelati?

*b. Replace each question with an affirmative **tu** imperative.*

Esempio: Mi fai una foto?
        Fammi una foto!

1. Mi fai una domanda?   2. Mi dai il numero?   3. Le dai una mano?
4. Ci dici la verità?   5. Mi dici che ore sono?   6. La aiuti un po'?
7. Gli porti un caffè?   8. Le inviti alla festa?

c. What were the actual words? Each sentence contains a request. Indicate what was actually said in each case.

Esempio: Vi ho detto di darmi la ricetta.
        Datemi la ricetta!

1. Vi ho detto di aspettarmi.　2. Vi ho detto di guardare i pesci ma di non comprarli.　3. Ti ho detto di parlarle.　4. Ti ho detto di fargli una foto. 5. Ti ho detto di non alzarti.　6. Vi ho detto di mangiarvi una bistecca.

— Papà, ascolta e dimmi se ti piace questa mia ballata sul lavoro nei campi.

C. Ci

MARCELLA: Vai a colazione alla mensa dello studente, Geraldine?

GERALDINE: No, oggi non ci vado. Vado in trattoria con degli amici americani.

MARCELLA: Viene anche Pietro?

GERALDINE: Sì, ci viene anche lui.

MARCELLA: Ho la mini: ti do un passaggio?

GERALDINE: No, grazie, vado a piedi.

1. *Dove mangia oggi Geraldine?*
2. *Con chi mangia?*
3. *Marcella dà un passaggio a Geraldine?*

MARCELLA: Are you going to the student cafeteria for lunch, Geraldine?　GERALDINE: No, I'm not going there today. I'm going to a restaurant with some American friends.　MARCELLA: Is Pietro coming, too?　GERALDINE: Yes, he's coming, too.　MARCELLA: I have my Mini. Shall I give you a lift?　GERALDINE: No thanks, I'm walking.

1. **Ci** *(there)* is used most often in the constructions **c'è** and **ci sono** *(there is, there are)*. It may also replace the preposition **a** plus an infinitive or a preposition indicating location **(a, in, su)** plus a noun.

Quando vai **a ballare?**	When do you go *dancing?*
Ci vado la domenica.	I go on Sundays.
A che ora siete arrivati **a Roma?**	What time did you get *to Rome?*
A che ora **ci** siete arrivati?	What time did you get *there?*
Vanno **al cinema?**	Do they go *to the movies?*
Ci vanno spesso.	They go *there* often.
Non siamo entrati **in cucina;** non **ci** siamo entrati.	We didn't go *into the kitchen.* We didn't go in.

2. **Ci** may also replace the prepositional phrase **a** plus noun, denoting a thing or idea, but this use is limited to a few verbs governing **a,** such as **credere a** *(to believe in)* and **pensare a** *(to think about)*. In this construction, **ci** no longer corresponds to the English **there.**

Lei crede **agli UFO?**	Do you believe *in UFO's?*
Sì, **ci** credo.	Yes, I do (believe *in them*).
Pensate **all'inflazione?**	Do you think *about inflation?*
No, non **ci** pensiamo.	No, we don't think *about it.*

3. **Ci** precedes or follows the verb, according to the rules for object pronouns.

Non ho intenzione di andare **al mare.**	I don't intend to go *to the beach.*
Non ho intenzione di andar**ci.**	I don't intend to go *(there)*.
Ti hanno invitato a casa Pepe e non **ci** vuoi andare? **Vacci!***	They've invited you to the Pepes' and you don't want to go *(there)?* Go *(there)!*

Esercizi

a. Answer each question in the affirmative or in the negative, substituting **ci** *for the phrase in italics.*

Esempio: Va *al mercato?*
    Sì, ci vado.
    No, non ci vado.

1. Va *al cinema* da solo(a)?   2. È mai ritornato(a) *alla casa dov'è nato(a)?*
3. È mai stato *alla Casa Bianca? alle cascate del Niagara? a Las Vegas?*   4. Vuole andare *a Capri?*   5. Mangia spesso *alla mensa dello studente?*   6. Compra *in quel negozio?*   7. Va *in chiesa* la domenica?   8. Lei scrive *sui muri (walls)?*

*Note the doubling of the consonant of **ci** when **va'** precedes it.

9. Studia volentieri *a questa università?*   10. Ha intenzione di stare *a casa* stasera?

b. *Interview a member of your class, asking whether he or she has ever been to or wants to go to a city or a country that interests you. Remember to use **in** with countries and **a** with cities.*

Esempio: Sei mai stato(a) in Inghilterra? a Londra?
Vuoi andare in Brasile? a Rio de Janeiro?

Now interview one or more students, asking whether they believe in the following.

Esempio: Tu credi alle streghe?

1. gli spiriti *(ghosts)*   2. gli UFO   3. l'oroscopo · 4. le previsioni del tempo *(weather forecast)*   5. i sogni *(dreams)*

c. *Lei pensa mai a queste cose? For each of the following, formulate a question and an answer, according to the example.*

Esempio: Lei pensa alle vacanze?
Sì, ci penso.
No, non ci penso.

1. il futuro dell'umanità   2. i problemi della società   3. la vita sugli altri pianeti   4. gli extraterrestri *(people from outer space)*   5. gli esami

D. *Ne*

MARTA: Quanti bambini hanno i signori Bosi?
MARIA: Ne hanno due: un maschio e una femmina.
MARTA: E i signori Forti?
MARIA: Loro non ne hanno. Si sono sposati solo sei mesi fa e dicono che non ne vogliono avere.

1. *Hanno due maschi i signori Bosi?*
2. *Quando si sono sposati i signori Forti?*
3. *Vogliono avere bambini i signori Forti?*

1. The pronoun **ne** is used to replace prepositional phrases introduced by **di** *(of, about).*

MARTA: How many children do the Bosis have?   MARIA: They have two. A boy and a girl.   MARTA: And the Fortis?   MARIA: They don't have any. They got married only six months ago and say they don't want to have any.

Luigi parla **di politica.**	Luigi talks *about politics.*
Ne parla sempre.	He talks *about it* all the time.
Hai paura **degli esami?**	Are you afraid *of the exams?*
Sì, **ne** ho paura.	Yes, I'm afraid *of them.*
Non hanno avuto il coraggio **di parlare.**	They didn't have the courage *to talk.*
Non **ne** hanno avuto il coraggio.	They didn't have the courage.

2. **Ne** corresponds to the English *some* or *any* when it replaces a noun used in the partitive sense (with or without the partitive article; see Capitolo 5B).

Ha **del parmigiano?**	Do you have *any Parmesan cheese?*
Sì, **ne** ho.	Yes, I have *(some).*
Non hanno **bambini?**	Don't they have *any children?*
No, non **ne** hanno.	No, they don't have *any.*

3. **Ne** also corresponds to the English *of it, of them,* and replaces a noun introduced by a number or an expression of quantity, such as **molto** or **troppo.** In Italian, a number or an expression of quantity is normally used with a noun or with **ne.**

Mangiamo troppa **pasta.**	We eat too much *pasta.*
Ne mangiamo troppa.	We eat too much *(of it).*
Hanno tre **fratelli.**	They have three *brothers.*
Ne hanno tre.	They have three *(of them).*

4. **Ne** can also mean *from there* and refer to a place previously mentioned.

Sono tornati **da Roma.**	They came back *from Rome.*
Ne sono tornati ieri.	They came back *from there* yesterday.

5. The position of **ne** is the same as that of object pronouns.

Quanti **libri** dovete leggere?	How many *books* do you have to read?
Dobbiamo legger**ne** tre.	We have to read three *(of them).*
Io **ne** ho già letto due.	I've already read two *(of them).*

6. When **ne** is used with a verb in the **passato composto,** the past participle agrees with the noun replaced by **ne** only when **ne** acts as a direct object pronoun.

Hanno visto **degli UFO?**	Have they seen any UFO's?
Sì, **ne** hanno visti.	Yes, they saw some.
Hanno parlato **degli UFO?**	Did they talk about the UFO's?
Sì, **ne** hanno parlato.	Yes, they talked about them.

Esercizi

*a. Form a sentence with **ne** to answer each question.*

Esempio: Quanti giornali vuole? (3)
Ne voglio tre.

1. Quante matite compra? (1)   2. Quanti esami dà? (2)   **dare un esame:** *to take an exam*   3. Quante cugine ha? (5)   4. Quanti anni ha? (20)
5. Quante foto fa? (12)   6. Quanti bicchieri beve? (8)

*b. Answer each question using the appropriate form of **troppo, molto, poco,** or **abbastanza** (enough).*

Esempio: Ha pazienza Lei?
Sì, ne ho molta (poca).

1. Ha fantasia?   2. Ha problemi?   3. Faccio domande io?   4. Fa domande Lei?   5. Legge libri Lei?   6. Facciamo esercizi in classe?
7. Fa fotografie?

— Mi hanno detto che questo posto è infestato da spettri. Ne sa qualcosa lei?

Brughiera: Moor
spettri: ghosts

*c. Answer each question in the affirmative or in the negative, using **ne.***

1. Ha dischi di musica classica?   2. Scrive lettere in classe?   3. Mangia pane a colazione?   4. Beve spumante a colazione?   5. Usa margarina?
6. Fa regali agli amici?   7. Mette zucchero nel caffè?   8. Mette limone nel tè?   9. Mette formaggio sugli spaghetti?   10. Mette burro sul pane?

d. Conversazione.

1. Lei parla spesso del tempo? della televisione? Di che cos'altro parla volentieri?   2. Lei ha bisogno di vestiti? di scarpe? di profumi? Di che cos'altro ha bisogno?   3. Lei ha paura dei cani? dei topi? di viaggiare in aereo? d'ingrassare?   4. Ha dei giornali italiani? dei dischi italiani? delle sigarette italiane?

E. Double object pronouns

SIG. ROSSI: Scusi, a che ora comincia lo spettacolo?
IMPIEGATO: Glielo dico subito: comincia alle nove in punto.
SIG. ROSSI: Ci sono ancora posti in platea?
IMPIEGATO: Sì, signore, ce ne sono ancora: quanti biglietti vuole?
SIG. ROSSI: Me ne può dare cinque, per favore?
IMPIEGATO: Certo, signore.

1. *Che cosa vuole sapere il signor Rossi?*
2. *Ci sono ancora posti in platea?*
3. *Quanti biglietti vuole il signor Rossi?*

1. In Italian, when a verb has one direct object pronoun and one indirect object pronoun (he gave *it to me*, I'm returning *them to you*), the object pronouns normally precede the verb in the following order:

   Indirect object + Direct object (and **ne**) + Verb

2. The indirect object pronouns **mi, ti, ci,** and **vi** change the final **-i** to **-e** before **lo, la, li, le,** and **ne,** giving the following forms:

mi → me	me	lo	me	la	me	li	me	le	me ne
ti → te	te	lo	te	la	te	li	te	le	te ne
ci → ce	ce	lo	ce	la	ce	li	ce	le	ce ne
vi → ve	ve	lo	ve	la	ve	li	ve	le	ve ne

Quando mi dai una risposta? **Te la** do domani.

When are you giving me an answer? I'll give *it to you* tomorrow.

Non capiamo questi pronomi. **Ce li** spiega, per favore?

We don't understand these pronouns. Will you explain *them to us*, please?

MR. ROSSI: Excuse me, what time does the show start?   CLERK: I'll tell you right now. It starts at nine o'clock sharp.   MR. ROSSI: Are there any orchestra seats left?   CLERK: Yes, sir, there are some left. How many tickets do you want?   MR. ROSSI: Can you give me five, please?   CLERK: Certainly, sir.

Vi ho già parlato delle città italiane; **ve ne** ho parlato un mese fa.	I've already spoken to you about Italian cities; I spoke *to you about them* a month ago.

3. The indirect object pronouns **gli** *(to him, to them*)*, **le** *(to her)*, and **Le** *(to you)* become **glie-** before **lo, la, li, le,** and **ne** and combine with them to form one word.

> **gli, le, Le → glie-**   glielo gliela glieli gliele gliene

Ho dato la mancia al cameriere; **gliela** ho data.	I gave a tip to the waiter; I gave *it to him.*
Maria vuole comprare la nostra casa; perchè non **gliela** vendiamo?	Mary wants to buy our house; why don't we sell *it to her?*
Professore, ho dimenticato gli esercizi a casa. **Glieli** porto domani.	Professor, I've left my exercises at home. I'll bring *them to you* tomorrow.

4. When the verb is in the affirmative imperative or the infinitive, double object pronouns, like the single forms, follow the verb and are attached to it to form one word. **Loro** is the exception.

Se vi domanda dove abito, **diteglielo!**	If he asks you where I live, tell *(it to) him!*
L'orologio? Non te lo vendo, preferisco **regalartelo!**	The watch? I'm not selling it to you, I prefer *to give it to you!*

5. When the verb is in the negative imperative, the pronouns may either precede or follow the verb.

Carlo vuole il tuo indirizzo? Non **glielo** dare (Non dar**glielo**)!	Does Carlo want your address? Don't give *it to him!*

When the infinitive is governed by **dovere, potere,** or **volere,** the pronouns may follow the infinitive and be attached to it, or precede the conjugated verb.

Ti voglio presentare un'amica. Voglio presentar**tela.** (**Te la** voglio presentare.)	I want to introduce a friend to you. I want to introduce *her to you.*

6. Reflexive pronouns precede all other object pronouns and **ne.** Note again how the forms change.

***Loro** is used infrequently in modern Italian.

Mi lavo le mani.	**Me le** lavo.
Ti lavi le mani.	**Te le** lavi.
Si lava le mani.	**Se le** lava.
Ci laviamo le mani.	**Ce le** laviamo.
Vi lavate le mani.	**Ve le** lavate.
Si lavano le mani.	**Se le** lavano.

Mi lamento del freddo.	I complain about the cold.
Me ne lamento.	I complain about it.
Ti sei innamorato di Marina.	You fell in love with Marina.
Te ne sei innamorato.	You fell in love with her.

7. When **ne** is used with the verb **esserci** (**c'è, ci sono,** and so on), **ci** changes to **ce: ce n'è, ce ne sono.**

C'è del latte? Sì, **ce n'è.**	*Is there* any milk? Yes, *there's some.*
Ci sono ristoranti italiani? No, non **ce ne sono.**	*Are there* any Italian restaurants? No, *there aren't any (of them).*

Esercizi

a. Restate each question by replacing the noun object with an object pronoun.

Esempio: **Mi** ripete **la domanda?**
Me la ripete?

1. Mi ripete la data?   2. Mi ripete il numero?   3. Ti spiegano i verbi?
4. Ti danno dei soldi?   5. Gli serviamo la birra?   6. Le serviamo le lasagne?   7. Ci regalate l'automobile?   8. Ci date delle sigarette?
9. Vi spiego la lezione?   10. Vi servo il caffè?

*b. Restate each question, using a combined pronoun such as **glielo, gliela,** and so on.*

Esempio: Hai dato la mancia al cameriere?
Gliel'hai data?

1. Hai dato i soldi a Carlo?   2. Hai detto la verità al dottore?   3. Hai fatto il regalo alla zia?   4. Hai spiegato la lezione ai ragazzi?   5. Hai scritto la lettera alla nonna?   6. Hai mostrato le foto a Gianna?   7. Hai parlato a papà della situazione?   8. Hai regalato dodici piatti ai fidanzati?

c. Follow each question with a statement according to the example.

Esempio: Ti piace questo disco?
Te lo regalo.

1. Ti piace questo libro?   2. Ti piacciono questi piatti?   3. Le piace questo profumo?   4. Vi piace questa foto?   5. Vi piacciono queste cravatte?   6. Le piacciono questi dischi?

d. *Answer each question in the affirmative using **ne**.*

Esempio: C'è del vino?
Sì, ce n'è.

1. C'è della birra?   2. Ci sono dei panini?   3. Ci sono dei bicchieri?
4. Ci sono state due mostre?   5. C'è molta gente?   6. C'è molto vento?

e. *Conversazione.*

1. Lei dà sempre la mancia al cameriere?   2. Si lamenta spesso del freddo?
3. Si lava i capelli tutti i giorni?   4. Ha ricevuto delle lettere ieri?   5. Si è fatto(a) la doccia stamattina?   6. Mi vuole regalare quella foto?

III.
ESERCIZI DI PRONUNCIA: THE SOUNDS /m/, /n/, AND /ñ/

1.   /m/:   a sound similar to the *m* in the English word *mime*.

a.   Initial position

maschio, **me**rcato, **mi**nuto, **mo**do, **mu**sica

b.   Medial position (single and double)

m'**ama**	ma**mma**
mangia**mo**	mangia**mmo**
sare**mo**	sare**mmo**
mi**mo**	Mi**mmo**
so**ma**	so**mma**
fu**mo**	fu**mmo**

2.   /n/:   a sound similar to the *n* in the English word *nine*.

a.   Initial position

nato, **ne**ve, **ni**pote, **no**me, **nu**mero

b.   Medial position (single and double)

sa**no**	sa**nno**
ca**ne**	ca**nne**
Pi**na**	pi**nna**
so**no**	so**nno**
lu**na**	alu**nna**

3. /ñ/: a sound similar to the *ny* in the English word *canyon*. In Italian, it is always written **gn**.

   a. Initial position

     gnaulare, **gno**mo, **gno**cchi

   b. Medial position

     campa**gna**, compa**gne**, o**gni**, si**gno**ra, o**gnu**no

Contrast /n/ with /ñ/:

campa**na**	campa**gna**
Monta**na**	monta**gna**
a**ne**llo	a**gne**llo
so**no**	so**gno**

Practice the sounds /m/, /n/, and /ñ/ in the following sentences.

1. Giovanni Agnelli è un ingegnere di Genova. 2. Mario è maestro di musica. 3. Quando vanno in montagna, si annoiano. 4. Hanno bisogno di nove ore di sonno. 5. Il bambino è nato in giugno. 6. Sono innamorato di una spagnola. 7. Dammi un anello, non un agnello! 8. Buon Natale, nonna!

IV.
DIALOGO

Stamani Marcella e Geraldine sono andate *di buon'ora* a fare la spesa al mercato centrale vicino a Piazza San Lorenzo. Le piazze e le strade intorno al mercato sono piene di bancarelle che vendono un po' di tutto. Geraldine si ferma a una bancarella e osserva la *mercanzia*.   *early* ... *goods*

VENDITORE: Signorina bella, ha bisogno di *nulla*? Un bel vestitino, un bello *scialle*? Le faccio un buon prezzo! *anything* / *shawl*

GERALDINE: Quanto costa quel vestitino verde?

VENDITORE: Glielo do per trentamila. È regalato!

GERALDINE: Trentamila? Mi pare un po' caro! Che ne dici, Marcella?

MARCELLA: È troppo caro!

VENDITORE: Signorina, c'è l'inflazione, devo mangiare anch'io!

GERALDINE: E quella camicetta rossa quanto costa?

VENDITORE: Diecimila: gliela incarto?

GERALDINE: Se me la dà a ottomila, la prendo.

VENDITORE: E va bene, gliela do a ottomila e non ne parliamo più.

Le due ragazze entrano nel mercato centrale e osservano la carne, il *pollame*, il pesce, i formaggi e i salumi *esposti* sugli alti banchi di marmo. Marcella si ferma davanti al banco di un salumiere.

poultry
displayed

MARCELLA: Ha mozzarelle fresche?
SALUMIERE: Fresche come Lei. Quante ne vuole?
MARCELLA: Ne prendo tre; e anche un pezzo di parmigiano, per favore.
SALUMIERE: Quanti etti gliene do?
MARCELLA: Me ne bastano due. E quella ricotta com'è?
SALUMIERE: *Da leccarsi i baffi*, signorina. Se la compra, domani torna e mi dà un bacio.

to smack one's lips (lit. to lick one's moustache)

MARCELLA: E se non è buona, gliela riporto e Lei mi rende i soldi.
SALUMIERE: *Intesi! In tutti i modi* domani La rivedo!

agreed / anyway

Dialog comprehension check

Rispondere alle seguenti domande.

1. Dove sono andate stamani Marcella e Geraldine? 2. Di che cosa sono piene le piazze e le strade intorno al mercato? 3. Quanto costa il vestito verde? 4. Che cosa compra Geraldine? 5. Quanto paga? 6. Dove sono esposti i salumi e i formaggi? 7. Quali formaggi compra Marcella? 8. Se la ricotta non è buona, che cosa può fare Marcella?

CURIOSITÀ

There are over five hundred varieties of Italian cheese. **Parmigiano (Parmesan)** is the best known. It was made as long ago as the thirteenth century. The name comes from Parma, a city in the northern region of Emilia whose inhabitants (called Parmigiani) boast that their cheese is the best. To settle rivalries in the cheese industry, the Italian government decreed in 1955 that only the cheese made in the Parma region would be given the exclusive right to bear the name Parmigiano-Reggiano.

Parmigiano matures in two to three years. The riper the cheese, the better and more expensive it is.

Alla parmigiana is a term applied to many dishes that include the cheese, usually grated; for example, **melanzane alla parmigiana,** eggplant Parmesan style.

Mozzarella is a soft, white, wheel-shaped cheese. It is the essential ingredient in pizza and is used in many other Italian dishes. The name comes from **mozza,** the past participle of the verb **mozzare,** to cut or chop, as in **forma di formaggio mozza.**

CULTURAL NOTES

Residential areas and shopping centers in the United States are usually neatly separated from each other, with the exception of some older neighborhoods in larger cities. In Italy, however, one finds shops, stores, and markets intermingled with apartment buildings where the city dwellers live.

Even in the new residential areas that have developed around the cores of old cities, the pattern continues: a butcher's shop, a bakery, a grocery store, and the inevitable bar are within walking distance from everyone's home.

Most cities have American-style department stores and supermarkets, but small shops and open markets are still a distinctive urban feature.

V.
ESERCIZI DI RICAPITOLAZIONE

*a. Change each sentence into **tu** imperatives, substituting either **ci** or **ne** for the italicized phrases.*

Esempi: Vai *al mercato*. Vacci!
Mangi *del pane*. Mangiane!

1. Compri *dell'insalata*.   2. Non hai paura *dei serpenti*.   3. Pensi *ai regali di Natale*.   4. Non credi *agli UFO*.   5. Prendi sei *bicchieri*.   6. Scrivi molte *lettere*.   7. Ritorni *a casa*.   8. Passi *in biblioteca*.

b. Express in Italian.

1. Do me a favor—don't think about it!   2. Can we go there on foot?
3. Give me back the money. I need it!   4. It is a good cheese. If you don't like it, you can bring it back to me.   5. What a beautiful blouse! Who gave it to you?   6. Do you want some salad? No thanks, I don't want any.
7. She needs water. Can you give her some? Please, give her some!   8. Let's not talk about it now!

VI.
LETTURA CULTURALE: FARE LA SPESA

La signora Marchetti è una donna *all'antica:* ogni mattina, dopo che il marito è andato in ufficio e i figli sono andati a scuola, esce a piedi per fare la spesa nei *negozi* del *suo* quartiere. La sua famiglia è abituata a mangiare roba fresca, e la signora Marchetti *sceglie* con *cura* la carne dal *macellaio,* il pesce dal pescivendolo, la frutta e la verdura dal fruttivendolo o al mercato all'aperto. Per il pane va dal *fornaio* dove il buon profumo del pane fresco *accoglie* i clienti. *Di tanto in*

old-fashioned

stores / her

chooses / care /
the butcher

baker / welcomes /

tanto, la nostra signora Marchetti compra anche vestiti, scarpe e oggetti per la casa nei negozi del *vicinato.* Una volta al mese va in centro per vedere cosa c'è di nuovo nelle *vetrine* dei negozi di *lusso.*

La signora Bonini è invece una donna moderna: lavora in un'*agenzia di viaggi* e non ha *nè* tempo *nè* voglia di fare la spesa tutti i giorni. Così ogni sabato va col marito in macchina al supermercato e compra pasta, carne, *surgelati* e molta roba *in scatola.* La sua famiglia non si lamenta e il marito e i figli l'aiutano nelle *faccende di casa.* Però anche la signora Bonini preferisce comprare ogni giorno il pane fresco alla *panetteria.*

from time to time
neighborhood
windows / luxury
travel agency/
neither . . . nor
frozen food
canned
house chores
bakery

(BY ANTONELLA CENTARO PEASE)

Reading comprehension check

a. *Rispondete alle seguenti domande.*

1. Quale delle due signore va a fare la spesa in macchina?   2. Che cosa fa la signora Marchetti quando va in centro?   3. Quando va a fare la spesa la signora Bonini?   4. Dove compra i surgelati la signora Bonini?   5. Chi aiuta la signora Bonini nelle faccende di casa?   6. Quante volte alla settimana fate la spesa voi?

b. *Completate le seguenti frasi.*

1. Il marito della signora Marchetti va _____ e i loro figli vanno _____. 2. Alla famiglia Marchetti piace mangiare _____.   3. Nel quartiere dove abita la signora Marchetti ci sono negozi che vendono _____.   4. La signora Bonini lavora in _____.   5. Anche la signora Bonini compra il pane _____. 6. La signora Bonini non fa la spesa tutti i giorni perchè _____.

c. *Preparate un dialogo tra la signora Marchetti e la signora Bonini usando vocabolario ed espressioni della lettura.*

photos by Leonard Speier

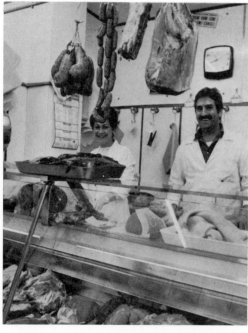

VII.
PAROLE DA RICORDARE

VERBS

*bastare to suffice, be enough
fare la spesa to go grocery
  shopping
fare presto to hurry up
fermarsi to stop
incartare to wrap up (in paper)
osservare to observe
*parere to seem
raccontare to tell
rendere to return, give back
riportare to bring back
rivedere to see again

NOUNS

bacio (pl. baci) kiss
bancarella stall, booth
banco (pl. banchi) counter
biglietto ticket

camicetta blouse
carne (f) meat
etto hectogram (100 grams = ¼
  pound)
femmina female
inflazione (f) inflation
maschio male
marmo marble
mensa cafeteria
mercato market
novità news
parmigiano Parmesan
passaggio lift
pesce (m) fish
pezzo piece
posto seat
prezzo price
salumi (m. pl.) cold cuts
salumiere (m) deli man

spettacolo show
trattoria restaurant, diner
vestito dress
  vestitino cute, little dress

ADJECTIVES

caro expensive
fresco fresh
pieno (di) full (of)
pronto ready
rosso red
verde green

OTHERS

in punto on the dot, sharp
intorno a around
stamani this morning
tutto everything

I. IL FIORE

Raccontare la storia del fiore.

ufficio brevetti:
patent office

uffa!: *an exclamation expressing impatience or anger*
l'infermiere: *male nurse*
scongiuro: *I beg*

CAPITOLO 9

I.
OBIETTIVI

Culture

In the cultural section of this chapter, you will learn about Italian sculpture and architecture.

Grammar

You have already learned the **passato composto.** Chapter 9 introduces another important tense of the past: the **imperfetto,** used to describe certain kinds of actions in the past. You will also study another past tense, the **trapassato,** a compound tense based on the forms of the **imperfetto.**

The chapter also treats possessive adjectives and pronouns, as well as three Italian verbs with similar yet clearly differentiated meanings: **dire, parlare,** and **raccontare.**

II.
GRAMMATICA

A. The *imperfetto*

LUIGINO: Papà, mi racconti una favola?

PAPÀ: Volentieri! C'era una volta una bambina che si chiamava Cappuccetto Rosso perchè portava sempre una mantella rossa col cappuccio. Viveva vicino a un bosco con la mamma . . .

LUIGINO: Papà, perchè mi racconti sempre la stessa storia?

PAPÀ: Perchè non ne conosco altre!

1. *Che cosa racconta il papà di Luigino?*
2. *Perchè la bambina della favola si chiamava Cappuccetto Rosso?*
3. *Perchè il papà di Luigino racconta sempre la stessa storia?*

1. The **imperfetto** (or imperfect tense) is a past tense. It is formed by adding the characteristic vowel **(a, e,** or **i)** and the appropriate endings to the infinitive stem. The endings for all verbs are **-vo, -vi, -va, -vamo, -vate, -vano.**

CANTARE	SCRIVERE	DORMIRE	CAPIRE
cantavo	scrivevo	dormivo	capivo
cantavi	scrivevi	dormivi	capivi
cantava	scriveva	dormiva	capiva
cantavamo	scrivevamo	dormivamo	capivamo
cantavate	scrivevate	dormivate	capivate
cantavano	scrivevano	dormivano	capivano

LUIGINO: Daddy, will you tell me a story?   DAD: Sure! Once upon a time, there was a little girl who was called Little Red Riding Hood because she always wore a red coat with a hood. She lived near a forest with her mother . . .   LUIGINO: Daddy, why do you always tell me the same story?   DAD: Because I don't know any others!

The verb **essere** is irregular in the **imperfetto**.

ESSERE
ero
eri
era
eravamo
eravate
erano

The verbs **bere, dire,** and **fare** have an irregular stem in the **imperfetto**.

BERE (BEV-)	DIRE (DIC-)	FARE (FAC-)
bevevo	**dicevo**	**facevo**
bevevi	**dicevi**	**facevi**
beveva	**diceva**	**faceva**
bevevamo	**dicevamo**	**facevamo**
bevevate	**dicevate**	**facevate**
bevevano	**dicevano**	**facevano**

2. The **imperfetto** is equivalent to three English forms.

    Cantavo canzoni italiane. { *I used to sing* Italian songs.
    { *I was singing* Italian songs.
    { *I sang* Italian songs.

    a. It is used to describe habitual actions in the past.

    Mangiavo pasta tutti i giorni.   *I used to eat* pasta every day.

    b. It is used to describe actions in progress in the past, when something else happened, or while something else was going on.

    Mangiavamo quando è arrivato   *We were eating* when the
       il telegramma.   telegram arrived.
    Mangiavamo mentre i bambini   *We were eating* while the
       dormivano.   children *slept*.

— E, ditemi, erano molti?

c.   It is used to describe physical, mental, and emotional states. It also expresses weather, time, and age in the past.

Avevo fame.	*I was* hungry.
Era mezzogiorno.	*It was* 12 noon.
Faceva caldo.	*It was* hot.
Volevo giocare.	*I wanted* to play.
Mi piaceva il latte.	*I liked* milk.

3.   It is used with **da** plus a time expression to indicate an action that began and continued for a certain time in the past until another action (expressed or implied) occurred. To express the same kind of action, English uses the past perfect tense *(I had known, I had been waiting)*.

IMPERFECT + DA + TIME EXPRESSION	PAST PERFECT TENSE + *FOR* + TIME EXPRESSION
Aspettavo da un'ora quando è arrivato.	*I had been waiting* for an hour when he arrived.

Da plus a time expression corresponds to the English *for* or *since* plus a time expression.

Abitavano a Roma **da** molti anni.	They had been living in Rome *for* many years.
Non mangiavo pasta **da** un mese.	I hadn't eaten pasta *for* a month.
Non scrivevate **da** settembre.	You hadn't written *since* September.
Eravamo senz'acqua **da** una settimana.	We had been without water *for* a week.

You will learn more about the uses of the **imperfetto** and how it differs from the **passato composto** in Chapter 10.

Esercizi

a. Replace the subject in each sentence with those in parentheses and change the verb forms accordingly.

1. Quando ero piccolo, amavo giocare. (lui, noi, lei, voi, loro)   2. Parlava italiano quando aveva sette anni. (tu, noi due, anche loro, voi)   3. Sapevi nuotare a dieci anni? (loro, lei, voi, io)   4. La domenica dormivamo fino a

tardi. (i bambini, Luigino, io, tu)   5. Dicevate "Ciao" a tutti. (Lei, gli studenti, anche noi, anch'io)

b. *Complete each sentence using the* **imperfetto** *of* **essere** *or* **avere.**

1. Ho ordinato del tè perchè _____ sete.   2. Quando aveva due anni, Luisa _____ bionda.   3. Sei andato a dormire perchè _____ sonno.
4. Ora è magro, ma prima _____ grasso.   5. Non guardavano perchè _____ paura.   6. Siete venuti in America quando _____ piccoli.
7. Abbiamo preso un tassì perchè _____ fretta.

c. *Expand each sentence using* **anche prima** *and the* **imperfetto.**

Esempio: Mangia sempre banane.
Anche prima mangiava sempre banane.

1. Prende sempre l'insalata.   2. Suona sempre la chitarra.   3. Racconti sempre la stessa favola.   4. Vengono sempre a piedi.   5. Salto sempre la colazione.   6. Fate sempre domande.   7. Stiamo sempre zitti.
8. Sono sempre gentili.   9. Leggono sempre il *Corriere della Sera.*
10. Scrivi sempre cartoline.

d. *Each of the following statements will become more credible by changing the verb to the* **imperfetto.**

Esempio: Una signora non fuma in pubblico.
Una signora non fumava in pubblico.

1. Noi donne non possiamo votare.   2. Solamente le persone ricche viaggiano.   3. Le persone istruite *(educated)* parlano latino.   4. I bambini lavorano nelle fabbriche *(factories).*   5. È impossibile andare sulla luna *(moon).*

e. *Relate five things you used to do as a child.*

Esempio: Quando ero bambino(a), prendevo lezioni di piano.

f. **Da quanto tempo non lo faceva?** *Respond to each sentence by stating that you hadn't done the particular activity for a long time.*

Esempio: Ieri ho mangiato il coniglio.
Non mangiavo il coniglio da molto tempo.

1. Ieri sono andato a ballare.   2. Ieri ho suonato la chitarra.   3. Ieri ho pulito il garage.   4. Domenica ho fatto una passeggiata.   5. Stamattina ho fumato una sigaretta.   6. Ieri ho visitato un museo.   7. Domenica sono uscito.   8. Ieri ho preso il caffè.

— E' questa l'isola che intendevi regalarmi?

isola: island

B. The *trapassato*

> JANE: Quando sei andato in Italia, ti eri già laureato?
> DICK: Sì, mi ero laureato due anni prima.
> JANE: Eri stato in Italia altre volte?
> DICK: No, non c'ero mai stato.
>
> 1. *Si era già laureato Dick quando è andato in Italia?*
> 2. *Era già stato in Italia Dick?*
> 3. *Lei è già stato(a) in Italia?*

The **trapassato** is the exact equivalent to the English past perfect (*I had sung, they had eaten,* and so on). It indicates a past action that took place prior to another past action. The **trapassato** is formed by the **imperfetto** of the auxiliary verb plus the past participle.

VERBS CONJUGATED WITH AVERE	VERBS CONJUGATED WITH ESSERE
avevo	ero
avevi	eri
aveva	era $\Big\}$ partito(a)
avevamo $\Big\}$ cantato	eravamo
avevate	eravate
avẹvano	ẹrano $\Big\}$ partiti(e)

JANE: When you went to Italy, had you already graduated from college?   DICK: Yes, I had graduated two years before that.   JANE: Had you ever been to Italy on other occasions? DICK: No, I had never been there.

Ero stanco perchè **avevo lavorato** troppo.	I was tired because *I had worked* too much.
Gianna **era partita** prima delle otto.	Gianna *had left* before eight o'clock.

Note that the past participle agrees with the subject when the verb is conjugated with **essere.**

Esercizi

a. Replace the subject with each word or phrase in parentheses and change the verb form accordingly.

1. Non avevamo dormito abbastanza. (Luisa; tu; i bambini; voi due)   2. A vent'anni io mi ero già laureato. (Carlo; noi due; la Sigra Rossi; tu)

b. Complete each sentence using the past perfect.

Esempio: Non ha mangiato perchè aveva già mangiato.

1. Non ha scritto perchè . . .   2. Non è uscita perchè . . .   3. Non ti sei lavato perchè . . .   4. Non mi hanno salutato perchè . . .   5. Non gliel'ho detto perchè . . .   6. Non ci siete andati perchè . . .   7. Non ne abbiamo parlato perchè . . .   8. Non hai visitato la chiesa perchè . . .

c. List four things you had already done by age sixteen. Start with: **A sedici anni . . .**

Esempio: A sedici anni avevo già studiato una lingua straniera.

d. Express in Italian.

1. She had already had breakfast when I got up.   2. It was cold because it had snowed.   3. They were worried because I had not called.   4. We had already seen that movie.   5. You had eaten all the sandwiches.

— Alla tua età io avevo già dichiarato guerra a qualcuno!

dichiarare:
declare
guerra: *war*

C. Possessive adjectives

SIG.RA BIONDI: Antonio, quanti siete nella vostra famiglia?

ANTONIO: La nostra famiglia è molto numerosa: ecco una foto dove ci siamo tutti. I miei genitori al centro; accanto a mio padre i miei nonni paterni; accanto a mia madre mia nonna Marta (suo marito è morto) e i suoi tre figli. Dietro ai miei genitori c'è mia zia Francesca con le sue cinque figlie e in basso, seduti per terra, ci sono i miei dieci cugini, mia sorella Grazia e mio fratello Cesare con i loro due cani.

1. *Com'è la famiglia di Antonio?*
2. *Nella foto, dove sono i genitori di Antonio?*
3. *Dove sono Nonna Marta e i suoi tre figli?*
4. *Chi c'è dietro ai genitori d'Antonio?*
5. *Chi è seduto per terra?*

1. Possessive adjectives show ownership. They correspond to the English *my, your, his, her, its, our, their.*

	SINGULAR		PLURAL	
	MASCULINE	FEMININE	MASCULINE	FEMININE
my	il mio	la mia	i miei	le mie
your	il tuo	la tua	i tuoi	le tue
your	il Suo	la Sua	i Suoi	le Sue
his, her, its	il suo	la sua	i suoi	le sue

MRS. BIONDI: Antonio, how many are there in your family?   ANTONIO: Our family is very large. Here's a photo of all of us. My parents are in the center; next to my father my paternal grandparents; next to my mother my Grandmother Marta (her husband is dead), and her three children. Behind my parents there's my Aunt Francesca with her five daughters and below, sitting on the ground, there are my ten cousins, and my sister Grazia and my brother Cesare, with their two dogs.

our	il nostro	la nostra	i nostri	le nostre
your	il vostro	la vostra	i vostri	le vostre
your	il Loro	la Loro	i Loro	le Loro
their	il loro	la loro	i loro	le loro

2. Contrary to English usage, possessive adjectives are preceded by definite articles and agree in gender and number with the noun possessed, *not* with the possessor. If a noun is masculine, the possessive adjective is masculine; if the noun is feminine, the possessive adjective is feminine.

Dov'è **il mio libro?**	Where is *my book?*
Dov'è **la mia matita?**	Where is *my pencil?*
Dove sono **le mie matite?**	Where are *my pencils?*
Dove sono **i miei dischi?**	Where are *my records?*

The agreement with the noun possessed and not the possessor is particularly evident in the third person singular. Italian does not distinguish between *his* (belonging to him) and *her* (belonging to her). What counts is the gender of the noun.

la **casa** di Roberto → **la sua** casa*	Robert's *house* → *his* house
la **casa** di Laura → **la sua** casa*	Laura's *house* → *her* house
l'**appartamento** di Roberto → **il suo** appartamento	Robert's *apartment* → *his* apartment
l'**appartamento** di Laura → **il suo** appartamento	Laura's *apartment* → *her* apartment

3. Note the contractions that occur when the possessive forms are preceded by a preposition.

vicino al mio ufficio	*near my* office
nel nostro giardino	*in our* garden
nelle tue lettere	*in your* letters
sui vostri giornali	*on your* newspapers

4. The English phrases *of mine* and *of yours (a friend of mine, two friends of yours)* are expressed in Italian by the possessive form placed before the noun. There is no equivalent for *of* in these constructions.

un **mio** amico	a friend *of mine*
questo **mio** amico	this friend *of mine*
due **tuoi** amici	two friends *of yours*

*In order to make the distinction between *his* and *her* clear, one would say: la casa **di lui** or la casa **di lei.**

5. The possessive adjective is used in different ways when talking about relatives. The possessive is used without the article when referring to relatives in the singular. The article is always used when referring to relatives in the plural. (**Loro** is the exception and always retains the article.)

mio zio	but:	**i miei zii**
tuo cugino		**i tuoi cugini**
sua sorella		**le sue sorelle**
nostra cugina		**le nostre cugine**
vostra madre		**le vostre madri**
il loro fratello		**i loro fratelli**

If the noun expressing a family relationship is modified by an adjective or a suffix, the article is retained.

mia sorella	my sister
la mia cara sorella	my dear sister
la mia sorellina	my little sister

The most common family names are:

marito, moglie	husband, wife
padre, madre	father, mother
nonno, nonna	grandfather, grandmother
zio, zia	uncle, aunt
figlio, figlia	son, daughter
fratello, sorella	brother, sister
cugino, cugina	cousin
il/la nipote	nephew, niece; grandchild

Papà and **mamma** retain the article.

il mio papà	my dad
la mia mamma	my mom

Mamma mia! has nothing to do with one's mother. It is an exclamation meaning "Good heavens!"

— Il guardiano del faro è mio padre!   *faro: lighthouse*

Esercizi

a. Replace the italicized word with each word in parentheses and make all necessary changes.

1. Ecco il tuo *amico!* (cugino; sorella; amica; amici; amiche)   2. Conoscete mia *madre?* (avvocato; professoressa; studenti; cugine)   3. Telefoniamo al nostro *dottore.* (professore; genitori; zie; zia)   4. Ho parlato della mia *città.* (mercato; viaggi; pasti; cene)   5. Paolo ha ricevuto un regalo da suo *padre.* (nonna; sorelle; fratelli; zia)   6. Escono con i loro *amici.* (amiche; maestra; maestro; parenti)   7. Dov'è il vostro *posto?* (mensa; esami; chiavi; compagni di camera)

*b. Answer each question in the affirmative, using the appropriate form of **suo** or **loro.***

Esempio: Hai letto il libro di Luigi?
          Sì, ho letto il suo libro.

1. Conosci la sorella di Carlo?   2. Ricordi il ragazzo di Laura?   3. Hai visto la mamma dei bambini?   4. Ti piace il cane degli zii?   5. Volevi il numero telefonico della ragazza?   6. Hai comprato la casa del signor Rossi?

c. Ask another student how various members of his or her family are doing, according to the example. Then ask the same questions of your instructor.

Esempio: Come sta tua madre?
          Mia madre sta bene, grazie.

d. Express in Italian.

1. I haven't seen your parents for a long time. How are they?   2. My uncle has gone out with his daughter.   3. Is your dress new? Are your shoes new? 4. My brothers and your cousins are friends.   5. The swallows have returned to their nests.

Un proverbio italiano:
"Ad ogni uccello il suo nido è bello." *Every bird likes his own nest.*

D. Possessive pronouns

> SIG.RA BRUNI: Di chi è quel bel cane?
> LUIGINO: È mio!
> SIG.RA BRUNI: È tuo anche quel gatto?
> LUIGINO: No, il gatto è di mia sorella.
>
> 1. *Di chi è il cane?*
> 2. *Di chi è il gatto?*

1. Possessive pronouns show ownership. They correspond to the English *mine, yours, his, hers, its, ours, theirs.* In Italian, they have the same forms as possessive adjectives. They agree in gender and number with the nouns they replace.

Lui è uscito con la sua ragazza; io sono uscito con **la mia.**	He went out with his girlfriend; I went out with *mine.*
Tu ami il tuo paese e noi amiamo **il nostro.**	You love your country and we love *ours.*
Tu hai i tuoi problemi, ma anch'io ho **i miei!**	You have your problems, but I have *mine,* too!

2. Possessive pronouns normally retain the article, even when they refer to relatives.

Mia moglie sta bene; come sta **la Sua?**	My wife is well; how is *yours?*
Ecco nostro padre; dov'è **il vostro?**	There's our father; where's *yours?*

3. When possessive pronouns are used after **essere,** the article is usually omitted.

È **Suo** quello stereo?	Is that stereo *yours?*

Esercizi

---

a. Answer each question according to the example.

Esempio: Ti piace l'orologio di Marco?
   Sì, ma preferisco il mio.

MRS. BRUNI: Who owns that beautiful dog?   LUIGINO: It's mine!   MRS. BRUNI: Is that your cat, too?   LUIGINO: No, the cat is my sister's.

1. Ti piace la casa della signora Parodi?   2. Ti piacciono le scarpe di Giovanni?   3. Ti piacciono i pantaloni di Roberto?   4. Ti piace la camicetta di Laura?   5. Ti piace il vestito di Marcella?

b. *Complete each sentence with the appropriate possessive pronoun.*

Esempio: Io ho fatto i miei esercizi e tu hai fatto . . .
         E tu hai fatto i tuoi.

1. Io ho parlato ai miei genitori e tu hai parlato . . .   2. Io pago il mio caffè e Lei paga . . .   3. Io ho portato il mio avvocato e loro hanno portato . . .
4. Noi scriviamo a nostra madre e voi scrivete . . .   5. Tu usi il tuo profumo e lei usa . . .   6. Io ho detto le mie ragioni; ora voi dite . . .

c. *Answer each question using the appropriate possessive pronoun.*

Esempio: È tuo questo disco?
         Sì, è mio.
         No, non è mio.

1. È tua questa foto?   2. È di Vittoria questo album?   3. Sono di Marta questi guanti?   4. È di Beppino questa chitarra?   5. Sono tuoi questi biglietti?   6. Sono tue queste chiavi?

d. *Conversazione.*

1. Quale naso preferisce: il naso di Jimmy Durante o il Suo?   2. Quale macchina preferisce: la macchina dei Suoi genitori o la Sua?   3. Il mio televisore è in bianco e nero: com'è il Suo? A colori?   4. Il mio passaporto è verde: com'è il Suo? Verde o blu?   5. I miei occhi sono verdi: come sono i Suoi?   6. Il mio frigo è bianco: com'è il Suo? *(use a color you know)*

e. *Express in Italian.*

1. Our exam was easy. Yours was difficult.   2. Let's take your car, not mine.
3. That photo is mine. Those two are yours.   4. Is it true that your father spoke with mine?

— E il tuo, invece, quanti chilometri fa con un litro?

E.   *Dire, parlare,* and *raccontare*

Dire, parlare, and **raccontare** all correspond to the English verb *to tell,* but they are usually not interchangeable.

1.   **Dire** means *to tell* and *to say.*

Voglio **dirti** una cosa.	I want *to tell you* something.
Mi **avete detto** "Ciao"?	*Did you say* "Ciao" to me?

2.   **Parlare** means *to tell about, to talk about, to speak* and *to talk.*

Ho fatto un sogno strano. **Parlamene.**	I had a strange dream. *Tell me about it.*
Mi **ha parlato** del suo viaggio in Italia.	*He told* me about (*spoke* to me about) his trip to Italy.
Gli piace **parlare.**	He likes *to talk.*

3.   **Raccontare** means *to tell* in the sense of narrating, recounting, or relating.

Voglio **raccontarti** una favola.	I want *to tell you* a fable.
Mi **hanno raccontato** molte barzellette.	They *told* me many jokes.

Un racconto means *a short story* or *a tale.*

Ho letto un bel **racconto.**	I read a beautiful *story.*

Esercizi

a. Complete each sentence with the appropriate verb form.

1. È vero che Grazia non _____ mai di suo marito (dice, parla)?   2. Può _____ che ore sono (raccontarmi, dirmi)?   3. Mi piace _____ favole ai bambini (raccontare, dire).   4. _____ che non potevano venire (hanno detto, hanno parlato).   5. _____ molte lingue (parlano, raccontano).

b. Express in Italian.

1. I told him my name.   2. I told him about my family.   3. We want to tell her the truth.   4. Don't tell me the same fairy tale!   5. Don't tell me it's too early!   6. They don't speak to each other. They haven't spoken to each other for a long time.   7. Were they speaking Italian?   8. They were speaking about their adventures in Africa (**avventure in Africa**) and they were speaking in English!

III.
ESERCIZI DI PRONUNCIA: THE SOUNDS /f/ AND /v/

1. /f/: a sound similar to the *f* in the English word *fine*

   a. Initial position

   favola, **fe**lice, **fine**, **fo**to, **fu**mo

   b. Medial position (single and double)

a**fa**	a**ffa**re
stu**fe**	sto**ffe**
U**FO**	tu**ffo**
pro**fi**lo	a**ffi**lo
pro**fu**mo	a**ffu**micato

2. /v/: a sound similar to the *v* in the English word *vine*

   a. Initial position

   vario, **ve**rde, **vi**sita, **vo**lentieri, **vu**lcano

   b. Medial position (single and double)

la**vo**ro	a**vvo**ltoio
be**vi**	be**vvi**
pio**ve**	pio**vve**
a**ve**vo	da**vve**ro

Practice the sounds /f/ and /v/ in the following sentences.

1. Servo il caffè all'avvocato.   2. Vanno in ufficio alle nove.   3. Pioveva e faceva freddo.   4. L'imperfetto dei verbi regolari non è difficile.   5. Avevano davvero fretta.   6. Dove vendono questo profumo?

IV.
DIALOGO

Beppino e Vittoria parlano del passato.
È un *giovedì* pomeriggio. Beppino e Vittoria sono   *Thursday*
stati al Piazzale Michelangelo e hanno visitato l'antica chiesa di San Miniato. Beppino ha fatto molte fotografie. Dopo la passeggiata, i due ragazzi sono

tornati a casa Pepe e ora prendono il caffè nel soggiorno.

VITTORIA: Hai delle foto della tua famiglia e della tua casa?
BEPPINO: Certo che ne ho! Ora te le mostro.
(Beppino si alza e torna con un grosso album.)
BEPPINO: Ecco mio padre, mia madre e mia sorella Elena. Ed ecco la nostra casa e i miei due cani.
VITTORIA: E questo ragazzo chi è?
BEPPINO: Non mi riconosci?
VITTORIA: No davvero! Mamma mia, com'eri brutto! Quanti anni avevi?
BEPPINO: Grazie tanto! Avevo quattordici anni.
VITTORIA: No, non mi piaci in questa foto. Hai l'aria scema. E cosa facevi a quattordici anni?
BEPPINO: Boh, niente di speciale: andavo a scuola, ma non studiavo molto. Avevo degli insegnanti molto noiosi. Mi piacevano gli sport: giocavo a baseball e a tennis, e andavo a nuotare in piscina. Ah sì, suonavo anche la chitarra e cantavo. E tu, che facevi a quattordici anni?
VITTORIA: Anch'io andavo a scuola e mi annoiavo. Frequentavo anche una scuola di ballo; mi piaceva tanto ballare. Sognavo di diventare una grande ballerina . . .
BEPPINO: E poi cos'è successo? Perchè non hai continuato?
VITTORIA: Perchè ho capito che non ero brava abbastanza. Ma non parliamo di *malinconie!* Devo tornare a casa: *sad things* m'accompagni?
BEPPINO: Volentieri! Ma prima ti faccio una foto. La luce è proprio giusta e hai l'aria molto romantica.
VITTORIA: Una foto per il tuo album? Una foto per i tuoi amici e . . . le tue amiche nel Texas? "Ecco una mia amica di Firenze; si chiamava Vittoria . . . era carina . . ."
BEPPINO: Vittoria, ti prego!
VITTORIA: No, no, andiamo. E poi la luce è andata via.

Dialog comprehension check

Rispondere alle seguenti domande.

1. Dove sono Vittoria e Beppino e che cosa fanno?   2. Che cosa mostra a Vittoria Beppino?   3. Che cosa faceva Beppino a quattordici anni?   4. Che faceva Vittoria a quattordici anni?   5. Che cosa sognava di diventare Vittoria? 6. Perchè non ha continuato le lezioni di ballo Vittoria?   7. Perchè Beppino vuole fare una foto a Vittoria?   8. Gliela fa?

CURIOSITÀ

Laurearsi means to graduate from a university, as you already know. The word comes from corona laurea, the Latin for laurel wreath. The Romans and Greeks used laurel as a symbol of victory, success, and distinction. Today, laurel still stands for victory, honor, and achievement. In fact, think of the expressions to win laurels or to rest on one's laurels. Similarly, the **Laurea,** the degree Italian students receive at the end of their studies, represents the crowning achievement of their scholastic career.

V.
ESERCIZI DI RICAPITOLAZIONE

a. *Complete each sentence using* **ne** *and the* **imperfetto.**

Esempio: Filippo ha molti amici. Anch'io . . .
         Anch'io ne avevo molti.

1. Filippo ha molti libri. Anche loro . . .   2. Grazia scrive molte lettere. Anche noi . . .   3. Lo zio legge molti giornali. Anche loro . . .   4. Beppino ha due moto. Anche tu . . .   5. Pierino beve molta Coca-Cola. Anche voi . . .   6. Mia sorella fa molto sport. Anch'io . . .

b. *Change the italicized word to the plural and make all other changes.*

Esempio: *La mamma* ama i suoi figli.
         Le mamme amano i loro figli.

1. *Il mio fratellino* gioca con il suo cane.   2. *La nonna* parlava spesso dei suoi nipoti.   3. Ho spiegato *alla studentessa* il suo errore.   4. *Lo zio* aveva fatto un regalo alle sue nipoti.   5. Hai visto *mia cugina* con i suoi genitori? 6. *La signora* era uscita con le sue amiche.

c. **Il vostro passato.** *Rispondere alle seguenti domande.*

1. Dove abitava quando aveva otto anni?   2. Abitava con i Suoi genitori? 3. Chi era il Suo parente preferito?   4. Quale scuola frequentava?   5. Con chi giocava?   6. Che cosa sognava di diventare?   7. Che cosa mangiava volentieri?   8. Che cosa Le piaceva fare?

d. Express in Italian.

1. There are your keys! Have you seen mine?   2. The furniture is hers but we can use it.   3. I don't like those ideas of yours.   4. When we got to the station, the train had already left.   5. They had known each other two months when they got married.   6. Do you like to talk about your past?

VI.
LETTURA CULTURALE: L'ARTE IN ITALIA (II)

L'arte in Italia fa veramente parte della vita. Strade e piazze *ci ricordano* la civiltà passata e non è necessario entrare in un museo per trovare esempi d'arte, specialmente di architettura e scultura.

remind us about

Al centro di Roma, per esempio, ci sono molti edifici del periodo *barocco divisi* in appartamenti moderni che conservano il gusto di un altro secolo. Lo stesso *piacevole* contrasto tra il presente e il passato esiste in vari palazzi che oggi funzionano come *Ministeri* dello stato.

Baroque (17th cent.) / divided pleasing departments

La nota Piazza Navona con la stupenda fontana dello scultore Bernini è un *luogo di ritrovo* per molti romani. I bambini giocano accanto alla fontana mentre i *grandi* prendono un aperitivo o un gelato a uno dei caffè all'aperto.

meeting place grown-ups

Alle Terme di Caracalla, *bagni* degli antichi romani, un grande pubblico *estivo* ascolta le opere circondato dallo stesso scenario che esisteva ai tempi dell'impero romano. L'esperienza non è possibile *altrove*.

baths summer elsewhere

Reading comprehension check

a. Domande.

1. Come sono molti appartamenti del centro di Roma?   2. Sono tutti moderni gli uffici statali?   3. Che scena vediamo a Piazza Navona? 4. Chi era Bernini?   5. Che cosa ascolta il pubblico alle Terme di Caracalla? Cosa sono queste Terme?

b. Spiegate, con degli esempi, la comunione tra arte e vita che notiamo in Italia.

(Leonard Speier)

(Leonard Speier)

(Leonard Speier)

(Leonard Speier)

VII.
PAROLE DA RICORDARE

VERBS
avere l'aria (romantica, scema) to look (romantic, stupid)
continuare to continue
frequentare to attend
mostrare to show
nuotare to swim
pregare to beg
sognare di + inf. to dream (of doing something)
***succedere** (p.p. **successo**) to happen
visitare to visit

NOUNS
ballo dance
bosco woods
cappuccio hood
  cappuccetto little hood

favola fairy tale, fable
fratello brother
luce (f) light
mantella coat, cloak
marito husband
nipote (m or f) nephew, niece; grandchild
passato past
piscina swimming pool
soggiorno living room, family room
sorella sister
storia story
terra earth
  per terra on the ground
volta time, occurrence

ADJECTIVES
altro other
  un altro, un'altra another

giusto right
grosso big
morto dead
noioso boring
numeroso numerous; large
paterno paternal
romantico romantic
scemo stupid

OTHERS
accanto a next to
davvero really
dietro a behind
in basso below
mamma mia! good heavens!
niente di speciale nothing special
sotto under
tanto so much
via away

I. CHE COSA FACEVI LA DOMENICA?

Ask four friends if they used to do these things on Sundays.

dormire fino a tardi   fare il footing
andare in chiesa   guardare la T.V.
lavare la macchina   leggere il giornale
scrivere lettere   visitare i parenti
fare una buona colazione

Compare their answers. Use phrases like **Due miei amici/due mie amiche . . .**
Tutti i miei amici/tutte le mie amiche . . . Nessuno dei miei amici/nessuna
delle mie amiche . . . .
Now write down the things you used to do (or did not do) on Sundays.

II. STORIELLE UMORISTICHE: LA PASSEGGIATA

Describe what is happening in the comic strip.

III. ECCO LA STORIA DELLA MIA VITA

You've become famous and appear on the *Tonight Show*. The interviewer
asks you to tell the story of your life in forty or fifty words.

CAPITOLO 10

I.
OBIETTIVI

Culture

The cultural section of Chapter 10 deals with sports in Italy.

Grammar

In Chapter 10, the two major tenses of the past—the **passato composto** and the **imperfetto**—are compared. You will learn how each is used to describe a certain kind of action in the past and how the choice of one tense or the other can even alter the meaning of some verbs. Other grammar points deal with special Italian suffixes, which, when added to nouns and adjectives, give them various shades of meaning. Chapter 10 also treats the usage of articles in geographical names.

II.
GRAMMATICA

A.   Comparison of the *passato composto* and the *imperfetto*

Era una bella giornata: il sole splendeva e gli uccelli cantavano nel parco. Marco si sentiva felice perchè aveva un appuntamento con una ragazza che aveva conosciuto la sera prima. Purtroppo, però, la ragazza non è venuta, il tempo è cambiato ed ha cominciato a piovere. Marco è tornato a casa tutto bagnato e di cattivo umore.

1. *Che tempo faceva?*
2. *Perchè era felice Marco?*
3. *Quando aveva conosciuto la ragazza Marco?*
4. *Cosa è successo?*

Both the **passato composto** and the **imperfetto** are past tenses that are often used together in past narrations. They express different kinds of actions in the past, however, and cannot be used interchangeably.

1. The **passato composto** narrates events completed in the past. It tells what happened at a given moment.

   Ieri ho ricevuto tre lettere.   Yesterday I received three letters.
   Siamo usciti alle otto.   We went out at eight.

2. The **imperfetto** describes habitual actions in the past (what *used* to happen);

   Uscivamo ogni sabato.   We went out every Saturday.

It was a beautiful day. The sun was shining and the birds were singing in the park. Marco felt happy because he had a date with a girl he had met the night before. Unfortunately, though, the girl didn't show up, the weather changed, and it started to rain. Marco went back home soaking wet and in a bad mood.

ongoing actions in the past (what was going on while something else was happening or when something else happened);

Io studiavo mentre lui guardava la televisione.	I was studying while he was watching TV.
Mangiavate quando ho telefonato?	Were you eating when I called?

and conditions or states—physical or mental—that existed in the past, such as appearance, age, feelings, attitudes, beliefs, time, or weather.

Ero stanco.	I was tired.
Avevo un appuntamento con Luigi.	I had a date with Luigi.
Erano le otto di sera.	It was eight P.M.
Nevicava, ma non faceva freddo.	It was snowing, but it wasn't cold.
Non ricordavano il mio nome.	They didn't remember my name.

3. Since the **passato composto** expresses what happened at a certain moment, whereas the **imperfetto** expresses a state or a habit, the **passato composto** is the tense used to indicate a change in a state.

Avevo paura dei topi.	*I was afraid* of mice. (description of a mental state)
Ho avuto paura quando ho visto il topo.	*I got scared* when I saw the mouse. (what happened at a given moment)

Esercizi

*a. Replace the italicized words with the **imperfetto** of each verb in parentheses.*

1. Giuseppina *guardava la televisione* quando sono arrivato. (leggere il giornale, fare colazione, lavare i piatti, scrivere una lettera, servire il caffè)
2. Gli studenti *ascoltavano* mentre *(while)* la professoressa spiegava. (prendere appunti [*notes*], scrivere, fare attenzione, stare zitti, giocare con la matita)

b. Answer in the negative with the information provided, according to the example.

Esempio: Pioveva quando sei uscito? (nevicare)
      No, nevicava quando sono uscito.

1. Mangiavano la frutta quando sei arrivato? (prendere il caffè)   2. Erano le otto quando ti sei svegliato? (essere le sette)   3. Avevi diciotto anni quando ti sei diplomato? (avere diciassette anni)   4. C'era lo sciopero (*strike*) dei treni quando sei arrivato in Italia? (esserci lo sciopero degli autobus)
5. Aspettavi l'autobus quando hai visto la signora Verdi? (fare la spesa)

6. I bambini dormivano quando hai telefonato? (guardare la televisione)
7. Eri stanco quando sei ritornato a casa? (avere fame)   8. Antonella prendeva il sole quando l'hai vista? (tagliare l'erba [*grass*])

— Mentre eri via sono arrivati i topi.

c. *Conversazione.*

1. Che tempo faceva quando è uscito(a) di casa stamattina?   2. Che tempo ha fatto ieri?   3. Era di buono o di cattivo umore quando si è svegliato(a) stamattina?   4. Quanti anni aveva quando ha cominciato l'università? 5. Quanti anni avevano i Suoi genitori quando si sono sposati?

d. *List three things that happened while you were studying yesterday.*

Esempio: Mentre studiavo, hanno suonato alla porta.

e. *List three things that were happening while you were studying yesterday.*

Esempio: Mentre io studiavo, il mio compagno di camera dormiva.

— Costava talmente poco che ho comperato tutta quella che avevano!

talmente: so

B. Verbs with special meaning in the *passato composto*

Mario è un grande avaro. Figurati che ieri siamo andati a un caffè e abbiamo ordinato degli aperitivi e delle paste. Lui ha bevuto, ha mangiato, ma quando è arrivato il conto, non ha voluto pagare. Ha detto che aveva lasciato il portafoglio a casa, ma non era mica vero!

1. *Spende volentieri Mario?*
2. *Che cosa abbiamo ordinato al caffè?*
3. *Ha pagato la sua parte Mario?*
4. *Quale scusa* (excuse) *ha trovato?*

1. Certain verbs have different meanings when used in the **imperfetto** and the **passato composto**. Compare:

conoscere	**Conoscevo** un dottore.	*I knew* a doctor.
	Ho conosciuto un dottore.	*I met* a doctor.
dovere	**Dovevi** aspettare.	*You were supposed* to wait.
	Hai dovuto aspettare.	*You had to (and did)* wait.
potere	**Poteva** rispondere.	*He was able* to answer (he may or may not have answered).
	Ha potuto rispondere.	*He managed* to answer.
sapere	**Sapevate** che è ricca.	*You knew* she is wealthy.
	Avete saputo che è ricca.	*You found out* she is wealthy.
volere	**Volevano** uscire.	*They wanted* to go out (they may or may not have gone out).
	Hanno voluto uscire.	*They insisted on* going out (and did).
	Non volevano pagare.	*They didn't want* to pay.
	Non hanno voluto pagare.	*They refused* to pay.

Mario is a real miser. Listen to this; yesterday we went to a café and ordered some cocktails and pastries. He drank, he ate, but when the bill came, he refused to pay. He claimed he had left his wallet at home, but it wasn't true at all!

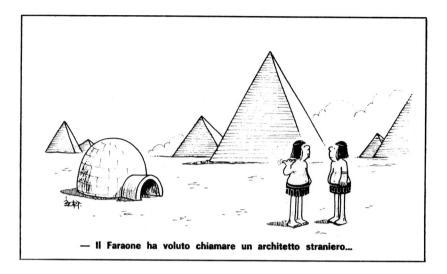

— Il Faraone ha voluto chiamare un architetto straniero...

2. When used alone (not followed by an infinitive), **dovere, potere,** and **volere** take **avere** in compound tenses.

Ci siete andati?	Did you go there?
No, non abbiamo potuto.	No, we couldn't.

When followed by an infinitive, **dovere, potere,** and **volere** take **avere** if the infinitive verb normally requires **avere.** They take **essere** if the infinitive requires **essere.** The current trend, however, is to use **avere,** regardless of the infinitive.

Non hanno potuto mangiare.	They couldn't eat.
Sono dovuti partire. ⎫	
Hanno dovuto partire. ⎭	They had to leave.

If a reflexive verb follows **dovere, potere,** or **volere,** two constructions are possible: one with **avere** and the reflexive pronoun attached to the infinitive of the verb;

Hai dovuto alzarti.	You had to get up.
Hanno voluto sposarsi.	They insisted on getting married.

the other with **essere** and the reflexive pronoun preceding **essere.**

Ti sei dovuto alzare.	You had to get up.
Si sono voluti sposare.	They insisted on getting married.

Esercizi

a. Give two answers to each question, according to the example.

Esempio: Perchè non ti sei fermato?
Non ho voluto fermarmi. Non mi sono voluto fermare.

1. Perchè non ti sei alzato?   2. Perchè non vi siete sposati?   3. Perchè non vi siete voltati?   4. Perchè non ti sei fatto la barba?   5. Perchè non ti sei pettinato?

Esempio: Perchè vi siete alzati?
Abbiamo dovuto alzarci. Ci siamo dovuti alzare.

1. Perchè vi siete fermati?   2. Perchè ti sei vestito?   3. Perchè ti sei lavato?   4. Perchè vi siete tagliati i capelli?   5. Perchè ti sei messo la cravatta?

b. Give a good excuse for each of the following.

1. Non ho potuto scrivere prima perchè . . .   2. Non sono potuto(a) venire a lezione perchè . . .   3. Non ho potuto finire gli esercizi perchè . . . 4. Non ho potuto accompagnare Gianna a casa perchè . . .

c. Express in Italian.

1. He wanted to go to the game, she wanted to go to the movies, the children wanted to go to the zoo. What did they do? They stayed home!   2. This morning Luigino refused to get up. He slept till noon!   3. They said that they couldn't come because they had another engagement **(impegno).** 4. The girl that I met at the party was very pretty.   5. Did you know that there was an exam today? How did you find (it) out?   6. We were supposed to buy the cheese, but we bought the fruit **(frutta)** instead.

— All'ospedale hanno saputo che abitiamo nella stessa via, stesso palazzo, stesso piano...

C.   *Grande* and *santo*

PIETRO: Perchè ti chiami Gennarino?

GENNARINO: In onore di San Gennaro, il patrono di Napoli.

PIETRO: Io ho un amico che si chiama Beppino, ma non ho mai sentito parlare di un San Beppino.

GENNARINO: Ma come, non sai che Beppino è un diminutivo di Giuseppe? E San Giuseppe è un gran santo. A Firenze mangiamo sempre le frittelle per la sua festa.

1. *Chi è il patrono di Napoli?*
2. *C'è un santo che si chiama Beppino?*
3. *Di quale nome è un diminutivo Beppino?*
4. *Che cosa mangiano a Firenze il giorno di San Giuseppe?*

When the adjectives **grande** and **santo** precede a noun, they change forms in the singular, depending on how the following noun begins.

1. **Grande** *(great, big, large):* when **grande** precedes a noun, the following forms are used.

	MASCULINE	FEMININE	
SINGULAR	gran	gran or grande	before consonants
	grand'	grand'	before vowels
	grande		before **s** plus consonant, **z**, and **ps**

un gran poeta a great poet	**una gran signora** a grand lady
un grand'uomo a great man	**una grand'italiana** a great Italian woman
un grande scrittore a great writer	**una grande tavola** a large table

---

PIETRO: Why are you called Gennarino?   GENNARINO: In honor of St. Gennaro, the patron saint of Naples.   PIETRO: I have a friend whose name is Beppino, but I've never heard about St. Beppino.   GENNARINO: What, don't you know that Beppino is a diminutive of Giuseppe? And St. Joseph is a great saint. In Florence we always eat frittelle *(fried rice balls)* on his feast day.

Grandi is the plural form for both genders; occasionally **gran** is used with plural masculine nouns beginning with a consonant.

i grandi artisti	the great artists
le grandi famiglie	the great families

When **grande** follows a noun or the verb **essere,** the regular forms apply: **grande** in the singular, **grandi** in the plural.

Alessandro il Grande	Alexander the Great
Il soggiorno è grande.	The family room is large.
I quadri sono troppo grandi.	The pictures are too big.

The invariable form **gran** (meaning *quite*) can precede an adjective.

un gran bello sport	quite a beautiful sport

2. When **santo** precedes a proper name, the following forms are used. In this case, **santo** means *saint*.

	MASCULINE	FEMININE	
SINGULAR	**san**	**santa**	before consonants
	sant'	**sant'**	before vowels
	santo		before **s** plus consonant

San Giuseppe e Santa Rita	St. Joseph and St. Rita
Sant'Antonio e Sant'Anna	St. Anthony and St. Ann
Santo Stefano	St. Stephen

When **santo** precedes or follows a common noun, or when it follows the verb **essere,** the regular forms apply: **santo, santa, santi, sante.** In this case, **santo** means *holy* or *saintly*.

il Santo Padre	the Holy Father
santo cielo!	good heavens!
la Settimana Santa	the Holy Week

Esercizi

*a. Supply the correct form of **grande**.*

1. C'era un _____ ballo in un _____ albergo *(hotel)*. 2. Ha fatto un _____ freddo ieri. 3. Eravamo _____ amiche. 4. È un _____ onore per noi. 5. Ditemi il nome di una _____ americana.

*b. Supply the correct form of **santo**.*

1. Il patrono di Padova è _____ Antonio. 2. _____ Francesco è il santo della povertà. 3. Quando è la festa di _____ Caterina? 4. Hai mai visto il _____ Padre? 5. La _____ Sede *(See)* è a Roma. 6. La festa dei _____ Pietro e Paolo è alla fine di giugno.

c. Conversazione.

1. Com'è la Sua università: grande o piccola? 2. Sa in quale città italiana è il Canal Grande? 3. Sa quale santo è il patrono d'Italia? 4. Mi sa dire il nome di un grande scultore italiano? di un gran regista *(movie director)?* di una grand'attrice *(actress)?* 5. Che cosa fa (o non fa) un gran maleducato? 6. E un grand'avaro?

D. Noun and adjective suffixes

> VALERIA: Com'è il padre di Margherita?
> ADA: È un omone grande e grosso con dei gran baffoni e un vocione terribile.
> VALERIA: E sua madre?
> ADA: Ah, sua madre è tutto il contrario: una donnina piccola piccola con una vocina sottile sottile.
> VALERIA: E il suo fratellino?
> ADA: Non me ne parlare! Quello è un vero ragazzaccio: ne combina sempre di tutti i colori.
>
> 1. *È piccolo il padre di Margherita?*
> 2. *Com'è la sua voce?*
> 3. *Com'è la voce della madre di Margherita?*
> 4. *È un bravo ragazzo il fratello di Margherita?*

1. Various shades of meaning can be given to Italian nouns (including proper names) and adjectives by adding a number of different suffixes.

cas**etta**	little house	temp**accio**	bad weather
nas**one**	big nose	fratell**ino**	little brother

When a suffix is added, the final vowel of the word is dropped.

2. Some common Italian suffixes, given here in the masculine form, are **-ino, -etto, -ello, -uccio,** which indicate smallness or express affection or endearment;

naso	nose	**nasino**	cute little nose
case	houses	**casette**	little houses

VALERIA: What is Margherita's father like? ADA: He's a big fat man with a big moustache and a gruff voice. VALERIA: And her mother? ADA: Ah, her mother is exactly the opposite; a tiny little woman with a soft little voice. VALERIA: And her little brother? ADA: Don't even talk to me about him! He's a real brat. He's always up to something.

cattivo	bad, naughty	**cattivello**	a bit naughty
Maria	Mary	**Mariuccia**	little Mary

-one/-ona (singular) and **-oni/-one** (plural), which indicate largeness;*

libro	book	**librone**	big book
lettera	letter	**letterona**	long letter
pigro	lazy	**pigrone**	very lazy
Beppe	Joe	**Beppone**	big Joe

-accio, -accia, -acci, -acce, which indicate the idea of a bad or ugly quality.

libro	book	**libraccio**	bad book
tempo	weather	**tempaccio**	awful weather
parola	word	**parolaccia**	dirty word
cattivo	naughty	**cattivaccio**	quite naughty

Since it is very difficult for non-Italians to know which suffix(es) a noun may take, it is advisable to use only those suffixed words that you have read in Italian books or heard spoken by native speakers.

FAVOLETTA

Tu sei la nuvoletta, io sono il vento;
ti porto *ove* mi piace,   *dove*
qua e là ti porto per il firmamento
e non ti do mai pace.
Vanno a sera a dormire dietro i monti
le nuvolette stanche;
tu nel tuo *letticciolo* i sonni hai pronti   *piccolo letto*
sotto le *coltri* bianche.   *covers*

UMBERTO SABA

Esercizi

a. *Add two suffixes to each word. Then use the new words in a sentence, according to the example.*

Esempio: ragazzo
        Non è un ragazzino, è un ragazzone!

1. regalo   2. piede   3. naso   4. lettera   5. coltello   6. macchina

b. *Answer each question in the negative, according to the example.*

Esempio: È un bel giornale?
        No, è un giornalaccio!

*Some feminine nouns become masculine when the suffix **-one** is added.

la palla	ball	**il** pallone	soccer ball
la porta	door	**il** portone	street door
la voce	voice	**il** vocione	gruff voice

1. È una bella giornata?   2. È una bella parola?   3. Sono bravi ragazzi?
4. Era un bel film?   5. È roba di buona qualità?   6. Ha scritto una bella
lettera?

— Pronto, mamma: il piccolo ha messo il
suo primo dentino...

*ha messo: has
cut*

c. *Substitute a suffixed noun or adjective for each italicized expression.*

Esempio: un *grosso libro* → un librone

1. una *brutta parola*   2. una *lunga lettera*   3. un fratello *piuttosto piccolo*
4. una *ragazza alta e robusta*   5. un *brutto affare*   6. dei ragazzi *un po'
cattivi*   7. della *carta (paper) di cattiva qualità*

d. *Domande personali.*

1. Ha mai fatto o ricevuto un regalone? Vuole parlarne?   2. Ha mai fatto una
figuraccia? Che cosa è successo?   3. Ci sono ragazzacci o ragazzacce nella
Sua famiglia? Che cosa fanno o non fanno?   4. Di solito Lei scrive letterine
o letterone?

E. The article with geographical names

VITTORIA: Di quale stato è Geraldine?
MARCELLA: È del Massachusetts ma ha abitato un po' dappertutto: in
Florida, in Georgia, nel Nebraska . . .
VITTORIA: Come mai studia all'università del Texas?
MARCELLA: Sua madre è professoressa lì, e Geraldine ha avuto una
borsa di studio.

1. *Di dove è Geraldine?*
2. *Dove studia Geraldine?*
3. *Chi insegna (teaches) all'università del Texas?*
4. *Che cosa ha avuto Geraldine?*

VITTORIA: Which state is Geraldine from?   MARCELLA: She's from Massachusetts but she
has lived a little everywhere: in Florida, in Georgia, in Nebraska . . .   VITTORIA: How
come she's studying at the University of Texas?   MARCELLA: Her mother is on the faculty
there, and Geraldine has received a scholarship.

1. In Italian, the definite article is used before geographical names, such as names of continents, countries, states, regions, large islands, mountains, or rivers.

Conoscete l'Europa?	Do you know Europe?
La Francia è bella.	France is beautiful.
Abbiamo visitato **il** Colorado, l'Arizona e **la** California.	We visited Colorado, Arizona, and California.
Sai dov'è **la** Sardegna?	Do you know where Sardinia is?
Pechino è la capitale **della** Cina.	Peking is the capital of China.
Ha visto il film "**Dalla** Russia con amore"?	Have you seen the movie "From Russia with Love"?

2. An unmodified (not accompanied by an adjective), feminine, singular geographical name preceded by **in** does not take the article.

Siete stati **in** Florida?	Have you been to Florida?
Chi vuole andare **in** Italia?	Who wants to go to Italy?
but: Chi vuole andare **nell'Italia Centrale?**	Who wants to go to Central Italy?

If the name is masculine, **in** plus article (or sometimes **in** alone) is used.

Quando vai **nel** Messico?	When are you going to Mexico?
Aspen è **nel** Colorado.	Aspen is in Colorado.

If the name is plural, **in** plus the article is used.

Mio padre non è nato **negli** Stati Uniti.	My father wasn't born in the United States.

3. The definite article is not used with cities. *In* or *to* before the name of a city is expressed by **a** in Italian.

Napoli è un porto importante.	Naples is an important harbor.
La Torre Pendente è a Pisa.	The Leaning Tower is in Pisa.

4. Some states in the United States are feminine in Italian and follow the same rules as those for feminine countries.

la Carolina (del Nord; del Sud)	**la Luisiana**
la California	**la Pennsylvania**
la Florida	**la Virginia**
la Georgia	

Conosci **la** California?	Do you know California?
Dov'è l'Università **della** Georgia?	Where's the University of Georgia?
Sei mai stato **in** Virginia?	Have you ever been to Virginia?
Ho ricevuto una cartolina **dalla** Luisiana.	I received a card from Louisiana.

All other states are masculine and usually take the article whether they are used alone or with a preposition.

Il Texas è un grande stato.   Texas is a big state.
L'Università **del** Colorado è a   The University of Colorado is in
  Boulder.   Boulder.
New Haven è **nel** Connecticut.   New Haven is in Connecticut.

Esercizi

a. Create a sentence, according to the example.

   Esempio: Ottawa / Canadà (m) / canadese
             Ottawa è la capitale del Canadà. Gli abitanti del Canadà si chiamano
             canadesi.

   1. Tokyo / Giappone (m) / giapponese   2. Parigi / Francia / francese
   3. Londra / Inghilterra / inglese   4. Washington / Stati Uniti / americano
   5. Madrid / Spagna / spagnolo   6. Pechino / Cina / cinese   7. Dublino /
   Irlanda / irlandese

b. Ask and answer questions, according to the example.

   Esempio: Toronto
             Dov'è Toronto? Toronto è nel Canadà.

   1. Madrid   2. Montreal   3. Pechino   4. Tokyo   5. Londra
   6. Dublino

c. Correct each sentence.

   Esempio: Monna Lisa è a Roma. (Parigi)
             No, Monna Lisa è a Parigi!

   1. La sede *(site)* delle Nazioni Unite è a Washington. (New York)   2. La
   Torre Pendente è a Napoli. (Pisa)   3. Il teatro alla Scala è a Torino. (Milano)
   4. Il Ponte Vecchio è a Venezia. (Firenze)   5. Il Vesuvio è a Palermo.
   (Napoli)   6. La Torre Eiffel è a Londra. (Parigi)

d. Domande geografiche.

   1. In quali stati sono queste città: Chicago, Denver, Detroit, Omaha, Miami,
   Los Angeles, Phoenix, Houston?   2. Quali sono gli stati che confinano con
   (border on) il Colorado?   3. Di quale stato è il Presidente degli Stati Uniti? Di
   quale città?   4. E il Vice-Presidente?   5. Di quale stato sono i Suoi
   genitori?   6. In quale stato abita ora la Sua famiglia?   7. In quale stato è
   nato(a)?   8. Quanti e quali stati ha già visitato?

III.
ESERCIZI DI PRONUNCIA: THE SOUNDS /p/ AND /b/

1. /p/: a sound similar to the *p* in the English word *tape*, though different from the *p* in *pine*, as illustrated below.

    a. Initial position

        In Italian it is never aspirated, just like /k/ (*see* Chapter 1) and /t/ (*see* Chapter 5).

        pane, **pe**sce, **pi**ccolo, **p**opolo, **pu**nto

    b. Medial position (single and double)

pa**p**à	a**pp**artamento
pe**p**e	a**pp**ena
ca**p**ire	sa**pp**iamo
po**p**olo	purtro**pp**o
sa**p**uto	a**pp**untamento

2. /b/: a sound similar to the *b* in the English word *labial*

    a. Initial position

        bacio, **b**ene, **b**irra, **b**osco, **b**urro

    b. Medial position (single and double)

ro**b**a	a**bb**astanza
ri**b**elle	e**bb**ene
a**b**ito	a**bb**i
ci**b**o	ba**bb**o
ro**b**usto	a**bb**uffarsi

Practice the sounds /p/ and /b/ in the following sentences.

1. Paolo ha i capelli e i baffi bianchi.   2. Ho paura di guidare quando c'è la nebbia.   3. Non capisco perchè ti arrabbi sempre.   4. Il bambino ha bisogno di bere.   5. Hai già buttato giù la pasta?   6. Può portarmi a Pisa subito?   7. Non potevano saperlo.   8. Giuseppe, stappa una bottiglia di vino buono!

SCIOGLILINGUA *(tonguetwister)*

Sopra la panca, la capra campa;
sotto la panca, la capra crepa.

— Popolo della Terra...

CURIOSITÀ

Italian has two words for pants: **calzoni** and **pantaloni**. *Calzoni*
derives from **calze** (socks) to which the suffix **-one** has been added
with the familiar change of gender: **calze → calzoni,** as if to say
big socks.

Pantaloni (pantaloons) comes from **Pantalone,** a masked
character in Italian comedy. He is the foolish old doctor from
Venice who wears a tight-fitting combination of trousers and
stockings. The French called his trousers "pantalons" and adopted
the term to describe the long trousers that became popular in the
eighteenth century. The Italians took the French pantalons and
italianized it to **pantaloni.**

IV.
DIALOGO

Beppino è invitato a cena in casa di Vittoria. Arriva
puntuale alle otto, suona il campanello e Vittoria gli
apre la porta e lo precede nel soggiorno. Nel soggiorno, c'è il padre di Vittoria che guarda la televisione.

VITTORIA:	Papà, ti presento Beppino Pepe, il cugino della mia amica Marcella.
SIG. PIATTELLI:	Piacere! Ti piace il calcio? Stasera ci sono i *campionati mondiali*.
BEPPINO:	Ho incominciato a interessarmi al calcio qui in Italia. Un gran bello sport!
SIG. PIATTELLI:	Uno sport molto antico e molto fiorentino. I fioren-tini lo giocavano già nel *Quattrocento* e ogni oc-casione era buona per una partita.

*world
championship*

*fifteenth
century*

Entra nel soggiorno la signora Piattelli.

SIG.RA PIATTELLI:	Finalmente ho il piacere di fare la tua conoscenza, Beppino. Ti posso dare del tu, vero?
BEPPINO:	Certamente, signora. Molto lieto di conoscerLa.
SIG.RA PIATTELLI:	Di dove sei, figliolo?
VITTORIA:	Mamma, te l'ho detto, è del Texas.
SIG.RA PIATTELLI:	Il Texas è così grande! Di dove nel Texas?

BEPPINO:	Sono di Houston.
SIG.RA PIATTELLI:	Ah, Houston! Ne ho sentito parlare. Una grande città, vero? E qual è quella città del Texas famosa per le missioni?
BEPPINO:	San Antonio.
SIG.RA PIATTELLI:	Bravi! Così anche voi texani onorate i santi! E da quanto tempo sei in Italia, Beppino?
BEPPINO:	Da un paio di mesi.
SIG.RA PIATTELLI:	E come ti trovi a Firenze? Ti piace?
VITTORIA:	Santo cielo, Mamma, quante domande! Vuoi proprio sapere vita, morte e miracoli di Beppino?
BEPPINO:	Che significa 'vita, morte e miracoli'?
VITTORIA:	Significa 'life, death and miracles', cioè tutto di una persona, come nelle vite dei Santi. Ecco San Beppino, famoso per la sua pazienza come Sant'Antonio!
SIG.RA PIATTELLI:	Ho capito, vi scoccio. E va bene, vi lascio in pace e vado in cucina a buttare giù la pasta. Tra dieci minuti porto in tavola. (*Rivolta* al marito) E tu, Attilio, stappa una bottiglia di vino! *she turns*

Dialog comprehension check

Rispondere alle seguenti domande.

1. Dov'è invitato a cena Beppino?   2. Che cosa fa nel soggiorno il padre di Vittoria?   3. Perchè il sig. Piattelli dice che il calcio è un gioco molto fiorentino? 4. Il calcio piace a Beppino?   5. Che cosa vuole sapere da Beppino la sig.ra Piattelli?   6. Quale espressione usiamo in italiano per dire *sapere tutto di una persona*?

V.
ESERCIZI DI RICAPITOLAZIONE

a. *Put the verbs in parentheses in the* **passato composto** *or the* **imperfetto,** *whichever is appropriate.*

1. Il tempo (cambiare) mentre noi (essere) al cinema. Quando (uscire), (piovere)!   2. Che cosa (fare) il bambino ogni volta che (vedere) un topo? (Stare) fermo e zitto. Ieri, invece, (gridare: *to shout*)!   3. I miei cugini (venire) qui, in questa grande città, perchè (avere) bisogno di trovare un buon lavoro. 4. Nonno, quanti anni (avere) quando (andare) in Australia?   5. Il treno (dovere) arrivare alle otto, invece (arrivare) alle nove e un quarto!

b. *Express in Italian.*

1. X: Did you go to Europe last summer **(l'estate scorsa)?**
   Y: No, we traveled in the United States.
   X: Which states did you visit?

Y: We visited many states in the East **(est),** Connecticut, Massachusetts, Maine and Vermont, but we were unable to go to Virginia and Maryland.

X: Which state did you like the best **(di più)?**

Y: We liked Massachusetts.

2. X: Do you know Antonella?

Y: Yes, I know her. I had heard a lot about her, and finally this morning I met her.

X: Where did you meet her?

Y: At the market.

X: Did someone **(qualcuno)** introduce her to you?

Y: Yes, the deli man!

c. *Rewrite the following passage in the past tense, choosing between the **passato composto** and the **imperfetto**.*

La villa sembra disabitata *(uninhabited)*. Mi avvicino *(I go near it)*. Metto il dito *(finger)* sul campanello e sento il suono *(sound)* nell'interno. Aspetto ma nessuno viene ad aprire. Suono ancora, e ancora niente. Controllo il numero sulla porta: è proprio il 43 B, e corrisponde al numero che cerco. Suono per la terza *(third)* volta. Siccome *(as)* non viene nessuno, metto la mano sulla maniglia *(handle)* e sento che la porta si apre. Entro piano. Mi trovo in una grande sala. Silenzio. Chiudo la porta e faccio qualche passo *(a few steps)*. Vedo un'altra porta ed entro in una specie *(kind)* di biblioteca. La prima cosa che vedo appena entro è un uomo che sta steso *(stretched out)* per terra in una grande macchia di sangue *(blood stain)*. Deve essere morto. Guardo l'ora. Sono esattamente le undici e dodici minuti.   (adapted from Carlo Manzoni)

d. *Conversazione.*

1. Che cosa dice quando Le presentano una persona?   2. A chi dà del tu quando parla italiano?   3. Ha mai visto una partita di calcio?   4. A quali sport si interessa?   5. Di quali grandi pittori *(painters)* e scultori *(sculptors)* italiani ha sentito parlare?   6. Di solito arriva puntuale quando è invitato(a) a cena?   7. Quali cose voleva fare ma non ha potuto fare ieri?

VI.
LETTURA CULTURALE: LO SPORT IN ITALIA

Il *calcio* è lo sport preferito degli italiani. Ogni domenica milioni di persone *affollano* gli stadi o seguono le partite alla televisione. Ogni città ha la sua *squadra* di calcio formata da giocatori *professionisti;* le grandi città come Roma, Milano, Torino e Genova ne hanno due. La squadra nazionale che rappresenta l'Italia negli incontri internazionali, in Italia o *all'estero*, è composta dai migliori giocatori delle varie squadre. Una lotteria settimanale applicata al gioco del calcio, il Totocalcio, è molto popolare.

    Altri sport importanti sono il *ciclismo*, le *corse* automobilistiche, il *pugilato* e lo *sci*, lo sport di moda. Molte persone vanno a sciare nelle numerose località alpine o negli Appennini per un week-end, una settimana "bianca" o vacanze più lunghe.

soccer
crowd
team / professional

abroad

bicycling / races
boxing / skiing

In generale, però, gli italiani non fanno molto sport. Le scuole non hanno *campi da tennis* e piscine perchè lo stato italiano non provvede a queste forme di ricreazione. Il tennis è accessibile soprattutto ai ricchi che possono *appartenere* a un club privato. All'italiano medio basta fare delle passeggiate, un po' di footing e nuotare quando va al mare in luglio o in agosto.

tennis courts
belong

Reading comprehension check

a. Vero o no? Spiegate se non è vero.

1. Tutte le università italiane hanno una squadra di calcio.   2. Il Totocalcio è un gioco con venti giocatori.   3. Lo stato italiano non provvede allo sport nelle scuole.   4. Bisogna andare in Austria o in Svizzera per sciare. 5. Il tennis, in Italia, è un lusso *(luxury)*.

b. Scrivete un paragrafo sulle differenze fra gli Stati Uniti e l'Italia nello sport.

Il gioco del calcio (Leonard Speier)

La squadra dell'Italia (Uzan-Tardy-Gamma/ Liaison Agency)

Una corsa di biciclette (UPI)

(UPI)

(Madeline Grimoldi)

(Leonard Speier)

VII.
PAROLE DA RICORDARE

VERBS

avere il piacere di + infinitive   to be delighted to
buttare   to throw; to start cooking
cambiare   to change
combinarne di tutti i colori   to make some kind of mischief, to be up to all sorts of tricks
cominciare a + infinitive   to begin doing something
conosciuto (p.p. of **conoscere**)   known
dare del tu a + person   to address a person in the **tu** form
fare la conoscenza (di)   to make the acquaintance (of)
insegnare   to teach
interessarsi a + person or thing   to be interested in
invitare   to invite
lasciare in pace   to leave alone
onorare   to honor
precedere   to precede
scocciare   to bother, "bug"

sentire parlare di + person or thing   to hear about
significare   to mean
stappare   to uncork, open
trovarsi   to get along (in a place)

NOUNS

aperitivo   apéritif, drink taken before a meal
avaro   miser
borsa   purse, handbag
borsa di studio   scholarship
calcio   soccer
campanello   doorbell
cielo   sky
colore (m)   color
conto   check
contrario   opposite
diminutivo   diminutive
festa   feast-day; festival
occasione (f)   occasion, opportunity
parco   park
partita   game

patrono   patron (saint)
santo   saint
stato   state
uccello   bird
vita   life

ADJECTIVES

bagnato   wet, soaked
lieto (di)   glad (about)
santo   holy, saintly, blessed
sottile   thin
terribile   terrible

OTHERS

dappertutto   everywhere
figurati   just imagine
giù   down
lì   there
mica   not at all
piacere!   how do you do! pleased to meet you!
santo cielo!   good heavens!

I. STORIELLE UMORISTICHE

Describe what happened in the comic strip. You may want to use some of the
following words and expressions.

Anselmo e Maria
tornare al castello
essere l'una di notte
la luna splendere nel cielo
non potere entrare
portone chiuso

avere bisogno della chiave
buttare la chiave
chiave grossa
cadere (conjugated with **essere)**
morto

I
N
T
E
R
M
E
Z
Z
O

X

II. PAPÀ

Complete the following dialog between la Mamma and Mariuccia.

MAMMA: Ricordo che quando avevo la tua età, sapevo pattinare molto
bene.

MARIUCCIA: _____

MAMMA: No, non sapevo sciare, però andavamo sempre in montagna.

MARIUCCIA: _____

MAMMA: Sì, l'ho conosciuto proprio in montagna. Tuo padre aveva
vent'anni ed era molto magro. Faceva molto sport allora!

MARIUCCIA: _____

MAMMA: Certo che è cambiato! Ora è calvo e grasso e non pratica
molto sport. Non vuole neanche fare il footing!

CAPITOLO 11

I. OBIETTIVI

Culture

The cultural notes and the **lettura culturale** of this chapter deal with the changing role of women in Italy.

Grammar

This chapter introduces the future tense and its various uses in Italian. Knowing this tense will enable you to tell about the future, both your own and that of others, and to express probability in the present. You will also learn about disjunctive pronouns, which are positioned differently from other pronouns in the sentence, to provide emphasis.

II.
GRAMMATICA

A. The future tense

Progetti per le vacanze.

JEFF: Alla fine di giugno partirò per l'Italia con i miei genitori e mia sorella. Prenderemo l'aereo a New York e andremo a Roma. Passeremo una settimana insieme a Roma; poi i miei genitori noleggeranno una macchina e viaggeranno con mia sorella. Io andrò a Perugia dove studierò l'italiano per sette settimane. Alla fine di agosto ritorneremo tutti insieme negli Stati Uniti.

1. *Quando partirà Jeff con la sua famiglia?*
2. *In quale città italiana arriveranno?*
3. *Dopo la settimana a Roma, che cosa faranno i genitori di Jeff?*
4. *Che cosa farà Jeff?*

In both English and Italian, the future tense is used to express an action that *will* take place or *is going to* take place at a future time.

1. The future tense in Italian is formed by adding the endings **-ò, -ai, -à, -emo, -ete, -anno** to the infinitive with the final **-e** dropped. **-Are** verbs change the **a** of the infinitive ending **(cantar-)** to **e (canter-).**

Vacation plans.

JEFF: At the end of June I'll leave for Italy with my parents and my sister. We'll catch a plane in New York and go to Rome. We'll spend a week together in Rome, then my parents will rent a car and will travel with my sister. I'll go to Perugia where I'll study Italian for seven weeks. At the end of August, we will all return to the United States together.

CANTARE	SCRIVERE	FINIRE
canterò I will sing	scriverò I will write	finirò I will finish
canterai you will sing	scriverai you will write	finirai you will finish
canterà he, she, it will sing	scriverà he, she, it will write	finirà he, she, it will finish
canteremo we will sing	scriveremo we will write	finiremo we will finish
canterete you will sing	scriverete you will write	finirete you will finish
canteranno they will sing	scriveranno they will write	finiranno they will finish

2. Some verbs that end in **-are** keep the characteristic vowel of the infinitive ending.

DARE (DAR-)	FARE (FAR-)	STARE (STAR-)
darò	farò	starò
darai	farai	starai
darà, etc.	farà, etc.	starà, etc.

3. The spelling changes that you learned for the present tense of verbs like **giocare, pagare, cominciare,** and **mangiare** apply to the future tense as well. In the future tense, however, these changes apply to all persons.

GIOCARE	PAGARE	COMINCIARE	MANGIARE
giocherò	pagherò	comincerò	mangerò
giocherai	pagherai	comincerai	mangerai
giocherà	pagherà	comincerà	mangerà
giocheremo	pagheremo	cominceremo	mangeremo
giocherete	pagherete	comincerete	mangerete
giocheranno	pagheranno	cominceranno	mangeranno

4. Some verbs have irregular future stems, although the endings are regular.

ANDARE (ANDR-)	AVERE (AVR-)	DOVERE (DOVR-)	POTERE (POTR-)	VEDERE (VEDR-)	VENIRE (VERR-)	VOLERE (VORR-)
andrò	avrò	dovrò	potrò	vedrò	verrò	vorrò
andrai	avrai	dovrai	potrai	vedrai	verrai	vorrai

andrà	avrà	dovrà	potrà	vedrà	verrà	vorrà
andremo	avremo	dovremo	potremo	vedremo	verremo	vorremo
andrete	avrete	dovrete	potrete	vedrete	verrete	vorrete
andranno	avranno	dovranno	potranno	vedranno	verranno	vorranno

5. The future tense forms of **essere** are:

sarò	saremo
sarai	sarete
sarà	saranno

6. The Italian future tense is expressed in English with the auxiliary verb *will* or the expression *to be going to*.

Prenderemo un caffè insieme.	*We'll have* coffee together.
Pagheremo noi.	*We'll pay.*
Quanto tempo **resterai** in Italia?	How long *are you going to stay* in Italy?
Sarà meglio telefonare dopo cena.	*It will be* better to phone after supper.
Non potrò venire prima delle otto.	*I won't be able* to come before eight.
Faranno molte fotografie.	*They are going to take* many pictures.

Esercizi

a. Replace the subject with each word or phrase in parentheses and change the verb accordingly.

1. Stefano arriverà domenica. (gli zii, voi due, tu, noi)   2. Prenderemo il caffè dopo cena. (tu, il Dott. Bianchi, i miei amici, io)   3. Dormirò fino a mezzogiorno. (Luigino, i bambini, noi, tu e Roberto)   4. Non avranno paura. (io, la ragazza, voi, tu)

b. Answer each question, according to the example.

Esempio: Roberto prenderà lezioni di piano. E i suoi cugini?
Anche i suoi cugini prenderanno lezioni di piano.

1. Laura ordinerà lasagne. E noi?   2. Io noleggerò una macchina. E Paolo?
3. Tu giocherai a ping-pong. E loro?   4. Noi mangeremo a casa. E Patrizia?
5. Loro saranno pronti alle nove. E noi?   6. Voi non vorrete aspettare. E loro?   7. Io andrò a piedi. E la signora?

— Giurami che giocherai con me tutta la vita.

giurare: to
swear

c. *Answer each question. Use either the same verb as in the question or another verb.*

Esempio: Io lavorerò otto ore al giorno. E voi?
          Noi lavoreremo sei ore. (or another appropriate answer)

1. Io starò a Firenze ancora due mesi. E Pietro?   2. Noi compreremo del parmigiano. E tu?   3. La mamma andrà al cinema. E i bambini?   4. Loro la aiuteranno. E lui?   5. Tu farai una passeggiata. E lei?   6. Voi suonerete la chitarra. E le ragazze?   7. Gianni non ne avrà bisogno. E voi?

d. *Conversazione.*

1. Fra quanti minuti finirà questa lezione?   2. Fra quanto tempo prenderà la laurea?   3. Quanti anni avrà?   4. Lavorerà quest'estate?

e. *List four things you will be doing next weekend. List four things you won't be doing next summer.*

— Se tu credi alla mia esistenza, io crederò alla tua.

B. The future of probability

> MARIA: Ho un appuntamento con Paolo. Che ora sarà?
> CLARA: Saranno le cinque.
> MARIA: Santo cielo, sono in ritardo di dièci minuti!
> CLARA: Non avere paura: se ti ama, ti aspetterà!
>
> 1. *Perchè Maria vuole sapere che ora è?*
> 2. *A che ora era l'appuntamento con Paolo?*
> 3. *Perchè Clara pensa che Paolo aspetterà?*
> 4. *Lei aspetta sempre quando l'altra persona è in ritardo?*

In Italian, the future tense is often used to express conjecture or probability in the present. English uses the present tense in these situations.

Quanti anni ha? **Avrà** quarant'anni.	How old is he? *He's probably* forty (he must be forty).
Suonano alla porta: chi **sarà?**	They're ringing the doorbell. Who *can it be?*
Non vedo i bambini. Dove **saranno?**	I don't see the children. Where *can they be?*
La signora non **vorrà** aspettare.	The lady *probably doesn't want* to wait.

Esercizi

a. Answer each question using the future tense.

1. Quanto costa? (dieci dollari)   2. Che ora è? (le otto e mezzo)   3. Dov'è la mamma? (al mercato)   4. Chi sono quei ragazzi? (i cugini di Carlo)   5. Che cosa fanno? (una passeggiata)   6. Come vanno in ufficio? (a piedi)

b. Answer the following questions using the future tense to express probability.

MARIA: I have a date with Paolo. What time do you suppose it is?   CLARA: It must be five o'clock.   MARIA: Good heavens, I'm ten minutes late!   CLARA: Don't worry. If he loves you, he'll wait for you!

1. Quanto costa una camicetta?   2. Quanti anni ha il presidente?   3. Di che cosa parlano le ragazze?   4. Cosa fanno gli studenti dopo la lezione d'italiano?

—*Lo so che non sei in servizio, ma cosa penserà la gente?*

in servizio: *on duty*

c. *Restate each sentence using the future tense to express probability.*

Esempio: Devono essere le undici.
　　　　　 Saranno le undici.

1. Devono essere pronti.   2. Dovete avere fame.   3. Deve fare molto sport.   4. Devi ricordare il nome.   5. Ci deve essere una festa.   6. Non deve stare bene.

— E' un regalo di quel tuo amico indiano: che cosa sarà mai?

C. Other uses of the future tense

SAM: Quando andrete a Roma, visiterete le Catacombe?

NANCY: Come no! Se farà caldo, ci andremo senz'altro!

SAM: Cos'altro avete intenzione di vedere?

NANCY: Il Foro, il Colosseo, le Basiliche, i Musei Vaticani . . . Se potremo, andremo anche a Tivoli a vedere le fontane.

1. *Ha intenzione di visitare le Catacombe Nancy?*
2. *Quali altre cose visiterà?*
3. *Perchè vuole andare anche a Tivoli?*

In Italian, the future tense is commonly used in dependent clauses with **quando, appena** *(as soon as),* **dopo che,** and, frequently, after **se,** when the verb of the main clause is in the future tense. This contrasts with English, where the present tense is used in the dependent clause.

Quando **arriverà, sarà** stanco.	When *he gets here, he'll be* tired.
Se **farà** caldo, **andremo** al mare.	If *it's* hot, *we'll go* to the beach.
Scriveranno appena **potranno.**	*They'll write* as soon as *they can.*

Esercizi

a. *Replace the subject with each word or phrase in parentheses and change the verb accordingly.*

1. Parlerò italiano quando sarò in Italia. (lui, loro, anche noi, voi due)
2. Verremo appena potremo. (loro, tu, il dottore, io)   3. Se non avrai la febbre *(a fever)*, ti alzerai. (voi, i bambini, noi, lei)

b. *Rewrite in the future tense.*

1. Siamo contenti quando ci pagano.   2. Lo saluto se lo riconosco.   3. Se fa bel tempo, uscite.   4. Appena arrivano a casa mangiano.   5. Se mi scrivi, ti rispondo.   6. Quando lei torna dal lavoro, ha fame e sonno.

SAM: When you go to Rome, will you visit the Catacombs?   NANCY: Of course! If it's hot, we'll definitely go!   SAM: What else do you plan to see?   NANCY: The Forum, the Coliseum, the Basilicas, the Vatican Museums . . . If we can, we'll also go to Tivoli to see the fountains.

c. Complete each sentence.

1. Se domani pioverà . . .   2. Quando avrò quarant'anni . . .   3. Appena arriverò a casa stasera . . .   4. Se sarò stanco(a) . . .   5. Come sarò contento(a) quando . . .

— Un giorno, figliolo, tutto questo sarà tuo... se riuscirai a sposare la figlia del padrone!

acciaierie: steel mills

D. The future perfect tense

BARBARA: Dopo che avrete visitato Roma, tornerete negli Stati Uniti?
CRISTINA: Solamente mio marito: lui tornerà a New York, ma io partirò per la Sicilia.
BARBARA: Quanto tempo ti fermerai in Sicilia?
CRISTINA: Dipende: se non avrò finito tutti i soldi, ci resterò un mese.

1. *Chi visiterà Roma?*
2. *Tornerà subito negli Stati Uniti Cristina?*
3. *Quanto tempo resterà in Sicilia Cristina se non avrà finito tutti i soldi?*

1. The future perfect (*I will have sung, they will have arrived*) is formed with the future of **avere** or **essere** plus a past participle.

BARBARA: After you have visited Rome, will you come back to the United States?   CRISTINA: Only my husband will. He'll go back to New York, but I'll leave for Sicily.   BARBARA: How long will you stay in Sicily?   CRISTINA: It depends. If I haven't spent all my money by then, I'll stay one month.

FUTURE PERFECT TENSE WITH AVERE		FUTURE PERFECT TENSE WITH ESSERE	
avrò		sarò	
avrai		sarai	partito(a)
avrà	cantato	sarà	
avremo		saremo	
avrete		sarete	partiti(e)
avranno		saranno	

2. In Italian, the future perfect is used to express an action that will already have taken place in the future, when a second action occurs. The second action, if expressed, is always in the future tense.

Alle sette, **avremo già mangiato.**	By seven, *we'll already have eaten.*
Dopo che **avranno visitato** la Sicilia, torneranno a casa.	After *they have visited* Sicily, they'll return home.

Just as the future tense is used to express probability in the present, the future perfect tense can be used to indicate probability or speculation about something in the past, something that may or may not have happened.

Marco non è venuto. **Avrà dimenticato.**	Marco didn't come. *He must have forgotten.*
Le finestre sono chiuse. I Costa **saranno partiti.**	The windows are closed. The Costas *probably left.*

Esercizi

a. Replace the subject with each word or phrase in parentheses and change the verb accordingly.

1. Domani, a quest'ora, avrò già finito. (noi, loro, voi, lei)   2. Dopo che avrò studiato, guarderò la televisione. (i bambini, tu, lui, noi)   3. Partiranno appena avranno venduto la casa. (noi, il dottore, voi, io)

b. Answer each question, according to the example.

Esempio: Quanto hanno pagato? Cinquanta dollari?
　　　　Sì, avranno pagato cinquanta dollari.

1. Quante ore hanno lavorato? Otto ore?   2. Quante lettere hanno scritto? Sei lettere?   3. Quante persone ha invitato? Trenta persone?   4. Quanti vestiti hanno comprato? Tre vestiti?   5. Quanti bambini hanno avuto? Due bambini?   6. Quanti stati hanno visitato? Dodici stati?

c. Expand each statement, according to the example.

Esempio: Ha comprato qualcosa.
Chissà cosa avrà comprato!

1. Ha scritto qualcosa.   2. Hanno detto qualcosa.   3. Hanno regalato qualcosa.   4. Hai cucinato qualcosa.   5. Avete preso qualcosa.   6. Ha servito qualcosa.

d. Rispondere o completare.

1. Cercherà un lavoro quando avrà finito gli studi?   2. Quando avrò lavorato due o tre anni . . .   3. Quando avrò finito tutti i miei soldi . . .
4. Dopo che sarò ritornato negli Stati Uniti . . .

— Appena avrai finito di bere ti dirò una cosa...

avvelenata:
poisoned

E. Disjunctive (stressed) pronouns

POSTINO: Signorina, una lettera per Lei!
Viene dagli Stati Uniti!
ANNAMARIA: Per me? E chi mi scrive dagli Stati Uniti? Vediamo un po' . . . "Cara Annamaria, il mio amico Roberto Negri mi ha parlato tanto di te. Desidero conoscerti. Sarò a Firenze fra un mese. Mike"

1. *Per chi è la lettera?*
2. *Da dove viene la lettera?*
3. *Chi ha scritto la lettera?*
4. *Chi ha parlato a Mike di Annamaria?*
5. *Quando arriverà a Firenze Mike?*

MAILMAN: Miss, a letter for you! It's from the United States!   ANNAMARIA: For me? And who could be writing to me from the United States? Let's see . . . "Dear Annamaria, my friend Roberto Negri has told me so much about you. I'd like to meet you. I'll be in Florence in a month. Mike"

Unlike the other object pronouns you have learned, disjunctive (stressed) pronouns follow a verb or a preposition. They usually occupy the same position in a sentence as their English equivalents.

	SINGULAR		PLURAL
me	me	noi	us
te	you	voi	you
Lei	you	Loro	you
lui, lei	him, her	loro	them
sè	yourself, oneself, himself, herself	sè	yourselves, themselves

Disjunctive (stressed) pronouns are used:

1. after a preposition;

La lettera è **per me.**	The letter is *for me.*
Non voglio uscire **con loro.**	I don't want to go out *with them.*
Avete ricevuto un regalo **da lei.**	You have received a present *from her.*
Amano parlare **di sè.**	They like to talk *about themselves.*

Four prepositions that you already know, **senza, dopo, sotto,** and **su,** require **di** when followed by a disjunctive pronoun.

Non posso vivere senza **di** te.	I can't live without you.
Sono venuti dopo **di** me.	They came after me.
Non vuole nessuno sotto **di** sè.	He doesn't want anyone below him.
La luna splendeva su **di** noi.	The moon was shining on us.

2. after a verb, to give greater emphasis to the object; often with **anche** (*also*), **proprio** (*just*), and **solamente** (*only*);

Lo amo. (unemphatic)	I love him.
Amo **lui.** (emphatic)	I love *him.*
Ti cercavo.	I was looking for you.
Cercavo proprio **te.**	I was looking just for *you.*
Gli scrivevano.	They wrote to him.
Scrivevano solamente **a lui.**	They wrote only *to him.*

3. when there are two or more objects (direct or indirect) in a sentence.

Hanno invitato **lui** e **lei.**	They invited *him* and *her.*
Scriverà **a me** e **a Maria.**	He'll write *to me* and *Mary.*

Esercizi

a. Rewrite each sentence to include a disjunctive pronoun.

Esempio: Vuoi venire con Mario?
Vuoi venire con **lui?**

1. Ho imparato molto dai miei zii.   2. È vero che Vittoria si interessa a Beppino?   3. Ecco un regalino per la mamma.   4. Mi piaceva uscire con gli amici.   5. I fiori non erano per te, erano per il dottore.   6. Romeo non può vivere senza Giulietta.

b. Rewrite each sentence making the object pronoun emphatic.

Esempio: Perchè non mi ascoltate?
Perchè non ascoltate **me?**

1. Mi avete chiamato?   2. Che sorpresa! Non vi aspettavo!   3. Gli hai fatto un regalo?   4. Volevano invitarti.   5. Non mi hanno salutato.
6. Non le telefoneranno.

c. Express in Italian.

Paolo said to Virginia: "I need you. I think of you night and day. I live for you. I am in love with you. I love only you."
Virginia said to Paolo: "I love another man."

d. How would you tell . . .

1. your friends that you need them?   2. a mechanic that you need him?
3. two children that you are pleased with them?   4. a girl that you want to go out with her?   5. a professor that you've heard about him?   6. grandmother that the flowers are for her?

— Il pranzo solo per me: oggi il conte non mangia.

il conte: the count

III.
ESERCIZI DI PRONUNCIA: THE SOUND /r/

The sound /r/ is completely different from the English /r/.

a.   Initial position

ragione, **re**galo, **ri**cetta, **ro**mano, **ru**bare

b.   Medial position (single and double)

mi**ra**	mi**rra**
e**re**	e**rre**
ca**ri**	ca**rri**
co**ro**	co**rro**
A**ru**ba	ca**rru**ba

c.   Final position

bar, per, di**r**(e), amo**r**(e)

Practice the sound /r/ in the following sentences.

1. I Re Magi offrono oro, incenso e mirra.   2. I turisti americani amano cantare "Arrivederci, Roma!"   3. Non trovate l'odore del Gorgonzola troppo forte?   4. La "Roma" giocherà con il "Torino".   5. Ricordi i versi del Petrarca: "Chiare, fresche e dolci acque . . ."?   6. Ruggero si arrabbia quando non risponde bene in classe.   7. Nella tradizione lirica provenzale **amore** rima sempre con **cuore** e **dolore**.   8. Le ostriche *(oysters)* sono buone nei mesi con la erre, come febbraio e marzo.

SCIOGLILINGUA
Una tigre, due tigri, tre tigri.

IV.
DIALOGO

Un giovedì pomeriggio Geraldine e Paolo sono andati al giardino di Boboli che Geraldine non aveva ancora visitato. Dopo aver camminato a lungo per i viali e i vialetti del parco, i due ragazzi si sono seduti su una panchina vicino al laghetto dei *cigni* e   *swans*
ora scambiano quattro chiacchiere.

PAOLO: Quanto tempo resterai a Firenze, Geraldine?
GERALDINE: Ci resterò ancora un mese e poi partirò per il sud.
PAOLO: Dove andrai? Farai il solito giro turistico di Roma, Napoli e Capri?

GERALDINE:	Neanche per idea! Conosco già bene quei posti. No, questa volta andrò a Metaponto, in Basilicata.	
PAOLO:	E perchè proprio a Metaponto?	
GERALDINE:	Perchè farò parte di una *missione archeologica* di professori e studenti americani che lavorano in quella zona.	*archeological mission*
PAOLO:	Interessante! Ma non sarà troppo faticoso per te?	
GERALDINE:	E perchè? Perchè sono una donna? Scommetto che io sono *forte quanto te!* Guarda che *muscoli!* Io ho fatto sempre molto sport.	*as strong as you are / muscles*
PAOLO:	Per carità, non volevo offenderti. Quanti siete nel gruppo?	
GERALDINE:	Saremo circa quindici persone.	
PAOLO:	E quante ore *al giorno* lavorerete?	*a day*
GERALDINE:	Lavoreremo dalla mattina alle sei fino alle quattro del pomeriggio.	
PAOLO:	Caspita! Sempre a scavare? *Ti verranno i calli* alle mani, povera Geraldine, e hai delle manine così graziose . . .	*you'll get calluses*
GERALDINE:	Senti, Paolino, a me i complimenti non interessano! E ora sarà meglio andare.	
PAOLO:	Mi piaci molto quando ti arrabbi. Quando potremo rivederci?	
GERALDINE:	Chi lo sa? Quando imparerai a non dire *sciocchezze!*	*nonsense*

Geraldine si allontana seguita da Paolo che *canterella:*   *is humming*

Sul ponte di Bassano,
noi ci *darem* la mano,   **daremo**
sul ponte di Bassano,
noi ci darem la mano,
noi ci darem la mano
ed un *bacin* d'amor,   **bacino (piccolo**
ed un bacin d'amor,   **bacio)**
ed un bacin d'amor . . .

Dialog comprehension check

Rispondere alle seguenti domande.

1. Che cosa hanno visitato Paolo e Geraldine?   2. Dove si sono seduti i due ragazzi?   3. Quando ha intenzione di partire per il sud Geraldine?   4. Visiterà Roma, Napoli e Capri Geraldine?   5. Che cosa farà a Metaponto Geraldine? 6. È una ragazza forte Geraldine? Perchè?   7. Quante ore al giorno lavorerà Geraldine?   8. Secondo Paolo, cosa succederà alle mani di Geraldine? 9. Quale complimento fa Paolo a Geraldine?   10. Quando si rivedranno Paolo e Geraldine?

CULTURAL NOTES

For centuries Italian women were idealized as wives and mothers in literature, art, and religion, while in reality they were kept from education, economic independence, and political participation. In the twentieth century, the Fascist government delayed women's emancipation and denied them jobs in occupations traditionally open to them, such as higher level positions in the schools. Furthermore, their roles as wives and mothers were restricted by laws that gave husbands the right to make all major decisions concerning their children, even if the parents were separated. Widows were permitted to inherit only the income from their husbands' estates, while property went to their children.

After World War II, society recognized that women had suffered from denial of their basic rights and from legal inequalities, which in effect made them second-class citizens. In 1945, women were given the right to vote, but the infamous family laws remained until 1975, when legislation finally established equality between husband and wife. Although today there is no sex discrimination in the job market, society still encourages women to consider marriage and the family as their primary responsibility, and it is difficult even for well-educated women to undertake the more demanding and competitive careers.

V.
ESERCIZI DI RICAPITOLAZIONE

a. *Answer each question using the future tense and time expressions such as* **stasera, domani, la settimana prossima, il mese prossimo,** *and* **alla fine dell'anno.** *Whenever possible, use an object pronoun (or* ci *or* ne).

Esempio: Ha scritto la lettera?
No, la scriverò domani.

1. È andato in Sicilia?   2. Ha parlato del cinema italiano?   3. Ha riportato la mozzarella al salumiere?   4. Ha fatto un regalo alla professoressa?
5. Ha visitato il museo?   6. Ha mostrato le foto agli zii?

b. *Restate each sentence using the future perfect tense.*

Esempio: Prima venderò la casa; poi partirò.
Partirò dopo che avrò venduto la casa.

1. Prima faremo il bagno; poi mangeremo.   2. Prima prenderai la laurea; poi ti sposerai.   3. Prima troverò un lavoro; poi mi comprerò una moto.
4. Prima finiranno il compito; poi guarderanno la televisione.   5. Prima pulirete la casa; poi uscirete con me.

c. *Express in Italian.*

1. Where did they meet that girl? They probably met her in Italy.   2. Where did you put my keys? I must have left them in the car.   3. She's in love with

him and she needs him.   4. I saw him but I didn't see her.   5. You want to dig from morning till evening? Won't it be too tiring for you?

d. Conversazione.

1. Ha amici che andranno in Europa quest'estate?   2. Quali città visiteranno?   3. Come viaggeranno?   4. Le piace ricevere dei complimenti?   5. Qual è l'ultimo complimento che ha ricevuto?   6. Che cosa farà appena potrà?

VI.
LETTURA CULTURALE: LE DONNE IN ITALIA

La *lotta* per l'emancipazione femminile in Italia ha ottenuto un'importante vittoria con la *stesura* di una nuova costituzione italiana subito dopo la fine della seconda guerra mondiale. L'articolo 37 della costituzione conferisce a ogni *cittadino* il *diritto* di votare; la prima volta che le italiane sono andate alle urne è stato nelle elezioni del 2 giugno 1946. La parità dei diritti sociali e di lavoro è sanzionata da due altri articoli secondo i quali uomini e donne sono *uguali* davanti alla *legge*.	*struggle* *writing* *citizen / right* *equal* *law*
Ma la costituzione non aveva stabilito uguali diritti morali: l'uomo era, per legge, il capo di famiglia. Lui solo poteva prendere le decisioni importanti *riguardanti* la famiglia. Dopo l'approvazione della legge sul divorzio nel 1974, c'è stata anche l'approvazione di un nuovo diritto di famiglia nel 1975: la moglie ha ottenuto parità con il marito che non è più capo di famiglia. La donna può ora *mantenere* il suo *cognome* e non perde la *cittadinanza* se sposa uno straniero. La legge sull'aborto è stata approvata nel 1978.	*concerning* *keep / surname / citizenship*
Le donne italiane non possono ancora entrare nel servizio militare, lavorare nelle *miniere,* nè essere pilote. Ma l'obiettivo finale delle femministe continua a essere la partecipazione totale a ogni settore della vita italiana.	*mines*

Reading comprehension check

a. Domande.

1. Quando hanno votato per la prima volta le italiane?   2. Che cosa riconosce l'articolo 37 della costituzione?   3. Chi prendeva le decisioni importanti in famiglia prima del 1974?   4. Quando ha ottenuto parità con il marito la moglie?   5. Che cosa non può ancora fare la donna?

b. Elaborare secondo la lettura in frasi complete.

1. Cognome e cittadinanza.   2. Obiettivo finale delle femministe.
3. 1978.   4. Legge sul divorzio.

(Guedotti/Grimoldi)

photos by Leonard Speier

VII.
PAROLE DA RICORDARE

VERBS
allontanarsi to walk away
essere in ritardo to be late
desiderare to wish, wish for
dipendere to depend
fare parte di to be part of
imparare a + infinitive to learn
noleggiare to rent (a car, etc.)
*restare to stay
scambiare to exchange
  scambiare quattro chiacchiere to
  have a chat
scavare to dig
scommettere to bet
sedersi* to sit down
seguire to follow
viaggiare to travel

NOUNS
agosto August
complimento compliment
fontana fountain
giovedì Thursday
giro tour
gruppo group
lago lake
mese (m) month
progetto project
settimana week
sud south
vacanza vacation, holiday
viale (m) avenue
zona zone

ADJECTIVES
faticoso tiring
forte strong
grazioso pretty
turistico tourist

OTHERS
a lungo a long time
caspita! you don't say!
circa approximately, about
meglio better
neanche per idea! not on your
  life!
quanto tempo how long
senza without
senz'altro of course, definitely
solamente only

---

*The present tense of sedersi is: mi siedo, ti siedi, si siede, ci sediamo, vi sedete, si siedono.

I. ANDARE IN VACANZA

Think of a state or a foreign country where you would like to spend your vacation. The other students in your class will try to guess the name of the state or country by asking what you will do, what you will see, what you will eat, what language you will speak, and so on.

II. IL MIO FUTURO

Choose an answer to each question using **sì, no,** or **forse.**

Lei è una persona che

1. prenderà la laurea?	sì	no	forse
2. troverà un buon lavoro?	sì	no	forse
3. si sposerà soltanto una volta?	sì	no	forse
4. avrà due o più bambini?	sì	no	forse
5. sarà un buon padre/una buona madre?	sì	no	forse
6. viaggerà molto?	sì	no	forse
7. mangerà al ristorante almeno (*at least*) tre volte al mese?	sì	no	forse
8. ingrasserà facilmente?	sì	no	forse
9. parlerà una o due lingue straniere?	sì	no	forse
10. abiterà nella stessa casa tutta la vita?	sì	no	forse

Now share five statements with the class (Io sono una persona che . . .), using the preceding list or creating new sentences.

CAPITOLO 12

I.
OBIETTIVI

Culture

The **lettura culturale** continues to explore art in Italy.

Grammar

In this chapter, indefinite adjectives and pronouns are presented. Indefinites are words such as *some, every,* and *certain,* which do not refer to a particular person or thing. You will also learn some negative constructions, as well as numbers over 50, and the days of the week.

II.
GRAMMATICA

A. Indefinite adjectives

ELISABETTA: Alla tua facoltà è obbligatorio andare a lezione ogni giorno?
GIUSEPPINA: Per carità, io ci vado solo qualche volta, cioè quando mi alzo in tempo.
ELISABETTA: E gli altri studenti ci vanno sempre?
GIUSEPPINA: Macchè! Alcuni studenti non ci vanno mai!

1. *Va a lezione ogni giorno Giuseppina?*
2. *È obbligatorio frequentare le lezioni alla facoltà di Giuseppina?*
3. *Cosa fanno alcuni studenti?*
4. *E Lei, va a lezione ogni giorno?*

Indefinite adjectives and pronouns, such as *every, certain,* and *some,* indicate quantity and quality, without referring to any particular person or thing.

1. The most common indefinite adjectives used for both people and things are:

ogni	every
qualche	some, a few
qualunque *or* **qualsiasi**	any, any sort of

Each indefinite adjective has only one form and is used only with singular nouns.

ELISABETTA: At your school do you have to go to class every day?   GIUSEPPINA: Good heavens, I only go sometimes, that is, when I get up on time.   ELISABETTA: And the other students always go?   GIUSEPPINA: Nonsense! Some students never go!

Ogni inverno andiamo a sciare. *Every* winter we go skiing.
Qualche negozio è ancora aperto. *Some* stores are still open.
Qualunque vino va bene per me. *Any* wine is all right with me.

2. **Alcuni/alcune** + *plural* noun can be used instead of **qualche** + singular noun.

Qualche parola è nuova. }
Alcune parole sono nuove. }   *Some* words are new.

This structure is another way to express the partitive idea *(some, any)*, which you have already learned to form with **di** + article (**del, dello, della,** etc.).

Delle parole sono nuove.   *Some* words are new.

— Mi è venuta una fame da lupo: porta-
mi subito qualche panino!

Esercizi

*a. Change each sentence by replacing **tutto** with **ogni**.*

Esempio: Tutte le ragazze studiano.
         Ogni ragazza studia.

1. Tutti i bambini vanno a scuola.   2. Tutte le banche erano aperte.
3. Tutti gli studenti dovranno venire.   4. Tutti gli zii sono partiti.

5. Tutte le fontane sono senza acqua.   6. Tutti gli amici avevano fatto un regalo.

b. *Sì, ma*. . . *React to each statement as in the example.*

Esempio: I bambini vanno a scuola.
          Sì, ma qualche bambino non vuole andare a scuola.

1. Gli studenti frequentano le lezioni.   2. I dottori lavorano all'ospedale. 3. Le signore fanno la spesa.   4. Gli uccelli cantano.   5. Le mamme raccontano favole ai bambini.   6. Gli italiani mettono zucchero nel caffè.

c. *Relate five things that happen at the same time using **ogni volta che** (whenever).*

Esempio: Ogni volta che vado a quel bar, incontro Fred.

d. *Answer each question using **qualunque** or **qualsiasi** as in the example.*

Esempio: Quale rivista vuole?
          Qualunque (qualsiasi) rivista va bene.

1. Quale vino preferisce?   2. Quale camera desidera?   3. Quale giornale vuole leggere?   4. Quale avvocato vuole?   5. Quale numero giochiamo? 6. In quale ristorante andiamo?

B.   Indefinite pronouns

Se chiediamo a dieci persone che cosa vedono nella luna, possiamo essere sicuri che avremo dieci risposte diverse perchè ciascuna vede alla sua maniera. Alcune ci vedono una testa d'uomo, altre una figura femminile; qualcuna, invece, il profilo di un animale, e così via.

1. *Qual è la domanda?*
2. *Perchè ogni persona dà una risposta diversa?*
3. *Lei, che cosa vede nella luna?*

1.   The most common indefinite pronouns that refer to people are:

alcuni/alcune	some, a few
altri/altre	others
chiunque	just anybody, anyone at all (singular form only)

If we ask ten people what they see on the face of the moon, we can be sure that there will be ten different answers, because everyone sees something different. Some see a man's head, others the figure of a woman; still others see the outline of an animal, and so forth.

tutti/tutte	everyone, all
uno/una	one

Uno and **una** have compound forms in the masculine and feminine singular only. After each of these pronouns the verb must be in the singular.

ciascuno/ciascuna	each one
qualcuno/qualcuna	someone, anyone (in a question)*
ognuno/ognuna	everyone
nessuno/nessuna	no one, nobody

Chiunque può entrare.	*Anyone* can come in.
Uno non sa mai cosa dire.	*One* never knows what to say.
Qualcuno ha preso la mia matita.	*Someone* took my pencil.
Nessuno ricordava il nostro nome.	*Nobody* remembered our name.
Tutti avevano capito.	*Everyone* had understood.

2. The most common indefinite pronouns that refer to things are:

altro	something else, anything else
niente ⎫ **nulla** ⎭	nothing
qualcosa ⎫ **qualche cosa** ⎭	something, anything (in a question)
tutto ⎫ **ogni cosa** ⎭	everything

Hanno bisogno d'**altro?**	Do they need *anything else?*
Avete visto **qualcosa?**	Did you see *anything?*

Qualche cosa (qualcosa) and **niente (nulla)** are considered masculine for purposes of agreement.

Niente è perdu**to.**	Nothing is lost.
È success**o** qualcosa?	Has anything happened?

3. When **qualcosa** or **niente** is followed by an adjective or an infinitive or both, the following construction is used.

qualcosa ⎫
niente ⎭ + **di** + masculine adjective + **da** + infinitive

Ho qualcosa di bello da dirti.	I have something beautiful to tell you.
Non c'è niente di strano.	There's nothing strange.

4. Some indefinite words can be used either as adjectives or pronouns. They agree with the nouns they modify or replace.

*Followed by **altro/altra**, it becomes **qualcun altro/qualcun'altra**.

altro/a; altri/e	other; others
molto/a; molti/e	much; many
nessuno/nessun/nessuna/nessun'	no, not a single one
parecchio/a; parecchi/parecchie	a lot; several *(pl)*
poco/a; pochi/e	little; few *(pl)*
quanto/a; quanti/e	how much; how many
tanto/a; tanti/e	so much; so many
troppo/a; troppi/e	too much; too many
tutto/a; tutti/e	all, every, whole

Dove sono andate **le altre?**	Where have the *others* gone?
Ci sono **altre** ragioni.	There are *other* reasons.
Ci saranno **poche** persone.	There will be *few* people.
Pochi l'hanno capito.	*Few* people have understood.
Io mangio **poca** pasta e tu **troppa.**	I eat *little* pasta and you, *too much.*
Quante parole inutili!	*How many* useless words!
Nessun treno è partito a causa dello sciopero.	*Not a single* train has left because of the strike.

5.   The following indefinite words can be used as adverbs as well as pronouns or adjectives.

poco	not very
molto	very
quanto	how, how much
troppo	too, too much
tanto	so, so much

Oggi sto **poco** bene.	I'm *not* feeling *very* well today.
È una ragazza **molto** simpatica.	She's a *very* likeable girl.
Quanto è grande la casa?	*How* big is the house?
Il viaggio era **troppo** lungo.	The trip was *too* long.
Siete stati **tanto** gentili con noi.	You've been *so* kind to us.

— Troppo rum!

Esercizi

a. *Choose the correct word to complete each sentence.*

1. _____ (Ogni, ognuna) cosa era sul tavolo.   2. Possiamo fare _____ (qualcuno, qualcosa) per te?   3. C'erano _____ (ogni, alcuni) errori nell'esercizio.   4. Hai degli amici a Roma? Sì, _____ (qualche, qualcuno). 5. Quello studente aveva _____ (molto, molta) fame.   6. _____ (Nessuna, nulla) persona è venuta a piedi.   7. Hanno avuto _____ (tanto, tanti) problemi.   8. Questa lezione è _____ (poco, poca) chiara *(clear)*.   9. Non sembravano _____ (troppo, troppi) contenti di vedermi.   10. Avete _____ (poco, poche) idee.

b. *Complete each sentence by choosing an adjective from the following words:* **bello, utile, pratico, originale, speciale, esotico, caro, divertente, buffo.**

1. Ai miei amici preferisco regalare qualcosa di. . .   2. Ai miei genitori. . .   3. A un bambino. . .   4. Al mio ragazzo/alla mia ragazza. . .   5. Al mio dottore. . .

c. *Express in Italian.*

1. Every day we learn something new.   2. I know someone who can help you.   3. Each of us ate a pastry.   4. Everybody here speaks Italian. 5. Some girls were dancing, others were watching.   6. Anyone can answer this question.   7. Mary was too tired and too sleepy.   8. They will live not very far from the station.

d. *Conversazione.*

1. Ha qualcosa da fare stasera?   2. Conosce qualcuno in Sicilia?   3. È vero che tutti amano le vacanze?   4. Ha visto qualcosa di bello alla televisione *(on TV)* questa settimana?   5. Quanti dei Suoi amici sono vegetariani?

— Non avete qualcosa di più sportivo?

C. Negatives

MARITO: Sento un rumore in cantina: ci sarà qualcuno, cara . . .

MOGLIE: Ma no, non c'è nessuno: saranno i topi!

MARITO: Ma che dici? Non abbiamo mai avuto topi
in questa casa. Vado a vedere.

(alcuni minuti dopo)

MOGLIE: Ebbene?

MARITO: Ho guardato dappertutto ma non ho visto
niente di strano.

MOGLIE: Meno male!

1. *Che cosa sente il marito?*
2. *Che cosa dice la moglie?*
3. *Dove va il marito?*
4. *Vede qualcosa di strano?*

1. In Italian, a sentence is usually made negative by placing **non** *(not)* in front of the verb. Only object pronouns are placed between **non** and the verb.

I bambini **capiscono** l'italiano.	The kids *understand* Italian.
I bambini **non capiscono** l'italiano.	The kids *don't understand* Italian.
I bambini **non** lo **capiscono.**	The kids *don't understand* it.

2. Many negative constructions consist of two words: **non,** placed before the verb, and another word, such as **mai, niente, nessuno,** and so on, which follows the verb.

non . . . ancora	not yet
non . . . mai	never, not . . . ever
non . . . nessuno	no one, not . . . anyone
non . . . niente (nulla)	nothing, not . . . anything
non . . . più	no longer, no more, not any more
non . . . nemmeno (neanche; neppure)	not even
non . . . nè . . . nè	neither . . . nor

HUSBAND: I hear a noise in the basement. There must be someone down there, dear . . . WIFE: No, there's nobody there. It must be mice! HUSBAND: What are you talking about? We've never had any mice in this house. I'm going to have a look. (a few minutes later) WIFE: Well? HUSBAND: I've looked everywhere but I didn't see anything strange. WIFE: Thank God!

Il bambino **non** parla **ancora**.	The baby does *not* talk *yet*.
Non canto **mai**.	I *never* sing.
Non facciamo **niente**.	We do *nothing*.
Non hai visto **nessuno**.	You saw *no one* (you didn't see anyone).
Non abitano **più** qui.	They don't live here *any more*.
Non mi avete **neppure** guardato.	You did *not even* look at me.
Non bevo **nè** caffè **nè** tè.	I drink *neither* coffee *nor* tea.

3. When **niente** or **nessuno** is the subject of a sentence and comes before the verb, **non** is omitted.

Niente era facile.	*Nothing* was easy.
Nessuno lo farà.	*No one* will do it.

Similarly, when a construction with **nè . . . nè** precedes the verb, **non** is omitted. Note that the verb is plural in Italian.

Nè Mario **nè** Carlo sono americani.	*Neither* Mario *nor* Carlo is American.

Esercizi

a. *Expand each sentence as in the example.*

Esempio: Non abbiamo detto niente.
           Non avevamo niente da dire.

1. Non abbiamo scritto niente.   2. Non ha fatto niente.   3. Non hai letto niente.   4. Non hanno bevuto niente.   5. Non avete mangiato niente.   6. Non ho raccontato niente.

b. *Answer each question in the negative and then provide additional information.*

Esempio: Parla inglese o francese?
           Non parla nè inglese nè francese: parla tedesco.

1. Andrà al mare o in montagna?   2. Ha mangiato in casa o fuori? 3. Prenderanno l'aereo o il treno?   4. Aveva bisogno di carne o di pesce? 5. Vuole una Coca-Cola o un'aranciata?   6. Glielo diranno oggi o domani?

c. *Expand each sentence by using an affirmative or negative construction. Follow the example.*

Esempio: Michele odia lavorare. → Non lavora mai.
           Michele ama giocare a carte. → Gioca sempre a carte.

1. Noi odiamo correre.   2. Io odio scrivere.   3. Amano guardare la televisione.   4. Odiavate fare la spesa.   5. Amava mangiare in trattoria. 6. È vero che ami scommettere?

*d. Answer each question in the negative using **non** plus another negative word.*

1. Conosci qualcuno a Milano?   2. Hai qualcosa da dire?   3. Hai sempre fame?   4. Lo ami ancora?   5. Vivi in una casa o in un appartamento? 6. È vero che non l'hai guardata?

—La bistecca la voglio nè spessa nè sottile, nè grande nè piccola, nè troppo cotta nè troppo cruda . . . capito?

D.   Numbers above 50

PIETRO: Quanto costa un francobollo per gli Stati Uniti?
MARCELLA: Lettera o cartolina?
PIETRO: Lettera.
MARCELLA: Un mese fa costava duecentosettanta lire, ma ora ne costa trecentoventi e l'anno prossimo chissà.
PIETRO: Cosa vuoi, c'è l'inflazione!

1. *Cosa vuole sapere Pietro?*
2. *Che cosa risponde Marcella?*
3. *Lei sa quanti cent costa un francobollo per l'Italia?*

1.   The numbers above 50 are:

50	cinquanta	70	settanta	90	novanta
60	sessanta	80	ottanta	100	cento

PIETRO: How much is a stamp for the United States?   MARCELLA: For a letter or a postcard?   PIETRO: A letter.   MARCELLA: One month ago it cost two hundred and seventy lira, but now it costs three hundred and twenty, and next year who knows.   PIETRO: What do you expect, with inflation!

200	duecento	500	cinquecento	800	ottocento
300	trecento	600	seicento	900	novecento
400	quattrocento	700	settecento	1.000	mille

1.100	mille cento
1.200	mille duecento
2.000	duemila
1.000.000	un milione
1.000.000.000	un miliardo

2. The indefinite article is not used with **cento** *(hundred)* and **mille** *thousand).*

   cento favole   *a hundred* fables
   mille notti   *a thousand* nights

3. The plural of **mille** is **mila.**

   mille lire   duemila lire   cinquantamila lire

4. **Milione** (plural **milioni**) and **miliardo** (plural **miliardi**) take **di** before a noun.

In Italia ci sono cinquantasette milioni di italiani.	In Italy there are 57,000,000 Italians.
Il governo ha speso molti miliardi di dollari.	The government has spent many billions of dollars.
but:	
tre milioni cinquecentomila lire	3,500,000 lire

5. In Italian a comma, not a decimal point, separates numbers from decimals.

   17,95 = 17.95

6. A period, not a comma, separates the thousands from the hundreds, or the millions from the thousands.

   20.000 = 20,000
   4.000.000 = 4,000,000

Esercizi

a. Read aloud and write out each number in words.

156	468
1.772	2.182
	3.980

b. Write out each number and then double it.

1. 125   2. 200   3. 1.000   4. 450   5. 2.300   6. 18.770
7. 150.000   8. 1.500.000   9. 40.000.000   10. 1.980

c. Imagine you are shopping in Italy and are offered a 10 percent discount for paying with travelers' checks. Give the original price and the reduced price for each item. Note that the abbreviation for **lira** *is either* **L.** *or* **Lit.** *(lira italiana).*

1. scarpe L. 38.000   2. camicetta L. 15.000   3. jeans L. 20.000   4. borsa L. 45.000   5. statuetta L. 83.000

d. Conversazione.

1. Quanti studenti ci sono alla Sua università?   2. Quanti abitanti ci sono nella nostra città?   3. Quanti milioni di abitanti ci sono negli Stati Uniti? in Italia? nel Canadà?   4. Quanto costa la benzina *(gas)* al gallone? Quanto costava cinque anni fa? Quanto costerà fra due anni?

— Mio padre ogni settimana mi dà duecento milioni di mancia, e tuo padre?

E.   Days of the week

> LAURA: Allora, Cristina, quand'è che parti per Bologna? Venerdì?
> CRISTINA: No, di certo! Io non viaggio mai il venerdì. Lo sai cosa dice il proverbio: "Nè di venere nè di marte, non si sposa nè si parte." Parto giovedì!
> LAURA: Cristina! Come puoi essere così superstiziosa?
>
> 1. *Quando parte per Bologna Cristina?*
> 2. *Perchè Cristina non viaggia mai il venerdì?*
> 3. *Qual è il commento di Laura?*

LAURA: Well, Cristina, when are you leaving for Bologna? Friday?   CRISTINA: Of course not! I never travel on Fridays. You know what the proverb says. "Neither on Fridays nor Tuesdays should one marry or travel." I'm leaving Thursday!   LAURA: Cristina! How can you be so superstitious?

I giorni della settimana sono:

lunedì *	Monday
martedì	Tuesday
mercoledì	Wednesday
giovedì	Thursday
venerdì	Friday
sabato	Saturday
domenica	Sunday

1. Days of the week are not capitalized in Italian. They are all masculine except for **domenica**.

2. The English preposition *on*, frequently used before the names of days, has no equivalent in Italian.

   In quale giorno arriveranno?   (On) which day will they arrive?
   Arriveranno martedì.   They'll arrive (on) Tuesday.

3. The *definite article* is used before the day of the week in the singular to express regular events. Compare:

   La domenica vado al cinema.   On Sundays ⎫ I go to the movies.
     (habitual action)   (Every Sunday) ⎭

   but:

   Domenica esco con Alberto.   (Next) Sunday ⎫ I'm going out with
     (isolated occurrence)   (On) Sunday ⎭   Alberto.

Esercizi

a. Conversazione.

1. In quali giorni della settimana ha lezione d'italiano?   2. Che cosa Le piace fare il venerdì sera?   3. Che cosa non Le piace fare la domenica?
4. In quale giorno della settimana è Thanksgiving (la Festa del Ringraziamento)?
5. In quale giorno della settimana è la Festa del Lavoro in America?   6. In quale giorno della settimana ci sono le elezioni negli Stati Uniti?   7. Che giorno sarà domani?

b. List four activities you do every Sunday.

Esempio: La domenica vado al cinema.

*Monday is the first day of the week in Italy.

c. Complete the following sentences.

1. Il mio giorno preferito è _____ perchè . . .   2. Molte persone preferiscono non _____ il venerdì.   3. I bambini americani non vanno a scuola il _____.

III.
ESERCIZI DI PRONUNCIA: THE SOUND CLUSTERS /k^w/ AND /g^w/

---

1. /k^w/ is similar to *qu* in the English word *quick*. In Italian, it is usually spelled **qu** and, less frequently, **cu.**

    a.   Initial position

        quasi, **que**sto, **qui**nto, **cuo**co, **quo**ta

    b.   Medial position (single and double)

Pas**qua**	ac**qua**
qualun**que**	nac**que**
in**qui**nato	ac**qui**sto
s**cuo**la	ac**quo**so

        Note the difference between **cui** /kùi/ and **qui** /k^{w}ì/.

2. /g^w/ is similar to *gw* in the English word *Gwen.* In Italian it is spelled **gu.**

    a.   Initial position

        guastare, **gue**rra, **gui**da

    b.   Medial position (single and double)

lin**gua**	ag**gua**to
lin**gui**stica	ag**gue**rrito

Practice the sounds /k^w/ and /g^w/ in the following sentences.

1. Quando incominciano i corsi quest'anno?   2. Sono quasi le quindici e un quarto.   3. I cinesi non cuociono mai il riso nell'acqua.   4. In questa zona ogni lago è inquinato.   5. La guida turistica con cui abbiamo viaggiato non è qui.   6. Gwen fa un martini squisito con un quinto di vermouth e quattro quinti di gin.

Un proverbio italiano:

"Troppi cuochi guastano la cucina." *Too many cooks spoil the broth.*

IV.
DIALOGO

Pietro cerca da tempo un appartamentino o almeno una stanza con uso di cucina. Gli appartamenti a Firenze sono scarsi e costano molto, ma alcuni amici americani partono per Parigi e sono disposti a lasciare il loro appartamento a Pietro per qualche mese. Pietro vuole convincere Beppino a dividere con lui l'appartamento e la spesa.

BEPPINO: Prima di tutto, quanto costa quest'appartamento?

PIETRO: Centottantamila lire al mese.

BEPPINO: Sei matto? È troppo caro! E quante stanze ha?

PIETRO: Due camere, più bagno e cucina.

BEPPINO: Soltanto? E in quale zona è?

PIETRO: In centro; all'ultimo piano di una vecchia casa in Via del Corso.

BEPPINO: All'ultimo piano? E quanti scalini ci sono?

PIETRO: Be', ce ne sono centottanta.

BEPPINO: Benone! Mille lire a scalino. Ci sarà almeno l'ascensore?

PIETRO: Veramente l'ascensore non c'è. Ma cosa importa? Sarà un ottimo esercizio. Tu non cammini mai, non sali mai scale, non fai mai esercizio. Se continui così, morirai *d'infarto* a cinquant'anni.

of a heart attack

BEPPINO: Ma che dici? A Firenze non ho nemmeno la macchina: vado sempre a piedi. Non prendo neanche l'autobus. E a casa faccio molto sport: jogging, tennis, nuoto.

PIETRO: Insomma, t'interessa o no questo appartamento? Se non t'interessa, troverò qualcun altro.

BEPPINO: Mi puoi dare qualche altra informazione? C'è almeno il frigorifero, il riscaldamento centrale?

PIETRO: No, non c'è nè frigorifero nè riscaldamento centrale.

BEPPINO: Ma non c'è nulla in questo appartamento! Centottantamila lire per nulla!

PIETRO: E invece c'è qualcosa di meraviglioso: c'è una vista unica. La cupola del Duomo e il Campanile di Giotto quasi a portata di mano, e tetti e terrazzini. Vedrai che belle foto potrai fare!

BEPPINO: E va bene, andiamo a vedere questo famoso appartamento.

Dialog comprehension check

Rispondere alle seguenti domande:

1. Che cosa cerca Pietro da tempo?   2. È facile trovare un appartamento a Firenze?   3. Ha finalmente trovato un appartamento Pietro? Come?   4. Con chi vuole dividere l'appartamento Pietro?   5. Quanto costa l'appartamento al mese?   6. C'è l'ascensore? il frigorifero? il riscaldamento centrale?   7. Cosa c'è di bello nell'appartamento?   8. Che cosa potrà fare Beppino se prende l'appartamento?

V.
ESERCIZI DI RICAPITOLAZIONE

---

a. Give the opposite of each sentence, using a negative construction.

Esempio: È uno che ha paura di tutto.
         È uno che non ha paura di niente.

1. Prendono ancora lezioni di piano.   2. Qualcuno ha capito.   3. Andavamo sempre a piedi.   4. Ho qualcosa di buono da offrirti.   5. Avete invitato tutti?   6. Bevono tè e caffè.   7. I miei cugini si lamentano di tutto.   8. Faccio sempre la spesa il sabato.

b. Express in Italian.

1. My father will return in a few days.   2. I didn't speak to you because I had nothing to tell you.   3. Someone will have to explain to me why we are here.   4. We have eaten enough. We don't want anything else.   5. Is it true that nobody likes to leave on Fridays?   6. You paid fifty thousand lira? You paid too much!   7. They want to buy my house at any price. 8. Nobody will have the courage to answer.   9. Several people hadn't arrived yet.   10. Wasn't it hot in the movie theater?

c. Answer each question in the negative, as in the example.

Esempio: Hai visto qualcosa di strano?
         No, non ho visto niente di strano.

1. Hai mangiato qualcosa di buono?   2. Avete letto qualcosa di interessante?   3. Avete imparato qualcosa di nuovo?   4. Hai sentito qualcosa di importante?   5. Hai scritto qualcosa di originale?

d. Conversazione.

1. Lei risponde al telefono ogni volta che suona?   2. In un palazzo dove c'è l'ascensore, Lei sale mai le scale a piedi?   3. Fa molto sport?   4. Ha qualche consiglio da darmi?   5. Lei si trova bene in qualunque città? 6. Dorme bene in qualunque letto?   7. È vero che non c'è niente di nuovo sotto il sole?

CURIOSITÀ

I GIORNI DELLA SETTIMANA

*Quasi tutti i nomi dei giorni della settimana derivano dal nome di un dio + la parola **dì** (dal latino dies che significa giorno).*
Lunedì è il giorno della Luna.
Martedì è il giorno di Marte (Mars); Marte era il dio della guerra.
Mercoledì è il giorno di Mercurio (Mercury); Mercurio era il dio del commercio.
Giovedì è il giorno di Giove (Jove or Jupiter); Giove era il padre degli dei (gods).
Venerdì è il giorno di Venere (Venus); Venere era la dea (goddess) della bellezza e dell'amore.
Sabato deriva dall'ebraico (Hebrew) shabbath e significa giorno di riposo.
Domenica è il giorno del Signore (dies dominica), il giorno consacrato a Dio.

Proverbi italiani:

"Non c'è sabato senza sole, non c'è donna senza amore."

"Chi ride il venerdì, piange la domenica."   He that laughs on Friday shall weep on Sunday.

VI.
LETTURA CULTURALE: L'ARTE IN ITALIA (III)

Per meglio capire l'unione tra arte e vita in Italia, possiamo risalire ai primi esempi di tale concetto, agli affreschi del grande *pittore* Giotto. È lui che nel 14° secolo inizia a *dipingere* con un realismo ignorato dalla precedente arte bizantina. Lo splendore della pittura *raggiunge* il massimo nel *Rinascimento*; i grandi nomi sono numerosi e, spesso, rappresentano non solo pittori, ma anche scultori, architetti e *scienziati*.

    L'interesse per la vita *terrena* è evidente anche nei *quadri* di Leonardo da Vinci. Il suo primo grande quadro, "L'adorazione dei Magi", rappresenta la famosa scena della *nascita* di Gesù, ma, *in più*, contiene numerose persone, animali, *alberi* e *fiori* che danno al quadro una nuova *impronta* di realismo.

    Il realismo anatomico delle sculture di Michelangelo appare anche nella sua pittura. Nel *gigantesco* affresco della Cappella Sistina è rappresentato ogni drammatico *dettaglio* della storia umana. Dalla "Creazione di Adamo" al *"Giudizio universale"*, Michelangelo ci mostra una grandiosa fusione di ideali religiosi ed umani.

painter
paint
reaches / Renaissance (15th and 16th centuries) / scientists
earthly / paintings

birth / besides
trees / flowers / stamp
giant-like
detail
"Last Judgment"

Reading comprehension check

a. Completare.

    1. Prima di Giotto la pittura era di stile . . .   2. È Giotto che inizia a dipingere . . .   3. Molti pittori del Rinascimento erano anche . . .

4. Anche nei quadri di Leonardo è evidente . . .   5. Nell' "Adorazione dei Magi" ci sono numerose . . .   6. Il realismo anatomico di Michelangelo appare nella sua scultura e . . .   7. L'affresco della Cappella Sistina è una grandiosa fusione di . . .

b. Progetti.

1. Descrivere un affresco di Giotto.   2. Descrivere un quadro di Leonardo.

Il David di Michelangelo (© Fritz Henle/Photo Researchers, Inc.)

Cappella Sistina: Noè e figli (Italian Government Travel Office)

*La Pietà di
Michelangelo
(Keystone Press Photo)*

Giotto: St. Francis (The Granger Collection)

L'Adorazione dei Magi di Leonardo (The Granger Collection)

VII.
PAROLE DA RICORDARE

VERBS
convincere qualcuno a + inf.   to convince someone to do something
dividere   to share, split, divide
fare esercizio   to exercise
importare   to matter, to be important
interessare   to interest
salire   to climb

NOUNS
animale (m)   animal
appartamento   apartment
ascensore (m)   elevator
bagno   bathroom, bath
camera   bedroom
campanile (m)   belltower
cantina   cellar, basement
cucina   kitchen
cupola   dome
duomo   cathedral
facoltà   school (of a university)
informazione (f)   information

luna   moon
maniera   manner
nuoto   swimming
piano   floor
profilo   profile, outline
riscaldamento   heating
risposta   answer
rumore (m)   noise
scala   staircase
scalino   step
spesa   expense
stanza   room
terrazzo   terrace
testa   head
tetto   roof
topo   mouse
vista   view

ADJECTIVES
disposto (a + inf.)   willing (to do something)
femminile   feminine
matto   crazy
meraviglioso   marvelous

obbligatorio   mandatory
ottimo   excellent
qualche   some
qualunque   any, any sort of
scarso   scarce
sicuro   sure
strano   strange
superstizioso   superstitious
ultimo   last
unico   only

OTHERS
almeno   at least
a portata di mano   within reach
con uso di cucina   with kitchen facilities
ciascuno   each one
ebbene   well then
e così via   and so forth
insomma   in short
meno male!   thank God!
qualcuno   someone
quasi   almost

I. QUANTE VOLTE?

How often do you do each of the following? Check each item in the right column, then give a complete sentence, remembering the position of the adverbs.

Esempio: Io non gioco mai a tennis; *or* vado spesso a ballare.

Then ask a friend.

Esempio: Tu sogni spesso?

	sempre	spesso	qualche volta	raramente	mai
giocare a tennis					
andare a ballare					
fare la spesa					
mangiare gelati					
prendere un aperitivo					
bere latte					
comprare cose care					
dormire fino a tardi					
andare al cinema					
guardare la televisione					
sognare					
pulire la casa					
stappare una bottiglia					

II. MAI LA DOMENICA: *(NEVER ON SUNDAY)*

Are there things you never do on a certain day of the week?

Esempio: La domenica non vado mai all'università.

List four things you never do on a certain day of the week.

Now list four things you never used to do on a certain day of the week.

Esempio: La domenica non mi alzavo mai prima di mezzogiorno.

And your friends . . .?

CAPITOLO 13

I.
OBIETTIVI

Culture

In this chapter, the *Cultural Notes* and the **lettura culturale** introduce the achievements of the Italian automobile industry and describe the importance of the car in Italian life.

Grammar

You will learn how to express polite requests, wishes, and preferences by using the present conditional of regular verbs. You will also learn the present conditional of three irregular verbs, **dovere, potere,** and **volere.** This chapter also introduces ordinal numbers *(first, second,* and so on) and dates.

II. GRAMMATICA

A.   The present conditional

GIANCARLO: Io ho sempre una fame da lupi. Mangerei bistecche da mattina a sera.

MARISA: Esagerato! Con il costo della carne al giorno d'oggi, andresti in rovina.

1. *Chi ha sempre una fame da lupi?*
2. *Che cosa mangerebbe volentieri Giancarlo?*
3. *Perchè Marisa dice che Giancarlo andrebbe in rovina?*

1.   In Italian, the present conditional corresponds to the English *would* + a verb (*I would sing*). Like the future, the present conditional is formed by dropping the final **-e** of the infinitive and adding the endings **-ei, -esti, -ebbe, -emmo, -este, -ebbero.** Verbs ending in **-are** also change the **a** of the infinitive ending to **e**.

CANTARE	SCRIVERE	FINIRE
cant**erei** I would sing	scriv**erei** I would write	fin**irei** I would finish
cant**eresti** you would sing	scriv**eresti** you would write	fin**iresti** you would finish
cant**erebbe** he, she, it would sing	scriv**erebbe** he, she, it would write	fin**irebbe** he, she, it would finish

GIANCARLO: I'm always hungry as a wolf. I could eat steak all day long.   MARISA: You're exaggerating! With the cost of meat these days, you'd go bankrupt.

canter**emmo** we would sing	scriver**emmo** we would write	finir**emmo** we would finish
canter**este** you would sing	scriver**este** you would write	finir**este** you would finish
canter**ębbero** they would sing	scriver**ębbero** they would write	finir**ębbero** they would finish

2. The conditional stem is always the same as the future stem. Verbs that are irregular in the future tense are also irregular in the present conditional. (See p. 221 for irregular future stems.)

Non sai cosa **farei** per vederti.   You don't know what *I would do* to see you.

Potreste venire domani?   *Could you* come tomorrow?
Verrebbero nella stessa macchina.   *They would come* in the same car.
Avrebbe paura al mio posto?   *Would you be* afraid if you were in my shoes?

3. Consequently, the same spelling changes that occur in the future for verbs ending in **-care** and **-gare,** and **-ciare, -giare,** and **-sciare** also occur in the conditional.

Io **giocherei** volentieri a tennis.   I *would* be glad to *play* tennis.
Pagheremmo ora, ma non possiamo.   *We would pay* now, but we can't.

Dove **cominceresti?**   Where *would you begin?*
Non **lascerebbero** mai i bambini a casa soli. *They would* never *leave* the kids at home alone.

4. The conditional forms of **essere** are:

sarei   saremmo
saresti   sareste
sarebbe   sarębbero

5. In general, the present conditional in Italian is used as in English to express polite requests, wishes, and preferences. *

Mi **presteresti** la tua macchina?   *Would you lend* me your car?

---

*The conditional is most frequently used with an *if* clause indicating a condition. (If I were a rich man, I *wouldn't* have to work.) This usage will be covered in Chapter 21.

Esercizi

a. Replace the subject with each word or phrase in parentheses and change the verb form accordingly.

1. Dormirei tutto il giorno. (noi, i bambini, voi due, quella ragazza)
2. Avresti il coraggio di farlo? (voi, la mamma, i tuoi amici, Lei)   3. Berrebbero sempre Coca-Cola. (io, noi, anche tu, voi)   4. Farei un giro con lei. (Pietro, loro, noi, tu)

b. Rewrite each sentence in the present conditional to make your wish or request more polite.

Esempio: Mi dai cinque dollari?
   Mi daresti cinque dollari?

1. Me lo spiegate?   2. Ci fa una fotografia?   3. Le compri un gelato?
4. Preferisco aspettare qui.   5. La accompagnate a casa?

— Comprarlo? Sei matto: non uscirei con
un cane così ridicolo per nessuna cosa
al mondo!

c. Write a complete sentence indicating what you would rather do instead of the activities suggested.

Esempio: vivere solo/sola
   Preferirei dividere un appartamento con un amico piuttosto che vivere solo.

1. mangiare gli spinaci   2. giocare a bridge   3. pagare i conti   4. fare un discorso   5. lavare i piatti

d. Conversazione.

1. Dove Le piacerebbe essere in questo momento?   2. Che cosa Le piacerebbe fare?   3. Avrebbe il coraggio di andare in una colonia di nudisti?
4. Avrebbe il coraggio di insultare Mohammed Alì?   5. Sarebbe contento/contenta di nascere un'altra volta?

B. *Dovere, potere,* and *volere* in the conditional

MAURIZIO: Tu che cosa farai quando sarai grande?
CLAUDIO: Vorrei fare il giornalista. Pensa che vita interessante farei! Non dovrei stare sempre nello stesso posto e vedere sempre la stessa gente; potrei viaggiare, divertirmi, conoscere tutte le persone belle e famose . . .
MAURIZIO: Sì, però dimentichi le lunghe ore che dovresti passare alla macchina da scrivere!

1. *Che cosa vuole fare Claudio quando sarà grande?*
2. *Secondo Claudio, è interessante la vita di un giornalista? Perchè?*
3. *Secondo Maurizio, che cosa deve fare un giornalista?*

The present conditional of verbs such as **dovere, potere,** and **volere** is often used instead of the present tense to make them less forceful. The present conditional of **dovere (dovrei)** conveys the idea of *should* or *ought to* as opposed to the present **devo** *(I must, I have to).*

Perchè **dovrei** andare a scuola?	Why *should I* go to school?
Dovremmo seguire il tuo esempio.	*We ought to* follow your example.

The present conditional of **potere (potrei)** is equivalent to the English *could, would be able,* and *would be allowed.*

Potreste darmi una mano?	*Could you* give me a hand?
Potrei farlo, ma non ho tempo.	*I could* do it, but I don't have the time.

The present conditional of **volere (vorrei)** means *I would want* or *I would like,* and is much more polite than the present **voglio.**

Non vogliamo parlare a questi due; **vorremmo** parlare a quei due.	We don't want to talk to these two; *we'd like* to talk to those two.
Vorresti andarci con me?	*Would you like* to go there with me?

MAURIZIO: What will you do when you grow up?   CLAUDIO: I'd like to be a journalist. Just think what an interesting life I would lead! I wouldn't always have to stay in the same place and always see the same people; I could travel, have a good time, meet all the beautiful and famous people . . .   MAURIZIO: Yeah, but you're forgetting the long hours you'd have to spend at the typewriter!

— Secondo la carta dovrebbe essere l'Isola dei pinguini.

Esercizi

*a. Restate each sentence substituting the conditional of **potere** for the expression **essere capace di** (to be capable of).*

Esempio: Saresti capace di imitare la sua pronuncia?
Potresti imitare la sua pronuncia?

1. Non sarei capace di vivere senza di lei.   2. Saremmo capaci di lavorare dodici ore al giorno.   3. Sareste capaci di alzarvi alle quattro domani mattina?   4. Non sarebbe capace di costruire una casa da solo.   5. Sarebbero capaci di ripetere le mie parole?

*b. Restate each of the following sentences, substituting **dovere** for **avere bisogno di**.*

Esempio: Per stare bene avrei bisogno di dormire molto.
Per stare bene dovrei dormire molto.

1. Avremmo bisogno di parlarti.   2. Avrebbe bisogno di dividere l'appartamento con un amico.   3. Avresti bisogno di fare dello sport.
4. Avreste bisogno di comprare un frigo.   5. Tutti avrebbero bisogno di camminare un po' ogni giorno.

c. Write five sentences listing five things that you ought to do but don't.

*d. Restate each of the following sentences, substituting **volere** for **piacere**.*

Esempio: Ci piacerebbe fare quattro chiacchiere con te.
Vorremmo fare quattro chiacchiere con te.

1. Mi piacerebbe passare le vacanze in Tunisia.   2. È vero che Le piacerebbe studiare un'altra lingua?   3. Non ti piacerebbe uscire con lei?   4. Ci piacerebbe affittare una casa con giardino.   5. Vi piacerebbe mangiare al ristorante stasera?

— Il pieno... ma vorrei prima un preventivo!

il pieno: fill her up
preventivo: estimate

C. Ordinal numbers

SIGNORA: Scusi, dove abita il signor Rossi? Al settimo o all'ottavo piano?
PORTIERE: No, signora, abita al decimo; ma L'avverto, oggi l'ascensore è guasto e dovrà salire centocinquanta scalini.

1. *A che piano abita il signor Rossi?*
2. *Chi dà l'informazione alla signora?*
3. *Perchè la signora dovrà salire centocinquanta scalini?*

The Italian ordinal numbers correspond to the English *first, second, third, fourth,* etc.

CARDINAL NUMBERS	ORDINAL NUMBERS
1 uno	1° primo
2 due	2° secondo
3 tre	3° terzo
4 quattro	4° quarto
5 cinque	5° quinto
6 sei	6° sesto

WOMAN: Excuse me, where does Mr. Rossi live? On the seventh or eighth floor? SUPERINTENDENT: No Ma'am, he lives on the tenth; but I'm warning you, the elevator is out of order today, and you'll have to climb a hundred and fifty steps.

7	sette	7°	settimo
8	otto	8°	ottavo
9	nove	9°	nono
10	dieci	10°	decimo
11	undici	11°	undicesimo
12	dodici	12°	dodicesimo
50	cinquanta	50°	cinquantesimo
100	cento	100°	centesimo
500	cinquecento	500°	cinquecentesimo
1000	mille	1000°	millesimo

1. Each of the first ten ordinal numbers has a distinct form. After **decimo,** they are formed by dropping the final vowel of the cardinal number and adding **-esimo.** Numbers ending in **-trè** and **-sei** retain the final vowel.

   undici   undic**esimo**
   ventitrè   ventitre**esimo**
   trentasei   trentasei**esimo**

2. Unlike cardinal numbers, ordinal numbers are adjectives and must agree in gender and number with the nouns they modify.

   la prima volta   the first time
   il centesimo anno   the hundredth year

3. In Italian, ordinal numbers normally precede the nouns they modify and are written with a small ° (masculine) or ª (feminine) next to the number.

   il **5°** piano   the *fifth* floor
   la **3ª** pagina   the *third* page

4. Roman numerals are frequently used, especially when referring to royalty, popes, and centuries. In such cases, they usually follow the noun.

   Luigi XV (Quindicesimo)   Louis XV
   Papa Giovanni Paolo II (Secondo)   Pope John Paul II
   il secolo XIX (diciannovesimo)   the nineteenth century

Esercizi

a. Answer each question in the affirmative, using an ordinal number.

Esempio: Scusi, è la lezione numero otto?
          Sì, è l'ottava lezione.

1. Scusi, è il capitolo numero tredici?   2. Scusi, è la sinfonia numero nove?
3. Scusi, è il piano numero quattro?   4. Scusi, è la lettura numero tre?
5. Scusi, è la fila numero sette?   6. Scusi, è la pagina (*page*) numero ventisette?

b. Give the ordinal number that corresponds to each cardinal number.

1. cinque   2. nove   3. settantotto   4. uno   5. undici   6. trentatrè   7. ventisei   8. mille   9. quaranta

c. Write out the word for each ordinal number.

1. Paolo VI   2. Carlo V   3. Elisabetta II   4. Giovanni Paolo II   5. Giovanni XXIII   6. Enrico IV   7. Enrico VIII   8. Luigi XIV

d. Conversazione.

1. A una festa, arriva sempre primo/prima?   2. In quale città è la famosa Quinta Strada? L'ha mai vista?   3. Nella Sua città, le vie hanno un numero o un nome?   4. Ricorda quanti anni aveva quando è andato/andata al cinema per la prima volta?

— L'ufficio reclami è al diciottesimo piano...

reclami:
complaints

D. Dates

GERALDINE: Come mai oggi i negozi sono tutti chiusi? Non fanno servizio nemmeno gli autobus! Ci sarà un altro sciopero o sarà giorno di festa. Ora lo domando a quel signore . . . Scusi, che giorno è oggi?

SIGNORE: È martedì.

GERALDINE: No, voglio dire, è un giorno speciale? Come mai è tutto chiuso?

SIGNORE: Oggi è il primo maggio, cara signorina, la festa dei lavoratori. E nessuno lavora in questo giorno.

1. *Che cosa non capisce Geraldine?*
2. *Che cosa pensa Geraldine?*
3. *Che cosa non sa Geraldine?*

GERALDINE: How come all the stores are closed today? The buses aren't even running! There must be another strike, or maybe it's a holiday. Now I'll ask that man . . . Excuse me, what day is it today?   GENTLEMAN: It's Tuesday.   GERALDINE: No, I mean, is it a special day? How come everything is closed?   GENTLEMAN: Today is May first, young lady, Labor Day. And nobody works today.

1. Seasons and months of the year are not capitalized in Italian. I mesi dell'anno sono:

gennaio	January	**luglio**	July
febbraio	February	**agosto**	August
marzo	March	**settembre**	September
aprile	April	**ottobre**	October
maggio	May	**novembre**	November
giugno	June	**dicembre**	December

Le stagioni dell'anno sono:

la primavera	spring	**l'estate** (f)	summer
l'autunno	fall	**l'inverno**	winter

In or **di** is used to express *in* with seasons; **in** or **a** is used to express *in* with months.

Dove vanno i turisti **d'**inverno (**in** inverno)?	Where do tourists go *in* the winter?
Ci sposeremo **a** maggio.	We'll get married *in* May
Piove molto **in** marzo?	Does it rain a lot *in* March?

2. In English, days of the month are expressed by ordinal numbers (November first, November second, and so on). In Italian, only the first day of the month (which is always **il primo**) is indicated by the ordinal number preceded by the definite article. All other dates are expressed by cardinal numbers preceded by the definite article.

Oggi è **il primo novembre.**	Today is *November first.*
Domani sarà **il due novembre.**	Tomorrow will be *November second.*

Notice that the word order used to express the date is different from that used in English. In Italian, the day of the month is given before the name of the month.

3. Abbreviations of dates also follow a different word order.

Italian: 22/11/80 = il ventidue novembre 1980   English: 11/22/80 = November 22, 1980

4. To ask today's date use the questions **Che giorno è oggi?** or **Quanti ne abbiamo oggi?** The answer is

   Oggi è + date: **Oggi è il ventidue novembre.**
   or
   Ne abbiamo + number: **Ne abbiamo ventidue.**

5. The masculine singular definite article is used with years.

Sono nato **nel** 1961.

Sono stato in Italia **dal** 1970 **al** 1973.

Il 1929 è l'anno della crisi economica (Depressione).

I was born *in* 1961.

I was in Italy *from* 1970 *to* 1973.

1929 is the year of the economic crisis (Depression).

MAGGIO

LUNEDI	MARTEDI	MERCOLEDI	GIOVEDI	VENERDI	SABATO	DOMENICA
	1 s. Gius. - F. Lav.	**2** b. Mafalda	**3** ss. Filippo e G.	**4** s. Silvano v. m.	**5** s. Gottardo v.	**6** s. Domenico S.
7 s. Domiziano v.	**8** s. Vittore m.	**9** s. Geronzio v.	**10** s. Alfio m.	**11** s. Susanna m.	**12** s. Pancrazio m.	**13** s. Maria Mazz.
14 s. Mattia ap.	**15** s. Torquato v.	**16** s. Ubaldo v.	**17** s. Pasquale	**18** s. Alessandra m.	**19** s. Teofilo	**20** s. Bernardino
21 s. Teobaldo v.	**22** s. Giulia m.	**23** s. Desiderio v.	**24** Maria Ausil.	**25** s. Sofia	**26** s. Filippo Neri	**27** Ascensione
28 s. Germano v.	**29** s. Massimino v.	**30** s. Ferdinando	**31** Visita di Maria			

Esercizi

a. Give the date of each event, using a complete sentence.

Esempio: Il compleanno di Lincoln (12/2)
Il compleanno di Lincoln è il dodici febbraio.

1. il giorno di San Valentino (14/2)   2. il compleanno di Giorgio Washington (22/2)   3. il giorno di San Patrizio (17/3)   4. la giornata della donna (8/3)
5. la festa nazionale americana (4/7)   6. la festa nazionale francese (14/7)
7. Halloween (31/10)   8. Natale (25/12)

b. Indicate the day and month of each event that is celebrated in the United States.

Esempio: la Festa del Lavoro *(Labor Day)*
La Festa del Lavoro è il primo lunedì di settembre.

1. la Festa del Ringraziamento *(Thanksgiving)*   2. la Festa della Mamma
3. la Festa del Papà   4. il giorno delle elezioni

c. Conversazione.

1. Quand'è il Suo compleanno?   2. Come lo festeggia?   3. Lei ricorda i compleanni dei Suoi amici? Come? Fa un regalo, scrive o telefona?   4. Quale giorno dell'anno considera molto importante dopo il Suo compleanno? Perchè?
5. Quale stagione preferisce e perchè?

d. Express in Italian.

1. March used to be the first month of the year; now it's the third.   2. Do you know the names of the three great writers *(writer:* **scrittore***)* of the fourteenth century?   3. Have you received my letter of October second? 4. The twentieth century is our century.   5. What happened on September 20, 1870?

III.
ESERCIZI DI PRONUNCIA: THE SOUND /d/

1. The Italian /d/ is similar to the /d/ in the English word *tide.* It is formed like the /t/ (see Capitolo 5), regardless of position. Contrast the Italian and the English /d/ in the following words:

dito	*ditto*
dei	*day*
dadi	*daddy*
vedi	*wedding*

    a.   Initial position

    data, **d**ente, **d**isco, **d**ollaro, **d**ue

    b.   Medial position (single and double)

a**d**agio	A**dd**a
ca**d**e	ca**dd**e
ca**d**i	ca**dd**i

    Practice the sound /d/ in the following sentences.

    1. Avete deciso dove andare questo week-end?   2. Fa freddo in dicembre? 3. Cos'hai fatto dei soldi che ti ho dato?   4. Non devi dare del tu a tutti. 5. Dieci più dodici fa ventidue.   6. Non so cosa devo dire al dottore.

IV.
DIALOGO

Quattro chiacchiere sulle vacanze tra Marcella e Vittoria

MARCELLA: Dovrei studiare, ma non ne ho voglia.
VITTORIA: Neanch'io! Ora preparo un caffè e chiacchieriamo un po'; studieremo più tardi.
MARCELLA: Buona idea, ma invece del caffè, preferirei qualcosa di fresco da bere: ho una gran sete.

VITTORIA: Mi dispiace, ma non ho nè aranciata nè Coca-Cola in frigo; potrei preparare del tè freddo. Ti va?

MARCELLA: Per me va benissimo. Senti, Vittoria, hai deciso cosa fare durante le vacanze?

VITTORIA: Ancora no; i miei genitori vorrebbero andare in montagna, ma io ne ho poca voglia. Tu hai qualche idea?

MARCELLA: Io vorrei fare un campeggio con gli amici; ti piacerebbe?

VITTORIA: Splendida idea! Mi piacerebbe molto. Potremmo andare in Puglia o in Calabria. Non ci sono mai stata, e tu?

MARCELLA: Nemmeno io! Ma come ci andiamo? La mia Mini è troppo piccola.

VITTORIA: Tuo padre ha il pulmino VW. Non ce lo potrebbe prestare?

MARCELLA: Per carità! Andrebbe in bestia . . . A meno che . . .

VITTORIA: A meno che?

MARCELLA: A meno che non invitiamo anche lui: sarebbe tutto contento!

VITTORIA: Mah! Io ci penserei due volte: il tuo babbo è simpatico, ma i genitori è sempre meglio lasciarli a casa.

Dialog comprehension check

Rispondere alle seguenti domande.

1. Che cosa non hanno voglia di fare Marcella e Vittoria? 2. Che cosa vorrebbe bere Marcella? Perchè? 3. Che cosa le offre Vittoria? 4. Dove vorrebbero andare i genitori di Vittoria durante le vacanze? 5. Che cosa vorrebbe fare Marcella? 6. Dove potrebbero andare le due ragazze? 7. Di che cosa avrebbero bisogno? 8. Secondo Vittoria, è una buona idea passare le vacanze con i genitori?

CULTURAL NOTES

One of Italy's most impressive postwar developments has been the growth of a highway network, which is surpassed in Europe only by Germany. Italians are especially proud of the **Autostrada del Sole,** a superhighway which runs the entire length of the Italian peninsula.

Highway construction helped to develop the automobile industry, which is now one of the strongholds of the Italian economy. The ever increasing number of cars has created serious problems of congested traffic, noise, and pollution for cities built long before the invention of the automobile. The most popular cars, ranging from modest to luxury vehicles, are produced by FIAT. Other famous Italian cars are Ferraris, Maseratis, and Lamborghinis.

CURIOSITÀ

TOPOLINO

*Il diminutivo di **topo** è **topolino** (piccolo topo), e Topolino è il nome italiano dato a un celebre personaggio dei cartoni animati di Walt Disney: Mickey Mouse.*

Fino dal suo arrivo in Italia nel 1932 il personaggio di Topolino ha avuto una grande popolarità: al cinema, nei fumetti, nella pubblicità.

Quando nel 1936 la FIAT ha cominciato a costruire in grande serie la più piccola automobile del mondo, la Fiat 500, il pubblico l'ha paragonata subito al simpatico personaggio disneyano e le ha attribuito il nome di Topolino. Con l'uso, il nome ha perso la sua qualità di nome proprio (Topolino) ed è diventato un nome comune (una topolino).

La produzione della topolino è cessata, ma l'interesse degli appassionati per la vecchia 500 è più vivo che mai. In Italia esiste un "Club Amici della topolino" a carattere nazionale, e club simili operano in Svizzera, Inghilterra, Australia ed in molti altri paesi.

V.
ESERCIZI DI RICAPITOLAZIONE

*a. Restate each command by using a question starting with the conditional of **potere**.*

Esempio: Prestami l'automobile!
Potresti prestarmi l'automobile?

1. Dimmi dove sono i soldi!   2. Fammi una fotografia!   3. Dammi qualcosa da bere!   4. Accompagnatemi a casa!   5. Compratemi una bicicletta!   6. Scrivimi una lettera!

*b. Answer each question by stating that you'd be glad to do what you are asked to do. Whenever possible, use an object pronoun (or **ne** or **ci**) in your answers.*

Esempio: Parleresti all'avvocato?
Sarei contento/contenta di parlargli.

1. Andresti in Giappone? 2. Prendereste quell'appartamento? 3. Mangeresti questa carne? 4. Lavorereste per i signori Verdi? 5. Parlerebbe delle feste italiane? 6. Telefoneresti alla nonna?

c. *Express in Italian.*

1. X: How many floors are there?
   Y: Eleven.
   X: I'd like to live on the eleventh floor. I don't want to have anyone above me, and I want to have a nice view of the city.

2. X: Good afternoon, I'd like to speak to the lawyer.
   Y: I'm sorry, but the lawyer isn't in **(non c'è).** He's in a conference **(in conferenza).** Can you wait, or would you prefer to return later?
   X: I'd rather (I would prefer to) wait. I need to talk to him.
   Y: Okay, but he might not return here. He might go home to eat.

d. *Conversazione.*

1. Lei sa già cosa fare durante le vacanze? 2. Le piacerebbe fare un campeggio? Dove andrebbe? Con chi andrebbe? 3. Ha voglia di bere qualcosa in questo momento? Che cosa?

VI.
LETTURA CULTURALE: L'AUTOMOBILE IN ITALIA

Il *Novecento* è certamente il secolo dell'automobile e tutti sanno che i pionieri di quest'industria sono gli Stati Uniti e Detroit. In Italia l'automobile è arrivata alla fine del XIX secolo: nel 1899, a Torino, nasce la Fiat, la prima *fabbrica* italiana.

    La Fiat non ha l'esclusiva *in fatto di* macchine; ci sono altre fabbriche che producono macchine *di lusso* e *da corsa,* come le Alfa Romeo, le Ferrari e le Maserati. Però sono Fiat quasi tutte quelle che vediamo correre per le città, i paesi e le *autostrade.*

    La passione degli italiani per le macchine è particolarmente evidente durante le *ore di punta:* motori e *claxon risuonano* allegramente, mentre i *guidatori* fanno intricate manovre per *evitare* di *scontrarsi.*

    Dovrebbero, *effettivamente,* esserci molti *scontri,* ma i riflessi dei guidatori, generalmente, sono *ottimi* e le piccole macchine facilmente manovrabili.

    Il sistema di autostrade è efficiente, specialmente dopo il completamento dell'Autostrada del Sole che attraversa la penisola da nord a sud. È stato necessario costruire molte *gallerie* attraverso gli Appennini per completare quest'autostrada che è molto usata d'estate da gente che va al mare o in montagna.

twentieth century

factory

in regard to
luxury / racing

highways

rush hours / horns / reverberate / drivers avoid / colliding
in effect / collisions
excellent

tunnels

Reading comprehension check

a. Domande.

1. Dov'è nata la Fiat?   2. Quando è arrivata l'automobile in Italia?
3. Come possono evitare molti scontri gli italiani?   4. In quali ore c'è molto traffico nelle città?   5. Dove comincia e dove finisce l'Autostrada del Sole?

b. Completare.

1. Le macchine italiane sono più piccole e . . .   2. Oltre alla Fiat ci sono macchine meno comuni quali . . .   3. In generale gli italiani hanno riflessi . . .   4. Le macchine piccole sono facilmente . . .   5. È stato necessario costruire gallerie per . . .

*(photos by
Leonard Speier)*

VII.
PAROLE DA RICORDARE

VERBS

andare in bestia to get mad
andare in rovina to go bankrupt
avere voglia di + noun or inf. to feel like
chiacchierare to chat
decidere (p.p. **deciso**) to decide
fare + def. article + noun to be a . . . (profession)
passare to spend (time)
prestare to lend
volere dire to mean

NOUNS

ascensore (m) elevator
campeggio camping
   fare un campeggio to go camping
chiacchiera chat
costo cost, price
giornalista (m. or f.) journalist
lavoratore (m) worker
macchina da scrivere typewriter
pulmino van
sciopero strike
secolo century
tè (m) tea

ADJECTIVES

chiuso closed
esagerato exaggerated
guasto out of order
speciale special
splendido splendid

OTHERS

al giorno d'oggi nowadays
a meno che non unless
benissimo very well
durante during
più tardi later
Ti va? Is that okay? Does that suit you?

I. STORIELLE UMORISTICHE

Describe what happened in the comic strip. You may want to use some of the following words and expressions.

portare il cane dal veterinario   avere bisogno di una vacanza
guardare le orecchie   andare al mare
guardare la gola   la sedia a sdraio
visitare bene   sembrare contento
fare la diagnosi

II. LA CITTÀ IDEALE

In quale di queste grandi città vorrebbe o non vorrebbe abitare e perchè?
Roma, Londra, Parigi, Miami, Toronto, San Francisco, New York, Milano

Ecco alcune parole ed espressioni utili:

la vita intellettuale   il freddo
la vita artistica   il caldo
i monumenti   il mare
i musei   il traffico
i teatri   la gente simpatica
i turisti   molte persone d'origine italiana
lo smog   possibilità di lavoro
la nebbia   ospedali moderni

CAPITOLO 14

I. OBIETTIVI

Culture

The **lettura culturale** of this chapter discusses an area in which Italy has contributed a great deal: the world of music.

Grammar

You will learn the conditional perfect, a compound conditional formed with the auxiliary verbs **avere** or **essere.** You will also learn demonstrative adjectives and pronouns, such as *this, that, these,* and *those,* and relative pronouns.

II.
GRAMMATICA

A. The conditional perfect

GIANCARLO: Ciao, Paolo, speravo di vederti a Spoleto: come mai non sei venuto?
PAOLO: Sarei venuto molto volentieri, ma purtroppo non ho trovato posto all'albergo.
GIANCARLO: Peccato! Avresti dovuto prenotare la camera un anno fa, come ho fatto io.

1. *Giancarlo e Paolo si sono visti a Spoleto?*
2. *Come mai non è andato a Spoleto Paolo?*
3. *Che cosa avrebbe dovuto fare?*

1. The conditional perfect (*I would have sung, they would have left*) is formed with the conditional of **avere** or **essere** + past participle.

CONDITIONAL PERFECT WITH AVERE		CONDITIONAL PERFECT WITH ESSERE	
avrei		sarei	
avresti		saresti	partito(a)
avrebbe	cantato	sarebbe	
avremmo		saremmo	
avreste		sareste	partiti(e)
avrẹbbero		sarẹbbero	

2. The Italian conditional perfect corresponds to the English *would have* + verb.

Voi **avreste mangiato** una pizza?   *Would you have eaten* a pizza?
Saremmo venuti prima, ma non abbiamo potuto.   *We would have come* earlier, but we couldn't.

GIANCARLO: Hi, Paolo, I was hoping to see you in Spoleto. How come you didn't show up?   PAOLO: I would have been happy to come, but unfortunately I didn't find room at the hotel.   GIANCARLO: Too bad! You should have reserved a room a year ago as I did.

3. The conditional perfect of **dovere** + infinitive is equivalent to *should have* or *ought to have* + past participle.

Avreste dovuto invitarlo.	*You ought to have* invited him.
Non **sarei dovuto** arrivare in ritardo.	*I shouldn't have* arrived late.

4. The conditional perfect of **potere** + infinitive is equivalent to *could (might) have* + past participle.

Avrei potuto ballare tutta la notte.	*I could have* danced all night.
Non **sarebbero potuti** partire prima?	*Couldn't they have* left earlier?

5. In Italian, the conditional perfect is used in indirect discourse to express a future action seen from a point in the past, instead of the present conditional as in English.

Ho detto che **avrei pagato.**	*I said I would pay.*
Hanno scritto che **sarebbero venuti.**	*They wrote that they would come.*
Ha telefonato che **sarebbe arrivato** a mezzogiorno.	*He phoned to say he would arrive at noon.*

—*La mia maestra me lo diceva che la pittura mi avrebbe portato in alto.*

Esercizi

a. Replace the subject with each word or phrase in parentheses, and change the verb form accordingly.

1. Paolo mi avrebbe prestato la macchina. (loro, tu, voi, la signora)   2. Io ci sarei andato volentieri. (noi due, i bambini, il dottore, voi)   3. Avremmo dovuto comprare una casa. (i miei amici, tuo zio, tu, anch'io)

b. Complete each sentence by indicating what you would have done but couldn't because of the given circumstances.

Esempio: Sarei andato al cinema ma ho dovuto studiare.

1. . . . ma era troppo tardi.   2. . . . ma non ricordavo il suo numero.
3. . . . ma non avevo fame.   4. . . . ma sono arrivato(a) in ritardo.
5. . . . ma non ho avuto tempo.

c. *Le ultime parole famose. Form a new sentence starting with* **Ha detto che. . .,** *according to the example.*

Esempio: Finirò presto.
        Ha detto che avrebbe finito presto.

1. Scriverò una volta alla settimana.   2. Ritornerò a casa prima di mezzanotte.   3. Berrò solo acqua minerale.   4. Non mangerò più gelati.
5. Mi alzerò presto ogni giorno.   6. Non mi arrabbierò.   7. Mi farò la
barba.   8. Andrò sempre a piedi.

d. *Lei fa sempre le cose che dice che farà? In particolare, Lei ha fatto tutte le cose che, il primo giorno dell'anno, ha detto che avrebbe fatto? Può dare qualche esempio?*

e. *List four things you could have done yesterday. Then list four things you should have done yesterday.*

B.   Demonstrative adjectives and pronouns

ANTONIO: Chi è quel signore col cappello a larghe falde?
CONCETTA: Quello con la ragazza vestita da zingara?
ANTONIO: Sì, proprio quello!
CONCETTA: Ma come, non lo riconosci? È Federico Fellini.

1. *Com'è il cappello del signore?*
2. *Com'è vestita la ragazza?*
3. *Chi è il signore?*

A demonstrative word indicates particular persons, places, or things: *These* cookies are too sweet; Who is *that* man?

1.   You have already learned the demonstrative adjectives **questo** (*this, these*) and **quello** (*that, those*). **Questo,** like all adjectives ending in **-o,** has four

ANTONIO: Who is that man with the wide-brimmed hat?   CONCETTA: The one with the girl dressed as a gypsy?   ANTONIO: Right, that one!   CONCETTA: What, don't you recognize him? It's Federico Fellini.

endings. Also, it may be shortened to **quest'** in front of singular nouns, masculine or feminine, that begin with a vowel.

Questo ristorante è troppo caro.   *This* restaurant is too expensive.
Quest'estate sto a casa.   *This* summer I'm staying home.

Quello has several forms that follow the same pattern as the definite article combined with **di** (**del, dello, dell'**, and so on) and **bello.** (See Capitolo 7D.)

Quegli studenti sono stranieri.   *Those* students are foreign.
Com'è bella **quell'**insalata!   How beautiful *that* salad is!

2. **Questo** and **quello** function as pronouns when used alone. Each has four forms:

questo	questa	quello	quella
questi	queste	quelli	quelle

Questo è il mio cappotto e **questi**   *This* is my coat and *these* are my
sono i miei guanti.   gloves.
Quale albergo preferisci? **Quello**   Which hotel do you prefer? *The one*
vicino alla stazione.   near the station.
Questa è la vecchia ricetta; ora ti do   *This* is the old recipe; now I'll give
quella nuova.*   you *the* new *one.*
I miei occhiali sono vecchi; **quelli**   My glasses are old; Mario's (*those*
di Mario sono nuovi.   of Mario) are new.

3. **Ciò,** which is always singular and invariable, is used only in reference to things. It means **questa cosa, quella cosa.**

Ciò non mi sorprende.   *This* doesn't surprise me.
Ciò è vero.   *That* is true.

Esercizi

a. Substitute each word or phrase in parentheses for the italicized word and make any other necessary changes.

1. Quest'*indirizzo* non è quello che cercavo. (libro, rivista, chiavi, esami)
2. *La zia* è cambiata; non sembra più quella di una volta. (Giorgio, i nonni, anche noi, le mie amiche)   3. Preferisco questa *casa* a quella. (appartamento, scarpe, vestito, guanti)

*Note that **quello** + adjective corresponds to the English *the* + adjective + *one(s).*

b. *Answer each question with the word or phrase in parentheses, according to the example.*

    Esempio: Ti piace la birra italiana? (tedesca)
                No, preferisco quella tedesca.

1. Ti piace quel vestito bianco? (nero)   2. Ti piacciono i formaggi italiani?
(francesi)   3. Ti piace l'arte spagnola? (francese)   4. Ti piacciono i
romanzi di Faulkner? (di Hemingway)   5. Ti piace la musica moderna?
(classica)   6. Ti piacciono le mie scarpe? (di tua sorella)

selvatici: wild
quelli di una
volta: like they
used to be

c. *Conversazione.*

1. Preferisce i film tristi o quelli allegri?   2. Preferisce le storie che finiscono
bene o quelle che finiscono male?   3. Preferisce la cucina italiana o quella
messicana?   4. Preferisce le automobili che hanno due porte o quelle che
ne hanno quattro?   5. Preferisce i frigo che hanno una porta o quelli che ne
hanno due?

Now ask a friend the same questions.

d. *Express in Italian.*

1. Who are those men? Do you know them?   2. These cigarettes are not the
ones I was looking for.   3. Which one is your car? The one parked *(parcheg-
giata)* near yours. The black one? No, the red one.   4. They should have
bought that house, not this one!   5. I can't find my pen. May I use yours?
No, use Luigi's!

C. Relative pronouns

ANGELA: Vittoria, ben tornata! Ti sei divertita al Festival? Ho saputo che eri sempre in compagnia di un bellissimo ragazzo che fa l'attore, un Don Giovanni di cui tutte le donne s'innamorano.

VITTORIA: I soliti pettegolezzi! Non bisogna credere a tutto quello che dice la gente!

ANGELA: È vero. Però in ciò che dice la gente c'è spesso un granello di verità.

1. *Dove è stata Vittoria?*
2. *Che cosa hanno detto ad Angela?*
3. *Qual è il commento di Vittoria?*
4. *È vero ciò che dice la gente?*

1. Relative pronouns *(who, whose, whom, which, that)* link one clause to another.

   What's the name of the girl?   The girl is playing the piano.
   What's the name of the girl *who* is playing the piano?

   Whom or *that* can be omitted in English (the man I love = the man *whom* I love), but must be expressed in Italian. The clause that contains the relative pronoun is called the relative clause. The Italian relative pronouns are: **che, cui, chi,** and **il quale.**

2. **Che** corresponds to *who, whom, that,* and *which* and is the most frequently used relative pronoun. It is invariable, is used for people or things, and functions either as a subject or an object.

Come si chiama la ragazza **che** suona il piano?	What's the name of the girl *who* is playing the piano?
Abbiamo comprato il libro **che** volevamo.	We bought the book *(that)* we wanted.

ANGELA: Vittoria, welcome back! Did you have a good time at the festival? I heard you were always seen with a very handsome young man who is an actor, a Don Juan that all women fall in love with.   VITTORIA: The usual gossip! You shouldn't believe everything people say!   ANGELA: That's true. However, there's often a bit of truth in what people say.

3. **Cui** is used instead of **che** following a preposition. It is also invariable.

È un film **di cui** tutti parlano.	It's a movie everyone is talking about (*about which* everyone is talking).
Ecco la signora **a cui** devi dare l'indirizzo.	Here's the lady you must give the address to (*to whom* you must give the address).
I ragazzi **con cui** studiamo sono bravi.	The boys we study with (*with whom* we study) are capable.

Note that an Italian sentence never ends with a preposition.

Cui preceded by the definite article corresponds to *whose*. Note that the article agrees with the following noun.

Conosci il dottore **la cui** moglie è americana?	Do you know the doctor *whose* wife is American?
L'autore **i cui** romanzi leggiamo è Cassola.	The author *whose* novels we read is Cassola.

4. **In cui** corresponds to *where* after a noun denoting a place and to *when* after a noun denoting time.

È la città **in cui** sono nato.	It's the city *where* (*in which*) I was born.
Ricordi il giorno **in cui** ci siamo conosciuti?	Do you remember the day (*when*) we met?

5. **Per cui** corresponds to *why* after words such as **ragione** and **motivo**.

Qual è la ragione **per cui** sei qui?	What is the reason (*why*) you are here?

6. **In cui** is used after **modo** or **maniera** to mean *the way (in which)*.

Mi piace **il modo in cui** parli.	I like *the way* you talk.

7. **Chi** can be used to mean **la persona che, le persone che** (*the one who, the ones who, those who*) only when referring to people and with a singular verb. It is frequently used in proverbs and generalizations. In addition, it can be used as an interrogative pronoun **(Chi è?)**.

Chi sta attento capisce.	*Those who* pay attention understand.
Non parlare con **chi** non conosci.	Don't talk to (*those*) people (*whom*) you don't know.
Chi tardi arriva, male alloggia.	*Those who* arrive late don't find good lodging. (First come, first served.)

8. **Quello (quel)** and **ciò** combine with **che** or **cui** to form a relative pronoun.

quello che ⎫
quel che ⎬ what, that which
ciò che   ⎭

quello di cui ⎫
              ⎬ that of which
ciò di cui   ⎭

tutto quello che ⎫
tutto quel che   ⎬ all (that), everything
tutto ciò che   ⎭

Puoi ordinare **quello che** vuoi.	You may order *what* you want.
Vorrei raccontarvi **tutto quel che** ho fatto.	I'd like to tell you *everything* I did.
Ecco **ciò che** hanno intenzione di fare.	This is *what* they are planning to do.
È proprio **quello di cui** ho paura.	It's exactly *what* I'm afraid of (*that of which* I am afraid).

9. **Il quale, la quale, i quali,** and **le quali** can replace **che** or **cui,** especially in writing for emphasis or clarity.

La madre del ragazzo **il quale** aveva capito . . .	The mother of the boy, *who* had understood . . .
La madre del ragazzo **la quale** aveva capito . . .	The boy's mother, *who* had understood . . .
L'amico **del quale** mi hai parlato è molto intelligente.	The friend you told me about (*about whom* you told me) is very intelligent.
La casa **nella quale** abitiamo è piccola.	The house we live in (*in which* we live) is small.

Note the contractions of the article with the preposition: **del** quale, **nella** quale, and so on.

Esercizi

a. Supply a suitable relative pronoun, with or without a preposition.

1. Mi piacciono le canzoni _____ cantate.   2. La cosa _____ vi ho raccontato è vera.   3. La ragazza _____ hai ballato è molto carina.   4. Ci sono delle persone _____ si lamentano sempre.   5. La città _____ vengono è Genova.   6. Ti piace l'appartamento _____ abiti?   7. Come si chiama il formaggio _____ hanno comprato?   8. Ecco un colore _____ dovreste portare.   9. Vi presenterò un mio amico _____ fa il giornalista.   10. Non ci piaceva il modo _____ ti vestivi.

b. Ask questions based on each definition. Follow the example.

Esempio: È la persona che vende salame e prosciutto.
   Che cos'è un salumiere?

1. È la persona che serve a tavola in ristoranti, trattorie e caffè.   2. È qualcuno che non sente suoni e rumori.   3. È una cabina che trasporta le persone da un piano all'altro.   4. È quello che alcuni bevono prima di un pasto per stimolare l'appetito.   5. È la chiesa più importante di una città.

— Delle foglie che cadono fuori del bidone cosa ne facciamo?

foglia: leaf
bidone: bin

Now answer each question.

1. Che cos'è un postino?   2. Che cos'è l'antipasto?   3. Che cos'è una parolaccia?   4. Che cos'è un viale?   5. Che cos'è la mancia?

c. *Answer each question, using the name of a person or object in your classroom.*

Esempi: Con che cosa scrive?
   Ecco *la matita* con cui scrivo.

   Con chi vorrebbe studiare?
   Ecco *il ragazzo* con cui vorrei studiare.

1. A chi dice ciao?   2. Chi conosce bene?   3. Dove ha scritto il Suo nome?   4. Che cosa guarda?   5. Quale libro è Suo?

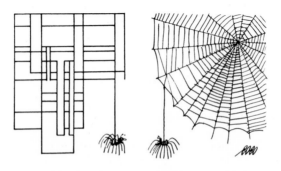

— Quello che non mi piace di te, è che sei troppo legato al passato.

d. Complete each sentence.

1. Quello che non capisco è perchè . . .   2. Le sere in cui non ho niente da fare . . .   3. Chi non lavora . . .   4. Non dimenticherò mai il giorno in cui . . .   5. Conosco una signora il cui marito . . .

e. Express in Italian.

1. Say what you want, Pietro!   2. Did you like the present I gave you? 3. She was born the year her family came to America.   4. They'll do all they can to help us.   5. There's a girl whose mother teaches at this university.

f. Complete each sentence with **quello che, quello di cui,** *or* **quello a cui.**

Esempio: Quello che   hai raccontato non è vero.

1. Ascoltate _____ dico!   2. L'astronomia è _____ vi interessate.   3. È proprio _____ abbiamo bisogno.   4. _____ dovevamo dire era molto importante.   5. Hanno comprato _____ avevano voglia.   6. Questo è _____ ricordiamo.

III.
ESERCIZI DI PRONUNCIA: SYNTACTIC DOUBLING

Syntactic doubling is a term that describes an automatic doubling of consonants. This phenomenon occurs between words, not within them, as in **a Napoli** which is pronounced /annàpoli/ .

Normally, the doubling of consonants in a phrase or sentence occurs after words ending in a stressed vowel or after a few unstressed monosyllabic words. Sometimes this doubling is shown even in the spelling, as in **dammi (da' + mi),** *give me* and in **soprattutto (sopra + tutto),** *above all.*

Contrast the following.

Single: aroma   Double: a **R**oma

Practice syntactic doubling in the following sentences.

1. Ciao, Andrea! Come stai? Sto bene, grazie. E tu?   2. Dove va? Vado a **F**irenze, e Lei? A **G**enova? No, a **T**eramo.   3. È a **c**asa Luigi? No, è lì, vicino a **M**aria.   4. Che cosa dici? Niente, non ho **d**etto niente.   5. Che ora è? È **t**ardi? No, è l'una.   6. Guarda che **l**una! Guarda che **m**are!   7. Dov'è lei? È **g**iù.   8. Va' **p**rima a **s**inistra e poi a **d**estra!

IV.
DIALOGO

Lettera di Beppino da Spoleto

12 luglio 19 . . .

Cara mamma,

avrei voluto scriverti prima ma non ne ho avuto proprio il tempo. Una settimana fa sono partito con Marcella, Pietro, Vittoria ed altri amici che ho conosciuto a Firenze per il campeggio di cui ti avevo parlato nella mia lettera precedente. Ci troviamo ora in campagna, vicino a Spoleto, che è una piccola città molto interessante dell'Italia centrale.

In questi giorni a Spoleto c'è il Festival dei due Mondi,* del quale forse avrai avuto notizia dai giornali americani. Ogni sera c'è uno spettacolo diverso: un'opera o una commedia o un balletto, e di solito gli autori sono giovani e molto originali. La città intera è diventata un teatro: c'è gente di tutto il mondo, tra la quale molti personaggi famosi, e ciò che mi sorprende soprattutto è il modo stravagante in cui tutti si vestono. Le boutique di moda creano infatti dei modelli speciali per quest'occasione e ognuno cerca di mettersi in mostra e di attirare l'attenzione su di sè. La città è piena come un uovo ed è impossibile trovare una camera, ma noi per fortuna abbiamo la nostra tenda.

Vicino al campeggio c'è una fattoria che appartiene a una famiglia texana. Non ci credi? Ma è la verità, te lo giuro! Questi texani si chiamano Joe e Sally Brown, ma i contadini li hanno ribattezzati "sale e pepe." Durante il giorno noi li aiutiamo coi lavori della "farm" e così ci guadagniamo il pranzo.

Fra tre giorni partiremo per la Calabria e appena potrò ti scriverò di nuovo.

Un abbraccio affettuoso a te, papà e la sorellina.

Beppino

P. S.   Accludo una foto del nostro gruppo: quei due al centro sono Joe e Sally e quella accanto a me è Vittoria. Non è carina?

Dialog comprehension check

Rispondere alle seguenti domande.

1. Perchè non ha scritto prima alla mamma Beppino?   2. Dove si trova ora Beppino coi suoi amici?   3. Perchè in questi giorni c'è tanta gente a Spoleto?

---

*The Festival of the Two Worlds, originated by the Italian-American composer Giancarlo Menotti in 1958, takes place in Spoleto in June and July. It attracts the international avant-garde of music, theater, ballet, cinema, and the arts.

4. Che cosa sorprende Beppino in modo particolare *(particularly)*?   5. Hanno trovato una camera Beppino e gli amici?   6. Come si guadagnano il pranzo?   7. Chi sono Joe e Sally Brown?   8. Dove andranno presto Beppino e gli amici?   9. Come termina la lettera Beppino?   10. Che cosa acclude alla lettera Beppino?

V.
ESERCIZI DI RICAPITOLAZIONE

a. Use a relative pronoun to combine each pair of sentences. Use a preposition if necessary.

Esempio: Questo è l'indirizzo. Non dovete dimenticarlo.
          Questo è l'indirizzo **che** non dovete dimenticare.

1. Vorrei conoscere quel ragazzo. Il ragazzo è entrato in questo momento.   2. Mi è piaciuta la stanza. Nella stanza ci sono tre finestre.   3. È una cosa delicata. Non ne parlo volentieri.   4. È arrivata molta gente. Tra la gente ci sono personaggi famosi.   5. Non ricordo lo studente. Gli ho prestato il dizionario.   6. Avrebbero dovuto vendere la casa. La casa aveva bisogno di molte riparazioni *(repairs)*.   7. Vi do una regola *(rule)* importante. Dovete fare attenzione a questa regola.   8. Spiegaci la ragione. Sei andato via per questa ragione.

b. Express in Italian.

1. It was a strange question. What would you have answered?   2. He shouldn't have married so young.   3. Where's the child you lent the bike to?   4. They could have taken the apartment I showed them.   5. You shouldn't have repeated what I said.   6. Everything they wrote is true.   7. She said she would come at eight-thirty.   8. I have read the old magazines; where are the new ones?   9. Those who cannot remember the past are condemned to **(condannato a)** repeat it.   10. The Mona Lisa is a painting **(il ritratto)** of a woman whose smile **(sorriso)** is famous.

c. Express in Italian.

Dear Abby,
   I need your advice. I never know what to say when someone asks me a question I prefer not to answer. For example, personal questions like, what happened between your sister and her husband?, or, why doesn't your son marry that girl he's been living with for so long?
   Other questions that aren't too personal also irritate me, such as, how much did you pay for those shoes?
   I could say it's none of your business **(Non sono affari vostri),** but I don't have the nerve, so I answer a lot of questions I don't really want to answer.
   If you have a solution for my problems, please put it in your column, because I'm sure there are other people who would like to know.

Now imagine that you are "Dear Abby" and answer the letter in Italian.

d. Conversazione.

1. Lei dice sempre quello che pensa? 2. Che cosa farebbe Lei per attirare l'attenzione su di sè? 3. Lei crede a quel che dice la gente? a quello che legge sui giornali? all'oroscopo? alle previsioni del tempo? agli UFO? 4. Le piacerebbe potere mangiare sempre quello che vuole? 5. Quali personaggi famosi (del cinema, del teatro, della televisione) si vestono in modo stravagante secondo Lei?

VI.
LETTURA CULTURALE: LA MUSICA ITALIANA

Musica e Italia: è quasi impossibile pensare alla prima parola senza pensare alla seconda. La musica italiana è specialmente famosa per l'opera, il cui genio più prolifico è *personificato* da Giuseppe Verdi, *compositore* di 26 opere.

personified / composer

Nato in Emilia nel 1813 da *umili contadini*, Giuseppe dimostra presto le sue *doti* musicali e diventa organista del suo villaggio, Le Roncole. A 20 anni è a Milano, il cui grande teatro alla Scala era ed è la *meta* di cantanti e compositori. È qui che comincia la sua carriera di *strepitosi* successi ed è qui che *egli* presenterà la sua ultima opera, il Falstaff, all'età di 80 anni.

humble farmers
gifts
goal
striking / he

L'Aida, la Traviata, Rigoletto, Otello e tante altre opere non *giustificano* completamente l'*affetto* degli italiani per Verdi. Bisogna *tener presente* che il grande compositore è stato anche un patriota la cui musica ha ispirato gli italiani nel difficile e glorioso Risorgimento, il periodo delle lotte d'indipendenza. Durante quasi tutto l'*Ottocento*, Verdi ha infuso d'amor di patria molte delle sue opere, a cominciare dal Nabucco in cui, nella triste storia degli *ebrei* prigionieri, gli italiani, stanchi della *tirannia austriaca*, riconoscevano facilmente la loro. Per i patrioti il nome Verdi significava ''Vittorio Emanuele, Re d'Italia,'' il re del Piemonte che finalmente *unì* tutta l'Italia nel 1870; e il *grido* ''Viva Verdi!'' esprimeva il loro desiderio d'indipendenza dallo straniero.

justify
affection / keep in mind

nineteenth century
Jews
Austrian tyranny

united / cry

Reading comprehension check

a. Domande.

1. In quale regione è nato Giuseppe Verdi? 2. Quali sono alcune delle sue opere? 3. Perchè il Nabucco ha ispirato i patrioti italiani? 4. Che cos'è il Risorgimento? 5. Perchè gli italiani esclamavano ''Viva Verdi''?

b. Completate secondo la lettura.

1. Verdi era un prolifico compositore che ha messo in musica . . . 2. I genitori di Verdi erano . . . 3. Gli italiani erano stanchi . . . 4. La Scala rappresenta ancora oggi la meta . . . 5. Il re piemontese che unì l'Italia si chiamava . . .

*Teatro alla Scala,
Milano (Leonard
Speier)*

*Teatro alla Scala,
Milano (Leonard
Speier)*

Giuseppe Verdi (The Granger Collection)

Negozio di dischi (Leonard Speier)

Arena di Verona
(Courtesy,
Cortella-Verona)

VII.
PAROLE DA RICORDARE

VERBS

accludere to enclose
appartenere (conjugated like **tenere**)
  to belong
attirare to attract
avere notizia di to hear about (of)
bisognare to be necessary
cercare di + infinitive to try,
  attempt to do something
creare to create
credere a qualcosa o a qualcuno
  to believe (in) something or
  someone
giurare to swear
guadagnare to earn
mettersi in mostra to show off
prenotare to reserve, book
ribattezzare to rename
sorprendere (p.p. **sorpreso**) to
  surprise
sperare di + infinitive to hope to
  do something
tenere* to keep; hold

NOUNS

abbraccio embrace, hug
albergo (pl. **alberghi**) hotel
attenzione (f) attention
autore (m) author
balletto ballet
cappello hat
commedia comedy; play
compagnia company
  in compagnia di in the
  company of
contadino farmer
fattoria farm
moda fashion
  di moda fashionable
modello model
modo way
pepe (m) pepper
personaggio famous person;
  character
pettegolezzo gossip
sale (m) salt
tenda tent

uovo (pl. **le uova**) egg
zingara, zingaro gypsy

ADJECTIVES

affettuoso affectionate
intero entire
largo wide
originale original
precedente preceding
stravagante eccentric
vestito (da) dressed (as)

OTHERS

ben tornato welcome back
di nuovo again
infatti in fact
peccato too bad
soprattutto above all

---

*The present tense of **tenere** is **tengo, tieni, tiene; teniamo, tenete, tengono.**

I. STORIELLE UMORISTICHE: WHISKY E LA SCALA

Osservare attentamente le due strisce e poi raccontare la storia in due episodi.

Vocabolario utile: vedere una scala appoggiata al muro; esitare; passare sotto la scala; l'accalappiacani (m) *(the dog catcher)*; inseguire un gatto; fare una deviazione; perdere il gatto

II. INCHIESTA

Over 50 percent of the Italians polled on the following issues agreed with the statements.

È d'accordo o no con le seguenti affermazioni?

1. Non è bene spendere tutto quello che guadagniamo.
2. La fortuna di una famiglia dipende dal modo in cui la donna cura e amministra la casa.
3. La maggior parte delle leggi è fatta nell'interesse di chi ha il potere o i soldi.
4. Chi ruba al supermercato deve essere condannato.
5. I vestiti che preferisco sono quelli pratici e comodi.
6. Chi vuole frequentare l'università ha il diritto di farlo anche se non ha molte capacità.
7. L'uomo del nostro tempo non ha bisogno di una cultura approfondita, ma di informazioni precise e rapide.
8. Non bisogna credere alla pubblicità perchè non è mai obiettiva e spesso è completamente falsa.

INTERMEZZO XIV

CAPITOLO 15

I.
OBIETTIVI

Culture

The **lettura culturale** of this chapter discusses Italian television and how it differs from television in the United States.

Grammar

In this chapter, you will learn about adverbs and how to form the comparatives and superlatives of adjectives and adverbs.

II.
GRAMMATICA

A.   Adverbs

MARIO: Siete già stati sul Vesuvio?
MIKE: No, non ci siamo ancora stati, ma probabil-
mente ci andremo il prossimo week-end.
MARIO: Come ci andrete?
MIKE: Andremo col trenino fino a Pugliano e poi
prenderemo la seggiovia fino al cratere. Vuoi
venire anche tu?
MARIO: Purtroppo non posso: domani ritorno a
Roma. Buon divertimento, allora, e state at-
tenti a non cadere nel cratere!

1. *Dove andrà probabilmente Mike il prossimo week-end?*
2. *Come ci andrà?*
3. *Perchè Mario non può accompagnare Mike?*
4. *A che cosa deve stare attento Mike?*

1.   Adverbs are words that modify verbs, adjectives, or other adverbs. You have already learned a number of common adverbs (**bene, sempre, troppo,** and so on).

Stanno **bene.**	They are *well.*
Sergio è **molto** intelligente.	Sergio is *very* intelligent.
Parlate **troppo** rapidamente.	You talk *too* fast.

2.   Many adverbs are formed by attaching **-mente** to the feminine form of the adjective. They correspond to English adverbs ending in *-ly.*

vero → vera → veramente   truly

MARIO: Have you been on Mount Vesuvius yet?   MIKE: No, we haven't been there yet, but we'll probably go next weekend.   MARIO: How will you go?   MIKE: We'll go by train as far as Pugliano and then we'll take the chair lift up to the crater. Do you want to come, too?   MARIO: Unfortunately I can't. I'm going back to Rome tomorrow. Have a good time, then, and be careful not to fall into the crater!

fortunato → **fortunata** → **fortunatamente**   fortunately
evidente → **evidentemente**   evidently

If the adjective ends in **-le** or **-re** preceded by a vowel, the final **-e** is dropped before adding **-mente**.

gentile → **gentil** → **gentilmente**   kindly
regolare → **regolar** → **regolarmente**   regularly

3.   Adverbs are usually placed directly after a single verb.

Mangiano **sempre** pasta.   They *always* eat pasta.
La vedo **raramente**.   I *rarely* see her.

In sentences with compound tenses, most adverbs of time, place, and manner are placed after the past participle. Some common adverbs of time **(già, mai, ancora, sempre),** however, are placed between the auxiliary verb and the past participle.

Avete **già** cenato?   Have you had supper *yet?*
Sei arrivata **tardi**.   You arrived *late*.
Non avevo capito **bene**.   I hadn't understood *well*.
Sono stati **dappertutto**. They've been *all over*.

4.   Like nouns and adjectives, most adverbs can be altered by the suffixes discussed in Capitolo 10.

presto → prest**ino**   **bene** → ben**one**

È ancora prest**ino**.   It's still *rather* early.
Oggi stanno ben**one**.   They're *quite* well today.

Esercizi

a. Complete the second half of each sentence with the adverb that corresponds to the adjective in the first half.

Esempio: La signora Crespi è elegante: si veste sempre **elegantemente**.

1. Luigino è un bambino molto attento: ascolta tutto _____.   2. È stata una visita inaspettata *(unexpected):* sono arrivati _____.   3. Ha dato una risposta intelligente: ha risposto _____.   4. Mariuccia e Pierina sono bambine tranquille: giocano sempre _____.   5. Le sue lettere sono rare: scrive _____.

b. Rewrite each sentence to include the adverb in parentheses.

Esempio: (diligentemente) Ho studiato la lezione.
                         Ho studiato diligentemente la lezione.

1. (abbastanza) L'esercizio era facile.   2. (già) Me lo hanno detto.
3. (molto) Amo i bambini.   4. (sempre) La mamma era preoccupata.
5. (mai) Sei stato a Spoleto?   6. (freddamente) Ci hanno risposto.

—*Non vedo chiaramente le immagini.*

c. Restate each sentence giving the opposite of the adverb in italics.

Esempio: Abbiamo mangiato *bene*.
Abbiamo mangiato male.

1. Ritorneranno *presto*.   2. Hai detto che costava *molto?*   3. Perchè vai a trovarli così *raramente?*   4. Credete che risponderà *stupidamente?*
5. Ci hanno ricevuto *caldamente*.

d. Conversazione.

1. Preferisce le persone che parlano adagio o quelle che parlano rapidamente? Come parlo io?   2. Spiegano chiaramente i Suoi professori?   3. Di che cosa parliamo spesso in classe? Ci sono cose di cui non parliamo mai?
4. Conosce qualcuno che si veste stravagantemente?

B. Comparatives

> MARINA: Dimmi, Concetta, ti è piaciuta l'isola di Capri?
> CONCETTA: Sì, molto, ma anche Ischia è splendida. Secondo me, è bella quanto Capri.
> MARINA: Però Capri è più pittoresca di Ischia e forse più interessante per la sua storia.
> CONCETTA: Già, c'è la villa di Tiberio. E poi il vino di Capri è forse più buono di quello di Ischia.
> MARINA: Non saprei. Io sono astemia.
>
> *1. Quali isole sono piaciute a Concetta?*
> *2. Secondo Marina, perchè Capri è più interessante di Ischia?*
> *3. Com'è il vino di Capri secondo Concetta?*
> *4. È d'accordo Marina?*

MARINA: Tell me, Concetta, did you like the island of Capri?   CONCETTA: Yes, very much, but Ischia is terrific, too. In my opinion, it is just as beautiful as Capri.   MARINA: But Capri is more picturesque than Ischia, and perhaps more interesting because of its history.
CONCETTA: Yes, there's Tiberio's villa. Besides, the wine of Capri is perhaps better than that of Ischia.   MARINA: I wouldn't know. I'm a teetotaler.

There are three kinds of comparisons: the comparison of equality (Carlo is *as* happy *as* Roberto); the comparison of superiority (Carlo is *happier* than Roberto); and the comparison of inferiority (Carlo is *less* happy than Roberto). In Italian, comparisons are expressed as follows:

così . . . come	*as . . . as*
tanto . . . quanto	*as . . . as; as much . . . as*
più . . . di (che)	*more . . . than; -er . . . than*
meno . . . di (che)	*less . . . than*

Carlo è **(così)** felice **come** Roberto.	Carlo is *as* happy *as* Roberto.
Carlo è **(tanto)** felice **quanto** Roberto.	Carlo is *as* happy *as* Roberto.
Carlo è **più** felice **di** Roberto	Carlo is *happier than* Roberto.
Carlo è **meno** felice **di** Roberto.	Carlo is *less* happy *than* Roberto.

1. The comparison of equality is formed by placing **così** or **tanto** before the adjective and **come** or **quanto** after the adjective. **Così** and **tanto** are frequently omitted. A personal pronoun that follows **come** or **quanto** is a disjunctive pronoun.

Il bambino è **(così)** bello **come** te.	The child is *as* pretty *as* you.
Il signor Rossi guadagna **(tanto) quanto** me.	Mr. Rossi earns *as* much *as* I do.

2. The comparisons of superiority and inferiority are formed by placing **più** or **meno** before the adjective. The English word *than* is expressed by **di** (or its contractions with an article) in front of nouns, pronouns, or numbers.

L'argento è **meno** prezioso **dell'**oro.	Silver is *less* precious *than* gold.
L'Italia è trenta volte **più** piccola **degli** Stati Uniti.	Italy is thirty times small*er than* the United States.
Chi è **più** felice **di** me?	Who is happi*er than* I?
Ho **più di** dieci dollari.	I've got *more than* ten dollars.

Than is expressed by **che** in all other cases (before adjectives, adverbs, prepositions, participles, and infinitives).

Paola è più simpatica **che** bella.	Paola is more likeable *than* pretty.
Meglio oggi **che** domani.	Better today *than* tomorrow.
Ci sono più musei a Roma **che** a Milano.	There are more museums in Rome *than* in Milan.
È più facile dirlo **che** farlo.	It is easier said *than* done (literally, to say it *than* to do it).

Che is also used in comparisons between two nouns.

Conosco più italiani **che** americani.	I know more Italians *than* Americans.
Comprano più pasta **che** carne.	They buy more pasta *than* meat.

Before a conjugated verb, *than* is expressed by **di quel(lo) che.**

È più lontano **di quel che** sembra.	It's farther *than* it seems.
Mangi meno **di quel che** credevo.	You eat less *than* I thought.

3. The comparison of adverbs is formed in the same way as the comparison of adjectives.

Parlano correttamente **come** me.	They talk *as* correctly *as* I (do).
Parlano **più** correttamente **di** me.	They talk *more* correctly *than* I (do).
Parlano **meno** correttamente **di** me.	They talk *less* correctly *than* I (do).

— *Cammina più adagio, sono io che ti devo portare...*
(Coco)

Esercizi

a. Replace the subject with each word or phrase in parentheses, and make all necessary changes.

1. Maria era rossa come un gambero. (Antonio, i bambini, le ragazze, tu, papà)
2. L'avvocato guadagna quanto il dottore. (io, la salumiera, anche noi, loro)
3. I bambini hanno più coraggio di me. (Valeria, tu, voi due, le zie)   4. L'italiano è più difficile di quel che credi. (l'algebra, queste regole, i verbi irregolari, il tennis)   5. Noi camminiamo meno rapidamente del nonno. (la nonna, io, molte persone, voi)

*b. Complete each sentence using **di** (**di** + article), **che, di quel che, come,** or **quanto.***

1. Il film era più interessante _____ libro.   2. Il bagno è tanto grande _____ la cucina.   3. Mangiamo più carne _____ pesce.   4. Studio più _____

credete.   5. Avete meno idee _____ me.   6. Non potevamo spendere più _____ ventimila lire al giorno.   7. Hanno più soldi _____ amici.   8. È più facile dirlo _____ farlo.   9. Non sono mai stato bene _____ ora.   10. Dovranno aspettare più _____ un'ora.

— Non voglio diventare grasso come te! Voglio diventare magro come quel signore che piace tanto alla mamma...

c. *Compare each pair of people or things, according to the example. Choose either* **più, meno,** *or* **come.**

Esempio: (alto) gli italiani/gli americani
          Gli americani sono più alti degli italiani.

1. (femminile) i calzoni/le gonne *(skirts)*   2. (forte) gli uomini/le donne
3. (felice) i ricchi/i poveri   4. (affettuoso) le madri/i padri   5. (rapido) i treni/le automobili   6. (curioso) i gatti/i cani   7. (istruttivo) la TV/il cinema   8. (facile) l'italiano/il francese   9. (sentimentale) gli italiani/gli inglesi   10. (superstizioso) i vecchi/i giovani

d. *Answer each question as in the example.*

Esempio: Il vestito è bello o pratico?
          Il vestito è più bello che pratico.

1. Il compito è lungo o difficile?   2. Il romanzo è noioso o divertente?
3. Le bambine sono studiose o intelligenti?   4. Il regalo è bello o utile?
5. Quei ragazzi sono stanchi o malati *(sick)*?

e. *Answer each question by using the construction* **sempre più** + *adjective* (more and more), *as in the example.*

Esempio: Che cosa succede ai giorni in maggio? (lunghi)
          Diventano sempre più lunghi.

1. Che cosa succede ai capelli della nonna? (bianchi)   2. Cosa succede a un ragazzo timido quando le persone lo guardano con insistenza? (rosso)
3. Cosa sembra succedere a una valigia quando la dobbiamo portare per un bel pezzo di strada? (pesante: *heavy*)   4. Cosa succede alle serate in inverno? (corte)   5. Che cosa succede ai prezzi nei periodi di inflazione? (alti)

—*Diventi sempre più distratta.*

distratta: *absent-minded*

f. Conversazione.

1. Scrive più rapidamente con la matita o con la penna?   2. Mangia più o meno di quanto dovrebbe? Secondo Lei, la gente mangia più o meno di quanto dovrebbe?   3. C'è qualcosa di più prezioso della salute *(health)*? 4. Conosce qualcuno che ha tanta pazienza quanta ne ho io?   5. È più difficile scrivere o parlare una lingua straniera?

—*Dice che si diverte più qui che al cinema!*

C.   Superlatives

MAESTRO: Sai qual è la città più dolce d'Italia?
ALUNNA: Veramente ce ne sono due: Crema e addirittura Cremona.
MAESTRO: E qual è la città più rumorosa?
ALUNNA: Napoli, credo.
MAESTRO: Ma no! Chiasso! E ora sentiamo se indovini questa: qual è la città più lunga d'Italia?
ALUNNA: Ventimiglia, alla frontiera con la Francia.

1. *Quali sono i primati (records) di Crema, Chiasso e Ventimiglia?*
2. *Ci sono città americane che hanno simili primati?*

TEACHER: Do you know which city is the sweetest in Italy?   PUPIL: There are really two of them: Crema (literally: *cream*) or better yet, Cremona (literally: *big cream*).   TEACHER: And which is the noisiest city?   PUPIL: Naples, I think.   TEACHER: Of course not! Chiasso! (literally: *uproar*) And now let's see if you guess this one. Which is the longest city in Italy? PUPIL: Ventimiglia (literally: *twenty miles*), on the border with France.

1. The relative superlative (*the fastest* train; *the most elegant* woman; *the least interesting* program) is formed in Italian by using the comparative form with its definite article.

La più bella stagione è la primavera.	Spring is *the most beautiful* season.
Giorgio è **il meno timido** dei fratelli.	Giorgio is *the least shy* of the brothers.

Sometimes a noun is found between the article and **più (meno).**

La stagione **più bella** è la primavera.	Spring is *the most beautiful* season.
Roma e Milano sono **le** due città **più grandi** d'Italia.	Rome and Milan are *the* two *largest* cities in Italy.

In English, the superlative is usually followed by *in*. In Italian, it is normally followed by **di,** with the usual contractions.

È il bambino più intelligente **della** famiglia.	He is the smartest kid *in the* family.
Questi pantaloni sono i più belli **del** negozio.	These pants are the most beautiful ones *in the* store.

2. The absolute superlative (*very fast; extremely elegant; quite interesting*) can be formed in three ways:

   a. by dropping the final vowel of the masculine plural form of the adjective and adding **-issimo (-issima, -issimi, -issime);**

veloce → veloci → velocissimo	*very fast*
vecchio → vecchi → vecchissimo	*very old*
lungo → lunghi → lunghissimo	*very long*

   b. by using adverbs such as **molto, assai,** and **estremamente** before the adjective;

È un treno **molto** veloce.	It's a *very* fast train.
È un ragazzo **estremamente** timido.	He's a *very* shy boy.

   c. by repeating the adjective.

Era una domanda **facile facile.**	It was a *very easy* question.

3. The relative superlative of an adverb is formed in much the same way as with an adjective, by placing the article **il** before the comparative form.

È arrivato **il più tardi** possible.	He arrived *as* late *as* possible.

To form the absolute superlative, **-issimo** is usually added to the adverb minus its final vowel.

È arrivato tard**issimo.**	He arrived *very late*.
Hanno risposto ben**issimo.**	They answered *very well*.

— Prima dell'inquinamento ero un bellissimo principe...

inquinamento:
pollution
principe: *prince*

Esercizi

a. Expand each statement, using the relative superlative + ***che conosciamo.***

Esempio: Non c'è una ragazza più simpatica.
È la ragazza più simpatica che conosciamo.

1. Non c'è un posto più bello.   2. Non c'è una città più pittoresca.
3. Non c'è un cantante più bravo.   4. Non c'è un negozio più caro.
5. Non c'è un libro più noioso.

b. Answer each question, first with a form of the absolute superlative, then with the relative superlative + ***di tutti/di tutte.***

Esempio: È difficile quella lingua?
Sì, è difficilissima; è la più difficile di tutte.

1. È caro quell'avvocato?   2. Sono fresche queste uova?   3. È lunga questa lezione?   4. È vecchia la chiesa?   5. Sono belle quelle isole?

c. Conversazione.

1. Qual è la festa più importante dell'anno per Lei? E per la Sua famiglia?
2. Lei sa quali sono i libri più venduti in questo momento?   3. Secondo Lei, chi è l'uomo più importante degli Stati Uniti? Chi è la donna più importante degli Stati Uniti? Perchè?

d. Indicate the most likeable and the least likeable person in each of the following categories.

Esempio: Il senatore più simpatico è (è stato) ———.
Il senatore più antipatico è (è stato) ———.

1. l'attore   2. l'attrice *(actress)*   3. il cantante   4. la cantante   5. il presentatore *(TV announcer, host)*   6. la "First Lady"

D. Irregular comparatives and superlatives

MAMMA: Ti senti meglio oggi, Carletto?
CARLETTO: No, mamma, mi sento peggio.
MAMMA: Poverino! Ora ti do una medicina che ti farà bene.
CARLETTO: Ha un buon sapore?
MAMMA: È migliore dello zucchero!

. . .

CARLETTO: Mamma, hai detto una bugia! È peggiore del veleno!

1. *Si sente meglio oggi Carletto?*
2. *Che cosa gli dà la mamma?*
3. *Com'è la medicina secondo la mamma? E secondo Carletto?*

1. Some common adjectives have irregular comparative and superlative forms as well as regular ones. Both forms are used, although the irregular forms are used somewhat more frequently.

ADJECTIVE	COMPARATIVE	RELATIVE SUPERLATIVE	ABSOLUTE SUPERLATIVE
buono	**migliore** (più buono)	**il/la migliore** (il più buono)	**ọttimo** (buonissimo)
good	*better*	*the best*	*very good*
cattivo	**peggiore** (più cattivo)	**il/la peggiore** (il più cattivo)	**pẹssimo** (cattivissimo)
bad	*worse*	*the worst*	*very bad*
grande	**maggiore** (più grande)	**il/la maggiore** (il più grande)	**massimo** (grandissimo)
big, great	*bigger, greater*	*the biggest, the greatest*	*very big, very great*
piccolo	**minore** (più piccolo)	**il/la minore** (il più piccolo)	**mịnimo** (piccolissimo)
small, little	*smaller*	*the smallest*	*very small*

MOTHER: Are you feeling better today, Carletto? CARLETTO: No, Mom, I'm feeling worse.
MOTHER: Poor dear! Now I'll give you some medicine that will be good for you. CARLETTO: Does it taste good? MOTHER: It's better than sugar! CARLETTO: Mom, you told me a lie! It's worse than poison!

I Crespi sono i miei **migliori** amici.	The Crespis are my *best* friends.
Non ho mai avuto una settimana **peggiore!**	I've never had a *worse* week!
Chi è **il maggiore** scrittore italiano?	Who is *the greatest* Italian writer?
Il tempo è stato **pessimo.**	The weather has been *awful.*
Ha parlato senza **la minima** esitazione.	He spoke without *the slightest* hesitation.

2. **Maggiore** and **minore** mean *greater (major)* and *lesser (minor)*. They are also frequently used in reference to people to mean *older* and *younger*. **Il/la maggiore** means *the oldest* (in a family, for example), and **il/la minore** means *the youngest*. When referring to physical size, *bigger* and *biggest* are expressed by **più grande** and **il/la più grande;** *smaller* and *smallest* by **più piccolo** and **il più piccolo/la più piccola.**

La tua casa è **più grande** della mia.	Your house is *bigger* than mine.
Chi è **maggiore,** tu o tua sorella?	Who is *older,* you or your sister?
Mariuccia è **la minore** delle mie sorelle.	Mariuccia is *the youngest* of my sisters.
Devi scegliere il male **minore.**	You must choose the *lesser* evil.

3. **La maggior* parte di** + noun expresses *most,* meaning *the majority, most people*. The verb may be either singular or plural.

La maggior parte degli italiani ama la musica.	*Most* Italians love music.
La maggior parte dei miei parenti sono italiani.	*Most* of my relatives are Italian.

4. Some adverbs have irregular comparatives and superlatives.

— Ma non mi avevi detto che avresti portato il tuo **migliore amico?**

***Migliore, peggiore, maggiore,** and **minore** can drop the final **-e** before nouns that do not begin with **z** or **s** + consonant: **il miglior amico; il maggior poeta;** but **il maggiore scrittore.**

		RELATIVE	ABSOLUTE
ADVERB	COMPARATIVE	SUPERLATIVE	SUPERLATIVE
bene	**meglio**	**(il) meglio**	**ottimamente,**
well	*better*	*the best*	**benissimo**
			very well
male	**peggio**	**(il) peggio**	**pessimamente,**
			malissimo
badly	*worse*	*the worst*	*very badly*
molto	**più, di più**	**(il) più**	**moltissimo**
much, a lot	*more*	*the most*	*very much*
poco	**meno, di meno**	**(il) meno**	**pochissimo**
little	*less*	*the least*	*very little*

Stai **meglio** oggi?	Are you feeling *better* today?
Il televisore nuovo funziona **peggio** di quello vecchio.	The new TV set works *worse* than the old one.
Hanno risposto **ottimamente**.	They gave *excellent* answers.
Luciano canta **meglio*** di tutti.	Luciano sings *best* of all.
Dovete dormire **di più**.**	You must sleep *more*.

5. The English words *better* or *worse* may be used as adjectives or adverbs. In Italian, there are separate words for the equivalent adjectives (**migliore[i]; peggiore[i]**) and adverbs (**meglio; peggio**).

Parli **meglio** di me e la tua pronuncia è **migliore** della mia.	You speak *better* than I (do) and your pronunciation is *better* than mine.
Nessuno ha voti **peggiori** dei tuoi!	Nobody has *worse* grades than you do!
Perchè mi tratti così? Mi tratti **peggio** di una schiava!	Why do you treat me like this? You treat me *worse* than a slave!

Esercizi

a. Replace the word in italics with each of those in parentheses, and make all necessary changes.

1. Qual è il miglior *libro* dell'anno? (film, canzone, canzoni, programma [*m*])
2. Era un'ottima *occasione*. (progetto, cosa, idea, spettacolo)   3. Hanno

---

*In the relative superlative the article is frequently omitted.

Note that *more* and *less* are **di più and **di meno** when used alone without nouns (usually after a verb).

dormito meglio. (mangiato, cantato, risposto, giocato)   4. Dovreste *chiacchierare* di meno. (mangiare, dormire, telefonare, correre)

b. *Restate each sentence using a comparative or superlative with the opposite meaning.*

Esempio: Non sono i miei migliori ricordi *(memories)*.
            Non sono i miei peggiori ricordi.

1. È un ottimo esercizio.   2. Capiscono di più perchè studiano di più.
3. Cerca di mangiare il meno possibile!   4. Era la maggiore delle tre sorelle.
5. Avete risposto peggio di tutti.   6. È il prezzo massimo?   7. Il servizio in quell'albergo è pessimo.

c. *Choose between* **meglio, migliore(i)** *or* **peggio, peggiore(i)**.

1. Ora che lavoriamo tutt'e due, le nostre condizioni economiche sono _____.
2. Le cose vanno male: non potrebbero andare _____!   3. È un bravo dottore: è il _____ dottore che conosciamo.   4. L'hai fatto bene, ma devi farlo _____ .   5. Ha avuto tutti D: i _____ voti della classe!   6. Guadagna bene; è l'impiegata *(clerk)* pagata _____ della nostra ditta *(firm)*.

d. *Conversazione.*

1. Ha un fratello maggiore o una sorella maggiore? Quanti anni hanno più di Lei?   2. Quali sono stati i migliori anni della Sua vita? (da 1 a 5; da 5 a 10; da 10 a 15; gli ultimi anni)   3. Un proverbio italiano dice: "La miglior vendetta è il perdono *(forgiveness)*." Lei è d'accordo?   4. Un altro proverbio italiano dice: "Meglio soli che male accompagnati." È d'accordo o no? Perchè?   5. Lei sa quali sono le temperature minime e massime nella Sua città in estate e in inverno?   6. In quale stato abita la maggior parte dei Suoi parenti?   7. Per Lei quest'anno è stato migliore di quello passato?

III.
DIALOGO

Dopo la settimana a Spoleto, i nostri amici si sono trasferiti in un campeggio vicino a Napoli. Il tempo è splendido e ogni giorno i giovani fanno gite in macchina o in motoscafo nei bellissimi dintorni. Per Beppino questa fermata è particolarmente piacevole perchè a Napoli ha finalmente incontrato i nonni materni. Inoltre, per mezzo di un lontano parente (a Napoli le parentele sono molto importanti) il quale lavora a una televisione libera, ha partecipato a un quiz televisivo.

Televisione libera di Napoli

PRESENTATORE: Abbiamo stasera il grandissimo onore di avere con noi il signor Beppino Pepe, americano di origine napoletana, che ha gentilmente accettato di partecipare alla nostra trasmissione. Beppino ci darà prova della sua ottima conoscenza non solo della lingua italiana, ma anche della cultura italiana e . . . napoletana!

Beppino, incominciamo con una domanda facilissima: Chi è il maggiore poeta italiano?

BEPPINO: Dante Alighieri, naturalmente!

PRESENTATORE: Benissimo. E ora sapresti dirmi il nome di uno dei più noti scrittori napoletani del *primo Novecento*?

early 20th century

BEPPINO: Mah, non saprei . . . Un momento: mio nonno me ne ha parlato. Salvatore Di Giacomo!

PRESENTATORE: Sei un cannone! E chi è il più grande commediografo napoletano al giorno d'oggi?

BEPPINO: Eduardo De Filippo; è anche un grande attore. E suo fratello Peppino è bravo quanto lui.

PRESENTATORE: Beppino, sei un vero napoletano. Ti meriti la cittadinanza onoraria di Napoli. Senti, ti piacciono gli spaghetti?

BEPPINO: Certo, mi piacciono moltissimo!

PRESENTATORE: Dimmi la verità, Beppino: dove si mangia meglio, a Napoli o a Firenze?

BEPPINO: È una domanda imbarazzante: la pizza e gli spaghetti *alla pommarola* sono più buoni a Napoli, però le bistecche . . . ecco, le bistecche sono più buone a Firenze!

with fresh tomato sauce

PRESENTATORE: Un'ultima domanda: qual è una canzone napoletana famosa in America quanto in Italia?

BEPPINO: "O sole mio" e anche "Santa Lucia."

PRESENTATORE: Buon sangue non mente!* Sei un vero napoletano, Beppino. Eccoti in premio un album di canzoni napoletane cantate da Roberto Murolo, un libro di poesie di Salvatore Di Giacomo e un invito per te e i tuoi nonni per un pranzo in un notissimo ristorante di Posillipo.**

BEPPINO: Grazie mille. Sono veramente commosso; ricorderò sempre Napoli e i napoletani.

Dialog comprehension check

Rispondere alle seguenti domande.

1. Dopo la settimana a Spoleto, dove sono andati Beppino e i suoi amici?
2. Che cosa fanno i giovani ogni giorno? 3. Chi ha conosciuto a Napoli

---

*Buon sangue non mente (literally, *good blood does not lie*) is an Italian proverb that means that good qualities are carried over from one generation to the other.

**Posillipo is a fashionable hillside district of Naples with a beautiful view of the Gulf of Naples.

Beppino? 4. Come ha potuto partecipare a un quiz televisivo Beppino? 5. Di che cosa deve dare prova Beppino? 6. Chi è Salvatore Di Giacomo? 7. Chi è Eduardo De Filippo? 8. Qual è la domanda che Beppino considera imbarazzante? 9. Che cosa risponde? 10. Quali premi riceve Beppino?

IV.
ESERCIZI DI RICAPITOLAZIONE

a. *How well would you do on a TV quiz show? The answers are at the bottom of the page.*

1. Qual è il giorno più lungo dell'anno? 2. Qual è il mese più breve dell'anno? 3. È più grande il Texas o l'Arizona? 4. In quale stato è la montagna più alta degli Stati Uniti? 5. Qual è la città più grande d'Italia? 6. Qual è la città più grande del mondo? 7. Qual è l'opera più famosa di Dante?

b. *Vogliamo fare un lungo viaggio:*
qual è il mezzo di trasporto più caro? più snob? più sano (healthy)? più pericoloso (dangerous)? più rumoroso?

c. *Express in Italian.*

1. I don't understand. I eat less than you and I'm fatter! 2. It's the most boring book of all those I've read in the past two years. It is more boring than the telephone directory (**elenco telefonico**)! 3. Which is the least expensive store in the neighborhood? 4. The wine was excellent, but you should not have served it so cold. 5. We see her very often. 6. It would have been better to wait another hour. 7. You made a big mistake in the easiest part of the exercise.

d. *Conversazione.*

1. Ha mai partecipato a un quiz televisivo? Le piacerebbe partecipare? 2. Conosce qualcuno che ha partecipato e che ha avuto un premio? 3. Quali sono i Suoi programmi preferiti alla televisione? 4. In quale giorno della settimana ci sono i programmi migliori? 5. Quali programmi televisivi Le piacerebbe eliminare?

V.
LETTURA CULTURALE: LA TELEVISIONE IN ITALIA

Dal 1954 la televisione italiana occupa un posto importante in quasi ogni casa, da quelle più ricche alle più modeste. A differenza dell'America dove la maggior parte dei programmi sono finanziati dalle ditte che fanno la pubblicità, in Italia

1. il 21 giugno 2. febbraio 3. il Texas 4. in California 5. Roma 6. Tokyo 7. la Divina Commedia

la TV, come la radio (RAI/TV), è finanziata dallo stato e dagli *abbonati*. Tutti quelli che hanno una radio o un televisore pagano una tassa annua. La pubblicità è limitata e un programma non è interrotto da inviti a comprare questo o quel prodotto. Le trasmissioni che vanno *in onda* su tre *reti* non hanno la varietà e la frequenza della televisione americana che ha più *canali*, ma i nuovi programmi aumentano, mentre quelli vecchi di incontestabile popolarità continuano a divertire il pubblico.

    Un programma di grande successo *ha preso lo spunto* dai telequiz americani; si chiama *Lascia o raddoppia*. Il popolare presentatore è Mike Bongiorno, un italo-americano che ha avuto per primo l'idea di presentare il telequiz in Italia, *indovinando* l'entusiastica *accoglienza* del pubblico.

    Alcuni programmi sono trasmessi dall'*estero* (Svizzera, Capodistria, Montecarlo), ma la vera *concorrenza* all'attenzione del pubblico italiano è cominciata con la creazione delle *TV libere*. Diversi organizzatori privati hanno i loro studi televisivi e presentano spettacoli in varie località d'Italia. Questi sono programmi locali che possono piacere molto a spettatori di una regione e non di un'altra: un programma preparato a Napoli non avrà mai fortuna a Trieste, o quello che piace a Catania può non piacere ad ascoltatori romani e così via. Ma questa concorrenza potrà solo stimolare la forza *creatrice* della televisione: migliori programmi ne dovrebbero risultare e il pubblico avrà maggiore possibilità di scelta.

viewers (subscribers)

on the air / channels (networks) channels

was spurred Leave it or double it (double or nothing) guessing / reception abroad competition

creative

Reading comprehension check

a. Completate.

    1. In America la televisione è finanziata da ditte private, mentre in Italia . . .
    2. In Italia la pubblicità non interrompe un film, ma in America . . .   3. In Italia ci sono solo tre canali, mentre in America . . .   4. Ci sono alcuni programmi trasmessi dall'estero, da . . .   5. La concorrenza ai programmi della televisione statale viene da . . .

b. Elaborate con una frase completa.

    1. *Lascia o raddoppia*   2. *TV libere*   3. Migliori programmi   4. Mike Bongiorno   5. La pubblicità in televisione

CURIOSITÀ

SIGNORE

    Lo sapevate che la parola **signore** è in realtà un comparativo? **Signore** deriva dal comparativo latino *senior* che significa più vecchio. In Italia come in America, *senior* (abbreviato in sr.) e il suo contrario *junior* (abbreviato in jr.) sono usati per distinguere due membri della stessa famiglia che hanno lo stesso nome ma età diversa: come, ad esempio, Luigi Barzini jr., per distinguerlo dal padre con lo stesso nome.

    L'uso è limitato ai nomi di personaggi contemporanei; per i nomi storici si preferisce dire **il vecchio** e **il giovane** (Plinio il Vecchio, Plinio il Giovane).

(Leonard Speier)

(L'Europeo)

regia di Malcom
Taylor. Rai 2.

21.50 Primo piano. F
settimanale su fatt
idee dei nostri gio
a cura di Stefano
Munafò e Ivan Pa
Rai 2.

22.00 Dolly. Appunta
quindicinale con il
cinema, a cura di
Claudio G. Fava e
Sandro Spina. Rai

22.30 Tribuna sinda
a cura di Jader J
trasmissione del
Rai 1.

CAPODISTRIA

20.45 Mezzogic
di Fred Zin
Gary Coor
Kelly (19

MONTEC

21.00

(Leonard Speier)

(Italian Government Travel Office)

(RAI-Radiotelevisione Italiana)

VI.
PAROLE DA RICORDARE

VERBS

accettare (**di** + infinitive)   to accept
*cadere   to fall
fare bene a   to be good for
mentire   to lie
partecipare a   to participate in
stare attento a + infinitive   to be
  careful to, watch out for
trasferirsi (isc)   to move

NOUNS

attore, attrice   actor, actress
bistecca   steak
bugia   lie
cannone (m)   cannon; ace,
  champion, whiz
cittadinanza   citizenship
commediografo   playwright
conoscenza   knowledge
cultura   culture

dintorni (m. pl.)   surroundings
fermata   stop
frontiera   border
invito   invitation
isola   island
motoscafo   motorboat
parentela   relationship
poesia   poem
poeta (m)   poet
premio   prize
prova   proof, evidence
sangue (m)   blood
sapore (m)   taste
scrittore (m)   writer
trasmissione (f)   telecast
veleno   poison
zucchero   sugar

ADJECTIVES

astemio   teetotaler
commosso   moved

dolce   sweet
imbarazzante   embarrassing
lontano   distant, far
materno   maternal
noto   well known
ottimo   excellent
piacevole   pleasant
pittoresco   picturesque
probabile   probable
prossimo   next
rumoroso   noisy
televisivo   televised

OTHERS

Buon divertimento!   Have fun!
fino a   as far as
inoltre   also, in addition
naturalmente   naturally
particolarmente   particularly
per mezzo di   through

I. INCHIESTA

È d'accordo o no con le seguenti affermazioni?

1. Dovremmo abbandonare agi e comodità per tornare a vivere più semplicemente e in modo naturale.
2. Non dobbiamo invidiare i ricchi. Hanno più problemi dei poveri.
3. L'onore della famiglia è più importante dei diritti e degli interessi dei singoli familiari.
4. È sempre meglio favorire un parente che un estraneo nella carriera o negli affari.
5. Abbiamo bisogno di uomini politici più decisi e energici.
6. Bisogna avere meno pretese (*demands*) e lavorare di più.
7. Le persone più capaci devono avere più potere e responsabilità degli altri.
8. Bisognerebbe introdurre la pena di morte (*death penalty*) per i casi più gravi.

Choose one or two issues and write a short paragraph defending your opinion.

II. STORIELLE UMORISTICHE

Esaminare attentamente la seguente striscia e poi raccontare la storia.

Vocabolario essenziale: ritornare a casa; avere una grossa scatola; sembrare contenta; mostrare il vestito al marito; guardare il cartellino del prezzo; essere rassicurato; fare un complimento.

CAPITOLO 16

I.
OBIETTIVI

Culture

The **lettura culturale** of this chapter describes Italy's largest island, **la Sicilia,** and its past and present.

Grammar

This chapter introduces another past tense, the **passato semplice,** and compares its usage with that of the other two tenses of the past that you have studied: the **passato composto** and the **imperfetto.** You will also learn a compound tense, the **trapassato remoto.** Finally, you will learn the various uses of the definite article in Italian.

II. GRAMMATICA

A. The *passato semplice*

UMBERTO: Cesare, sei mai stato in Sicilia?

CESARE: Sì, ci andai una volta molti anni fa . . . a trovare i miei nonni. Scoprii che avevo tanti parenti in Sicilia: zii, cugini. Furono tutti così gentili con me!

UMBERTO: E allora perchè non ci sei più tornato?

CESARE: Perchè quell'anno ci fu un'eruzione dell'Etna. Ebbi una paura!

1. *È mai stato in Sicilia Cesare?*
2. *Ha parenti in Sicilia Cesare?*
3. *Come furono con lui?*
4. *Perchè ebbe paura Cesare?*

1. The **passato semplice** *(I sang, I did sing)* is a past tense reporting an action completed in the past. Unlike the **passato composto**, the **passato semplice** is a simple past tense consisting of one word. It is formed by adding the characteristic vowel of the verb to the infinitive stem plus the appropriate endings (except for the third person singular of **-are** verbs).

CANTARE		CREDERE		FINIRE	
cantai	I sang	credei (credetti)	I believed	finii	I finished
cantasti	you sang	credesti	you believed	finisti	you finished
cantò	he, she, it sang	credè (credette)	he, she, it believed	finì	he, she, it finished
cantammo	we sang	credemmo	we believed	finimmo	we finished
cantaste	you sang	credeste	you believed	finiste	you finished
cantarono	they sang	crederono (credettero)	they believed	finirono	they finished

UMBERTO: Cesare, have you ever been to Sicily? CESARE: Yes, I went there once many years ago . . . to see my grandparents. I found out I had lots of relatives in Sicily—uncles, cousins. They were all so kind to me! UMBERTO: Why haven't you gone back, then? CESARE: Because that year there was an eruption of Mount Aetna. Was I scared!

Many regular verbs of the second conjugation have alternate endings for the first person singular and the third person singular and plural.

Chiamai il cameriere e pagai il conto.	I called the waiter and paid the bill.
Riceverono (ricevettero) la mia lettera dopo due settimane.	They received my letter after two weeks.
Quell'anno Aldo passò le vacanze alle Hawaii e si divertì molto.	That year Aldo spent his vacation in Hawaii and had a great time.

2. The **passato semplice** of **essere, dare, dire, fare,** and **stare** is irregular in all persons.

ESSERE	DARE	DIRE	FARE	STARE
fui	**diedi**	**dissi**	**feci**	**stetti**
fosti	**desti**	**dicesti**	**facesti**	**stesti**
fu	**diede**	**disse**	**fece**	**stette**
fummo	**demmo**	**dicemmo**	**facemmo**	**stemmo**
foste	**deste**	**diceste**	**faceste**	**steste**
furono	**diedero**	**dissero**	**fecero**	**stettero**

3. Many other Italian verbs are irregular in the **passato semplice**. Most of them are **-ere** verbs and follow a 1-3-3 pattern: the irregularity occurs only in the first person singular and the third person singular and plural.

	AVERE	
(1)	**ebbi**	irregular stem **(ebb)** plus **-i**
	avesti	
(3)	**ebbe**	irregular stem **(ebb)** plus **-e**
	avemmo	
	aveste	
(3)	**ebbero**	irregular stem **(ebb)** plus **-ero**

The most common verbs following the 1-3-3 pattern are:

avere	**ebbi**	prendere	**presi**
chiedere	**chiesi**	rispondere	**risposi**
conoscere	**conobbi**	scrivere	**scrissi**
decidere	**decisi**	succedere	**successi**
leggere	**lessi**	vedere	**vidi**
mettere	**misi**	venire	**venni**
nascere	**nacqui**	vivere	**vissi**

Esercizi

a. Replace the subject with each word or phrase in parentheses and change the verb accordingly. Make any other necessary changes.

1. Io visitai le mostre più importanti. (i turisti, anche noi, Giuliana, voi)
2. Le offrimmo delle rose. (il dottore, i bambini, io, tu)   3. Prendesti il caffè al bar. (noi, Guido, i signori, anch'io)   4. Feci colazione tardi. (le ragazze, lo zio Giovanni, tu ed io, tu)   5. Ebbero fortuna e diventarono ricchi. (Salvatore, noi, voi due)   6. La nonna fu contenta di vederli. (io, noi, tutti, anche tu)

*b. Replace the **passato composto** with the **passato semplice**.*

Esempio: Quando ha ricevuto la mia lettera, ha risposto subito.
       Quando ricevette la mia lettera, rispose subito.

1. Abbiamo cercato di entrare ma non abbiamo potuto.   2. Ha aperto la finestra e ha guardato fuori.   3. Hanno avuto molti problemi dopo che si sono sposati.   4. Dove è nato e dove è morto Dante?   5. Non hanno preso l'autobus; sono venuti a piedi.   6. Chi ha dato la festa in onore di Beppino?

— Non fu facile trovare la mia strada nella vita...

*c. Substitute the **passato composto** for the **passato semplice**.*

1. Le nostre amiche arrivarono stanchissime.   2. Dovetti andare via per alcuni giorni e non potei informarti.   3. Lo diceste a tutti.   4. Nessuno ci diede una mano.   5. La pagasti pochissimo.   6. Non videro niente di bello.   7. Lessi molti romanzi quell'inverno.   8. Sai dove misero le chiavi?   9. La conobbe in casa di amici.   10. Tutti stettero a casa quel week-end.

d. *Qualche domanda di storia e di cultura generale* . . . *(The answers are at the bottom of the page.)*

1. In che anno scoprì (**scoprire:** *to discover*) l'America Cristoforo Colombo? 2. Chi fu il primo presidente americano? 3. In che anno ci fu la grande crisi economica in America? 4. La Ford nacque prima della Fiat o dopo la Fiat? 5. Chi disse "La sola cosa di cui dobbiamo aver paura è la paura stessa"? 6. Chi scrisse l'*Amleto?* 7. Quale grande pittore italiano fece il celebre ritratto di Monna Lisa? 8. Quale altro grande pittore italiano affrescò la Cappella Sistina? 9. Chi scoprì la legge della gravità? 10. Quanti anni dormì Rip Van Winkle?

e. *Rewrite the following anecdote by changing the verbs from the present to the **passato semplice**. Leave the direct quotations in the present tense.*

Una *coppia* aristocratica — couple

Due signori di *mezz'età* arrivano in un albergo di montagna e chiedono una camera. "Mi dispiace", dice loro il proprietario dell'albergo, "ma *siamo al completo.*" I due insistono per *ottenere una sistemazione* almeno per quella notte e *promettono* una mancia generosa. L'albergatore ha finalmente un'idea. "Io ho le chiavi della chiesa del paese, di cui sono custode" dice. "Questa notte i signori potrebbero dormire là, nella stanza dove dorme *il curato* quando viene per le funzioni . . ."

middle-aged

we are filled up
to obtain /
    accommodations
promise

parish priest

I due signori accettano volentieri.

Il giorno dopo, di mattina presto, *le campane* della chiesa cominciano a suonare. "Vai a vedere cosa succede!" ordina l'albergatore a una cameriera. Questa torna poco dopo e spiega: "Sono i signori della chiesa: hanno suonato per ordinare la colazione."

bells

din   don   dan

— Mamma, e quando il povero contadino
sposò la principessa, che modifiche socia-
li ci furono nella struttura del suo paese?

B. Comparison of *passato composto, passato semplice,* and *imperfetto*

Due uomini viaggiavano insieme. Uno trovò una scure e l'altro disse:
"Abbiamo trovato una scure." "No", osservò il primo, "perchè dici
abbiamo trovato? Devi dire *hai trovato.*" Poco dopo si videro inseguiti da quelli che avevano perduto la scure, e quello che l'aveva
disse al compagno, "Siamo rovinati!" "Non devi dire *siamo* rovinati", rispose il compagno, "devi dire *sono* rovinato."

1. *Che cosa facevano i due uomini?*
2. *Che cosa trovò uno dei due?*
3. *Da chi si videro inseguiti i due?*
4. *Chi dei due uomini avrebbe dovuto dire "Sono rovinato?"*

1. There is no difference in meaning between the **passato composto** and the
passato semplice. Both express a past action, but there are differences in
usage. If the action occurred in the past (last year, three months ago, the
other day) and is completely finished, that is, has no reference to the
present, the **passato semplice** should be used.

Two men were traveling together. One found an axe and the other said, "We've found an
axe." "No," said the first, "why do you say *we've* found? You should say *you've* found."
Soon afterward they found themselves pursued by those who had lost the axe, and the one
who had it said to his partner: "We are in trouble!" "You shouldn't say *we're* in trouble," re-
plied his partner, "you should say *I'm* in trouble."

L'anno scorso **andai** a Londra.   Last year *I went* to London.
Dante **morì** nel 1321.   Dante *died* in 1321.

If the action took place during a period of time which is not yet over (today, this month, this year), or if the effects of the action are continuing into the present, the **passato composto** should be used.

Oggi **ho studiato.**   Today *I studied.*
In questo mese **ho guadagnato** molto.   This month *I've earned* a lot.
Dio **ha creato** il mondo.   God *created* the world.

2. Those are the formal rules, but in modern Italian the **passato semplice** is seldom used in conversation except in certain areas of the country. However, it is commonly used in writing to narrate historical events, the lives of people who are no longer living, fables, tales, and the like. The **passato composto** is the tense used in spoken Italian to express a past action with or without reference to the present.

3. To describe a habitual action or an ongoing action in the past, the **imperfetto** is used with the **passato semplice** exactly as it is used with the **passato composto.**

Non **comprai** la borsa perchè non   I didn't buy the purse because I
  avevo abbastanza soldi.   didn't have enough money.
Arrivammo alla stazione mentre   We got to the station while the
  il treno **partiva.**   train was leaving.
Mi **chiesero** se **volevo** guardare They asked me if I wanted to
  la televisione.   watch TV.
Mi **hanno chiesto** come **stavo.**   They asked me how I was.

Esercizi

a. Replace the subject with each word or phrase in parentheses and make all other necessary changes.

1. Non si fermò perchè aveva fretta. (noi, voi, tu, io)   2. Gli telefonarono perchè volevano parlargli. (l'avvocato, tu, noi, io)   3. Sentimmo il campanello quando eravamo a tavola. (io, loro, la signora, voi)   4. Non le scrissi perchè non ricordavo il suo indirizzo. (noi, tu, loro, lui)   5. Luigi disse che non poteva venire. (i miei amici, io, noi, tu)   6. Non mangiaste molto perchè non vi sentivate bene. (le bambine, la bambina, io, noi)

*b. Restate each sentence in the past, using first the **passato composto** plus the imperfetto, then the **passato semplice** plus the **imperfetto.***

Esempio: Non esco perchè sono stanca.
          Non sono uscita perchè ero stanca.
          Non uscii perchè ero stanca.

1. Gli chiedo quanti anni ha.   2. Mi risponde che non vuole dirmelo.
3. Non andiamo alla festa perchè non abbiamo niente da metterci.   4. Non

mangiano gelati perchè sono a dieta *(on a diet).*   5. Luisa dice che si annoia.
6. Mi domandate perchè sto sempre zitto.

c. *In the following anecdote, put the verbs in parentheses in the* **imperfetto** *or the* **passato semplice,** *as needed.*

Un'idea luminosa   *a bright idea*

Un giorno, Bridges, famoso organista e compositore
inglese, (trovarsi) a *Mosca* col suo amico romanziere Player.   *Moscow*
    I due (dovere) andare a Pietroburgo e dato che (essere)
già tardi, (prendere) una carrozza e (gridare) al *cocchiere* di   *coachman*
portarli alla stazione. Ma il cocchiere non (capire) una
parola d'inglese, e loro non (conoscere) il russo. Finalmente (avere) un'idea luminosa. Uno (cominciare) a fare
con la bocca il rumore di un treno che parte, mentre l'altro
(fischiare) con tutta la sua forza. Il cocchiere (fare) segno   *to whistle*
d'aver capito e *(spronare)* il cavallo. "È stata una bella idea,   *to spur*
la nostra"! (esclamare) Player. "Oh, era una cosa tanto
semplice"! (dire) Bridge, tutto soddisfatto. Dieci minuti
dopo, la carrozza (fermarsi) davanti a un *manicomio.*   *asylum*

C.   The *trapassato remoto*

LUISA: Giovanna, dove si stabilirono i tuoi genitori
    dopo che furono arrivati negli Stati Uniti?
GIOVANNA: Andarono a Chicago dove mio padre ha
    dei parenti.
LUISA: Ma ora abitano in Florida, vero?
GIOVANNA: Sì, appena mio padre ebbe fatto fortuna,
    comprò una casa a Palm Beach e ci sta
    ancora.

1. *In quale città americana si stabilirono i genitori di
   Giovanna e perchè?*
2. *Dove abitano ora?*
3. *Quando comprò la casa il padre di Giovanna?*

    You have already learned a tense called the **trapassato: avevo cantato**
(I had sung), **erano venuti** *(they had come).* Italian has another **trapassato,**

LUISA: Giovanna, where did your parents settle after they arrived in the United States?
GIOVANNA: They went to Chicago where my father has some relatives.   LUISA: But now
they're living in Florida, right?   GIOVANNA: Yes, they are. As soon as my father had made
his fortune, he bought a house in Palm Beach and he still lives there.

the **trapassato remoto,** which is formed with the **passato semplice** of **avere** or **essere** plus the past participle of the verb.

VERBS CONJUGATED WITH AVERE	VERBS CONJUGATED WITH ESSERE
ebbi	fui
avesti	fosti
ebbe	fu partito(a)
avemmo } cantato	fummo
aveste	foste partiti(e)
ẹbbero	fụrono

The **trapassato remoto,** like the **trapassato,** corresponds to the English past perfect: *I had sung; I had left.* It is used only in clauses introduced by conjunctions of time such as **quando, dopo che,** and **appena** and only if the verb in the main clause is in the **passato semplice.** Both conditions have to be met for the **trapassato remoto** to be used; otherwise, the **trapassato** is used. The use of the **trapassato remoto** is very limited and is confined mostly to formal narrative.

Quando ebbe finito di cantare, gli spettatori lo applaudirono.	When he had finished singing, the spectators applauded him.
Appena la mamma fu uscita, i bambini mangiarono la torta.	As soon as the mother had left, the children ate the cake.
Avevo fame perchè avevo mangiato poco a colazione.	I was hungry because I had eaten little for breakfast.

Esercizi

a. Restate each sentence, substituting **dopo che** *plus the* **trapassato remoto** *for* **dopo** *plus the infinitive construction.*

Esempio: Dopo aver ascoltato il telegiornale *(TV news),* uscì.
Dopo che ebbe ascoltato il telegiornale, uscì.

1. Dopo aver finito di lavorare, scrisse delle lettere.   2. Dopo aver mangiato, guardarono la televisione.   3. Dopo aver guardato la televisione, giocarono a carte.   4. Dopo aver preso il caffè, telefonai alla mia amica.   5. Dopo aver fatto gli esercizi, andammo al cinema.

b. Supply either the **trapassato** *or the* **trapassato remoto** *of the verb in parentheses.*

1. Ritornai a casa dopo che _____(parlare) all'avvocato.   2. Nessuno _____ (credere) alla notizia pubblicata dai giornali.   3. Luigi _____ (cominciare) a mangiare quando suonò il telefono.   4. Non andammo al cinema perchè _____(vedere) lo stesso film un anno prima.   5. Appena _____(finire) il loro lavoro, partirono per un lungo viaggio.   6. Dopo che il treno _____ (fermarsi), tutti i viaggiatori *(travelers)* scesero *(got off).*   7. Gli diedi i

libri che mi ____(chiedere).   8. Appena ____(svegliarsi), si alzarono.
9. Dopo che ____(fare) colazione, uscivamo.   10. Non ti telefonai perchè
____(perdere) il tuo numero telefonico.

c. Use each set of words to form a sentence in a past tense.

1. Appena/l'aereo/decollare *(to take off,* conjugated with essere)/i passeggeri/
potere/fumare.   2. Quando/Emilia/finire di/lavare i piatti/li/asciugare *(today).*
3. Appena/arrivare all'albergo/le due ragazze/fare la doccia/e cambiarsi.
4. Dopo che/sposarsi/Giancarlo e Anna/andare a vivere/in un piccolo appartamento.   5. Appena/laurearsi/Gabriella/trovare un lavoro/alla Banca d'America e d'Italia.

d. Express in Italian.

1. After he had graduated, Dario looked for a job.   2. As soon as I had said
these words, I left the room.   3. They bought a house after they had made
their fortune.   4. She was thirsty because she had ridden her bicycle all day.

— ...E dopo aver abbandonato questo mondo meccanico e inquinato
per una vita salutare e libera, essi
vissero felici e contenti!

D.   Uses of the definite article

UN SIGNORE ITALIANO: Le piace l'Italia, signorina?
SHIRLEY: Sì, l'Italia è un gran bel paese e gli italiani sono molto
        simpatici.
SIGNORE: Da quanto tempo è in Italia, signorina?
SHIRLEY: Da un mese e domani devo partire. Il tempo è passato così
        in fretta!

1. *Cosa dice dell'Italia e degli italiani Shirley?*
2. *Da quanto tempo è in Italia Shirley?*
3. *Come è passato il tempo per Shirley?*

AN ITALIAN GENTLEMAN: Do you like Italy, Miss?   SHIRLEY: Yes, Italy is a very beautiful
country, and the Italians are very nice.   GENTLEMAN: How long have you been in Italy,
Miss?   SHIRLEY: One month, and tomorrow I must leave. Time has gone by so fast!

1. You recall that unlike English, the definite article is used in Italian with proper names preceded by a title or an adjective (**il** signor Neri; **il** piccolo Franco) and before the names of languages (Ho dimenticato **il** francese.) It is also used with possessive forms (Ecco **la mia** casa!), geographical names (Visiteremo l'Italia e **la** Francia.), and days of the week (singular form) to indicate a routine event (**Il** martedì ho lezione di matematica.), and dates (Oggi è **il** 4 dicembre.).

2. The definite article is also used before nouns that are used in a general sense or to indicate a whole category, while English often omits the article.

La generosità è una virtù.	*Generosity* is a virtue.
L'amore vince tutto.	*Love* conquers all.
A molti non piacciono **gli spinaci.**	Many people don't like *spinach.*
La frutta è cara quest'anno.	*Fruit* is expensive this year.

To express a partitive idea, however, a form of the partitive is used, or no article at all.

Gli amici sono importanti. (all friends: general statement)	*Friends* are important.
Ho **(degli) amici** in California (some friends: partitive idea)	I have *(some) friends* in California.

3. The definite article (instead of the possessive adjective as in English) is used with parts of the body or items of clothing, provided there is no ambiguity as to the possessor.

Quando ho freddo **ai piedi,** mi metto **le calze.**	When *my feet* are cold, I put on *my socks.*
I bambini si lavano **le mani.**	The children are washing *their hands.*
Perchè hai alzato **la mano?**	Why did you raise *your hand?*

4. The definite article is often used before the last names of famous people.

La Loren è sposata con Carlo Ponti.	*Miss Loren* is married to Carlo Ponti.
Il Petrarca fu un famoso poeta del secolo XIV.	*Petrarch* was a famous poet of the fourteenth century.

Esercizi

a. Supply the missing word (an article, a preposition, or a preposition plus an article).

1. Ci siamo lavati _____ capelli.   2. Conoscete _____ dottor Spock?
3. Vanno sempre _____ cinema _____ domenica.   4. Dovresti imparare
_____ spagnolo se vuoi studiare _____ Messico.   5. _____ caffè mi tiene
sveglio *(awake)*.   6. _____ soldi sono importanti, ma non sono tutto!
7. Mettetevi _____ guanti se avete freddo _____ mani!   8. Cosa succede
_____ fine del romanzo?

—*Avevo sempre freddo ai piedi e allora ho trovato il rimedio.*

b. Express in Italian.

1. Where did you meet Professor Fermi? In Sicily or in Rome?   2. I prefer
trains to planes. They cost less and are safer! *(safe:* **sicuro***)*   3. Did you know
that Pat likes only red roses?   4. Do Italian children go to school on Satur-
days?   5. Do young people work hard **(lavorare sodo)** in the United States?
6. Mount Everest **(l'Everest)** is the highest mountain in the world.   7. Most
Americans drink coffee.   8. You ought to wash your hands!   9. I don't
like museums. I don't want to see another museum for the rest of my life!
10. He used to have original ideas. Now he thinks like all the others!

c. Fare una lista:

1. quattro cose che amo   2. quattro cose che odio   3. due cose che lavo
ogni giorno   4. due cose che mi lavo ogni giorno

III.
DIALOGO

Chiaro di luna a Taormina

Dopo quindici giorni agli scavi archeologici di
Metaponto, Geraldine è partita per la Sicilia e a

Catania ha conosciuto un ragazzo siciliano che studia
lettere e scrive poesie.

Oggi Geraldine e Salvatore sono andati insieme
a Taormina, e verso sera sono saliti fino all'anfiteatro
greco-romano.

GERALDINE: Che panorama incantevole! Sembra proprio *un*   *a fairyland*
paesaggio da fiaba.

SALVATORE: Mia cara, la Sicilia è un paese di fiabe e di tragedie.
E io stasera vorrei raccontarti una piccola fiaba. Vuoi
sentirla?

GERALDINE: Volentieri. Ma dimmi: finisce bene o male?

SALVATORE: Le fiabe di solito finiscono bene; ma questa, non so.
La fine dovrai sceglierla tu . . . E ora ascoltami! C'era
una volta una principessa bionda che viveva in un
paese lontano lontano. Aveva un carattere allegro
e voleva conoscere il mondo. Così un giorno salì su
una grande aquila e attraversò l'oceano. Arrivò in
un'isola dove la gente era molto diversa ma, per
fortuna, parlava una lingua che lei aveva imparato da
bambina. Nell'isola incontrò un giovane nè bello nè
brutto, un po' timido, che passava il tempo a leggere
grossi libri. Il giovane s'innamorò di lei ma non
aveva il coraggio di dirglielo. E intanto il tempo
passava. . . Come finisce la fiaba, Geraldine? La
bella principessa tornò al suo paese e il giovane
restò triste e solo con i suoi libri. . . o la fanciulla
ricambiò il suo amore e i due si sposarono, ebbero
tanti bambini e vissero felici e contenti per tutta la
vita?

GERALDINE: Mio caro Salvatore, la tua fiaba è molto romantica e
va bene per questa notte di luna; ma domani, chissà,
forse ci rideremo sopra tutt'e due!

Dialog comprehension check

Rispondere alle seguenti domande.

1. Chi è Salvatore? 2. Dove si sono conosciuti Salvatore e Geraldine?
3. Dove sono andati una sera? 4. Che cosa ha raccontato a Geraldine Salvatore? 5. Chi sono i protagonisti della fiaba di Salvatore? 6. In quanti e
quali modi finisce la fiaba di Salvatore? 7. Che cosa faranno forse domani
Salvatore e Geraldine quando penseranno alla fiaba?

IV.
ESERCIZI DI RICAPITOLAZIONE

*a. Express in Italian, using both the **passato semplice** and the **passato composto** with the **imperfetto** (the **passato semplice** for remote events, the **passato composto** for more recent events).*

When he was twenty, John went to Italy for the first time and spent a month in Sicily. One day, while he was in Taormina, he met Teresa, a Sicilian girl who was teaching in an elementary school. The two young people fell in love and soon after got married and left for the United States.

Recently they went back to live in Italy and settled in Catania. When they lived in New York, they missed (*to miss:* **avere nostalgia di**) Italy, but now that they are in Italy, they miss America!

*b. Rephrase each sentence using **dopo che** plus the **trapassato remoto**.*

Esempio: Prima feci il bagno; poi mangiai.
Mangiai dopo che ebbi fatto il bagno.

1. Prima finirono il compito; poi guardarono la televisione. 2. Prima si trovò un lavoro; poi si comprò una moto. 3. Prima presi la laurea; poi mi sposai. 4. Prima pulisti la casa; poi uscisti con me. 5. Prima ci vestimmo; poi ci pettinammo. 6. Prima le telefonaste; poi andaste a trovarla.

c. Conversazione.

1. Lei preferisce le storie che finiscono bene o quelle che finiscono male? 2. Come finiscono di solito le fiabe? E i film di Hollywood? E le tragedie greche? 3. Quale fine sceglierebbe Lei per la fiaba di Salvatore? 4. Le storie romantiche vanno meglio per le notti di luna o i giorni di sole? 5. Cosa sarebbe meglio leggere in un giorno di pioggia?

V.
LETTURA CULTURALE: LA SICILIA

Delle due grandi isole italiane, la Sicilia e la Sardegna, è la prima che è più vicina alla penisola *sia* geograficamente *che* storicamente. La sua storia è caratterizzata da una serie di dominazioni straniere, a cominciare da quella dei greci che trapiantarono qui la loro raffinata cultura. Dopo i greci vennero i romani, i bizantini e gli arabi che la occuparono per 200 anni, fino alla conquista normanna dell'undicesimo secolo. In questo periodo la Sicilia *acquistò* grande fama come centro culturale. Durante il *regno* dell'*imperatore* normanno Federico II, la città di Palermo non era seconda a nessuna per lo splendore della sua corte. I poeti della Scuola Siciliana ebbero un enorme influsso sulla poesia successiva e sul gusto medioevale.

both . . . and

acquired
reign / emperor

Il *filone* letterario non terminò *col Medioevo:* scrittori siciliani moderni come Giovanni Verga, Luigi Pirandello e Leonardo Sciascia hanno dimostrato e continuano a dimostrare originalità di stile e di *pensiero*.

vein / Middle Ages

thought

Visitare la Sicilia è viaggiare nel tempo. Ogni civiltà ha lasciato tracce profonde e *incancellabili* e il patrimonio artistico dell'isola è uno dei più ricchi d'Italia.

indelible

Reading comprehension check

a. Vero o no? Spiegate se non è vero.

1. La Sicilia è più lontana dall'Italia della Sardegna.   2. I greci arrivarono in Sicilia dopo i romani.   3. Agli arabi seguirono i normanni.   4. La corte di Federico II era a Palermo.

b. Elaborate con una frase completa.

1. "Scuola Siciliana"   2. Dominazioni straniere   3. Luigi Pirandello   4. Patrimonio artistico

Tuna fish packing factory, Trapani (Leonard Freed/Magnum)

Teatro Greco,
Taormina (Italian
Government Travel
Office)

(Leonard Freed/Magnum)

(Leonard Freed/Magnum)

(Leonard Freed/Magnum)

VI.
PAROLE DA RICORDARE

VERBS

attraversare   to cross
fare fortuna   to make one's fortune
inseguire   to chase, pursue
osservare   to observe, to say
passare il tempo a + infinitive   to spend one's time doing something
rịdere   to laugh
   ridere sopra a   to laugh about
ricambiare   to reciprocate
scẹgliere (p.p. **scelto**)   to choose

scoprire   to discover
stabilirsi   to settle

NOUNS

anfiteatro   amphitheater
ạquila   eagle
carạttere (m)   disposition
chiaro di luna   moonlight
eruzione (f)   eruption
fiaba   fairy tale
ocẹano   ocean
paesaggio   landscape
paese (m)   country; village

panorama (m)   panorama, view
tragedia   tragedy

ADJECTIVES

allegro   cheerful; lively
incantẹvole   enchanting
rovinato   ruined; in trouble

OTHERS

intanto   in the meantime
per fortuna   fortunately
poco dopo   soon after

I. LE PIACE LEGGERE?

Indicare la risposta corretta per ogni categoria.

Mi piacciono	moltissimo	molto	discretamente	poco	niente
1. i romanzi d'amore					
2. i romanzi d'avventure					
3. le autobiografie					
4. le storie vere					
5. le favole					
6. le commedie					
7. i fumetti (*comic strips*)					

Confrontare le risposte con quelle degli altri studenti e indicare le tre categorie più popolari e le tre categorie meno popolari.

II. NEL REGNO DELLA FANTASIA

Scrivere una nuova versione di una favola, leggenda o mito che tutti conoscono. Cambiare il punto di vista tradizionale. Per esempio: 1. Cappuccetto Rosso, dal punto di vista del lupo.   2. Adamo ed Eva, dal punto di vista del serpente.   3. Romeo e Giulietta, dal punto di vista dei genitori. 4. Biancaneve, dal punto di vista della matrigna (*stepmother*).   5. Cenerentola (*Cinderella*), dal punto di vista delle sorelle.

— ...e immaginatevi il ribrezzo che provò il ranocchio ad **essere trasformato** in principe...

ribrezzo: disgust
ranocchio: frog

CAPITOLO 17

I.
OBIETTIVI

Culture

The **Lettura culturale** of this chapter describes the lively Italian political scene and the many parties that represent the political spectrum from left to right.

Grammar

You will learn the subjunctive mood in the present and past tenses. The tenses you have learned so far are those of the *indicative* mood, which expresses fact. The subjunctive mood expresses uncertainty, doubt, possibility, and emotion. This chapter also treats some nouns and adjectives that end in **-a.**

II. GRAMMATICA

A.   The present subjunctive

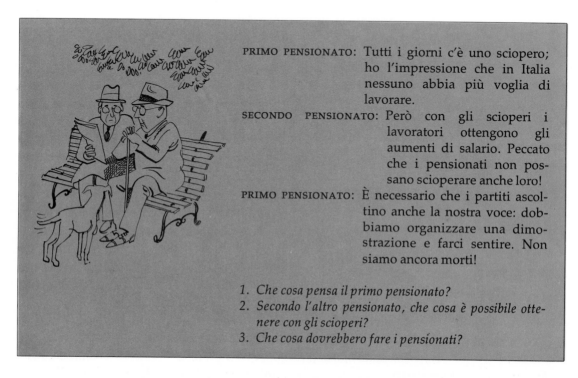

PRIMO PENSIONATO: Tutti i giorni c'è uno sciopero; ho l'impressione che in Italia nessuno abbia più voglia di lavorare.

SECONDO PENSIONATO: Però con gli scioperi i lavoratori ottengono gli aumenti di salario. Peccato che i pensionati non possano scioperare anche loro!

PRIMO PENSIONATO: È necessario che i partiti ascoltino anche la nostra voce: dobbiamo organizzare una dimostrazione e farci sentire. Non siamo ancora morti!

1. *Che cosa pensa il primo pensionato?*
2. *Secondo l'altro pensionato, che cosa è possibile ottenere con gli scioperi?*
3. *Che cosa dovrebbero fare i pensionati?*

1.   All the tenses you have learned so far (except for the tenses of the conditional) belong to the *indicative* mood. The indicative mood states fact; it conveys an idea of certainty or objectivity: **canto, ho cantato, canterò.** The *subjunctive* mood, introduced in this chapter, expresses uncertainty, doubt, possibility, or personal feelings rather than fact. It conveys the opinions and attitudes of the speaker. The subjunctive is seldom used independently; it is generally preceded by a main (independent) clause to which it is connected by **che.**

FIRST RETIRED MAN: Every day there's a strike. I have the feeling that in Italy nobody feels like working any more.   SECOND RETIRED MAN: With strikes, however, workers get salary increases. Too bad retired people can't strike, too!   FIRST RETIRED MAN: It's necessary for parties to listen to our voices, too. We should organize a demonstration and make ourselves heard. We're not dead yet!

	INDICATIVE				SUBJUNCTIVE
independent clause	+	**che**	+		dependent clause
Credo		che			lei **canti** canzoni italiane.
I think		(that)			she *sings* Italian songs.

In English, the subjunctive is used infrequently. (I move *that* the meeting *be* adjourned. We suggest *that he go* home immediately.) In Italian, however, the subjunctive is often used in both speaking and writing. The subjunctive mood has four tenses: present, past, imperfect, and pluperfect.

2. The present subjunctive is formed by adding appropriate endings to the verb stem. Verbs ending in **-ire** that insert **-isc-** in the present indicative also insert **-isc-** in the present subjunctive, except in the first and second persons plural.

	CANTARE	SCRIVERE	DORMIRE	CAPIRE
che io	cant**i**	scriv**a**	dorm**a**	cap**isca**
che tu	cant**i**	scriv**a**	dorm**a**	cap**isca**
che lui/lei	cant**i**	scriv**a**	dorm**a**	cap**isca**
che	cant**iamo**	scriv**iamo**	dorm**iamo**	cap**iamo**
che	cant**iate**	scriv**iate**	dorm**iate**	cap**iate**
che	cant**ino**	scriv**ano**	dorm**ano**	cap**iscano**

Note that in the present subjunctive the endings of the three singular persons are the same: **-i** for **-are** verbs; **-a** for **-ere** and **-ire** verbs. To avoid confusion, subject pronouns are generally used with these persons in the subjunctive. For all three conjugations, the first person plural ending is **-iamo** and the second person plural ending is **-iate.** The third·person plural ending adds **-no** to the singular ending.

3. Verbs with infinitives ending in **-care** and **-gare** insert an **-h-** between the stem and the present subjunctive endings.

	GIOCARE	PAGARE
	gioc**hi**	pag**hi**
	gioc**hi**	pag**hi**
	gioc**hi**	pag**hi**

giochiamo	paghiamo
giochiate	paghiate
giọchino	pạghino

4. Verbs ending in **-iare** drop the **-i-** from the end of the stem before the present subjunctive endings.

COMINCIARE	MANGIARE
cominci	mangi
cominci	mangi
cominci	mangi
cominciamo	mangiamo
cominciate	mangiate
comịncino	mạngino

5. The following verbs have irregular present subjunctive forms:

avere	abbia, abbiamo, abbiate, ạbbiano
essere	sia, siamo, siate, sịano
andare	vada, andiamo, andiate, vạdano
dare	dia, diamo, diate, dịano
dire	dica, diciamo, diciate, dịcano
dovere	debba, dobbiamo, dobbiate, dẹbbano
fare	faccia, facciamo, facciate, fạcciano
potere	possa, possiamo, possiate, pọssano
stare	stia, stiamo, stiate, stịano
uscire	esca, usciamo, usciate, ẹscano
venire	venga, veniamo, veniate, vẹngano
volere	voglia, vogliamo, vogliate, vọgliano

--- Non vorrà che per una telefonata le mie pecore si prendano un raffreddore!

pecore: sheep

Esercizi

a. Rewrite each sentence, replacing the italicized word with each word or phrase in parentheses. Change the verb to the subjunctive, and make all other necessary changes.

Esempio: Spero che *tu* studi. (i ragazzi)
    Spero che i ragazzi studino.

1. Ho l'impressione che *tu* non capisca. (i miei genitori, voi, Giulia, Lei)
2. È necessario che *tutti* ascoltino. (voi, io, noi, anche lui)   3. Peccato che *Laura* non possa venire! (tu, loro, io, noi)   4. Hanno paura che *noi* non paghiamo. (la signora, voi, i bambini, io)   5. La mamma non vuole che *io* lo faccia. (Pierino, tu, loro, voi)   6. Credete che *nessuno* venga? (gli altri, io, noi)   7. È bene che *tu* stia zitto. (i pensionati, voi due, la signorina, io)

*b. Begin each sentence with **Bisogna che,** and change the verb to the subjunctive.*

Esempio: Sei puntuale.
    Bisogna che tu sia puntuale.

1. Mangi molta frutta.   2. Usi poco sale.   3. Pulisci la casa.   4. Non dici mai bugie.   5. Studi i verbi irregolari.   6. Rispondi a tutte le domande.   7. Non dimentichi di comprare lo zucchero.   8. Vai all'università.   9. Mi dai del tu.   10. Hai molta pazienza.

*Now give three sentences beginning with **Bisogna che,** telling what you have to do today, using the subjunctive.*

— È un'arma terribile... Speriamo
che l'uomo non debba mai usarla!

***arma:** weapon*

c. Rispondere affermativamente o negativamente.

1. È probabile che faccia molto freddo quest'inverno?   2. Crede che sia bene razionare la benzina?   3. È importante che tutti votino alle elezioni politiche?   4. È bene che i giovani vadano a vivere per conto loro *(on their own)* prima dei vent'anni?

d. Conversazione.

1. Quali cose spera che succedano oggi?   2. Quali cose ha paura che succedano quest'anno?

B. The past subjunctive

DONATELLA: Maria, non vedo Renzo. Sai dove è andato?

MARIA: È probabile che sia andato a una riunione di partito. In questi giorni la politica è l'unica cosa che lo interessi.

DONATELLA: Può darsi che voglia far carriera in politica; ma suo padre non sarebbe contento. Lui vuole che faccia l'ingegnere.

1. Dove sarà andato Renzo?
2. Qual è l'unica cosa che interessa Renzo?
3. Che cosa vuole il padre di Renzo?

1. The past subjunctive is formed with the present subjunctive of **avere** or **essere** plus the past participle of the main verb.

VERBS CONJUGATED WITH AVERE	VERBS CONJUGATED WITH ESSERE
che io abbia	che io sia
che tu abbia	che tu sia } partito(a)
che lui abbia } cantato	che lui sia
che abbiamo	che siamo
che abbiate	che siate } partiti(e)
che abbiano	che siano

2. The past subjunctive is used in place of either the **passato composto** or the **passato semplice** indicative whenever the subjunctive is required.

Hanno capito tutto.	*They understood* everything.
Credo che **abbiano capito** tutto.	I think *they understood* everything.

Deciding whether the present or past subjunctive should be used depends on the chronological relationship between the dependent clause and the independent clause. If the action of the dependent clause (after **che**) takes place *at the same time as* or *after* the action of the independent clause, the *present subjunctive* is used. If the action of the dependent clause took place *before* the action of the independent clause, the *past subjunctive* is used.

DONATELLA: Maria, I can't find Renzo. Do you know where he went?   MARIA: He probably went to a political meeting. These days, politics is the only thing that interests him. DONATELLA: Maybe he wants a career in politics, but his father wouldn't be happy. He wants him to be an engineer.

Ho paura **che non capiate.**	I'm afraid *you don't understand* (now) or *won't understand* (later).
Ho paura **che non abbiate capito.**	I'm afraid *you didn't understand* (previously).
Siamo contenti **che vengano.**	We're glad *they're coming* (today) or *will come* (later).
Siamo contenti **che siano venuti.**	We're glad *they came.*

Esercizi

a. *Replace the subject of the dependent clause with each word or phrase in parentheses, and make all necessary changes.*

1. Credo che tu abbia sbagliato. (il dottore, i tuoi amici, voi, Lei)   2. Ci dispiace che Roberto non si sia laureato. (Marisa, i tuoi cugini, tu, le ragazze) 3. È strano che le tue amiche non siano venute. (l'avvocato, voi due, tu, gli altri)

b. *Combine each pair of sentences, adding **che** and making all necessary changes.*

Esempio: Franca è andata via. Ci dispiace.
         Ci dispiace che Franca sia andata via.

1. Non è successo niente. Lo speriamo.   2. Hanno detto una bugia. Non è possibile.   3. Il dolce vi è piaciuto. Ne sono contenta.   4. Hai dovuto aspettare tanto. È incredibile.   5. Ci sei già stato. Non lo crediamo. 6. Avete capito tutto. È importante.

c. *Restate each sentence, using the past subjunctive.*

Esempio: È bene che tu non mangi tutta la pizza.
         È bene che tu non abbia mangiato tutta la pizza.

1. Ho paura che tu non dorma abbastanza.   2. Siamo contenti che compriate questa casa.   3. Sperano che lui ritorni.   4. Immagini che preferiscano prendere l'aereo.   5. È possibile che lui voglia farle un bel regalo. 6. Peccato che non nevichi!   7. È strano che Luisella ti dia del Lei.   8. Ho l'impressione che tu non capisca.

—Io direi che è meglio aspettare che siano cadute tutte.

C. Verbs and impersonal expressions governing the subjunctive

CAMERIERE: Professore, vuole che Le porti il solito caffè o preferisce un poncino*?

PROFESSORE: Fa un po' fresco . . . Forse è meglio che prenda un poncino. Scalda di più.

CAMERIERE: Speriamo che questo sciopero finisca presto, professore.

PROFESSORE: Certo; ma bisogna che prima gli insegnanti ottengano un miglioramento delle loro condizioni di lavoro.

1. *Perchè il professore decide di prendere un poncino?*
2. *Che cosa spera il cameriere?*
3. *Che cosa vogliono ottenere gli insegnanti?*

When two conjugated verbs are connected by **che,** it is necessary to decide whether the second verb should be in the indicative or in the subjunctive. The first verb (in the independent clause) determines whether the indicative or the subjunctive is to be used in the dependent clause.

1. The following verbs and expressions normally require the subjunctive in a dependent clause:

   a. verbs or phrases expressing emotion: **sono contento che, sono felice che, ho paura che, mi (dis)piace che, preferisco che;**

   Siamo contenti che tu sia venuto.   *We're glad* you came.

   b. verbs expressing an opinion, doubt, or uncertainty: **credo che, penso che, immagino che, dubito** *(I doubt)* **che;**

   Non credo che diciate la verità.   *I don't think* you're telling the truth.

   c. verbs expressing a command or a wish: **voglio che, desidero che, esigo** *(I demand)* **che;**

WAITER: Professor, do you want me to bring you the usual cup of coffee, or would you prefer a "poncino"?   PROFESSOR: It's a bit chilly. Maybe it's better for me to have a "poncino." It warms you up more.   WAITER: Let's hope that this strike will end soon, professor. PROFESSOR: It will, but first it's necessary for teachers to obtain better working conditions.

* A hot drink made with water, sugar, and rum or other liquors. The word is an adaptation of the English word "punch."

Vogliono che io mangi.   *They want me to eat. (Literally: They want that I eat.)*

d. many impersonal verbs and expressions denoting emotion, doubt, indirect or implied command: **bisogna che, pare che, sembra che, può darsi** *(it is possible)* **che, è importante che, è ora che, è (im)possibile che, è incredibile che, è probabile che, è strano che, peccato che.**

Bisogna che tu studi una lingua straniera.   *It's necessary for you to study a foreign language.*

2. The indicative, not the subjunctive, is used if the verb or expression of the independent clause denotes *certainty*. Compare:

Sappiamo che piove. ⎫   *We know it's raining*
Crediamo che piova. ⎭   *We believe it's raining.*
È vero che hanno indovinato. ⎫   *It's true they have guessed.*
È probabile che abbiano indovinato. ⎭   *It's probable they've guessed.*

3. The subject of the verb in the independent clause and the subject of the verb in the dependent clause must be different in order to use the subjunctive. If the subject is the same for both verbs, **di** plus the infinitive must be used instead of the subjunctive for the second verb (the infinitive alone after verbs indicating preference). The infinitive can be *present* **(cantare, partire)**, or *past* **(avere cantato, essere partito)** if it refers to an action that has already occurred.

DIFFERENT SUBJECT	SAME SUBJECT
Spero che i miei amici **vadano** al mare.	Spero **di andare** al mare.
I hope my friends go to the beach.	*I hope to go to the beach.*
Siamo contenti che **abbiate capito.**	Siamo contenti **di avere capito.**
We're glad you understood.	*We're glad we understood.*
Non **vogliono** che tu **prenda** l'aereo.	Non vogliono **prendere** l'aereo.
They don't want you to take the plane.	*They don't want to take the plane.*

4. After impersonal expressions that take the subjunctive, if the verb of the dependent clause has an expressed subject, the subjunctive is used. But if no subject is expressed, the infinitive is used.

EXPRESSED SUBJECT	NO SUBJECT EXPRESSED
Non è possibile che **lui ricordi** tutto.	Non è possibile **ricordare** tutto.

It's not possible *for him to remember* everything.

It's not possible *to remember* everything.

Bisogna che **tu capisca.**
It's necessary *for you to understand.*

Bisogna **capire.**
It's necessary *to understand.*

Esercizi

a. Supply the correct form of the present indicative or subjunctive of ***avere.***

1. Sembra che i miei amici non _____ più soldi.   2. Peccato che tu non _____ voglia di uscire!   3. Siamo sicuri che Gabriella _____ intenzione di andare all'università.   4. Può darsi che la nonna _____ bisogno di qualcosa.   5. Riconosco che tu _____ il coraggio di dire quello che pensi.   6. Credete che nessuno _____ sonno?

b. Express in Italian.

1. My friend doesn't want me to learn how to drive.   2. I heard she wants to spend her vacation in Sicily this year.   3. I don't want you to pay for everyone.   4. Why don't you want her to go out with him?   5. We want the children to be quiet.

— La mamma non vuole assolutamente che frequenti gente di un'altra classe sociale!

c. Form a new sentence by beginning it with each of the expressions given in parentheses. Use ***che*** *plus indicative,* ***che*** *plus subjunctive, or (* ***di*** *plus) infinitive.*

Esempio: Siete in ritardo. (sembra, è vero, non credete)
     Sembra che siate in ritardo.
     È vero che siete in ritardo.
     Non credete di essere in ritardo.

1. Mi metto i jeans. (voglio, non vogliono, è probabile)   2. Conoscono bene la Sicilia. (pare, credono, sei sicuro)   3. Dormite durante il viaggio. (sperate, può darsi, è importante)   4. Mi arrabbio facilmente. (è vero, non credo, vi dispiace)   5. Hanno l'influenza. (sembra, hanno paura, ho saputo) 6. Glielo dici. (è meglio, non vuoi, sperano)   7. Imparo l'italiano. (bisogna, dubitano, sono contento)

d. *Conversazione.*

1. Che cosa vuol fare dopo la laurea?   2. I Suoi genitori che cosa vogliono che Lei faccia?   3. Spera che non ci siano esami d'italiano questa settimana?

— Cara, sei sicura che tuo padre
non sospetti di noi?

e. *Complete each sentence.*

1. È vero che . . .   2. È ora che . . .   3. Non credo di . . .   4. Non credo che . . .   5. Capisco che . . .   6. Spero che . . .   7. Spero di . . .

— Se beve per dimenticare,
è meglio che paghi prima.

D. Nouns and adjectives ending in *-a*

ENRICO: Cara, ho bisogno di rilassarmi dopo la seduta dal dentista. Cosa c'è alla TV?

MARIOLINA: Vediamo: sul primo canale c'è un dibattito sull'attuale panorama politico, con l'intervento di rappresentanti dei partiti democristiano, socialista e comunista, moderatore il giornalista Peverelli.

ENRICO: Per carità, ne ho abbastanza di politica! Cosa c'è sul secondo canale?

MARIOLINA: Tempo di valzer—Storia della famiglia Strauss.

ENRICO: Di male in peggio! E cosa c'è sul terzo?

MARIOLINA: Un programma di musica sinfonica.

ENRICO: Ancora! Senti, Mariolina, andiamo al cinema!

1. *Perchè Enrico ha bisogno di rilassarsi?*
2. *Cosa c'è sul primo canale?*
3. *E sul secondo?*
4. *Si interessa di politica Enrico?*
5. *Guarderanno la televisione Enrico e Mariolina?*

1. You have learned that nouns ending in **-a** are generally feminine and that they change to **-e** in the plural. There are a few nouns ending in **-a** that are masculine. Their plural ends in **-i**.

SINGULAR		PLURAL	
poet**a**	poet	poet**i**	poets
programm**a**	program	programm**i**	programs
panoram**a**	view	panoram**i**	views
pap**a**	pope	pap**i**	popes

Nouns ending in **-ista** can be either masculine or feminine, depending on whether they indicate a male or a female. The plural ends in **-isti** if masculine, or **-iste** if feminine.

il tur**ista** }
la tur**ista** } tourist

i tur**isti** }
le tur**iste** } tourists

ENRICO: Dear, I need to relax after my visit to the dentist. What's on TV?   MARIOLINA: Let's see. On channel 1 there's a debate on the present political situation, with the participation of representatives of the Christian Democratic, Socialist and Communist parties, hosted by the journalist Peverelli.   ENRICO: For heaven's sake, I've had it with politics! What's on channel 2?   MARIOLINA: Waltz time—the story of the Strauss family.   ENRICO: From bad to worse! What's on channel 3?   MARIOLINA: A program of symphonic music.   ENRICO: Not again! Listen, Mariolina, let's go to the movies!

l'artista	artist	gli artisti	
		le artiste	} artists

2. You have learned that adjectives can have either four endings (**-o, -a, -i, -e**) if they end in **-o**, or two endings (**-e, -i**) if they end in **-e**. However, there are a few adjectives (such as **ottimista, femminista, comunista, entusiasta**) that have three endings: **-a, -e,** or **-i.** The singular ending for both masculine and feminine is **-a.** The plural endings are **-i** for masculine and **-e** for feminine.

un ragazzo ottim**ista**   due ragazzi ottim**isti**
una ragazza ottim**ista**   due ragazze ottim**iste**

Esercizi

a. Give the plural of each expression.

1. il grand'artista   2. la famosa pianista   3. il movimento femminista
4. il programma socialista   5. quel poeta pessimista   6. l'intellettuale comunista

b. Express in Italian.

1. Do you know that man? I think he is a famous pianist.   2. We have studied the great poets of the nineteenth century.   3. She thinks she is a great artist.   4. Do you understand the program of the Socialist party?
5. Not all the popes have been Italian.   6. We don't believe many people voted for the Communist party in our town.

c. Conversazione.

1. Si considera pessimista o ottimista? Perchè?   2. È femminista? Per esempio: crede che una donna sposata debba stare in casa e occuparsi dei bambini? Crede che una donna debba guadagnare tanto quanto un uomo per lo stesso lavoro? Crede che un uomo debba collaborare alle faccende domestiche?

III.
DIALOGO

È autunno. Le vacanze sono finite, i turisti sono partiti, la gente è tornata al lavoro, nelle città la vita ha ripreso il suo ritmo normale . . . o quasi. Oggi, per esempio, non ci sono lezioni all'università di Firenze: gli studenti sono in sciopero. Dappertutto si parla di politica. Pietro e Beppino, seduti al tavolino di un caffè, ascoltano le discussioni animate di un gruppo di studenti italiani.

PRIMO STUDENTE: Dite quello che volete, ma io credo che la D.C.,* con tutti i suoi difetti, sia l'unico partito capace di garantire la democrazia in Italia.

2° STUDENTE: Ma cosa dici! La D.C. garantisce solo gli interessi dei ricchi. Fa le riforme ma poi non le applica! Bisogna che anche il partito comunista entri a far parte del governo!

TERZO STUDENTE: Neanche per idea! È meglio che il P.C.I.** resti all'opposizione!

4° STUDENTE: È ora che gli italiani capiscano che ci sono altre alternative. A me pare che gli altri partiti abbiano qualcosa da dire anche loro!

2° STUDENTE: Quali altri partiti? Gli ultra-sinistra o quei fascisti del M.S.I.***?

4° STUDENTE: Ma no! Parlo del partito socialista e del partito repubblicano; e, anche se tu non sei d'accordo, sono convinto che anche il vecchio partito liberale possa *esercitare* un suo ruolo.

play

UNA STUDENTESSA: Cari miei, sono stufa dei vostri grandi partiti che si ricordano delle donne soltanto quando vogliono il nostro voto: mio padre vuole che voti D.C., il mio ragazzo esige che voti P.C.I.; e io invece alle prossime elezioni voto radicale. È l'unico partito che abbia fatto qualcosa per noi donne!

BEPPINO (sottovoce a Pietro): Com'è complicata la politica in Italia! Non ti pare che in America le cose siano più semplici?

Dialog comprehension check

Rispondere alle seguenti domande.

1. Perchè non ci sono lezioni all'università di Firenze oggi? 2. Di che cosa parla la gente dappertutto? 3. Dove sono Pietro e Beppino? 4. Che cosa fanno? 5. Fa parte del governo italiano il partito comunista? 6. Quali sono i due partiti più importanti in Italia? 7. Quali altri partiti potrebbero rappresentare un'alternativa? 8. Qual è il partito che, secondo la studentessa, ha fatto qualcosa per le donne?

*D.C.: Democrazia Cristiana
**P.C.I.: Partito Comunista Italiano
***M.S.I.: Movimento Sociale Italiano

IV.
ESERCIZI DI RICAPITOLAZIONE

a. Express in Italian.

1. I don't want you to go out in **(con)** this weather. It's better for you to wait.
2. Is it possible you always repeat the same things to me?   3. It is necessary for you to read some other books if you want the professor to approve **(approvare)** your work.   4. Phone him! We don't think he has left yet.
5. Mother hopes this medicine will be good for you.   6. Aren't you glad you use Dial?   7. I'm sorry you were unable to come to my party.   8. She thinks she knows everything.   9. It's possible he drank too much.
10. Too bad you can't vote.

*b. Respond to each statement with **Sono contento(a) che** + the present or past subjunctive, or **Sono contento(a) di** + the present or past infinitive.*

Esempio: Andretti è arrivato primo.
   Sono contento(a) che Andretti sia arrivato primo.
   Sono arrivato primo.
   Sono contento di essere arrivato primo.

1. Ho pagato meno di te.   2. Hanno il senso dell'umorismo.   3. Venite a trovarmi regolarmente.   4. Capisco tutto quello che dici.   5. Tuo fratello si è sposato.   6. Non mi sono sposata.   7. Fanno molto sport.   8. Hai deciso di prestarmi dei soldi.   9. Ho noleggiato una macchina.   10. Avete capito l'uso del congiuntivo.

c. Combine each pair of sentences and make all necessary changes.

Esempio: Quel signore ha prenotato tre stanze. È impossibile.
   È impossibile che quel signore abbia prenotato tre stanze.

1. Non mangiano gelati. È strano.   2. L'ho dimenticato. Può darsi.   3. Il professore ce ne ha già parlato. È vero.   4. Avete perduto le chiavi. Mi dispiace.   5. Ci sono molti partiti in Italia. Lo so.   6. Andranno all'Università di Roma. Lo sperano.   7. Guadagni tanto quanto me. L'ho sentito dire.   8. Non ha imparato a giocare a bridge. Peccato!

d. Conversazione.

1. Lei s'interessa di politica?   2. Parla mai di politica, americana o internazionale, con i Suoi amici?   3. Pensa che la politica americana sia complicata come in Italia o più semplice che in Italia?   4. C'è mai stato uno sciopero alla Sua università? E nella Sua città?   5. La studentessa del dialogo è stufa dei grandi partiti. Ci sono cose o persone di cui Lei è stufo/stufa?

CURIOSITÀ

L'USO DELLE SIGLE IN ITALIANO

La sigla è una particolare forma di abbreviazione di parole: le iniziali di più parole sono raggruppate insieme e formano una parola convenzionale che leggiamo, nel limite del possibile, così come è scritta. Le sigle sono usate soprattutto per designare associazioni e gruppi culturali, politici, sportivi; società commerciali e industriali; istituzioni civili e militari. Ci sono anche sigle convenzionali di carattere internazionale.

Esempi: la Democrazia Cristiana → la D.C. (la dicì)
il Partito Comunista → il P.C. (il picì)
l'ONU (l'onu) (Organizzazione Nazioni Unite)
la Fiat (Fabbrica Italiana Automobili Torino)
S.O.S. (esse o esse) (Save our souls; Help!)

V.
LETTURA CULTURALE: I PARTITI POLITICI ITALIANI

La vita politica italiana è caratterizzata dalla presenza di numerosi partiti e da continue crisi di governo: negli ultimi trent'anni ci sono stati più di trenta governi!

I partiti principali sono quattro: due di essi, la Democrazia Cristiana (DC) e il Partito Comunista Italiano (PCI), rappresentano la *maggioranza* del *popolo*. *majority / people*
Fino ad oggi la DC ha ricevuto la maggior parte dei voti, ma con un margine troppo piccolo per governare da sola, senza l'*appoggio* di altri partiti. Questo *support*
spiega perchè dal 1948, anno di *nascita* della repubblica italiana, la DC ha quasi *birth*
sempre governato in coalizione con altri partiti.

Mentre la DC rappresenta il centro-*destra* e segue linee *conservatrici*, *right / conservative*
il PCI è il principale partito della sinistra a cui appartengono molti lavoratori e intellettuali.

I partiti socialisti sono due: il Partito Social Democratico Italiano (PSDI), più vicino alla DC, e il Partito Socialista Italiano (PSI), che è invece più di sinistra.

Altri partiti minori che hanno spesso fatto parte della coalizione governativa sono il Partito Liberale (PLI) e il Partito Repubblicano (PRI). Il Movimento Sociale Italiano (MSI), i cui membri si chiamano "missini", è un partito neo-fascista.

È facile capire, anche senza parlare degli altri partiti, perchè la politica sia sempre in discussione. Gli italiani hanno il senso dell'individualismo e il piacere di *filosofare* su qualsiasi cosa; la politica è un soggetto che li *affascina* fino dai *philosophize /*
tempi di Machiavelli. *fascinates*

Reading comprehension check

a. Vero o no? Spiegate se non è vero.

1. L'Italia è una repubblica.   2. Ci sono solo quattro partiti in Italia.
3. Le crisi di governo sono rare.   4. La DC rappresenta la sinistra e il PCI la destra.   5. Il MSI è un partito socialista.

b. Completate.

1. Negli Stati Uniti ci sono due partiti, ma in Italia . . .   2. Il partito comunista era illegale in America, mentre in Italia . . .   3. La DC riceve, in genere, un margine troppo piccolo di voti per . . .   4. I missini rappresentano un partito . . .   5. Il PSI è più vicino al PCI del PSDI perchè . . .

(photos by Leonard Speier)

VI.
PAROLE DA RICORDARE

VERBS

applicare to apply; enforce
avere abbastanza di to have had it with, to be fed up with
avere l'impressione to have the impression
dubitare to doubt
essere d'accordo to agree
essere in sciopero to be on strike
esigere to expect; demand
far carriera to get on; to be successful
farsi sentire to make oneself heard
garantire (isc) to guarantee
immaginare to imagine
organizzare to organize
ottenere to obtain
ricordarsi di to remember
rilassarsi to relax
riprendere to resume
scaldare to warm
scioperare to (go on) strike
votare to vote

NOUNS

alternativa alternative
aumento raise
canale (m) channel
condizione (f) condition
democrazia democracy
dentista (m or f) dentist
difetto defect, fault
dimostrazione (f) demonstration
discussione (f) discussion
elezione (f) election
fascista (m or f) fascist
governo government
opposizione (f) opposition
papa (m) pope
partito party (political)
pensionato retired person
politica politics
poncino warm alcoholic drink
programma (m) program
riforma reform
ritmo rhythm
riunione (f) meeting
ruolo role

salario salary
sinistra left
turista (m or f) tourist
voto vote; grade

ADJECTIVES

animato animated
attuale present, current
capace (di) capable (of)
complicato complicated
comunista communist
convinto convinced
liberale liberal
normale normal
radicale radical
repubblicano republican
socialista socialist
stufo (di) fed up (with)

OTHERS

anche se even if
è ora che it's time that
può darsi maybe
sottovoce in a low voice

I. STORIELLE UMORISTICHE: L'ATTRAVERSAMENTO (CROSSWALK).

Esaminare attentamente la striscia e poi raccontare la storia.

Vocabolario essenziale: l'ora di punta; esserci molto traffico; attraversare la strada; il bambino in carrozzella; guardare a destra; guardare a sinistra; correre; divertirsi; arrivare sul marciapiede; piangere; volere tornare indietro

II. OPINIONI PERSONALI

Express your personal opinion by responding to each statement with *Sono sicuro(a) che* or *dubito che.*

1. Gli UFO esistono.   2. Gli extraterrestri sono già venuti sulla terra. 3. Tutto quello che leggiamo è vero.   4. Per essere felici bisogna essere ricchi.   5. È bene studiare una lingua straniera.   6. Il lavoro è l'aspetto più importante della vita.   7. Il presidente degli Stati Uniti scrive la maggior parte dei suoi discorsi.   8. Gli uomini guidano meglio delle donne.   9. Per fare carriera, bisogna avere la laurea.   10. Il mondo finirà nell'anno 2000.

Now interview a friend, using the same statements.
Esempio: Credi che gli UFO esistano?

CAPITOLO 18

I.
OBIETTIVI

Culture

The dialogs and **lettura culturale** of this chapter deal with Italian design and fashion. You will learn about the extraordinary importance Italians attach to appearance.

Grammar

This chapter continues the discussion of the subjunctive. It also deals with constructions using the infinitive.

II.
GRAMMATICA

A.   The subjunctive after certain conjunctions

Telefonata dall'America in un negozio d'orafi ad Arezzo.

SIG. GIANNINI: Pronto, pronto . . . Ah, Lei è l'interprete di Maya Jewelers? Dica loro che stiano tranquilli, ho già provveduto all'invio delle catene d'oro, arriveranno in settimana . . . a meno che la posta non abbia ritardi!

INTERPRETE: Potrebbe provvedere a un secondo invio prima che finisca l'anno?

SIG. GIANNINI: Caro signore, non Glielo posso promettere: per quanto i miei operai siano degli ottimi lavoratori, c'è sempre la possibilità di qualche sciopero . . . Come dice? Il costo? Be', in leggero aumento; capirà le ragioni senza che gliele spieghi: il prezzo dell'oro, il costo della mano d'opera, l'inflazione . . .

1. *Chi telefona al signor Giannini?*
2. *Che cosa ha già inviato (sent) il signor Giannini?*
3. *Perchè il signor Giannini non può promettere l'invio delle catene d'oro prima della fine dell'anno?*
4. *Cosa dice del costo il signor Giannini?*

A telephone call from America in a goldsmith's shop in Arezzo.
MR. GIANNINI: Hello, hello . . . Are you the interpreter for Maya Jewelers? Tell them to relax, I've already taken care of the shipment of gold chains, they'll arrive within the week, unless there is a delay in the mail!   INTERPRETER: Could you send a second shipment before the end of the year?   MR. GIANNINI: My dear fellow, I can't promise it. Although my employees are excellent workers, there is always the possibility of a strike . . . What's that? The price? Well, a slight increase. You probably understand the reasons without my going into details. The cost of gold, the cost of labor, inflation . . .

1. The conjunctions you have learned so far do not take the subjunctive.

Mi telefoneranno **appena** arriveranno.	They'll call me *as soon as* they arrive.
Lavo i piatti **mentre** voi studiate.	I do the dishes *while* you study.
Vanno a dormire **perchè** sono stanchi.	They go to bed *because* they're tired.
Mangi **ma** non hai fame.	You eat *but* you're not hungry.

2. Other conjunctions always take the subjunctive. The most common ones are:

affinchè **perchè** }	so that
a meno che non*	unless
benchè **per quanto** **quantunque** **sebbene** }	although
prima che	before
purchè **a patto che** }	provided that, on condition that
senza che	without (someone doing something)

Vi do il libro **perchè** lo leggiate.	I'm giving you the book *so that* you can read it.
Usciremo **a meno che non** piova.	We'll go out *unless* it rains.
Benchè sia ricco, non è felice.	*Although* he's rich, he's not happy.
Telefonami **prima che** io parta.	Call me *before* I leave.
Farò quel lavoro, **purchè** tu lo voglia.	I'll do that job *if* you want me to.
Uscite **senza che** lei vi veda.	Leave *without* her seeing you.

3. The subjunctive is used after **prima che** and **senza che** only if the subjects of the independent and dependent clauses are different. If the subjects are the same, either **prima di** + the infinitive or **senza** + the infinitive is used.

Telefonami **prima che** io parta.	Call me *before* I leave.
Telefonami **prima di** partire.	Call me *before* you leave.
Partirai **senza che** ti salutiamo?	Will you leave *without* our saying goodbye to you?
Partirai **senza** salutarci?	Will you leave *without* saying goodbye to us?

*Note that **non** is part of the expression and not a negative word.

Esercizi

a. *Replace the subject of the dependent clause with each word or phrase in parentheses, and make all necessary changes.*

1. Escono di casa prima che io mi alzi. (tu, voi, la mamma, i loro genitori)
2. Fatelo senza che noi vi vediamo. (io, loro, la signora, i bambini)   3. Papà lavora molto perchè tu possa andare all'università. (i suoi figli, io, noi, Maria)

b. *Combine each pair of sentences. Use the word in parentheses or choose between two forms, and make all necessary changes.*

Esempio: È ancora snella. Ha passato i quarant'anni. (benchè)
             È ancora snella benchè abbia passato i quarant'anni.

1. Faremo una passeggiata. Non pioverà. (purchè)   2. Il professore dà molti esempi. Gli studenti ricordano. (perchè)   3. È uscito di casa. Non ha chiuso la porta. (senza/senza che)   4. Esce di casa. Nessuno lo vede. (senza/senza che)   5. Devo comprare un cappotto *(winter coat)*. Incomincia a far freddo. (prima di/prima che)   6. Vogliono vendere la casa. Si trasferiscono in Alaska. (prima di/prima che)

— Prima di mettere in casa un soggetto simile, sarà bene sapere cosa pensa.

c. *Express in Italian.*

1. I'll lend her my typewriter so that she can type her thesis **(la tesi).**   2. He always does the dishes without my asking him.   3. We'll go out without his seeing us.   4. Don't go out without eating!   5. They'll help us provided they have time.   6. I'll go see them unless I'm sick.   7. She'll give him a present although he doesn't deserve it.

d. *Complete each sentence.*

1. Dopo la laurea, cercherò un lavoro a meno che non . . .   2. Farò un viaggio a condizione che . . .   3. Sarò felice purchè . . .

B. The subjunctive after indefinites

Pubblicità per le camicie Corelli:
"Dovunque tu vada, ti sentirai a tuo agio con la camicia Corelli!
Chiunque tu sia, Corelli ti presenterà!
Qualsiasi cosa tu faccia, la camicia Corelli è garanzia di buon gusto e durata.
Il prezzo? Non ti ridurrà in camicia*!
Camicia Corelli, la camicia dell'uomo contento!"

1. *Secondo la pubblicità Corelli, come si sentono le persone che portano la camicia Corelli?*
2. *Di che cosa è garanzia la camicia Corelli?*
3. *Quale slogan trova più originale o convincente?*

The subjunctive is used in dependent clauses introduced by indefinite words and expressions:

chiunque**	whoever
comunque	however, no matter how
dovunque	wherever
qualunque/qualsiasi	whatever (adjective)
qualunque cosa/qualsiasi cosa	whatever (pronoun)

Chiunque tu **sia**, parla!	Whoever you *are*, speak!
Comunque voi **facciate**, non seguiremo il vostro esempio.	No matter how you *act*, we won't follow your example.
Dovunque lui **sia**, si trova bene.	Wherever he *is*, he likes it.
In qualunque città **vada**, trovo amici.	Whatever city I *go* to, I find friends.
Qualunque cosa **succeda**, informatemi!	Whatever *happens*, let me know!

Publicity for Corelli shirts: "Wherever you go, you'll feel at ease with a Corelli shirt! Whoever you are, a Corelli shirt will introduce you! Whatever you do, a Corelli shirt is a guarantee of good taste and durability. The price? It will not send you to the poorhouse! A Corelli shirt: the shirt of a happy man!"

***Ridurre in camicia** is an idiom that means *to strip someone of everything, to make poor.*
Note that **-unque is equivalent to the English *-ever.*

Esercizi

a. Restate each sentence, substituting an indefinite word for the words in italics. Make all necessary changes.

Esempio: *La persona che* trova l'anello *(ring)* può tenerlo.
Chiunque trovi l'anello può tenerlo.

1. *Quelli che* vogliono possono esaminare i miei libri.   2. Marco legge *tutto quello che* gli do.   3. *Non importa come* ti vesti, sei sempre elegante.
4. Voglio sapere *tutto quello che* fai.   5. *Non importa chi* è, non vogliono vederlo.   6. *Non importa dove* andate, vi seguiremo.

b. Express in Italian.

1. Whoever comes, say that I'm not here.   2. Whatever he eats, he puts on weight.   3. Wherever they go, they always see that woman.   4. Will you do whatever I want?   5. Things won't change, whichever party wins **(to win: vincere)** the election.   6. No matter how she dresses, she is always elegant.

c. Complete each sentence.

1. Chiara non sposerà Giuseppe qualunque cosa . . .   2. Chiunque venga deve . . .   3. Dovunque io guardi . . .   4. Comunque vadano le cose, noi . . .

C.   Additional uses of the subjunctive

UNA SIGNORA: Benchè abbia passato i quarant'anni, la signora Berni è sempre una gran bella donna. Non so come faccia a mantenere quella linea!
UN'ALTRA SIGNORA: Sì, sarà bella, ma, a mio parere, è un po' troppo magra. Speriamo che non si rovini la salute con le cure dimagranti!

1. *Quanti anni ha la signora Berni?*
2. *Com'è la signora Berni secondo le due signore?*
3. *Come potrebbe rovinarsi la salute la signora Berni?*

You have already studied situations where the subjunctive *must* be used in Italian. In other cases, the subjunctive *may* be used, and often is:

ONE LADY: Although she's over forty, Mrs. Berni is still a very good-looking woman. I don't know how she manages to keep her figure!   ANOTHER LADY: Yes, she may be beautiful, but in my opinion she's a bit too skinny. Let's hope she won't ruin her health with her diet!

1. in a relative clause introduced by a relative superlative;

Sono **gli** stivali **più belli** che **vendano**.	They are *the most beautiful* boots that *they sell*.

2. in a relative clause introduced by a negative;

Non c'è **nessuno** che **capisca**.	There's *nobody* who *understands*.
Ho mal di testa: non hai **niente** che io **possa** prendere?	I've got a headache. Don't you have *anything* I *can* take?

3. in a relative clause that follows an indefinite expression (someone or something that is indefinite, hypothetical, unspecified, or nonexistent);

Cerchiamo una casa che **sia** grande e comoda.	We're looking for a house that *is* big and comfortable.
Hanno bisogno di una segretaria che **parli** francese e inglese.	They need a secretary who *speaks* French and English.

If the relative clause refers to definite, real, specific, or existing persons or things, however, the indicative is used instead of the subjunctive.

Viviamo in una casa che **è** grande e comoda.	We live in a house that *is* big and comfortable.
Hanno una segretaria che **parla** francese e inglese.	They have a secretary who *speaks* French and English.

4. in indirect interrogative clauses introduced by verbs such as **non capire, non sapere, chiedere,** and **domandare** and connected to the independent clause by interrogatives such as **chi, che, cosa, dove, come, se.**

Non so chi **siano** o cosa **facciano**.	I don't know who they *are* or what they *do*.
Non capiamo come **abbiate potuto** farlo.	We don't understand how you *could* do it.

Esercizi

a. Replace the words or phrases in italics with the words in parentheses, and make all necessary changes.

1. È *il museo* più importante che abbiamo visitato. (la chiesa, lo zoo, le università, i musei)   2. Non c'è niente che *io* possa fare. (i pensionati, il dottore, voi due, tu)   3. Cerchiamo *un lavoro* che sia facile. (un corso, dei corsi, qualcosa, qualche commedia, delle poesie)

b. Change each sentence to the negative, and make all other necessary changes.

Esempio: C'è qualcuno che mi ama.
Non c'è nessuno che mi ami.

1. C'è qualcuno che vuole caffè.   2. C'è qualcuno che vi conosce.
3. C'è qualcuno che è uscito ieri sera.   4. Conosco qualcuno che fa il
footing.   5. C'è qualcuno che non ha pagato.   6. Vedo qualcuno che
sta attento.

— Questi sono i cavalli migliori che io abbia mai avuto.

c. *Conversazione.*

1. Conosce qualcuno che parli sette lingue?   2. C'è qualcosa che Lei possa
fare per combattere l'inflazione?   3. Ha bisogno di qualcuno che La aiuti in
casa?   4. Cerca per caso una stanza che sia vicina all'università?   5. Vuole
un vestito che non costi troppo?

d. *Complete each sentence with the appropriate indicative or subjunctive form of the
verb in parentheses.*

Esempio: Non c'è nessuno che (volere) aiutarmi.
         Non c'è nessuno che voglia aiutarmi.

1. Non c'è niente di cui io (avere) paura.   2. Hai degli amici che (essere)
buoni e intelligenti.   3. Cerchi degli amici che (essere) buoni e intelligenti.
4. È il ristorante più caro che io (conoscere).   5. Non so se Maria (uscire)
ieri sera.   6. Leggo un libro che mi (piacere).

— Ma sei proprio sicuro che l'autobus passi di
qui ogni dieci minuti?

D. Constructions with the infinitive

FAUSTO: Quando pensi di andare in America, Giovanni?

GIOVANNI: Appena riesco ad avere abbastanza soldi per il viaggio!

FAUSTO: Allora dovrai aspettare un pezzo!

GIOVANNI: Chissà! Spero di convincere i miei genitori a pagarmi il biglietto. E poi cercherò di ottenere una borsa di studio.

1. *Quando potrà andare in America Giovanni?*
2. *Che cosa spera Giovanni?*
3. *Che cosa cercherà di fare Giovanni?*

The infinitive is used in various constructions. It may be the subject of a verb, the object of a verb, or the object of a preposition.

1. When the infinitive functions as a subject or as an object, its English equivalent is either the *-ing* form (gerund) or an infinitive.

Guardare non costa nulla.	*Watching* doesn't cost anything.
Nei cinema italiani è vietato **fumare**.	In Italian movie theaters *smoking* is prohibited.
Preferiamo **aspettare**.	We prefer *to wait*.

2. When an infinitive follows a conjugated verb, it may follow the verb directly or it may be preceded by **a** or **di.** You have already learned many verbs governing these prepositions plus the infinitive. There are no general rules to tell you when to use **a** or **di**; practice and the dictionary must serve as guides. In the following lists are the most common verbs governing the infinitive directly or with a preposition.

FAUSTO: When are you planning to go to America, Giovanni?   GIOVANNI: As soon as I manage to have enough money for the trip!   FAUSTO: Then you'll have to wait awhile! GIOVANNI: Who knows! I hope to convince my parents to pay for my ticket. And then I'll try to get a scholarship.

VERBS REQUIRING NO PREPOSITION BEFORE A DEPENDENT INFINITIVE

dovere	to have to, must	**desiderare**	to wish
potere	to be able, can, may	**fare**	to make
sapere	to know how	**lasciare**	to let
volere	to want	**piacere**	to like
amare	to love	**preferire**	to prefer

Also:
Verbs of perception, such as **ascoltare, guardare, sentire, vedere.** Impersonal expressions with **essere,** such as **è bene, è giusto.** Impersonal verbs, such as **bisogna, sembra, pare, basta.**

Nessuno **desiderava** venire. Nobody *wanted* to come.
T'**ho vista** piangere. *I saw* you cry.
Bisogna avere pazienza. *You must* (one must) be patient.

VERBS AND EXPRESSIONS REQUIRING THE PREPOSITION DI BEFORE A DEPENDENT INFINITIVE

accettare	to accept	**decidere**	to decide
avere bisogno	to need	**dimenticare**	to forget
avere fretta	to be in a hurry	**dire**	to say, tell
avere intenzione	to intend	**finire**	to finish
avere il piacere	to have the pleasure	**ordinare**	to order
avere paura	to be afraid	**pensare**	to plan
avere voglia	to feel like	**promettere**	to promise
cercare	to try	**ricordare**	to remember
chiedere	to ask	**(ricordarsi)**	
consigliare	to advise	**smettere**	to stop, cease
credere	to believe	**sperare**	to hope

Cercherò **di** venire. I'll try to come.
Pensiamo **di** andare alle Hawaii. We're planning to go to Hawaii.
Chi ha fretta **di** finire? Who's in a hurry to finish?

VERBS AND EXPRESSIONS REQUIRING THE PREPOSITION A BEFORE A DEPENDENT INFINITIVE

abituarsi	to get used to	**invitare**	to invite
aiutare	to help	**riuscire**	to succeed
cominciare	to begin	**stare attento**	to be careful
(incominciare)			

		Verbs of movement:	
continuare	to continue	**andare**	to go
convincere	to convince	**fermarsi**	to stop
imparare	to learn	**passare**	to stop by
insegnare	to teach	**venire**	to come

Ti sei abituato **a** bere l'espresso?	Have you gotten used to drinking expresso?
Vi insegnerò **a** nuotare.	I'll teach you how to swim.
Vorremmo fermarci **a** prendere un caffè.	We would like to stop and get a cup of coffee.

3. The infinitive is also used after prepositions other than **a** and **di.** Note that these prepositions are usually followed by the *-ing* form of the verb in English.

invece di	instead of	Ascolta **invece di** parlare!
prima di	before	Telefonaci **prima di** partire!
senza	without	Sono andati a letto **senza** mangiare.

4. With **dopo,** the past infinitive (**avere** or **essere** + the past participle) is always used.

Dopo **aver mangiato** la frutta, ci siamo alzati da tavola.	After *eating* the fruit, we got up from the table.

5. When an infinitive is used in English to express purpose (implying *in order to*), it is expressed in Italian by **per** + an infinitive.

Farò di tutto **per** convincerli.	I'll do everything *to* convince them.

— Ho comperato quest'isola per vivere in modo primitivo e genuino...

Esercizi

a. *Answer each question according to the example.*

Esempio: Lei legge il giornale? (guardare la televisione)
   No, invece di leggere il giornale, guardo la televisione.

1. Lei suona? (cantare)   2. Lei va al cinema? (studiare)   3. Lei sale?
(scendere)   4. Lei si diverte? (annoiarsi)   5. Lei scrive? (telefonare)

b. *Form new sentences using each verb in parentheses. Supply the necessary prepositions.*

1. **Mi piace** dormire. (avete bisogno, hanno continuato, speravo, non sei
riuscito)   2. **Andiamo** a ballare? (sapete, hai imparato, vorrebbe, avete
voglia)   3. **Mi hanno detto** di aspettare. (dovrei, avrebbero voluto, hai
deciso, ci siamo abituati)

c. *Restate each sentence using **prima di**.*

Esempio: Ha fatto colazione; poi è uscito.
   Ha fatto colazione prima di uscire.

1. Hanno visitato la Sicilia; poi sono ritornati negli Stati Uniti.   2. Mi sono
vestita; poi mi sono pettinata.   3. Hai mangiato la frutta; poi hai preso il
caffè.   4. Vi siete lavati le mani; poi avete mangiato.   5. Abbiamo chiuso
la porta; poi siamo andati a letto.

d. *Elencate tre cose che la maggior parte della gente fa:*

1. prima di andare a letto;   2. prima di fare colazione;   3. prima di uscire
di casa.

e. *Explain what you don't have enough of by composing three sentences based on the
example.*

Esempio: Non ho abbastanza soldi per comprarmi un cappotto.

— Chi ti ha detto di uscire?

f. Conversazione.

1. Sa giocare a tennis? Quando ha incominciato a giocare a tennis? Può giocare a tennis oggi?   2. Io ho paura di volare. E Lei?   3. Che cosa cerchiamo di fare in questo corso? Che cosa abbiamo imparato a fare? Che cosa non riusciamo ancora a fare?   4. Chi Le ha consigliato di studiare l'italiano? Lei consiglierebbe a un'altra persona di studiare l'italiano? Perchè?

g. Complete each sentence.

1. Ho passato una settimana senza . . .   2. Molta gente fuma una sigaretta dopo . . .   3. Invece di andare in macchina . . .

III.
DIALOGO

È un sabato pomeriggio. Benchè il sole splenda e il cielo sia senza nuvole, fa piuttosto fresco. Marcella e Vittoria sono uscite a far compere.

MARCELLA: Ormai l'inverno è vicino; vorrei comprarmi un cappotto prima che incominci a fare veramente freddo.

VITTORIA: Io ho bisogno di tante cose: un paio di camicette, una gonna, una giacca di lana; ma soprattutto vorrei un paio di stivali . . . purchè non costino troppo!

MARCELLA: C'è un negozio in Via Calzaioli che ha gli stivali più belli che abbia mai visto. Ma i prezzi . . .

VITTORIA: Non me ne parlare! Io in quel negozio non ci metto piede . . . a meno che non trovi lavoro e faccia un po' di quattrini. Sai, c'è la possibilità che dei compratori americani mi assumano come interprete per la prossima sfilata di moda a Palazzo Pitti.

MARCELLA: Davvero? Come hai saputo di questo lavoro?

VITTORIA: Me lo ha detto una zia che lavora in una casa di mode a Roma; figurati che, senza che io glielo abbia chiesto, ha fatto il mio nome a questi compratori.

MARCELLA: Che fortuna! Speriamo che ti vada bene!

Mentre le due ragazze continuano a camminare, quasi si scontrano con Beppino che esce da un negozio di abbigliamento per uomo, con un pacchetto in mano.

VITTORIA: Anche tu a far compere? Caspita! Questo è *un negozio da miliardari*. Su chi vuoi far colpo?   *a fancy store*

BEPPINO: Te lo dirò a patto che tu non lo dica in giro.

VITTORIA: Bionda o bruna?

BEPPINO: Biondissima e fatale! Domani vado a Milano a trovarla . . . Sul serio, ragazze, a Milano ci vado davvero per un'intervista con una ditta di arredamenti che esporta negli Stati Uniti. Può darsi che mi assumano come fotografo. Così ho comprato una cravatta per l'occasione. Eccola! Vi pare che sia adatta?

MARCELLA: Pura seta, disegno di buon gusto ma non chiassoso. Ottima scelta, Beppino. Allora buon viaggio e in bocca al lupo!

Dialog comprehension check

Rispondere alle seguenti domande.

1. Che giorno è oggi e che tempo fa?   2. Perchè Marcella vuol comprarsi un cappotto?   3. Che cosa ha intenzione di comprare Vittoria?   4. Perchè Vittoria non va mai nel negozio di Via Calzaioli?   5. Per chi spera di fare l'interprete Vittoria?   6. Come ha saputo di questo lavoro?   7. Da dove esce Beppino?   8. Che cosa ha comprato e perchè?

IV.
ESERCIZI DI RICAPITOLAZIONE

a. In column B, find a conclusion for each sentence in column A.

A	B
Non prenderete un bel voto	prima di andare a letto
Benchè siano ricchi	abbiamo fatto colazione
Potete restare qui	non aprire la porta
Chiunque suoni	che sia di lana
Bevo sempre qualcosa	a meno che non studiate
Dopo esserci alzati	sono infelici
Ho bisogno di una giacca	purchè non facciate rumore

b. Express in Italian.

1. Speak louder so that everybody can hear you.   2. You say it's the best movie you have ever seen? I must go see it!   3. He is always tired after shopping.   4. I don't like to shop alone. Why don't you come with me? 5. Though I eat breakfast regularly, around 10 o'clock every morning I start to feel hungry.   6. How do you manage to remember everything?   7. Before leaving the house, remember to take your keys.   8. Do you know if he went to the party?   9. I hope to convince you to learn another foreign language. 10. Wherever you go, don't forget to send me a card!   11. Comb your hair before the guests **(invitati)** arrive!

c. Conversazione.

1. Conosce qualcuno che faccia una cura dimagrante? Quali cose non deve mangiare? Lei mangia di tutto?   2. Quand'è l'ultima volta che è andato(a) a far compere? È abituato(a) a comprare sempre negli stessi negozi o preferisce cambiare?   3. Preferisce andare nei negozi da solo(a) o con un amico/un'amica?   4. Ci sono negozi in cui non mette mai piede?   5. Che cosa si metterebbe per far colpo su qualcuno?   6. Si sente a Suo agio qualsiasi cosa si metta?   7. Le piacerebbe avere una camicia di seta pura?   8. Un mio amico dice che la scelta di una cravatta è sempre un problema. Per Lei, quale scelta è un problema?

V.
LETTURA CULTURALE: MODA E ARREDAMENTO

Per l'arredamento, il *vestiario* e gli *accessori* l'Italia si è sempre trovata *all'avanguardia*, ammirata e imitata sia nel continente europeo che in quello americano. *(clothing / accessories / in the vanguard)*

Quest'aspetto della vita italiana segue sempre principi estetici più che utilitari ed è per questo che il concetto della produzione di massa è secondario a quello creativo ed estetico. Ciò si nota nell'arredamento della casa, i cui mobili e oggetti sono scelti con gran cura, nella maniera di vestire e di complementare *l'abito* con accessori adatti e nel gusto per le cose belle in generale. *(dress, suit)*

Per l'italiano la qualità conta più della quantità e questa è la *regola* per le cose piccole come per le grandi, dall'*acquisto* di una cravatta bella invece di tre mediocri alla scelta di un singolo *anello* al posto della *parure (collana, orecchini,* e *braccialetto)*. Le collezioni delle grandi case di moda fiorentine, romane e milanesi continuano a interessare il pubblico per l'attenzione data ai dettagli e per la *finezza* dei *tessuti* che i *sarti* utilizzano con gusto e originalità. Basta girare per i grandi *magazzini* di qualsiasi capitale per osservare come il gusto italiano *abbia fatto presa* in tutto il mondo. In qualunque paese andiamo, è difficile trovare uomini che non apprezzino un paio di scarpe Gucci o donne che non *si incantino* di fronte a una camicetta disegnata da Pucci. *(rule / purchase / ring / set / necklace / earrings / bracelet) (elegance / materials / tailors / department stores / took hold) (become enchanted)*

Reading comprehension check

a. Domande.

1. In che cosa è ammirata e imitata l'Italia?   2. Quale principio segue la moda italiana?   3. Cosa conta più della quantità in Italia?   4. In quali città italiane sono le grandi case di moda?   5. Quale principio è secondario in Italia nella moda e nell'arredamento?

b. Formate una frase completa con le seguenti espressioni.

1. All'avanguardia   2. Pucci   3. La qualità   4. Gucci   5. Gli accessori

(photos by
Leonard Speier)

VI.
PAROLE DA RICORDARE

VERBS

assụmere (p. p. **assunto**) to hire
(come) fare a + infinitive (how) to manage to do something
fare colpo su qualcuno to impress someone
fare compere to go shopping
esportare to export

inviare to send
mettere piede to set foot
pensare di + infinitive to plan
promẹttere (p. p. **promesso**) **di** + infinitive to promise
provvedere a to take care of
riuscire **a** + infinitive to succeed
rovinare to ruin

scontrarsi con to bump into
stare tranquillo to relax; not to worry

NOUNS

abbigliamento clothes
arredamento furnishings
augurio wish

catena chain
cappotto winter coat
compratore buyer
cura treatment
ditta firm
durata duration; durability
interprete (m or f) interpreter
intervista interview
invio shipment
lana wool
linea shape
giacca jacket
gonna skirt
mano d'opera labor, workmanship
nuvola cloud
operaio worker, laborer
oro gold
pacco package
possibilità possibility

posta mail
pubblicità publicity,
  advertisements
quattrini (m. pl.) money
salute (f) health
scelta choice
seta silk
sfilata show, parade
stivale (m) boot

ADJECTIVES
adatto suitable
chiassoso loud, gaudy
dimagrante slimming
leggero slight
puro pure
vicino close, near

OTHERS
affinchè so that

a meno che non unless
a mio (tuo, suo, ecc.) **agio** at ease
a mio (tuo, suo, ecc.) **parere** in
  my (your, his, her, etc.) opinion
a patto che provided that
benchè although
comunque no matter how
dovunque wherever
in giro around
invece di instead of
ormai by now
perchè + subjunctive so that
per quanto although
prima che before
purchè provided that
quantunque although
sebbene although
senza che without
sul serio seriously

*The present tense of **riuscire** is **riesco, riesci, riesce, riusciamo, riuscite, riescono.**

I. ABITUDINI

È abituato(a) a studiare la sera? a lavorare? ad obbedire? a masticare chewing-gum? a dormire con la finestra aperta?

Dite se una persona si abitua facilmente a queste cose: i soldi; il successo; le ingiustizie; il lavoro; l'oppressione; la felicità; l'ozio *(inactivity)*; il lusso; ricevere complimenti; alzarsi presto; dormire poco.

Ora dite se le seguenti categorie sono abituate alle cose sopra elencate: i giovani; i vecchi; gli attori; le minoranze *(minorities)*; le donne.

II. ECONOMIE

Raccontare la storia illustrata dalla seguente striscia con le vostre parole.

CAPITOLO 19

I. OBIETTIVI

Culture

The **lettura culturale** of this chapter deals with Italian industry.

Grammar

You will learn the command forms that are used when you talk to people whom you would normally address with the formal **Lei** and **Loro,** as well as the position of pronouns used with these and other imperatives. This chapter also introduces the impersonal **si** construction, used in Italian where English frequently uses *one, we, they,* or *people* + a verb: *one eats well here,* and so on. Finally, you will learn some nouns and adjectives that have spelling irregularities in the plural.

II.
GRAMMATICA

A. The *Lei* and *Loro* forms of the imperative

Alla biglietteria della stazione di Firenze.

VIAGGIATORE: Scusi, ci sono treni per Milano che partono nel pomeriggio?

IMPIEGATA: Certo, signore: prenda il rapido delle 12,59. È molto comodo. Quanti biglietti vuole?

VIAGGIATORE: Due, per favore, e prenoti anche i posti: per sabato 28.

IMPIEGATA: Se vuole prenotare, vada all'Ufficio Prenotazioni; qui vendiamo solo i biglietti.*

1. *Dove vuole andare il signore e quando preferisce viaggiare?*
2. *Quale treno gli consiglia l'impiegata?*
3. *Dove deve andare il signore per prenotare i posti?*

*In Italy, a reservation must be made to assure a seat. A train ticket only guarantees a ride on the train.

1. You have already learned the **tu, voi,** and **noi** forms of the imperative (Capitolo 8). The imperative for **Lei** and **Loro** is the same as the third person present subjunctive.

At the ticket window of the railroad station in Florence.
TRAVELER: Excuse me, are there any trains to Milan that leave in the afternoon?   CLERK: Of course, sir. Take the 12:59 *rapido*. It's very convenient. How many tickets do you want?
TRAVELER: Two, please, and reserve the seats, too: for Saturday, the 28th.   CLERK: If you want to make reservations, go to the Reservation Office. We only sell tickets here.

	CANTARE	SCRIVERE	DORMIRE	FINIRE
(Lei)	canti	scriva	dorma	finisca
(Loro)	cantino	scrivano	dormano	finiscano

Aspetti un momento, signorina!	*Wait* a second, Miss!
Scriva subito al presidente!	*Write* the president immediately!
Finisca pur di mangiare, dottore!	Go ahead and *finish* eating, doctor!
Signori, **paghino** alla cassa!	Gentlemen, *pay* at the cashier!

2. Verbs that are irregular in the present subjunctive are also irregular in the **Lei** and **Loro** imperatives.

Vada a casa, signora!	*Go* home, ma'am!
Faccia un viaggio!	*Take* a trip!
Signori, **siano** pronti alle nove!	Gentlemen, *be* ready at nine!
Abbia pazienza, professore!	*Be* patient, professor!

3. The negative imperative is formed by placing **non** before the affirmative form.

Non aspetti!	*Don't wait!*
Non entrino ancora!	*Don't go in* yet!

Esercizi

*a. Form a sentence with the **Lei** or **Loro** imperative of each verb.*

Esempio: entrare
Se vuole entrare, entri!

1. aspettare   2. pagare   3. mangiare   4. rispondere   5. smettere di lavorare   6. finire   7. guardare   8. telefonare   9. venire   10. uscire   11. scommettere   12. partire

*b. Restate each imperative in the **Lei** form.*

Esempio: Scusa, cara!
Scusi, signora!

1. Scrivi, cara!   2. Abbi pazienza, cara!   3. Sta' attenta, cara!   4. Sii gentile, cara!   5. Non partire, cara!   6. Prenota i posti, cara!   7. Fa' attenzione, cara!   8. Di' la verità, cara!

c. *Make formal imperatives, according to the example.*

Esempio: Quando dico alla signorina di continuare a parlare, le dico:
"Continui a parlare!"

1. Quando dico alla signorina di essere puntuale, le dico . . .   2. Quando dico alla signorina di chiudere la porta, le dico . . .   3. Quando dico alla signorina di prendere un paio di aspirine, le dico . . .   4. Quando dico alle signore di non attirare l'attenzione, dico loro . . .   5. Quando dico ai signori di andare a destra e poi di continuare sempre dritto *(straight)*, dico loro . . .   6. Quando dico alla signorina di fare così, le dico . . .   7. Quando dico al signor Rossi di fumare di meno, gli dico . . .   8. Quando dico al professore di dare dei bei voti, gli dico . . .

— 7800 lire... e faccia presto a pagare alla cassa prima che aumentino i prezzi!

d. *Give the appropriate negative **Lei** imperative for each of the following statements.*

Esempio: Non deve tornare a casa.
Non torni a casa!

1. Non deve suonare il campanello.   2. Non deve lasciare le chiavi in macchina.   3. Non devono noleggiare una bicicletta.   4. Non devono servire il caffè.   5. Non deve ridere.   6. Non deve pagare subito.   7. Non devono dimenticare di scrivere.   8. Non deve venire dopo le dieci.

B. The imperative with pronouns

SEGRETARIA: Avvocato, il signor Biondi ha bisogno urgente di parlarLe: ha già telefonato tre volte.
AVVOCATO: Che seccatore! Gli telefoni Lei, signorina, e gli dica che
sono partito per Parigi.
(Squilla il telefono.)
SEGRETARIA: Pronto! Signor Biondi? Mi dispiace, l'avvocato è partito
per Parigi. Come dice? L'indirizzo? Non lo so: abbia
pazienza e richiami tra dieci giorni!

1. *Perchè il signor Biondi ha telefonato tante volte?*
2. *Cosa deve dire la segretaria al signor Biondi?*
3. *Che cosa vuol sapere il signor Biondi?*
4. *Che cosa gli dice di fare la segretaria?*

---

1. As you already know, object and reflexive pronouns are attached to the
end of the affirmative **tu, noi,** and **loro** commands and may either precede
or be attached to negative commands.

   Telefonami stasera!   *Call me tonight!*
   Non mi telefonare! }
   Non telefonarmi! }   *Don't call me!*

2. Object and reflexive pronouns *always precede* the **Lei** and **Loro** forms of
both the affirmative and the negative imperatives.

   Mi dia qualcosa!   *Give me something!*
   Non mi dia niente!   *Don't give me anything!*
   Lo comprino oggi!   *Buy it today!*
   Non lo comprino oggi!   *Don't buy it today!*

3. The infinitive often replaces the imperative in directions, public notices,
recipes, and so on.

   Leggere attentamente le istruzioni.   *Read the directions carefully.*
   Cuocere per un'ora.   *Cook for an hour.*

SECRETARY: Sir, Mr. Biondi needs to speak to you urgently. He has already called three times.
LAWYER: What a nuisance! You call him, and tell him that I left for Paris. (The telephone
rings.)   SECRETARY: Hello! Mr. Biondi? I'm sorry, the lawyer has left for Paris. What was
that? The address? I don't know. Be patient and call back in ten days!

Esercizi

a. Add an affirmative imperative after each question.

Esempio: Perchè non mi aspetta?
          Mi aspetti!

1. Perchè non lo compra?   2. Perchè non me lo dice?   3. Perchè non gli risponde?   4. Perchè non ne parla?   5. Perchè non ci va?   6. Perchè non glieli regala?   7. Perchè non ce lo presta?

b. Follow the example to form a question and then a negative imperative for each verb.

Esempio: lamentarsi
          Perchè si lamenta? Non si lamenti!

1. fermarsi   2. cambiarsi   3. raccontarglielo   4. ritornarci
5. trasferirsi   6. invitarla   7. leggerlo

— Dottore, mi liberi dal mito dell'automobile...

c. Give four commands you do not like to hear from people you don't know well.

Esempio: Stia zitto(a)!

d. *Imagine you are a guide traveling with a group of tourists through Italy. Tell them to do each of the following:*

1. non lasciare niente sull'autobus   2. non comprare in questo negozio
3. fermarsi a bere qualcosa   4. bere acqua minerale   5. mettersi delle scarpe comode *(comfortable)*   6. dare una buona mancia   7. essere puntuali

C. The impersonal *si* construction

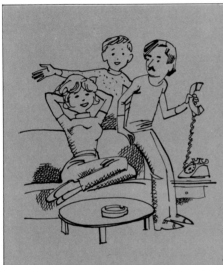

ROBERTO: Ragazzi, che cosa si fa questo week-end?
GIANNI: Mah, si potrebbe andare a Viareggio se fa bel tempo.
SANDRA: Si va in macchina o in treno?
GIANNI: Meglio andare in treno: la benzina costa troppo!
ROBERTO: A che ora si parte?
GIANNI: Dipende dall'orario dei treni, Roberto; telefona all'ufficio informazioni.

1. *Dove potrebbero andare i ragazzi questo week-end?*
2. *Perchè sarebbe meglio andare in treno che in macchina?*
3. *A chi bisogna telefonare per sapere l'orario dei treni?*

1. In Italian, **si** + a verb in the third person singular is used to express an indefinite or unspecified subject. This construction corresponds to the English *one, you, we, they,* and *people* + a verb.

Si mangia bene in quel ristorante.   *One* eats well in that restaurant.

ROBERTO: Hey, guys, what are we doing this weekend?   GIANNI: Well, we could go to Viareggio if the weather is nice.   SANDRA: Shall we take the car or the train?   GIANNI: It's better to go by train. Gas costs too much!   ROBERTO: What time are we leaving? GIANNI: It depends on the train schedule, Roberto. Call the information office.

Si dice che farà freddo quest'inverno.	*They say* it will be cold this winter.
Non **si può** fumare in classe.	*You cannot* smoke in the classroom.

In colloquial Italian the **si** construction is often used instead of the **noi** form of the verb.

A che ora **si mangia?**	What time *are we eating?*
Oggi **si sta** a casa.	Today *we are staying* home.

2. All compound tenses of the **si** construction are formed with **essere.** The past participle ends in **-o** if the verb requires **avere.** If the verb used is normally conjugated with **essere,** however, the past participle has a plural ending, **-i.**

Ieri **si è votato** in tutte le città italiane.	Yesterday *people voted* in all Italian cities.
Si è nati per soffrire.	*We were born* to suffer.

3. An adjective following the **si** + a verb construction has a plural ending, even though the verb is singular.

Si è tristi quando **si è soli.**	*People are sad* when *they are alone.*
È vero che quando **si diventa** ricchi **si diventa** egoisti?	Is it true that when *you get rich you become selfish?*

4. If a reflexive verb **(divertirsi, annoiarsi, salutarsi)** is used in the preceding construction, both an impersonal and a reflexive pronoun are needed. The pronouns used are **ci si** (not **si si**).

Ci si diverte al mare.	*People have a good time* at the beach.
Non **ci si saluta** ogni mattina?	Don't *we greet each other* every morning?

5. Just as in English, the third person plural of a verb or **uno** + the third person singular may be used as a substitute for the **si** construction.

Uno non **sa** mai cosa dire.	*One* never *knows* what to say.

Esercizi

*a. Restate each sentence by substituting a personal form (subject **noi**) for the impersonal construction.*

Esempio: Con la pazienza si ottiene tutto.
Con la pazienza otteniamo tutto.

1. Si può entrare?   2. Non si deve esagerare.   3. Che cosa si è ordinato?
4. Ci si alza presto d'estate.   5. Si mangerà alla stessa ora?   6. Si è fatto
quello che si poteva fare.   7. Soltanto quando ci si è lavati ci si sente bene.
8. Si sta bene in questa città.

— ...E qui c'è una graziosa trattoria di campagna, dove si
mangia benissimo, si spende poco e si sta in allegria...

*b. Restate each sentence, using the impersonal **si** construction.*

Esempio: Che cosa diciamo prima di bere? Diciamo "Cin cin!"
            Che cosa si dice prima di bere? Si dice "Cin cin!"

1. Se non disturbiamo, vorremmo visitare la nonna.   2. Eravamo arrivati
tardi e così dormimmo in albergo.   3. Uno non sa mai cosa rispondere a
queste domande.   4. Abbiamo dormito troppo.   5. Uno poteva mangiare
quel che voleva.   6. A che ora ci vediamo?   7. Signori, chiudiamo!
8. Uno vive male quando è solo.

*c. Restate each sentence in the **passato composto**.*

Esempio: Si perde molto tempo.
            Si è perduto molto tempo.

1. Si parla di un altro aumento dei prezzi.   2. Si può fare poco.   3. Si
arriva stanchi.   4. Si paga troppo in quel negozio.   5. Ci si abitua
facilmente.

*d. **Cosa si dice quando.** . . . Rispondere alle seguenti domande.*

1. Cosa si dice quando qualcuno va a dormire?   2. Quando si risponde al
telefono?   3. Quando si vuole che qualcuno stia zitto?   4. Quando una
persona parte?   5. Quando si vuole invitare qualcuno a entrare?
6. Quando è il compleanno di qualcuno?

Come si dice « Scusi tanto » in inglese?...

e. Conversazione.

1. Che cosa si dice prima di bere in America? Sa cosa si dice in Scandinavia? In Italia? In Messico?   2. Secondo Lei, ci si diverte di più al mare o in montagna?   3. Mi può consigliare un ristorante dove si mangia bene? 4. Cosa si fa quando si è allegri?   5. È d'accordo con la seguente massima: "È molto difficile sapere quel che si deve fare a questo mondo: se si dorme, non si vive; se si sta svegli *(awake),* si vive male"?   6. Le piace che si parli di Lei?

—*Vengo molto spesso qui per il semplice motivo che davanti a questi antichi e nobili monumenti ci si sente tanto ma tanto giovani.*

D. Plurals with spelling irregularities

> GUIDO: Dimmi, Beppino: hai molti amici a Firenze?
> BEPPINO: Sì, ne ho diversi; e alcuni molto simpatici.
> GUIDO: E . . . amiche?
> BEPPINO: Certo; e una, specialmente, tanto carina, intelligente e simpatica.
> GUIDO: Ho capito: l'amica del cuore!
>
> 1. *Come sono alcuni amici di Beppino?*
> 2. *Com'è l'amica del cuore di Beppino?*

1. The plural of certain nouns and adjectives depends on where the stress falls in the word.

    a. Masculine nouns and adjectives ending in **-io** change to **-i** in the plural when the **-i** of the singular is not stressed.

negozio	negozi	bacio	baci
operaio	operai	vecchio	vecchi
viaggio	viaggi	grigio	grigi

    If the **-i** of the singular is stressed, however, the plural ends in **-ii.**

zio	zii
invio	invii
natio (*native*)	natii

    b. Masculine nouns and adjectives ending in **-co** form their plural in **-chi** if the stress is on the syllable preceding **-co.** They form their plural in **-ci** if the stress is two syllables before **-co.**

pacco	pacchi	medico	medici
disco	dischi	politico	politici
antico	antichi	magnifico	magnifici

    Exceptions to this rule are:

amico	amici
nemico	nemici
greco	greci

    c. Masculine nouns and adjectives ending in **-go** form their plural in **-ghi,** no matter where the stress falls.

GUIDO: Tell me, Beppino. Do you have many friends in Florence?   BEPPINO: Yes, I have several—a few very nice ones.   GUIDO: And . . . girlfriends?   BEPPINO: Sure. And one, especially, so good looking and intelligent, with a good personality.   GUIDO: I see. A sweetheart!

dialo**go**   dialo**ghi**
la**go**   la**ghi**
lun**go**   lun**ghi**

2. You already know that feminine nouns and adjectives ending in **-ca** form their plural in **-che**.

ami**ca**   ami**che**
simpati**ca** simpati**che**

Similarly, feminine nouns and adjectives ending in **-ga** change to **-ghe** in the plural.

stre**ga** (*witch*)   stre**ghe**
to**ga**   to**ghe**
lun**ga**   lun**ghe**

3. Nouns and adjectives ending in **-cia** and **-gia** form their plural in **-ce** and **-ge** if the **-i** of the singular is not stressed.

pio**ggia**   pio**gge**
man**cia**   man**ce**
gri**gia**   gri**ge**

If the **-i** of the singular is stressed, however, the plural ends in **-cie** and **-gie**.

farma**cia**   farma**cie**
bu**gia**   bu**gie**
aller**gia**   aller**gie**

Esercizi

a. Give the plural of each expression.

1. vecchio disco   2. marca francese   3. operaio stanco   4. amico simpatico   5. amica simpatica   6. papa polacco (*Polish*)   7. parco pubblico   8. vecchia pelliccia   9. giacca lunga   10. programma politico   11. occhio grigio   12. paese natio

b. Express in Italian.

1. These dialogs are too long.   2. What magnificent eyes you have!   3. I don't believe she has two fur coats.   4. You said all the stores were closed. Were the pharmacies closed, too?   5. My uncles have taken many trips to Europe.

c. Conversazione.

1. Dice mai bugie?   2. Quanti zii e quante zie ha?   3. Soffre di qualche allergia?   4. In quali parchi nazionali è stato(a)?   5. Conosce qualcuno che abbia gli occhi verdi?

III.
DIALOGO

Beppino viaggia sul rapido per Milano. Nello scompartimento di prima classe* ci sono altre quattro persone: due signori di mezza età *dall'aria di* uomini d'affari, un *sacerdote* e una signora anziana seduta vicino al finestrino di fronte a Beppino. Arriva una bella ragazza e domanda: "Scusino, c'è un posto?" Primo signore di mezz'età: "Prego, si accomodi!" La ragazza entra nello scompartimento, si siede e dice a Beppino: "La prego, apra quel finestrino!" Beppino ubbidisce.

who look like

priest

SIGNORA
ANZIANA: Per carità, lo chiuda subito! Io soffro di reumatismi e l'aria mi fa male.

SIGNORINA: E io soffro di *emicrania;* se ha freddo, signora, si metta la pelliccia e mi lasci respirare!

headache

SACERDOTE: Signorina, Lei è giovane, abbia pazienza; sia gentile e faccia questo piacere alla signora.

SIGNORINA: Senta, signora, si sieda al mio posto vicino alla porta: qui non si sente *un filo d'aria!*

a breath of air

PRIMO SIGNORE: Ma no, signorina, non si scomodi! (*Rivolto* alla signora anziana.) Prego, Signora, prenda il mio posto.

turns

2° SIGNORE: Io scendo a Bologna, Ingegner Azzini: si ricordi di telefonarmi per quell'affare appena arriva a Milano.

PRIMO SIGNORE: Certamente, Avvocato. (Rivolto a Beppino.) Lei è americano, vero?

BEPPINO: Sì, ma come lo sa?

PRIMO SIGNORE: La Sua valigia: "Samsonite," marca americana. Bel paese l'America! Ci vado spesso per affari. Io sono dirigente all'I.B.M. di Milano. Ecco il mio biglietto da visita: mi venga a trovare.

IL CONTROLLORE: Signori, biglietti per favore! (Prende il biglietto della ragazza.) Signorina, Lei ha un biglietto di seconda: paghi il supplemento, La prego, o lasci questo scompartimento.

SIGNORA
ANZIANA: Questi giovani! Ai miei tempi . . .

*There are two classes on Italian trains, **prima** and **seconda**. First class costs approximately 80 percent more.

Dialog comprehension check

Rispondere alle domande.

1. Quante persone ci sono nello scompartimento e chi sono?   2. Chi entra nello scompartimento?   3. Che cosa dice a Beppino?   4. Perchè la signora anziana protesta?   5. La signorina che cosa consiglia alla signora?   6. Il sacerdote che cosa dice?   7. Uno dei due signori come sa che Beppino è americano?   8. È americano il signore?   9. Che cosa fa il signore?   10. Perchè la ragazza deve pagare il supplemento al controllore?

IV.
ESERCIZI DI RICAPITOLAZIONE

a. *Form two sentences with each verb, as in the example.*

   Esempio: fumare qui
             Non fumi qui! Non si fuma qui.

   1. entrare in quella stanza   2. scendere a questa stazione   3. muoversi *(to move)*   4. dormire fino a mezzogiorno   5. scherzare *(to joke)* con me   6. stare seduto   7. arrabbiarsi per poco

b. *Complete each sentence with the appropriate imperative form of* **comprare** + *a pronoun.*

   Esempio: Se Le piace quel vestito, **lo compri.**

   1. Se Le piace quella camicetta . . .   2. Se ti piace quella camicetta . . .
   3. Se non ti piace quella camicetta, non . . .   4. Se vi piace quel cappotto . . .
   5. Se ti piacciono quei pantaloni . . .   6. Se Le piacciono quelle scarpe . . .
   7. Se ti piacciono quegli stivali . . .

c. *Express in Italian.*

   —Mr. Azzini, what a pleasure to see you again! Sit down and tell me what you did in Milan.
   —I'm sorry, but I don't have time. My wife is waiting for me. Come and see us some time and don't forget to say hi to your husband for me.

d. *Express in Italian, using the impersonal* **si** *construction whenever possible.*

   1. Is it true that people cry **(piangere)** when they are happy? Do you cry when you are happy?   2. When people are sleepy they ought to go to bed.   3. When you're tired you don't feel like running.   4. They've waited too long.   5. Do you think we study a lot in this class?

e. *Conversazione.*

   1. Ha mai viaggiato su un treno italiano?   2. Quando si viaggia in America, è necessario prenotare i posti?   3. Quando Lei viaggia in aereo, si siede sempre vicino al finestrino?   4. Cosa avrebbe fatto Lei, al posto della signorina del dialogo?   6. Di solito, Lei indovina la nazionalità di una persona dal modo in cui si veste o dal modo in cui si parla?

CURIOSITÀ

CIN CIN!   Prima di bere, gli italiani alzano e toccano i bicchieri e dicono "Cin cin!" (qualche volta "Alla salute!" o "Salute!").

L'espressione **Cin cin** (scritta anche **Cincin**) è l'adattamento fonetico dell'inglese chin chin che, a sua volta, deriva dal cinese ch'ing' ch'ing', che significa letteralmente "prego, prego."

La parola, usata come saluto dai marinai inglesi già alla fine del secolo XVIII, è arrivata in Italia durante la prima guerra mondiale (1914–1918) invadendo a poco a poco non solo l'Italia ma anche molti altri paesi e continenti.

V.
LETTURA CULTURALE: L'INDUSTRIA ITALIANA

Fra le nazioni del blocco *occidentale* l'Italia è il paese maggiormente controllato dallo stato nel campo industriale. Lo stato interviene in due modi diversi: o *mediante* la *gestione* diretta di alcune *aziende*, principalmente di servizi, quali le poste, le *ferrovie* e l'elettricità; o mediante la partecipazione alla gestione di aziende private in molti *campi* di attività (*idrocarburi, siderurgia, cantieri,* telefoni, banche).

Western

through / management / firms
railroads / fields / hydrocarbons / iron and steel / shipyards

Altri settori dell'economia, come l'industria automobilistica e meccanica e l'industria degli *elettrodomestici,* sono dominati da aziende private. L'Olivetti produce macchine da scrivere e *calcolatrici;* la Necchi *macchine da cucire;* la Fiat automobili e macchine di ogni tipo. Tutte queste aziende vendono i loro prodotti anche all'estero, *malgrado* la *concorrenza* europea, giapponese e americana. Il migliore esempio della concorrenza americana è dato dall'IBM che ha una grande *succursale* a Milano e altre, minori, in tutta l'Italia.

household appliances
computers / sewing machines
in spite of / competition

branch

Il nord è la parte più industrializzata d'Italia; gli *sforzi* per industrializzare anche il sud non hanno ancora avuto grande successo.

efforts

Reading comprehension check

Completate secondo la lettura.

1. Negli Stati Uniti l'industria è privata; in Italia . . .   2. Non solo le poste sono controllate dallo stato in Italia; anche . . .   3. La partecipazione statale è presente in molti settori dell'economia . . .   4. Aziende private dominano l'industria . . .   5. La Olivetti prospera, anche con la concorrenza . . .

*(photos by
Leonard Speier)*

VI.
PAROLE DA RICORDARE

VERBS

accomodarsi   to make oneself comfortable; to come in
chiudere (p. p. **chiuso**)   to close
respirare   to breathe
richiamare   to call back
*scendere (p. p. **sceso**)   to get off
scomodarsi   to inconvenience oneself
soffrire (di)   to suffer (from)
squillare   to ring
ubbidire (isc)   to obey

NOUNS

affare (m)   business
aria   air; appearance
benzina   gasoline
biglietteria   ticket office
biglietto da visita   call card
controllore (m)   conductor
cuore (m)   heart
dirigente (m or f)   manager
età   age
finestrino   train window
indirizzo   address
marca   make, brand name
pelliccia   fur coat
prenotazione (f)   reservation
rapido   express train
scompartimento   compartment
seccatore (m)   bore, nuisance
supplemento   supplement
uomo d'affari   businessman
valigia   suitcase

ADJECTIVES

anziano   elderly, old
comodo   convenient, comfortable
diversi   several
sorpreso   surprised
urgente   urgent

OTHERS

di fronte a   in front of
di mezza età   middle aged
per affari   on business
prego!   please!; you are welcome!

I. "CARA CONTESSA CLARA . . ."

Immagini di lavorare per una rivista e di dover rispondere alle lettere dei Suoi lettori e delle Sue lettrici che Le chiedono consiglio. Per ogni problema, trovi possibilmente tre consigli o soluzioni.

Esempio: "Cara Contessa Clara, sono molto solo *(lonely)*. Mi dia un consiglio!"
Risposta: 1. Faccia un viaggio in gruppo.   2. Si cerchi un lavoro.   3. Dia una festa.

1. "Cara Contessa Clara, sono molto grasso. Mi dia un consiglio!"
2. "Cara Contessa Clara, sono innamorata di un uomo che ha vent'anni più di me. Ci vogliamo sposare, ma i miei genitori non vogliono. Mi dia un consiglio!"   3. "Cara Contessa Clara, comincerò l'università in settembre. Dopo la laurea, voglio trovare un buon lavoro e diventare ricco in pochi anni. Che cosa devo studiare e in che cosa devo specializzarmi *(major)*?"

II. CRUCIVERBA

Each line consists of two five-letter words. The last three letters of the first word are the beginning three letters of the second word. When you finish, you will be able to read the name of one of the masks on the cover of your book in the central vertical column.

LA MASCHERA

Definizioni: 1. Capitale della Cecoslovacchia—Il nome della scrittrice inglese Christie.   2. È nel mezzo fra due estremi (aggettivo femminile)—Dea della caccia.   3. Antichi abitanti del Perù—Sportello dove si paga nelle banche e negli uffici.   4. Gli occhi e i capelli di molti italiani—Solo. 5. Servono per camminare—Il nome della signora Bunker.   6. Liquido senza odore, colore o sapore—Non completamente.   7. Antica via romana—Strumento musicale.   8. Intercetta gli aerei—Nome di uomo.

CAPITOLO 20

I.
OBIETTIVI

Culture

The **lettura culturale** of this chapter deals with youth in Italy today.

Grammar

You will learn two past tenses of the subjunctive mood: the imperfect and the pluperfect. This chapter also deals with the relationship of tenses and moods in independent and dependent clauses and with the subjunctive used alone. The last section of the **Grammatica** presents some nouns with irregular plural forms.

II.
GRAMMATICA

A.   The imperfect subjunctive

CINZIA: Così tuo padre voleva che tu facessi l'inge-
gnere?
MAURIZIO: Sì, perchè sperava che poi lavorassi con
lui nella sua azienda.
CINZIA: E tua madre?
MAURIZIO: Mia madre invece desiderava che stu-
diassi medicina.
CINZIA: E tu cosa hai deciso di fare?
MAURIZIO: Nulla, sono scappato di casa!

1. *Perchè il padre di Maurizio voleva che il figlio fa-*
cesse l'ingegnere?
2. *Cosa voleva invece la madre di Maurizio?*
3. *Che cosa ha fatto Maurizio?*

1. The imperfect subjunctive *(that I sang, that I was singing)* is formed by adding the characteristic vowel and the appropriate endings to the infinitive
stem. The endings for all verbs are **-ssi, -ssi, -sse, -ssimo, -ste, -ssero.**

	CANTARE	SCRIVERE	DORMIRE	CAPIRE
che io	cantassi	scrivessi	dormissi	capissi
che tu	cantassi	scrivessi	dormissi	capissi
che lui/lei	cantasse	scrivesse	dormisse	capisse
che	cantassimo	scrivessimo	dormissimo	capissimo
che	cantaste	scriveste	dormiste	capiste
che	cantassero	scrivessero	dormissero	capissero

2. The following verbs have irregular stems in the imperfect subjunctive.
The last three, **bere, dire,** and **fare,** form the imperfect subjunctive from
the same stem as the **imperfetto.**

CYNTHIA: So, your father wanted you to be an engineer?   MAURIZIO: Yes, because he
hoped I would go to work for him.   CYNTHIA: And your mother?   MAURIZIO: My
mother wanted me to study medicine.   CYNTHIA: What did you end up doing?
MAURIZIO: Nothing, I ran away from home!

ESSERE	DARE	STARE	BERE (BEV-EVO)	DIRE (DIC-EVO)	FARE (FAC-EVO)
fossi	dessi	stessi	bevessi	dicessi	facessi
fossi	dessi	stessi	bevessi	dicessi	facessi
fosse	desse	stesse	bevesse	dicesse	facesse
fossimo	dessimo	stessimo	bevessimo	dicessimo	facessimo
foste	deste	steste	beveste	diceste	faceste
fossero	dessero	stessero	bevessero	dicessero	facessero

3. The "signals" that determine the use of the present subjunctive, discussed in Chapters 17 and 18, also apply to the use of the imperfect subjunctive. The imperfect subjunctive is used when the verb in the independent clause is in some past tense or the conditional, and when the action of the dependent clause takes place simultaneously with, or later than, the action of the independent clause.

MAIN VERB IN PRESENT	MAIN VERB IN PAST OR CONDITIONAL
Credo che **piova.** I *think* it's raining.	**Credevo** che **piovesse.** I *thought* it *was raining.*
Non **è** possibile che lui **ricordi.** It *isn't* possible (that) he *remembers.*	Non **era** possibile che lui **ricordasse.** It *wasn't* possible (that) he *remembered.*
Esco senza che lei mi **veda.** I'm *going* out without her *seeing* me.	**Sono uscito** senza che lei mi **vedesse.** I *went* out without her *seeing* me.
Non **c'è** nessuno che mi **capisca.** There's nobody who *understands* me.	Non **c'era** nessuno che mi **capisse.** There *was* nobody who *understood* me.
È il più gran museo che ci **sia.** It's the largest museum there *is.*	**Era** il più gran museo che ci **fosse.** It *was* the largest museum there *was.*

Esercizi

a. Replace the italicized verb with the correct form of each verb in parentheses.

1. Non credevano che io *capissi.* (studiare, ricordare, stare bene, sapere guidare, essere pronto)   2. Speravamo che voi *pagaste.* (votare, fare la crociera, trasferirsi, scrivere, venire)   3. Sarebbe meglio che loro *tornassero.* (lavorare, non bere, dare una mano, dire la verità, dormire)   4. Volevi che noi *aspet-*

tassimo? (telefonare, vendere, rispondere, finire, partire)   5. Siamo usciti sebbene *piovesse.* (nevicare, fare freddo, esserci nebbia)

b. *Complete each sentence with the appropriate imperfect subjunctive form of the verb in parentheses.*

1. Non credevo che Giuseppe _____ (essere) così avaro.   2. Sarebbe meglio che tu _____ (aspettare).   3. Sono usciti benchè non ne _____ (avere) voglia. 4. Avevamo bisogno di qualcuno che ci _____ (aiutare).   5. Ho aperto la finestra perchè _____ (entrare) un po' d'aria.   6. Speravo che voi mi _____ (scrivere) ogni giorno.   7. Siete andati a ballare senza che la mamma lo _____ (sapere)?   8. Vorrei che tu mi _____ (fare) una foto.   9. Era importante che loro _____ (dire) quello che sapevano.   10. Mi pareva che voi _____ (annoiarsi).   11. Il dottore voleva che io _____ (bere) otto bicchieri d'acqua al giorno.   12. Preferiremmo che lui ci _____ (dare) una risposta subito.

c. *Restate each of the following sentences using the imperfect subjunctive.*

Esempio: Non credo che mi vedano.
         Non credevo che mi vedessero.

1. Speriamo che tu trovi un lavoro.   2. È necessario che tutti ascoltino. 3. Hanno paura che non paghiamo.   4. È bene che tu stia zitta.   5. Papà non vuole che io lo faccia.   6. Sembra che lei non abbia voglia di mangiare. 7. Preferiscono che io studi medicina.   8. Ho l'impressione che tu non capisca.   9. È importante che voi rispondiate a tutte le domande. 10. Non c'è niente che io possa fare.

— Ma a te piacerebbe che noi venissimo a curiosare in casa tua?

curiosare: to be nosy

d. *Conversazione.*

1. Le piace che gli studenti parlino italiano in classe?   2. Le piacerebbe che tutti parlassero solo italiano in classe?   3. Vorrebbe che le vacanze di Natale e di Pasqua fossero più lunghe?   4. È contento(a) di aver scelto quest'università?   5. I Suoi genitori avrebbero preferito che Lei ne scegliesse un'altra?   6. Preferirebbe che l'insegnamento delle lingue nelle università americane fosse obbligatorio o no? Perchè?

—Era impossibile che fosse sempre attivo!

B. The pluperfect subjunctive

ANGELA: Geraldine, che sorpresa! Credevo che tu fossi tornata in America!

GERALDINE: No, sono rimasta a Roma: pensavo che Pietro te lo avesse detto.

ANGELA: E i tuoi genitori sono stati contenti?

GERALDINE: Per nulla: si erano messi in testa che andassi all'università del Texas.

ANGELA: E a Roma come vivi?

GERALDINE: Per quanto i miei genitori non mi abbiano mandato un soldo, me la cavo lo stesso: faccio la baby-sitter presso una famiglia italiana.

1. *Perchè Angela è sorpresa di vedere Geraldine?*
2. *Che cosa fa a Roma Geraldine?*
3. *I genitori di Geraldine sono contenti che la figlia sia restata a Roma?*

ANGELA: Geraldine, what a surprise! I thought you had gone back to the States! GERALDINE: No, I stayed in Rome. I thought Peter had told you. ANGELA: Were your parents happy about it? GERALDINE: Not at all. They had their minds made up that I was going to the University of Texas. ANGELA: How are you getting along in Rome? GERALDINE: Although my parents haven't sent me a penny, I'm managing just the same. I'm babysitting for an Italian family.

1. The pluperfect subjunctive (*that I had sung, that they had eaten,* and so on) is formed with the imperfect subjunctive of **avere** or **essere** + the past participle of the verb.

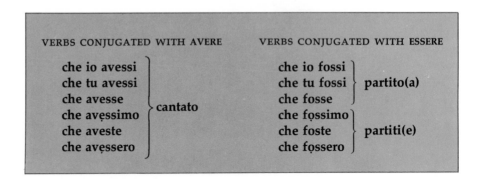

VERBS CONJUGATED WITH AVERE	VERBS CONJUGATED WITH ESSERE
che io avessi che tu avessi che avesse che avessimo che aveste che avessero } cantato	che io fossi che tu fossi } partito(a) che fosse che fossimo che foste } partiti(e) che fossero

2. The pluperfect subjunctive is used in place of the **trapassato** indicative whenever the subjunctive is required.

Avevano capito.	They had understood.
Speravo che **avessero capito.**	I was hoping they had understood.

3. The pluperfect subjunctive is used in a dependent clause when the verb in the independent clause is in a past tense or in the conditional, and when the action of the dependent clause occurred before the action of the independent clause.

MAIN VERB IN PRESENT TENSE	MAIN VERB IN PAST OR CONDITIONAL TENSE
Ho paura che non **abbiate capito.** *I'm afraid* you *didn't understand.*	**Avevo paura** che non **aveste capito.** *I was afraid* you *hadn't understood.*
Siamo contenti che **siano venuti.** *We're glad* they *came.*	**Eravamo contenti** che **fossero venuti.** *We were glad* they *had come.*
È il più bel film che io **abbia visto.** *It's the most beautiful movie I've seen.*	Era il più bel film che io **avessi visto.** *It was the most beautiful movie I had seen.*
Non **fa** freddo benchè **abbia nevicato.** *It isn't cold although it has snowed.*	Non **faceva** freddo benchè **avesse nevicato.** *It wasn't cold although it had snowed.*

Esercizi

a. Replace the italicized word with each word or phrase in parentheses, and make all other necessary changes.

1. Era strano che avessero *mangiato* male. (risposto, capito, dormito, viaggiato)
2. Credevo che *Laura* fosse tornata in America. (tuo cugino, gli Smith, tu, voi due)

b. Restate each sentence using the pluperfect subjunctive.

Esempio: Sembra che abbiano capito.
          Sembrava che avessero capito.

1. È impossibile che abbiano detto una bugia.   2. Ci dispiace che Maurizio non si sia laureato.   3. Non so che cosa sia successo.   4. È il più bel film che abbiamo visto.   5. Sono contenta che siate venuti.   6. È lo sciopero più lungo che ci sia stato.   7. Può darsi che lui abbia ottenuto un aumento. 8. Speriamo che non abbiate dimenticato.

*c. Combine each pair of sentences, adding **che** and making all necessary changes.*

Esempio: L'hai invitata? Sarebbe stato meglio.
          Sarebbe stato meglio che tu l'avessi invitata.

1. Hanno dovuto pagare il supplemento. Non lo credevamo.   2. Non c'eri ancora stato. Era strano.   3. Mi avevano regalato una catena d'oro. Ero contenta.   4. Si era rovinata la salute. Non sapevo come.   5. Ti eri abituato ad alzarti presto. Era ora.   6. Non avevate prenotato i posti. Peccato!   7. Erano venuti senza telefonare prima. Non mi era piaciuto. 8. Aveva preso un bel voto. Era incredibile.

— Mi chiedevo perché non mi avessi restituito la mia scala a pioli...

C. Sequence of tenses in the subjunctive

CINZIA: Maurizio, penso che i tuoi genitori abbiano ragione: sarebbe meglio che tu tornassi a casa e andassi all'università.

MAURIZIO: Come sei convenzionale, Cinzia! Non c'è proprio nessuno che mi capisca!

CINZIA: E come pensi di guadagnarti da vivere?

MAURIZIO: Come se fosse necessario andare all'università per guadagnarsi da vivere: al giorno d'oggi guadagna più un idraulico di un professore!

1. *Secondo Cinzia, che cosa dovrebbe fare Maurizio?*
2. *Perchè?*
3. *Secondo Maurizio, è necessario andare all'università?*
4. *Al giorno d'oggi chi guadagna più di un professore?*

As you recall, the tense of the subjunctive is determined by the tense of the main verb and the time relationships between the actions of the two verbs.

1. The following chart shows the sequence of tenses when the verb in the independent clause is in the present or future tense, or is an imperative.

INDEPENDENT CLAUSE	DEPENDENT CLAUSE
Present Future Imperative	Present subjunctive (concurrent or future action) Past subjunctive (past action)

Credo che **capiscano.**   I think *they understand.*
Credo che **abbiano capito.**   I think *they understood.*
Sii contento che **abbiano capito!** Be glad *they understood!*

CYNTHIA: Maurizio, I think your parents are right. It would be better for you to go back home and go to college.   MAURIZIO: How conventional you are, Cynthia! There's no one who understands me!   CYNTHIA: And how do you think you're going to earn a living?   MAURIZIO: As if it were necessary to go to the university to earn a living. These days a plumber earns more than a professor!

When the main verb is in the present tense, future tense, or in the imperative, and the action of the verb in the subjunctive occurs in the present or future, the *present* subjunctive is used. When the action of the verb in the subjunctive occurred before that of the main verb, the *past* subjunctive is used.

2. The following chart shows the sequence of tenses with the verb in the independent clause in any past tense, or in the conditional.

INDEPENDENT CLAUSE	DEPENDENT CLAUSE
Imperfetto Passato composto Passato semplice Trapassato Conditional	Imperfect subjunctive (concurrent or future action) Pluperfect subjunctive (past action)

Credevo che **capissero.**	I thought *they understood.*
Credevo che **avessero capito.**	I thought *they had understood.*
Vorrei che **capissero.**	I would want *them to understand.*
Avevo sperato che **capissero.**	I had hoped *they would understand.*

When the main verb is in any past tense, or in the conditional, and the action of the subjunctive verb occurs at the same time or later, the *imperfect* subjunctive is used. When the action of the subjunctive verb occurred before that of the main verb, the *pluperfect* subjunctive is used.

3. After **come se** *(as if)* the imperfect and pluperfect subjunctive are always used, regardless of the tense of the main verb.

Ti amiamo come se **fossi** nostro fratello.	We love you as if you *were* our brother.
Parlavano come se non **fosse successo** niente.	They were talking as if nothing *had happened.*

Esercizi

a. Create new sentences, replacing the words or phrases in italics with the words or phrases in parentheses and changing the verb forms as necessary.

1. *Spero* che tu mi aiuti. (bisogna, vorrei, credevo, è bene)   2. *È inutile* che voi ci scriviate. (eravamo contenti, speriamo, speravamo, è strano)   3. *È impossibile* che la lettera sia già arrivata. (sei contento, credevi, dubiti, dubitavi)

4. *È strano* che Paolo non abbia aspettato. (è impossibile, era impossibile, preferirei, mi dispiace)

b. *Complete each sentence with the correct form of the verb in parentheses.*

1. (essere) Non credo che Claudio _____ socialista. Ti piacerebbe che Claudio _____ socialista? Pare che Claudio _____ socialista.   2. (studiare) Bisogna che tu _____ una lingua straniera. Bisognerebbe che tu _____ una lingua straniera. Speravano che tu _____ una lingua straniera.   3. (chiedere) Ci aiuta senza che noi glielo _____. Ci aiutò senza che noi glielo _____. Ci aiutava senza che noi glielo _____.   4. (piovere) Sono uscita benchè _____. Andremo al mare a meno che non _____. Ritorniamo a casa prima che _____!

— **Non ci crederai, ma prima che arrivassi io qui c'era solo deserto!**

c. *Express in Italian.*

1. I'm afraid he told me a lie.   2. We were glad you didn't need anything.
3. How can you go in without her seeing you?   4. They treat me as if I were their child.   5. I was afraid there would be a strike.   6. Did your parents want you to go to the university?   7. He left the house without saying a word.

d. *Restate each sentence, utilizing the subjects given in parentheses.*

Esempio: Era meglio pensarci prima. (tu)
          Era meglio che tu ci pensassi prima.

1. Non vogliono aiutarmi. (voi)   2. Sarebbe stato bene invitare anche i tuoi amici. (noi)   3. Credi di sognare? (io)   4. Bisogna mettersi la cravatta. (lui)   5. Bisognerebbe dirglielo. (lei)   6. Speriamo di trovar lavoro. (loro)
7. Penserò di aver sbagliato. (tu)

— Possibile, papà, che tu debba sempre leggere la mia corrispondenza?

D. The subjunctive used alone

PIETRO: Sarei così contento che tu ed io potessimo andare insieme a New York!

MARCELLA: Magari fosse possibile!

PIETRO: Chi lo sa! Può darsi che i miei genitori t'invitino e che tuo padre paghi il viaggio.

MARCELLA: Fosse vero!

1. Che cosa vorrebbe Pietro?
2. Che cosa spera Pietro?
3. Che cosa dice Marcella?

Although the subjunctive is almost always used in dependent clauses, it may also be used in clauses standing alone and functioning as independent clauses.

1. The present subjunctive expresses a wish or a command in the third person singular or plural. It may be preceded by **che.**

(Che) il cielo mi **aiuti!**	Heaven help me!
(Che) **finiscano** il lavoro se vogliono uscire!	Let them finish their work if they want to go out!
Si salvi chi può!	Every man for himself! (lit., let he who can save himself!)

PIETRO: I'd be so happy if you and I could go to New York together! MARCELLA: I wish it were possible! PIETRO: Who knows! Maybe my parents will invite you and your father will pay for the trip. MARCELLA: If only it were true!

Riposino in pace!   May they rest in peace!
Così **sia!**   Let it be!

2. The imperfect and pluperfect subjunctive express a wish whose fulfill-
    ment seems unlikely or a regret that something did not happen in the
    past.

Potessi farlo anch'io!   If only I could do it too!
Magari **piovesse!**   If only it would rain!
Avessimo potuto salvarlo!   If only we could have saved him!

— Dio salvi il **Re!**

Esercizi

a. *Answer each question with an indirect command as in the example.*

Esempio: Quando devono venire?
          Vengano quando vogliono!

1. Quando devono richiamare?   2. Quando devono pagare?   3. Quando
possono cominciare?   4. Quando possono mangiare?   5. Quando devono finire?   6. Quando possono trasferirsi?

b. *Choose an appropriate wish to use in each of the following situations.*

Fosse vero!   Vinca il migliore!
Mi avessero ascoltato!   Si fosse alzato prima!
Possano riuscire!

1. Avevo consigliato ai miei amici di prendere il rapido. Invece hanno preso un
treno che si è fermato ad ogni stazione.   2. Mi hanno detto che i miei cugini
hanno vinto cinquanta milioni al Totocalcio.   3. Il signor Pacini è arrivato
alla stazione dieci minuti dopo che il treno era partito.   4. Tre miei amici
partecipano a una corsa automobilistica *(car race)*. Chi vincerà?   5. Marilena
e Luciana sono senza lavoro. Domani avranno un'intervista con un'importante
ditta import/export.

E. Nouns with an irregular plural

GABRIELLA: Come stai, nonna?

NONNA: Male, figlia mia! Il solito attacco di artrite: mi fanno male le braccia, le giunture delle ginocchia, le dita delle mani. Insomma, ho le ossa rotte!

GABRIELLA: E il dottore che dice?

NONNA: Ah, quell'uomo è impossibile! Dice di prendere un paio di aspirine e di mangiare frutta e verdura, poca carne e poche uova. Bella vita!

1. *Di che cosa si lamenta la nonna?*
2. *Perchè il dottore della nonna è "impossibile"?*
3. *È contenta della sua vita la nonna?*

1. Some masculine nouns are feminine in the plural and end in **-a**.

braccio	*arm*	braccia
dito	*finger; toe*	dita
ginocchio	*knee*	ginocchia
labbro	*lip*	labbra
miglio	*mile*	miglia
osso	*bone*	ossa
paio	*pair*	paia
uovo	*egg*	uova

Con quante di**ta** scrivi a macchina?

With how many fingers do you type?

Queste uo**va** non sono fresche.

These eggs are not fresh.

2. The following nouns have irregular plurals:

uomo	*man*	**uọmini**
Dio (dio)	*God (god)*	**gli dei** (note the irregular article)
ala	*wing*	**ali**

GABRIELLA: How are you, Grandma?   GRANDMOTHER: Not well, dear! My usual bout of arthritis. My arms hurt, my knee joints hurt, my fingers hurt. My whole body aches! GABRIELLA: What does the doctor say?   GRANDMOTHER: Oh, that man is impossible! He says to take a couple of aspirin and to eat fruit and vegetables, very little meat, and few eggs. Some life!

Hai letto il romanzo *Uomini e topi?*	Have you read the novel *Of Mice and Men?*
Gli antichi credevano in molti **dei.**	The ancients believed in many gods.

— L'ho guardato fisso negli occhi e gli ho detto: « A chi vuoi rompere le ossa? »

rompere: to break

Esercizi

a. Give the plural for each expression.

1. dito lungo   2. braccio stanco   3. dio romano   4. uovo fresco
5. labbro rosso   6. vecchio paio

b. Conversazione.

1. Quante paia di scarpe Le piacerebbe avere?   2. Mangia spesso uova a colazione? Crede che sia bene mangiare poche uova?   3. Conosce l'espressione "essere pelle e ossa"? Cosa crede che significhi?   4. Quante miglia al giorno sarebbe capace di fare a piedi? E con la macchina?

— Ho superato i duecento chilometri all'ora e mi hanno ritirato le ali!

ritirare: to take away

III.
DIALOGO

Si avvicina il ritorno di Pietro in America. Marcella ha aiutato Pietro a scegliere dei regali per la sua famiglia e, dopo gli acquisti, i due si riposano seduti a un piccolo caffè vicino al Ponte Vecchio.

MARCELLA: Speriamo che il libro sui disegni di Leonardo piaccia al tuo babbo*: dato che è ingegnere, dovrebbe interessargli.

PIETRO: Già, lui crede che i pittori siano una razza a parte da scienziati e ingegneri. Lo sai che si era messo in testa che facessi l'ingegnere come lui?

MARCELLA: E tu invece cosa vuoi fare? Il pittore?

PIETRO: Non lo so ancora: è per questo che sono venuto in Italia . . . Mi pareva che mio padre fosse un tipo troppo autoritario e avevo paura che prendesse tutte le decisioni per me.

MARCELLA: E io che credevo che i padri americani fossero diversi da quelli italiani e non interferissero nella vita dei figli . . .

PIETRO: Ma lui è d'origine siciliana; benchè sia vissuto in America trent'anni, è rimasto un padre all'antica, un "padre padrone".**

MARCELLA: Ma a te piacerebbe rimanere in Italia?

PIETRO: Magari fosse possibile! Ma ormai ho finito i miei risparmi. L'Italia è stata per me un'esperienza straordinaria: nessuno che mi dicesse quello che dovevo fare; ho dipinto, ho viaggiato, ho letto i libri che mi interessavano senza che qualche professore mi obbligasse a scrivere "papers" e poi mi desse un voto!

MARCELLA: Insomma, un bell'interludio, una fuga dal quotidiano. Potessi farlo anch'io! Ma lo sai dove vorrei andare io? A New York!

PIETRO: Dici sul serio? E allora andiamoci insieme!

MARCELLA: Magari! Ma tu cosa farai quando torni a casa?

PIETRO: Chi lo sa! Può darsi che finisca per fare l'ingegnere . . .

*Babbo is used instead of papà in Tuscany.

**The words padre and padrone have recently been combined to form an expression describing a very authoritarian father figure—a "boss."

Dialog comprehension check

Rispondere alle seguenti domande.

1. Quale giorno si avvicina per Pietro?   2. Che cosa hanno comprato Marcella e Pietro?   3. Che cosa fa il padre di Pietro?   4. Che tipo è?   5. Da quanto tempo vive in America?   6. Perchè è andato in Italia Pietro?   7. Perchè non può rimanere in Italia?   8. Per quali ragioni l'Italia è stata "un'esperienza straordinaria" per Pietro?   9. Dove vorrebbe andare Marcella?   10. Che cosa sogna Marcella?

IV.
ESERCIZI DI RICAPITOLAZIONE

*a. Expand each statement with **mi dispiaceva che** + the imperfect or pluperfect subjunctive or **mi dispiaceva di** + the present or past infinitive.*

Esempio: C'era lo sciopero dei treni.
Mi dispiaceva che ci fosse lo sciopero dei treni.
Non sapevo guidare.
Mi dispiaceva di non saper guidare.

1. I miei genitori non mi capivano.   2. Laura non aveva la TV.   3. Mi sentivo stanco.   4. Non avevo trovato lavoro.   5. Nessuno aveva risposto al mio annuncio *(ad).*   6. Voi eravate partiti.   7. Ero rimasto senza benzina.   8. Tutti i negozi erano chiusi.   9. Tu non dicevi niente. 10. Io non facevo molto sport.

b. Combine each pair of sentences. Use the word in parentheses or choose between the two forms given, and make all necessary changes.

Esempio: È uscita di casa. Non ha chiuso la porta. (senza/senza che)
È uscita di casa senza chiudere la porta.

1. Devi lavare i piatti. Poi uscirai. (prima di/prima che)   2. È venuto a lezione. Non stava bene. (benchè)   3. Ho comprato un cappotto. Incominciava a far freddo. (prima di/prima che)   4. Era ancora snella. Aveva più di quarant'anni. (benchè)   5. Il professore parlava adagio. Tutti gli studenti capivano. (perchè)   6. Hanno risposto bene. Non avevano studiato molto. (quantunque)   7. Partirono. Non informarono nessuno. (senza/senza che)   8. Ci trasferimmo in Australia. Nessuno lo sapeva. (senza/senza che)

c. Express in Italian.

1. Did you think that the prices in that store were too high?   2. Nobody was pleased that the workers wanted to go on strike.   3. Enrico was the best student we ever had.   4. It would have been better for you to be quiet.
5. I cleaned house before my parents came back.   6. It was probable that he

earned more than I, and I didn't think it was fair!   7. She thought she had forgotten to close the windows before she left.   8. We were looking for someone who had seen the accident.   9. They used to take a walk every evening unless it was snowing.   10. Why did everybody criticize whatever she said or did?   11. He decided to skip lunch although he was hungry. 12. Who will do it? You? No, let Luigi do it!

d. *Conversazione.*

1. Secondo Lei, i genitori dovrebbero essere autoritari o permissivi?   2. È bene che prendano decisioni per i figli? Quali?   3. Lei interferirebbe nella vita dei Suoi figli?   4. Ci sono cose che non è riuscito(a) a fare prima dei diciotto anni e Le piacerebbe tanto che riuscisse a farle Suo figlio/Sua figlia?

V.
LETTURA CULTURALE: I GIOVANI D'OGGI

Che cosa succede nel mondo giovanile? Alcuni anni fa sembrava che quasi tutti i giovani italiani fossero *contestatori*. *Si contestava* tutto: famiglia, scuola, istituzioni e Stato; si voleva cambiare la società intera. Lo slogan ''tutto e subito'' era il motto della gioventù. *(radicals / they challenged)*

Più recentemente, i giovani sono sembrati apatici e indifferenti ed è diventato difficile sapere quello che pensano. *A parte* sporadici episodi di violenza politica e terrorismo, i giovani non rappresentano più un problema collettivo. Il lavoro e la famiglia sono le loro preoccupazioni più importanti. I giovani d'oggi, però, *concepiscono* il lavoro come attività interessante e socialmente utile e ne *negano* i valori di prestigio e di successo. I loro commenti sulla famiglia confermano l'importanza tradizionale dell'istituzione, ma come nucleo di tolleranza e di affetto, non più come simbolo di autorità. *(aside from)* *(conceive)* *(deny)*

Inoltre, l'attività politica è vista non più come tentativo di cambiare e di trasformare tutto e subito; la politica, essi dicono, si fa nelle piccole cose di tutti i giorni, *cercando* di risolvere problemi reali e vicini, senza utopie. *(trying)*

Reading comprehension check

a. *Domande.*

1. Che cosa contestavano i giovani alcuni anni fa?   2. Qual era il loro slogan?   3. Come sembrano i giovani della nuova generazione?   4. Come concepiscono il lavoro e la famiglia molti giovani?   5. Secondo loro, come si fa la politica?

b. *Progetto: le mie idee sulla famiglia, l'università e la politica.*

*(photos by
Leonard Speier)*

VI.
PAROLE DA RICORDARE

VERBS

avere ragione to be right (about something)
avvicinarsi to approach, to get close, to near
cavarsela to manage, to make out
dipingere (p. p. **dipinto**) to paint
fare male a to hurt, ache
finire per + infinitive to end up doing
interferire (isc) to interfere
guadagnarsi da vivere to earn a living
mandare to send
mettersi in testa to get into one's head; to have one's mind already made up
obbligare a + infinitive to oblige
*****rimanere** (p. p. **rimasto**) to remain
riposarsi to rest
*****scappare** to run away

scappare di casa to run away from home

NOUNS

acquisto purchase
attacco bout
azienda firm
braccio arm
decisione (f) decision
   prendere una decisione to make a decision
disegno design; sketch
dito finger
esperienza experience
frutta fruit
fuga escape
ginocchio knee
idraulico plumber
medicina medicine
origine (f) origin
osso bone

pittore (m) painter
razza race
risparmi (m. pl.) savings
ritorno return
scienziato scientist
verdura vegetables
voto grade

ADJECTIVES

autoritario strict, authoritarian
convenzionale conventional
rotto broken
straordinario extraordinary

OTHERS

all'antica old-fashioned
a parte separate
come se as if
dato che since
lo stesso just the same
magari if only
presso at, in care of

I. STORIELLE UMORISTICHE: IL PONY EXPRESS

Raccontare la storia illustrata dalla striscia o al presente o al passato. Vocabolario essenziale: spedire una lettera; consegnare la lettera al postino; essere a cavallo; credere; fare molte miglia; consegnare la lettera al destinatario; mettere la lettera nella cassetta della posta.

II. QUELLO CHE VOLEVANO LORO E QUELLO CHE VOLEVO IO

Non sempre i figli e i genitori sono d'accordo su quello che è bene fare. Dare quattro esempi di differenze d'opinione tra le due generazioni, in una famiglia o vera o immaginaria e indicare quello che è successo.

Esempio: I miei genitori volevano che io abitassi nel dormitorio; io volevo affittare un appartamento; ho finito per prendere una stanza.

III. LA SCELTA DELLA PROFESSIONE

In casa Parodi si discute per la scelta della professione dell'unico figlio Gianni. I nonni, gli zii, i genitori e Gianni partecipano alla discussione. I nonni consigliano una professione di prestigio (magistrato, notaio); gli zii consigliano una professione redditizia *(remunerative)* (architetto, ingegnere, medico); la mamma la carriera diplomatica; il padre la professione del farmacista . . . E Gianni insiste che vuol fare il pittore . . . Immaginare la loro discussione.

CAPITOLO 21

I.
OBIETTIVI

Culture

The **lettura culturale** for this chapter deals with a few of the masterpieces of Italian literature.

Grammar

You will learn about the moods and tenses used in *if* clauses (*if* I were rich, and so on). This chapter also treats the construction **fare** + infinitive, used in Italian to convey the idea of having something done or having someone do something (as in, *I'm having* the car *washed*). Finally, you will learn to use the verb **lasciare** *(to allow)* and verbs of perception *(to see, to hear, and so on)* followed by the infinitive.

II.
GRAMMATICA

A.   *If* clauses in the indicative

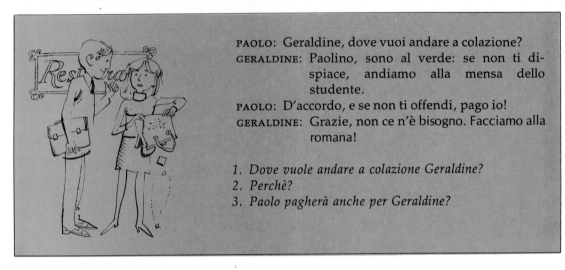

PAOLO: Geraldine, dove vuoi andare a colazione?
GERALDINE: Paolino, sono al verde: se non ti dispiace, andiamo alla mensa dello studente.
PAOLO: D'accordo, e se non ti offendi, pago io!
GERALDINE: Grazie, non ce n'è bisogno. Facciamo alla romana!

1. *Dove vuole andare a colazione Geraldine?*
2. *Perchè?*
3. *Paolo pagherà anche per Geraldine?*

Conditional sentences consist of two clauses: an *if* clause that indicates a condition and a main clause that indicates the result of that condition.

If I don't sleep, I become irritable.
If I were a rich man, I wouldn't have to work.
If they had come, they would have called us.

In Italian, when the conditions presented are real or possible, the **se** clause is in the indicative and the main clause is in the indicative or the imperative.

SE CLAUSE: INDICATIVE	MAIN CLAUSE: INDICATIVE OR IMPERATIVE
present	present
Se + future	future
past tenses	past tenses
	imperative

PAOLO: Geraldine, where do you want to go for lunch?   GERALDINE: Paolino, I'm broke. If you don't mind, let's go to the student cafeteria.   PAOLO: OK, and if it doesn't bother you, I'll pay!   GERALDINE: Thanks, but that's not necessary. Let's go Dutch!

Se **ascolto** la radio, **non posso** scrivere.	If *I'm listening* to the radio, *I can't* write.
Se **andrete** al mare, **vi divertirete.**	If *you go* to the beach, *you'll have a good time.*
Se **hanno detto** questo, **hanno sbagliato.**	If *they said* that, *they made a mistake.*
Se la **vedi, di**lle di telefonarmi.	If *you see* her, *tell* her to call me.

Note that the only tense pattern that differs from English is **se** + the *future*, which corresponds to *if* + the *present* in English.

Se **andrete** al mare, vi divertirete.	If *you go* to the beach, you'll have a good time.

Esercizi

a. Replace the subject with each word or expression in parentheses and make all other necessary changes.

1. Se mangio pasta, ingrasso. (tu, voi due, loro, lo zio)   2. Se potremo, lo faremo. (io, l'ingegnere, gli zii, tu)   3. Se hai detto questo, hai sbagliato. (loro, noi, la mamma, voi)

b. Complete each of the following sentences.

1. Se ho sonno . . .   2. Se farà freddo . . .   3. Se avevi voglia di andare. . .   4. Se siete stanchi . . .   5. Se non hanno capito . . .

c. Express in Italian.

1. —Boys, what are you going to do tomorrow? —If the weather is nice, we'll go to the beach. Otherwise we'll go to the movies. And if there aren't any interesting movies, we'll stay home.   2. A Chinese **(cinese)** proverb: "If you wish to be happy for an hour, get drunk **(ubriacarsi).** If you wish to be happy for three days, get married. If you wish to be happy for eight days, kill your pig **(maiale)** and eat it. But if you wish to be happy forever **(per sempre),** become a gardener **(giardiniere)."**

d. Conversazione.

1. Se Le danno un buon consiglio, lo segue?   2. Se parlo adagio, mi capisce?
3. Se non dorme otto ore per notte, diventa nervoso(a)?   4. Si offende se qualcuno paga per Lei (il caffè, il biglietto del cinema, ecc.)? O Le piace che qualcuno paghi per Lei? O preferisce fare alla romana?

— Se trovate un orologio d'oro nella polenta, è del cuoco.

B. *If* clauses in the subjunctive

ALDO: Se voi vinceste cento milioni al Totocalcio, cosa fareste?
FEDERICO: Se noi vincessimo tanti soldi, partiremmo subito per il
Polo Nord.
ALDO: E perchè mai?
FEDERICO: Perchè così la gente ci lascerebbe in pace!

1. *Che cosa farebbe Aldo se vincesse al Totocalcio?*
2. *Perchè?*
3. *Lei farebbe lo stesso?*

1. In conditional sentences where imaginary situations (likely or unlikely to
    happen) are described, the **se** clause is in the imperfect subjunctive and
    the main clause is in the conditional.

SE CLAUSE: SUBJUNCTIVE	MAIN CLAUSE: CONDITIONAL
se + imperfect subjunctive	present conditional conditional perfect

Se **io fossi** ricco, non **lavorerei.**   If *I were* rich, *I wouldn't work.*
Se **fosse** una persona onesta, non   If *he were* an honest person, *he*
  avrebbe mentito.   *wouldn't have lied.*

ALDO: If you won 100 million at the Totocalcio, what would you do?   FEDERICO: If we
won that much money, we'd leave immediately for the North Pole.   ALDO: How come?
FEDERICO: Because that way people would leave us alone!

2. When improbable, impossible, or contrary-to-fact situations are described, the **se** clause is in the pluperfect subjunctive and the main clause is in the conditional.

SE CLAUSE: SUBJUNCTIVE	MAIN CLAUSE: CONDITIONAL
se + pluperfect subjunctive	conditional perfect present conditional

Se **tu fossi stato** pronto, **saremmo arrivati** in tempo.

If *you had been* ready, we *would have arrived* on time.

Se **avessimo preso** il rapido, ora **saremmo** già a casa.

If *we had taken* the express train, *we would be* home by now.

3. Note that the conditional is used in the main clause, never in the **se** clause. If the main clause in an English sentence contains *would* (signal for the present conditional) or *would have* (signal for the conditional perfect), the subjunctive (either imperfect or pluperfect) is used in the *if* clause in Italian. Only the imperfect or the pluperfect subjunctive (never the present subjunctive) may be used after **se** (*if*).

— Sarebbe stato un bel viaggio di nozze, se mia moglie non avesse preferito andarsene per conto suo!

viaggio di nozze: honeymoon

Esercizi

a. Replace the subject of the main clause with each word or expression in parentheses and make all other necessary changes.

1. Adriana uscirebbe se non piovesse. (lo zio, i ragazzi, noi due, anch'io)
2. Se non avessimo perso (*missed*) il treno, ora saremmo già a casa. (tu, lei, voi, loro)   3. Se fossi caduto avrei gridato. (lei, i bambini, noi, voi)

b. Answer each question with a conditional sentence, using the vocabulary suggested.

Esempio: Perchè non balli? (sapere ballare)
          Ballerei se sapessi ballare.

1. Perchè non resti a cena? (avere tempo)   2. Perchè non esci? (non essere troppo tardi)   3. Perchè non ti sposi? (trovare la persona adatta)   4. Perchè non glielo dici? (saperlo)   5. Perchè non ci vai? (potere)   6. Perchè non prendi un poncino? (fare freddo)

c. Form conditional sentences using the expressions in parentheses. Follow the example.

Esempio: Le ragazze non sono venute. (invitarle)
          Sarebbero venute se le avessimo invitate.

1. Le ragazze non hanno bevuto. (servire succhi di frutta)   2. Le ragazze non hanno votato. (avere diciotto anni)   3. Le ragazze non hanno aspettato. (chiederglielo)   4. Le ragazze non hanno capito. (spiegare chiaramente)   5. Le ragazze non si sono divertite. (portarle al cinema)   6. Le ragazze non sono scese. (chiamarle)

d. Express in Italian.

1. If you need me, call me.   2. If you had spoken more slowly, I would have understood you.   3. If they wanted to, they could do it.   4. If they had wanted to, they could have done it.   5. If Marisa wants to come, let her come!   6. If I ate pasta, I would get fat.   7. If there were a bus strike, we would rent a car.

e. Rispondere con frasi complete.

1. Se io Le chiedessi un favore me lo farebbe?   2. Se vedesse un extraterrestre scapperebbe?   3. Se avesse un appartamento più grande, inviterebbe i Suoi amici più spesso?   4. Avrebbe bevuto una Coca-Cola se avesse avuto sete?   5. Avrebbe comprato una cravatta nuova se fosse stato al posto di Beppino?

— Sarebbe un ottimo cane da caccia se non avesse paura degli spari!

cane da caccia: hunting dog
spari: shooting

C. *Fare* + infinitive

FRANCA: A chi fai restaurare la casa di campagna?

MARIA TERESA: Per ora mi sono fatta fare un progetto da un architetto mio amico. Poi farò eseguire i lavori alla ditta costruzioni edili di mia cognata.

FRANCA: E a chi farai installare l'impianto di riscaldamento?

MARIA TERESA: A nessuno: costa troppo! Ho già fatto riparare i caminetti e ho comprato una stufa a legna. Sarà un bel risparmio!

1. *Cosa ha intenzione di far fare Maria Teresa?*
2. *Da chi si è fatta fare il progetto?*
3. *Quale ditta eseguirà i lavori?*
4. *Invece di far installare l'impianto di riscaldamento, che cosa ha fatto Teresa?*

---

1. **Fare** + infinitive is used to convey the idea of having something done or having someone do something. Noun objects follow the infinitive. Compare:

Lavo la macchina.	*I'm washing* the car.
Faccio lavare la macchina.	*I'm having* the car *washed.*
Il professore **ripete.**	The instructor *repeats.*
Il professore **fa ripetere** gli studenti.	The instructor *makes* the students *repeat.*

2. Pronoun objects normally precede the form of **fare.** They follow **fare** only when **fare** is in the infinitive or in the first and second persons of the imperative.

Faccio lavare la macchina; **la faccio lavare** ogni sabato.	I'm having the car washed; I *have it washed* every Saturday.
Fa' riparare il televisore; **fallo riparare** al più presto!	Have the TV set repaired; *have it repaired* as soon as possible!
Desidero far mettere il telefono; desidero **farlo mettere** nel mio studio.	I wish to have a phone put in; I wish *to have it put* in my study.

FRANCA: Whom are you going to get to remodel your country house?   MARIA TERESA: For the moment I've had an architect friend of mine draw up the plans for me. Then I'll have the work done by my sister-in-law's construction firm.   FRANCA: Who will you have install the heating system?   MARIA TERESA: Nobody. It costs too much! I've already had the fireplaces repaired and I bought a wood stove. I'll save a lot that way!

3. If there is only one object, it is a direct object.

    Lo facciamo leggere.   We make *him* read.
    Ho fatto cambiare **l'olio.**   I had *the oil* changed.

    If there are two objects (usually a person made to perform the action and a
    thing that is the object of the infinitive), the thing is the direct object and
    the person is the indirect object.

    Gli facciamo leggere **molti libri.**   We make *him* read *many books.*
    Ho fatto cambiare **l'olio al**   I had *the mechanic* change *the oil.*
        meccanico.

    In this construction, **a** + *person* is replaced by **da** + *person*, in cases where
    the use of **a** can cause ambiguity.

    Ho fatto scrivere una lettera **a**   I had Mario write a letter. *Or* I
        Mario. (two possible meanings)   had a letter written to Mario.
    Ho fatto scrivere una lettera **da**   I had Mario write a letter.
        Mario. (one meaning only)

4. To express the meaning of *to have (get) something done for oneself by some-
    one else,* forms of the reflexive **fare (farsi)** are used with the following con-
    structions:

    > **farsi** + infinitive + noun object + **da qualcuno**
    > pronoun object + **farsi** + infinitive + **da qualcuno**

    Mi sono **fatta** lavare i   I *had* my hair washed
        capelli da Mario.   by Mario.
    Me li sono **fatti** lavare   I *had* it washed by
        da Mario.   Mario.

5. **Farsi** + *infinitive* also means *to make oneself* + *past participle (heard, under-
    stood,* and so on).

    Come possiamo **farci capire?**   How can we *make ourselves*
                                                     understood?

    Si sono fatti rispettare da tutti.   *They won* everybody's *respect.*

— Per duecento lire ti faccio vedere la cameriera in bagno.

Esercizi

a. *Replace the word in italics with each word or phrase in parentheses.*

1. Devo far riparare *il televisore.* (la macchina, l'orologio, l'ascensore, la bicicletta)   2. Hai fatto *piangere* la bambina? (ridere, dormire, giocare, mangiare, bere)   3. Non mi faccia *aspettare!* (uscire, pagare, cantare, guidare, ripetere)

b. *Ask how much various services cost in different places.*

Esempio: orologio/riparare/Italia
            Quanto costa far riparare un orologio in Italia?

1. dente/otturare *(to fill)*/Stati Uniti   2. capelli/tagliare/New York
3. caminetto/costruire/Massachusetts   4. piscina/costruire/California
5. vestito/lavare a secco *(dry clean)*/Milano

c. *Transform each sentence to indicate that the person or thing in parentheses is responsible for the action.*

Esempio: La bambina ride. (il clown)
            Il clown fa ridere la bambina.

1. I clienti aspettano. (l'avvocato)   2. Gli studenti hanno ripetuto. (il professore)   3. I bambini mangeranno. (la mamma)   4. Rosa piangeva. (le cipolle: *onions*)   5. Ho gridato. (la paura)   6. Ingrasserete. (la pasta)
7. Credi che i poeti sognino? (le donne)

d. *Rephrase each sentence by adding the word in parentheses, and making all necessary changes.*

Esempio: La faccio ballare. (una samba)
            Le faccio ballare una samba.

1. Lo facevano guidare. (la topolino)   2. La faremo cantare. (due canzoni)
3. Ti farò mangiare. (i ravioli)   4. Ho fatto ripetere i verbi. (gli studenti)
5. Hanno fatto suonare la chitarra. (il cantautore)   6. Farebbe ascoltare questo disco? (la classe)   7. Ti sei fatta tagliare i capelli? (un parrucchiere [*hairdresser*] italiano)

e. *Express in Italian.*

1. I like people who make me laugh.   2. He gets himself invited everywhere.   3. In order to make themselves understood by everybody, they ought to speak more slowly.   4. Did you have someone else write this letter?
5. I don't want you to have your hair cut.

f. *Conversazione.*

1. Chi o che cosa La fa ridere?   2. Le piace che il Suo professore/la Sua professoressa d'italiano Le faccia ripetere le parole nuove? Lo trova utile per la pronuncia?   3. Che cosa farebbe per farsi ammirare dai Suoi genitori? E dai Suoi compagni?

— Se riuscissimo a fargli capire che dobbiamo solo spedire una lettera!

D. *Lasciare* and verbs of perception + infinitive

ALBERTO: Sento gridare in cucina. Che cosa succede?

MARISA: Ahi! Ahi! Mi sono tagliata un dito . . .

ALBERTO: Lasciami vedere . . . È un brutto taglio: corro a telefonare al medico.

MARISA: Ma no, lascia stare! Piuttosto va' a prendere l'alcool e la garza e fammi una fasciatura.

1. *Chi grida in cucina?*
2. *Perchè?*
3. *Che cosa vuol fare Alberto?*
4. *Che cosa gli chiede di fare Marisa?*

1. Just like **fare,** the verb **lasciare** *(to let, to allow, to permit)* and verbs of perception (seeing, watching, hearing) are followed directly by the infinitive.

Non **lascio uscire** mia figlia.　　I don't *let* my daughter *go out.*
Sentiamo cadere la pioggia.　　*We hear* the rain *fall.*
Hai visto partire i soldati.　　*You saw* the soldiers *leave.*

ALBERTO: I hear someone screaming in the kitchen. What's happening?　　MARISA: Ouch! Ouch! I've cut my finger . . .　　ALBERTO: Let me see . . . It's a bad cut. I'll run and phone the doctor.　　MARISA: No, don't! Just go get some alcohol and some gauze and bandage my finger.

2. A noun object usually follows the infinitive, while a pronoun object precedes the main verb, unless the verb is in the infinitive or the first and second persons of the imperative.

Hai sentito piangere la mamma?	Did you hear Mother cry?
Sì, **l'ho sentita** piangere.	Yes, *I heard her* cry.
Perchè non lasci giocare i bambini?	Why don't you let the children play?
Lasciali giocare!	*Let them* play!
Non voglio **vederti** correre.	I don't want *to see you* run.

3. **Lasciare** may also be followed by **che** + subjunctive.

Perchè non **lo** lasciate **parlare?**
Perchè non lasciate **che lui parli?** } Why don't you let him *talk?*

4. A relative clause with **che** may replace the infinitive after a verb of perception.

L'ho vista **cadere.**
L'ho vista **che cadeva.** } I saw her *fall.*

5. When the infinitive following **lasciare** takes an object, the object of **lasciare** becomes indirect.

Lasciamo**la** mangiare!	Let's allow *her* to eat!
Lasciamo**le** mangiare **quello che vuole!**	Let's allow *her* to eat *what she wants!*

— Amilcare, lasciaÍa perdere: ricordati che tutti dobbiamo morire.

Esercizi

a. Rephrase each sentence using an infinitive construction.

Esempio: Lascia che i bambini dormano!
Lascia dormire i bambini!

1. Lasciate che il gatto mangi! 2. Sentii il telefono che squillava.
3. Vide gli invitati *(guests)* che arrivavano. 4. Ascolto i treni che passano.
5. Hai visto una donna che saliva le scale? 6. Non hanno lasciato che io parlassi. 7. Guardammo il sole che sorgeva *(was rising)*. 8. Lascia che lei canti!

b. Find out from a friend who has genitori all'antica *whether his or her parents allow the following things, and imagine the answers.*

Esempio: fumare
Ti lasciano fumare?
Sì, mi lasciano fumare. No, non mi lasciano fumare.

1. uscire ogni sera 2. portare ragazzi(e) in casa 3. ritornare a casa dopo mezzanotte 4. spendere i soldi come vuole 5. mangiare quello che vuole 6. dormire fino a tardi

Now list three things your parents didn't allow you to do when you were little. Begin with I miei genitori non mi lasciavano . . .

c. C'è stato un incidente stradale (road accident). *Un poliziotto interroga un uomo che ha visto l'incidente. Scrivere quello che dice l'uomo utilizzando le espressioni elencate.*

bambino/attraversare la strada/col rosso
due macchine/arrivare a tutta velocità
la prima macchina/frenare *(to brake)*/investire *(to run over)* il bambino
la seconda macchina/non potere frenare/scontrarsi con l'altra macchina
un'ambulanza/arrivare/trasportare il bambino all'ospedale

— E io ti ripeto che ho sentito
la terra muoversi...

CURIOSITÀ

ESSERE (RIMANERE) AL VERDE

Essere (rimanere) al verde significa non avere più soldi, trovarsi in povertà. Pare che l'espressione derivi dal fatto che anticamente la parte inferiore delle candele era tinta di verde. Quando la candela arrivava al verde significava che era quasi tutta consumata. Così, per analogia, diciamo che siamo al verde quando abbiamo finito i soldi.

III.
DIALOGO

Geraldine si è iscritta a Roma a un corso accelerato di lingua italiana. In casa sua ha sempre sentito parlare italiano perchè sua madre è italiana, ma la grammatica non l'ha mai studiata e ora si è resa conto che il suo italiano non è sempre perfetto. Una mattina, dopo una lezione, s'incontra con Paolo alla mensa dello studente.

PAOLO: Come vanno gli studi? Fai progressi?

GERALDINE: Così così: ora studiamo l'uso del condizionale e del congiuntivo nel *periodo ipotetico;* questa grammatica italiana è più difficile di quel che credevo. — *conditional sentences*

PAOLO: Se vuoi, ti aiuto io. Ecco subito un bell'esempio: Se Geraldine mi amasse, sarei un uomo felice.

GERALDINE: Il solito spiritoso! Se davvero vuoi aiutarmi, sii più serio!

PAOLO: Tu non ricordi le regole di grammatica perchè le frasi dei libri di testo sono noiose. Ora t'illustro io la regola con una poesia che pare fatta apposta. Stammi a sentire:

> S'io fossi *foco,* arderei 'l mondo; — *fire* (archaic) *I would burn*
> S'io fossi vento, lo *tempesterei;* — *I would batter*
> S'io fossi acqua, i' l' *annegherei;* — *I would drown*
> S'i fossi Dio, lo manderei in profondo . . . — *tercet*

Oh Dio, non ricordo il resto! Solo l'ultima *terzina* che è un capolavoro:

> S'i fossi Cecco, come sono e fui,
> *Torrei* le donne giovani e *leggiadre* — *I'd take | pretty*
> E vecchie e *laide* lascerei *altrui.* — *ugly | for the others*

GERALDINE:	Tipico maschio italiano anche questo poeta . . . Chi era?	
PAOLO:	Un fiorentino, naturalmente: un certo Cecco Angiolieri che visse* nel XIII secolo e scherzava su tutto per non piangere.	
GERALDINE:	Mi pare che sia una vostra abitudine anche oggi.	
PAOLO:	*Già,* noi non vogliamo sembrare sentimentali e così prendiamo in giro tutto ciò che gli altri prendono sul serio.	*sure*
GERALDINE:	Ma non siete mai seri?	
PAOLO:	Certo! *Più* si scherza e *più* si è seri!	*the more . . .* *the more*
GERALDINE:	Ah, se vi capissi, sarei contenta.	
PAOLO:	Brava! Vedi che hai già imparato la regola? Se continuerai a stare in mia compagnia, imparerai tutte le regole! E anche a trasgredirle . . .	
GERALDINE:	*Buffone!* S'io fossi Geraldine, com'io sono e fui, Tutti i maschi italiani impiccherei . . . Ciao, scappo!	*Fool!*
PAOLO:	Ciao, bellezza! E se hai bisogno di altre lezioni, telefonami!	

Dialog comprehension check

Rispondere alle seguenti domande.

1. Conosce bene l'italiano Geraldine?   2. Che cosa studia in questi giorni?
3. Secondo Paolo, perchè è difficile ricordare le regole di grammatica?   4. Come illustra la regola del periodo ipotetico Paolo?   5. Secondo Geraldine, a che cosa sono abituati gli italiani?   6. Cosa farebbe Geraldine di tutti i maschi italiani?

IV.
ESERCIZI DI RICAPITOLAZIONE

---

a. Complete each sentence, using the imperfect subjunctive, the pluperfect subjunctive, or an indicative tense of the verb in parentheses.

Esempio: I prezzi non salirebbero così se non (esserci) l'inflazione.
I prezzi non salirebbero così se non ci fosse l'inflazione.

1. Se tu (studiare) prenderesti dei voti migliori.   2. Se loro (andare via) mi dispiacerebbe.   3. Se (avere) fame, mangia!   4. Se voi mi (aiutare), ora sarei ricco.   5. Se tutti (essere) onesti, la vita sarebbe più facile.   6. Se (incontrare) tuo padre, gli parlerò di te.   7. Gli avrei risposto se mi (mandare) il suo indirizzo.   8. Se (volere) aiuto, chiedetelo!   9. Andrei

*Passato semplice of vivere.

volentieri in Inghilterra se (sapere) parlare inglese.   10. Se (lavorare) fino a mezzanotte, avrebbero finito il lavoro.   11. Se (fare) riparare il caminetto, non avremmo bisogno di comprare una stufa a legna.   12. Se (sentire) squillare il telefono, non avresti risposto?

b. *Express in Italian.*

1. I don't want you to scream. I don't want to hear you scream.   2. If your watch were broken, would you have it repaired or would you buy a new watch?   3. If I had needed to relax, I would have watched TV.   4. Do you believe that Italians make fun of what other people take seriously?   5. If you had given me a gold chain for my birthday, I would have been happy.   6. We were hoping you would let us go in without paying.   7. If you left me, I wouldn't know what to do.   8. Don't make me laugh!   9. If you need me, call me!   10. If Marisa wants to come, let her come!

c. *Conversazione.*

1. Che cosa farebbe se sentisse gridare qualcuno nel cuore della notte?   2. Secondo Geraldine, scherzare su tutto è un'abitudine tipicamente italiana. Quali altre abitudini considererebbe tipicamente italiane Lei?   3. Secondo Lei, è bene lasciar piangere i bambini?   4. Preferisce i film che fanno ridere o quelli che fanno piangere?   5. Lei pensa che le frasi dei libri di testo siano noiose?   6. Ha trovato un sistema per ricordare facilmente le regole di grammatica?   7. Che cosa farebbe se vincesse diversi milioni al Totocalcio?

V.
LETTURA CULTURALE: LA LETTERATURA ITALIANA

La lingua latina *durò* in Italia più a lungo che negli altri paesi che i Romani avevano conquistato. Quando altre lingue romanze (spagnolo, francese e portoghese) si formarono nei paesi che avevano assimilato la cultura romana, in Italia si scriveva ancora in latino, mentre il popolo parlava differenti dialetti nelle varie parti d'Italia.

lasted

Tre grandi scrittori del 14° secolo, Dante, Petrarca e Boccaccio, usarono il fiorentino in molte delle loro opere e contribuirono al definitivo *trionfo* del toscano sugli altri dialetti, *elevandolo* a lingua letteraria della nazione. Dante scrisse la "Divina Commedia," storia del suo viaggio attraverso l'*Inferno*, il Purgatorio e il Paradiso, alla ricerca della *redenzione*; Petrarca è ricordato per il "Canzoniere," *raccolta* di liriche; Boccaccio, con le cento novelle del suo "Decamerone," ispirò tanti altri autori, incluso Shakespeare. Molti altri scrittori e generi letterari seguirono nei secoli successivi. Il Machiavelli è il migliore *prosatore* del *Cinquecento*; la sua opera più famosa è il "Principe," *trattato* di scienza politica. L'Ariosto e il Tasso hanno legato il loro nome alla poesia *cavalleresca*. Nel 18° secolo il Goldoni scrisse più di cento commedie e portò sulla scena il realismo della vita *quotidiana*, mentre il Metastasio trionfò presso i contemporanei con i suoi *idillici* ed eleganti melodrammi.

triumph
elevating it
hell
redemption
collection

prose writer / 16th century / treatise
chivalrous
daily
idyllic

Nell'*Ottocento* Alessandro Manzoni scrisse "I Promessi Sposi," un romanzo

19th century

storico che narra l'amore contrastato di due *contadini* lombardi, Renzo e Lucia, nel 17° secolo.

farmers

Nel nostro secolo scrittori come Pavese, Vittorini e Moravia hanno bene interpretato il dramma moderno dell'alienazione. Alcuni romanzi di Moravia, come "Il conformista" e "Gli indifferenti," sono stati portati sullo *schermo*. Un altro romanzo moderno che è stato filmato con successo, è "Il *gattopardo*" di Giuseppe di Lampedusa. Il protagonista è un principe siciliano che osserva il *tramonto* di tutta una società.

screen

leopard

sunset (decline)

Reading comprehension check

a. *Completare.*

1. Il latino in Italia durò più a lungo . . .   2. I tre grandi autori del 14° secolo sono . . .   3. Il Boccaccio scrisse una raccolta di . . .   4. Metastasio compose i suoi melodrammi nel . . .   5. *La Divina Commedia* è la storia . . .

b. *Vero o no? Spiegate se non è vero.*

1. L'italiano diventò una lingua prima dello spagnolo e del francese. 2. Tasso e Ariosto scrissero opere cavalleresche.   3. Il romanzo di Manzoni parla degli amori di un principe.   4. Pavese e Moravia sono due grandi poeti.   5. Goldoni è l'autore di molte commedie.

(Leonard Speier)

(Leonard Speier)

MACCHIAVELLI

GIOVANNI BOCCACCIO

(The Granger Collection)

(The Granger Collection)

VI.
PAROLE DA RICORDARE

VERBS
eseguire (isc)   to do, to carry out
essere al verde   to be broke
fare alla romana   to go Dutch
fare progressi   to make progress
far vedere a qualcuno   to show someone
gridare   to shout, scream
illustrare   to illustrate
impiccare   to hang (a person)
incontrarsi con   to meet with
iscriversi (p.p. iscritto) a   to enroll in
lasciare stare   to leave alone
offendersi (p. p. offeso)   to take offense
piangere (p. p. pianto)   to cry, weep
prendere in giro   to make fun of
rendersi (p. p. reso) conto   to realize

restaurare   to remodel; restore
riparare   to repair, fix
scherzare   to joke
stare a sentire   to listen
trasgredire (isc)   to break; to transgress
vincere (p. p. vinto)   to win

NOUNS
abitudine (f)   habit
alcool   alcohol
architetto   architect
caminetto   fireplace
capolavoro   masterpiece
cognata   sister-in-law
corso   course
costruzione   construction (f)
fiorentino   Florentine
frase (f)   sentence, phrase
grammatica   grammar
impianto   system

legna   wood
medico   doctor
nord   north
pace (f)   peace
periodo   sentence
polo   pole
regola   rule
studio   study
stufa   stove
taglio   cut

ADJECTIVES
accelerato   accelerated
edile   building
serio   serious
spiritoso   witty
tipico   typical

OTHERS
ahi!   ouch!
apposta   deliberately, on purpose

I. STORIELLE UMORISTICHE: LA DANZA DELLA PIOGGIA

Raccontare la storia illustrata dalla seguente striscia.

Vocabolario essenziale: un indiano; camminare; inciampare in una pietra; farsi male a un dito del piede; dire ahi; saltare; cominciare a piovere.

II. IL GIOCO DEI <u>SE</u>

Dividere la classe in due gruppi: gli studenti del primo gruppo preparano frasi col **se** + congiuntivo, gli studenti dell'altro gruppo preparano frasi al condizionale. Prendere una frase da ciascun gruppo e formare una sola frase.

CAPITOLO 22

I.
OBIETTIVI

Culture

The cinema, an art form for which Italy is famous throughout the world, is the topic of the **lettura culturale** of this chapter.

Grammar

You will learn how to form the passive voice (The house *was built* by my brother) in contrast to the active voice (My brother *built* the house). An alternate way to express the same concept, the **si** construction, is also presented. Finally, this chapter deals with the simple and compound gerund *(singing, having sung),* and with the formation of feminine nouns and invariable nouns.

II.
GRAMMATICA

A. The passive voice

MAESTRA: Ninetto, sai dirmi chi ha scoperto l'America?

NINETTO: L'America è stata scoperta da Cristoforo Colombo, signora maestra.

MAESTRA: E perchè l'America è stata chiamata così?

NINETTO: Perchè l'America è stata scoperta due volte: la prima, per sbaglio, da Colombo, e la seconda da Amerigo Vespucci che le ha dato il nome.

MAESTRA: Ninetto, come sei bravo! Come mai tutto questo interesse per l'America?

NINETTO: Perchè ho uno zio americano: anche lui ha trovato l'America.* È diventato milionario!

1. *Secondo Ninetto, quante volte è stata scoperta l'America?*
2. *Perchè si interessa tanto all'America Ninetto?*
3. *In che modo ha "trovato l'America" lo zio di Ninetto?*

* In addition to its literal meaning, **trovare l'America** has an idiomatic meaning: *to become a financial success.*

In all the tenses of verbs that you have studied so far, the subject of the verb has performed the action of the verb. Those tenses were in the *active* voice. In the *passive* voice, however, the subject of the verb is acted upon by the verb.

TEACHER: Ninetto, can you tell me who discovered America?   NINETTO: America was discovered by Christopher Columbus.   TEACHER: And why was it called America?   NINETTO: Because America was discovered twice. The first time by Columbus, by mistake, and the second time by Amerigo Vespucci, who gave it its name.   TEACHER: Ninetto, how bright you are! How come all this interest in America?   NINETTO: Because I've got an American uncle. He, too, has discovered America! He has become a millionaire!

Active voice | Passive voice
Jack *built* the house. | The house *was built* by Jack.

1. The passive voice in Italian is formed exactly as in English. It consists of **essere** in the desired tense + the past participle. The past participle must agree with the subject in gender and in number. The agent (doer of the action), if expressed, is preceded by **da.**

> subject + **essere** + past participle (+ **da**)

La casa deve **essere costruita** da Jack. | The house must *be built* by Jack.
La casa **sarà costruita** da Jack. | The house *will be built* by Jack.
La casa **è stata costruita** da Jack. | The house *was built* by Jack.
Molti ponti **furono costruiti** dai Romani. | Many bridges *were built* by the Romans.

Note that in compound tenses, the passive voice consists of *three* words.

2. **Essere** may be replaced by **venire** in simple tenses only.

La casa **verrà (sarà) costruita** da Jack. | The house *will be built* by Jack.
Molte persone **vennero (furono)** arrestate. | Many people *were arrested.*

Esercizi

a. Replace the italicized word with the appropriate forms of the verbs in parentheses.

1. Quando volete essere *pagati?* (svegliare, chiamare, invitare, servire, assumere)   2. La casa è stata *costruita* nel 1950. (cominciare, dipingere, finire, vendere, comprare)

b. Compose questions as in the example, using the passive voice of the verb suggested.

Esempio: Mi piace il tuo vestito. Dove (fare)?
     Dove è stato fatto?

1. Mi piacciono le tue scarpe. Dove (fare)?   2. Questo è un palazzo molto vecchio. Quando (costruire)?   3. Devo pagare la bolletta *(bill)* del gas. Perchè non (pagare)?   4. Che bel libro! Da chi e dove (pubblicare)?   5. È un vecchio film. Quando (**girare:** *to shoot*)?   6. Sono parole famose. Da chi (pronunciare)?

— A che ora vuoi essere svegliata?

c. *Conversazione.*

1. In quanti giorni è stato creato il mondo secondo la Bibbia *(Bible)?* 2. In che anno è stato pubblicato questo libro? 3. In che anno è stata fondata la Sua università? 4. In che anno è stata scoperta l'America? 5. Quando è stato eletto l'attuale presidente degli Stati Uniti? 6. Ricorda in che anno è stata unificata l'Italia?

— Non sopporto questo tipo di pubblicità

d. *Piccolo quiz: per ogni domanda scegliere la risposta corretta e rispondere con una frase completa.*

Esempio: Chi ha scritto l'Amleto? (Dickens, Shakespeare, Milton)
L'Amleto è stato scritto da Shakespeare.

1. Chi ha costruito le Piramidi? (i greci, i romani, gli egiziani) 2. Chi ha dipinto la Monna Lisa? (Da Vinci, Michelangelo, Raffaello) 3. Chi ha inventato la radio? (Volta, Marconi, Bell) 4. Chi ha mandato il primo uomo nello spazio? (i russi, i giapponesi, gli americani) 5. Chi ha musicato il Falstaff? (Rossini, Puccini, Verdi)

e. *Express in Italian.*

1. This city is visited by many tourists every summer. 2. How many pictures were taken by Franco? 3. When was this letter sent? 4. How many artists will be invited to the exhibit? If you were invited, would you go? 5. The eclipse (**eclissi,** *f.*) was seen by everybody. 6. I want you to be noticed. But I don't want to be noticed!

B.   The *si* construction replacing the passive

BEPPINO: Dove si gira questo film, Guido?

GUIDO: Si gira a Cinecittà.*

BEPPINO: È vero, Guido, che nel dopoguerra in Italia si giravano molti film per le strade, con pochi soldi e attori sconosciuti?

GUIDO: Sì, erano i tempi del neorealismo. E noi ora abbiamo adottato lo stesso sistema: l'anno scorso si è girato un filmino con soli 50.000.000 di lire.

1. Ai tempi del neorealismo come si giravano i film?

2. In quale città si girano la maggior parte dei film italiani?

3. Perchè Guido chiama il film che ha girato un "filmino"?

* Cinecittà, near Rome, is the Italian Hollywood.

1.   The **si** construction is often used in Italian to express the passive voice, especially when the agent is not mentioned. The verb is in the third person singular or plural, depending on the subject, which normally follows the verb.

Si usa il congiuntivo dopo il verbo sperare.	The subjunctive *is used* after the verb to hope.
Quando **si usano** questi verbi?	When *are* these verbs *used?*
Si sono venduti molti biglietti.	Many tickets *were sold.*

2.   **Si** may follow the verb and be attached to it. This usage is limited to the language of ads, signs, and other commercial language where brevity is essential.

Si affitta appartamento. Affitta**si** appartamento.	Apartment for rent.
Si vendono appartamenti. Vendon**si** appartamenti.	Apartments for sale.
Cerca**si** segretaria conoscenza lingue.	Secretary wanted with knowledge of languages.

BEPPINO: Where is this movie being shot, Guido?   GUIDO: It's being shot in Cinecittà.   BEPPINO: Is it true, Guido, that after the war in Italy many movies were shot on the streets, with little money and unknown actors?   GUIDO: Yes, those were the days of neorealism. And now we've adopted the same system. Last year we shot a movie with only 50 million lire.

Esercizi

a. Replace the words written in italics with each word or phrase in parentheses and make all necessary changes.

1. In *Italia* si parla *italiano*. (Francia/francese; Germania/tedesco; Spagna/spagnolo; Messico/spagnolo; Inghilterra/inglese)   2. Dove si comprano *i biglietti*? (gli stivali, la carne, il prosciutto, le cravatte)   3. Si sono fatti molti *errori*. (progetti, fotografie, compere, esercizi, progressi)

*b. Rephrase each sentence using the **si** construction.*

Esempio: Non accettiamo mance.
                   Non si accettano mance.

1. A chi paghiamo il conto?   2. In Italia mangiamo troppa pasta.
3. Aspettavamo i risultati delle elezioni.   4. Non usiamo più questa parola.
5. Non abbiamo sentito nessun rumore.   6. Conosciamo le buone maniere.
7. Non accetteremo prenotazioni.   8. Non leggiamo molti libri.

— Da qui, nei giorni di sereno, si gode un bellissimo panorama.

*c. **Dove si fanno queste cose?** Match the items in column A to those in column B.*

A	B
1. Dove si compra il prosciutto?	—in farmacia
2. Dove si vedono i film?	—in un museo
3. Dove si comprano le medicine?	—al cinema
4. Dove si vede una partita di calcio?	—dal salumiere
5. Dove si vedono le opere d'arte?	—allo stadio
6. Dove si comprano i biglietti del treno?	—alla biglietteria

*d. Rephrase each sentence using the **passato composto**.*

Esempio: Si scrivono molti romanzi.
                   Si sono scritti molti romanzi.

1. Si assumono pochi operai.   2. Si mangiano troppi gelati.   3. Si imparano molte cose interessanti.   4. Si ammira il panorama.   5. Si vendono molte biciclette.   6. Si usa il congiuntivo.

— Allora: un milione subito, altri due domani mattina...

*pagamenti
dilazionati:*
installments
(payments)

C. The gerund

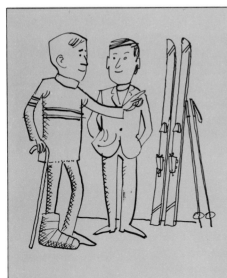

MARCO: Franco, come hai passato le vacanze?
FRANCO: Male: le ho passate studiando giorno e
notte per prepararmi al prossimo esame. E
tu, cos'hai fatto di bello?
MARCO: Ora ti racconto: avendo finito di scrivere la
mia tesi, volevo riposarmi e divertirmi. Così
sono andato a sciare in montagna. Purtroppo ero fuori esercizio e sciando mi sono
slogato una caviglia.
FRANCO: Quanto mi dispiace! E ora cosa fai?
MARCO: Essendo disoccupato, passo le giornate a
cercare un impiego!

1. *Che cosa ha fatto durante le vacanze Franco?*
2. *E Marco?*
3. *Che cosa è successo a Marco?*
4. *Che cosa fa ora Marco?*

MARCO: Franco, how was your vacation? FRANCO: Rotten. I studied night and day to get
ready for my next exam. And what have you been up to? MARCO: Well, I'll tell you. After
finishing my thesis, I wanted to relax and have a good time. So I went skiing in the mountains. Unfortunately, I was out of shape and while skiing I sprained my ankle. FRANCO:
I'm really sorry! And what are you doing now? MARCO: Since I'm unemployed, I spend
my days looking for a job!

1. The gerund is one of the Italian verb forms that corresponds to the *-ing* form of the verb in English. There are two forms of the gerund: simple and compound. The simple gerund is formed by adding **-ando** to the stem of **-are** verbs, and **-endo** to the stem of **-ere** and **-ire** verbs. The compound gerund is formed with **avendo** or **essendo** plus the past participle of the main verb.

SIMPLE GERUND			COMPOUND GERUND		
cantare	cant**ando**	*singing*	**avendo** cantato	*having sung*
scrivere	scriv**endo**	*writing*	**avendo** scritto	*having written*
partire	part**endo**	*leaving*	**essendo** partito	*having left*
			(a, i, e)	

2. Note the gerunds of the following verbs.

   bere: bevendo   dire: dicendo   fare: facendo

3. A form of **stare** in the present tense can be combined with the gerund to form the *present progressive* tense, used to describe an action in progress: **Sto cantando** (*I am singing*). This tense is used only to stress that an action is occurring at the present moment. Otherwise, the other present tense, **canto,** is used.

Che cosa **state facendo?**	What *are you doing?*
Stiamo mangiando.	*We're eating.*

   Similarly, a form of **stare** in the **imperfetto** can be combined with the gerund to form the *progressive* **imperfetto,** which describes an action in progress at one point in the past: **Stavo cantando** (*I was singing*).

Quando hai telefonato, **stavamo mangiando.**	When you called, *we were eating.*

4. The gerund can also be used alone, without any prepositions, to indicate the circumstances associated with an action (time, condition, cause, and means). It usually refers to the subject of the sentence.

Imparo l'inglese **ascoltando** le lezioni alla TV.	I learn English *by listening* to the lessons on TV.
Volendo, potresti laurearti l'anno prossimo.	*If you want,* you could graduate next year.
Leggendo la mia lettera, hanno pianto.	*While reading* my letter, they cried.
Avendo dimenticato la chiave, non abbiamo potuto aprire la porta.	*Having forgotten* our key, we couldn't open the door.

5. Reflexive and object pronouns follow the gerund and are attached to it to form one word. In the compound gerund they are attached to **avendo** or **essendo.**

Vestendo**si,** ascoltava Mozart.   While getting dressed, he was listening to Mozart.

Avendo**la** riconosciuta, la salutai.   Having recognized her, I greeted her.

Esercizi

a. Replace the italicized words with the appropriate forms of the verbs in parentheses.

1. *Sbagliando* s'impara. (leggere, scrivere, osservare, viaggiare, ripetere)
2. Che cosa state *facendo?* (mangiare, guardare, pensare, finire, dire)

b. Restate each sentence, replacing the clause in parentheses with the gerund.

Esempio: (Mentre lavavo) i piatti, ho rotto un bicchiere.
          Lavando i piatti, ho rotto un bicchiere.

1. (Mentre faceva) il letto, pensava al film che aveva visto la sera prima.
2. (Dato che non avevo) il biglietto, ho dovuto pagare.   3. (Se studiaste) di più, potreste avere dei voti migliori.   4. Non gesticolare (mentre parli)!
5. (Dato che erano) ricchissimi, non avevano bisogno di lavorare.   6. (Mentre facevo) il footing, ho incontrato Adriana.   7. (Dato che non si sentiva) bene, ha chiamato il dottore.   8. (Se tu la vedessi), la riconosceresti?

— Sono l'unico abitante del paese: tutti gli altri sono morti cercando di attraversare la strada!

c. Indicate what each person is doing using **stare** *+ gerund.*

Esempio: La segretaria parla col direttore.
          La segretaria sta parlando col direttore.

1. I pensionati prendono un poncino.   2. Papà fa il bagno.   3. I bambini dormono.   4. La professoressa spiega la lezione.   5. Ripariamo la macchina.   6. Finisci di lavare i piatti.   7. Costruite un garage.   8. Guardo un programma interessante.

d. You have a friend who calls you at the most inappropriate times. Indicate what you were doing the last three times he or she called you.

Esempio: Quando mi ha telefonato, stavo facendo la doccia.

e. Conversazione.

1. Ha incontrato qualcuno uscendo di casa stamattina? 2. Che cosa dice il professore/la professoressa d'italiano entrando in classe? 3. Si è mai slogato(a) una caviglia sciando o correndo?

— I bambini incominciano a chiedere quanto è lunga la strada che stai costruendo in Australia.

D. The formation of feminine nouns and invariable nouns

> CLAUDIO: Ieri al ricevimento dai Brambilla c'era un sacco di gente interessante.
> MARINA: Ah sì? Chi c'era?
> CLAUDIO: Il pittore Berardi con la moglie, pittrice anche lei; dicono che è più brava del marito . . . la professoressa di storia dell'arte Stoppato, il poeta Salimbeni con la moglie scultrice, un paio di scrittori e scrittrici di cui non ricordo il nome . . .
> MARINA: Che ambiente intellettuale! Ma i Brambilla cosa fanno?
> CLAUDIO: Beh, lui è un grosso industriale tessile e lei è un'ex-attrice.
>
> *1. Chi ha partecipato al ricevimento in casa Brambilla?*
> *2. Perchè Marina usa il termine "intellettuale"?*
> *3. Che cosa fa il signor Brambilla? E la signora Brambilla?*

CLAUDIO: Yesterday at the party at the Brambillas' there were a lot of interesting people.   MARINA: Were there? Who was there?   CLAUDIO: The painter Berardi and his wife, who also paints. They say she's better than her husband . . . The art history teacher Stoppato, the poet Salimbene and his sculptor wife, and several writers whose names I don't remember.   MARINA: What an intellectual atmosphere! What do the Brambillas do? CLAUDIO: Well, he's a big textile tycoon and she's a former actress.

1. Most nouns referring to people or animals have one form for the masculine and one for the feminine.

    a. Generally, the feminine form is obtained by replacing the masculine ending with **-a.**

ragazz**o**	ragazz**a**	camerier**e**	camerier**a**
signor**e**	signor**a**	gatt**o**	gatt**a**

    b. A few nouns, especially those indicating a profession or a title, use the ending **-essa** for the feminine.

dottore	dottor**essa**	poeta	poet**essa**
professore	professor**essa**	principe	princip**essa**

    c. Most nouns ending in **-tore** in the masculine end in **-trice** in the feminine.

pit**tore**	pit**trice**	scia**tore**	scia**trice**
let**tore**	let**trice**	at**tore**	at**trice**
secca**tore**	secca**trice**		

    d. Nouns ending in **-e, -ga,** and **-ista** are masculine or feminine, depending on the person referred to.

un cantant**e**	una cantant**e**	il re**gista**	la re**gista**
il mio colle**ga**	la mia colle**ga**	un dent**ista**	una dent**ista**

    e. Some nouns have a completely different form for the masculine and feminine.

maschio	femmina
uomo	donna
marito	moglie
fratello	sorella

2. Some nouns are invariable. That is, they are the same in both the singular and the plural. Invariable nouns include:

    a. nouns ending in a consonant;

    un film   due film   uno sport   molti sport

    b. nouns ending in accented vowels;

    un'università   due università   un lunedì   due lunedì

    c. nouns ending in **-i;**

    una crisi   molte crisi

    d. nouns ending in **-ie;**

    una specie   molte specie
    exception: **moglie   mogli**

e. nouns of one syllable;

un re *(king)*   **due re**

f. family names;

i Brambilla *(the Brambillas)*

g. abbreviations.

il cinema   i cinema
un frigo   due frigo

Esercizi

a. Give the plural of each phrase.

1. crisi economica   2. qualità e difetto   3. bar e farmacia   4. moglie e amica   5. film storico   6. re greco   7. vecchia città   8. cinema e teatro

b. Change from the feminine to the masculine.

1. un'operaia comunista   2. una moglie stanca   3. una vecchia attrice
4. delle vecchie amiche   5. una principessa straniera   6. una poetessa pessimista   7. le grandi pittrici   8. delle donne simpatiche

c. Express in Italian.

1. How many actors and actresses would you recognize?   2. She's going to be a famous movie director.   3. These sports are not known in my country.
4. There have been many crises in my family.

III.
DIALOGO

Beppino è tornato da Milano un po' depresso: pur-troppo non è stato assunto come fotografo dalla ditta di "interior design". Di ritorno a Firenze, ha però ricevuto una piacevole sorpresa: è stato invitato da Guido De Vita, un suo amico che lavora nel cinema, a passare qualche giorno a Roma. È partito subito con la speranza di conoscere qualche personalità del mondo cinematografico.

I due amici s'incontrano nella hall dell'albergo Excelsior, nella famosa Via Veneto.

BEPPINO: Caspita! Sei fortunato! "From rags to riches": da quel buco dove abitavi all'hotel Excelsior!

GUIDO: Ma no, non abito qui: ci vengo solo per incontrare gente, per vedere chi c'è e . . . anche per essere visto!

BEPPINO: Come! Credevo che tu fossi ormai famoso e non avessi bisogno di essere notato.

GUIDO: Non prendermi in giro! Faccio solo l'aiuto-regista in un film che è prodotto da un gruppo di giovani entusiasti del cinema. Molte idee, ma pochi soldi, caro mio!

BEPPINO: Ma i migliori film italiani sono stati spesso fatti così, con pochi soldi. È la specialità degli italiani! Il fenomeno del neorealismo, per esempio. Film come quelli di Rossellini e De Sica, che sono stati girati con pochi mezzi e attori sconosciuti o quasi.

GUIDO: Verissimo! Ma i tempi sono cambiati: in Italia siamo in crisi.

BEPPINO: In Italia siete sempre in crisi; e nelle crisi e nel caos gli italiani sono nel loro elemento, come pesci nell'acqua.

GUIDO: Tu sei ottimista come la maggior parte degli americani; e noi di ottimismo ne abbiamo bisogno. Senti, ti piacerebbe darci una mano come fotografo?

BEPPINO: Dici sul serio? Non mi sembra vero!

GUIDO: Allora ne parlo alla regista; stasera te la presento.

BEPPINO: *La* regista, hai detto? È una donna?

GUIDO: Sì, una mia cara amica. Un tipo molto in gamba che ha lavorato un paio d'anni con Fellini.

BEPPINO: Sono *fuori di me dalla* gioia. Andiamo al bar a celebrare con un drink!

beside myself
with

Dialog comprehension check

Rispondere alle seguenti domande.

1. Perchè Beppino è tornato da Milano depresso?   2. Quale piacevole sorpresa ha ricevuto Beppino?   3. Chi sperava di conoscere a Roma Beppino? 4. Dove si sono incontrati Beppino e Guido?   5. Abita all'albergo Excelsior Guido?   6. Fa l'attore Guido?   7. Quali sono le caratteristiche dei vecchi film di Rossellini e De Sica?   8. Secondo Beppino, qual è l'elemento in cui si trovano bene gli italiani?   9. Che è la regista del film di Guido?   10. Perchè Beppino è fuori di sè dalla gioia?

IV.
ESERCIZI DI RICAPITOLAZIONE

a. Rispondere alle seguenti domande scegliendo una delle alternative suggerite o offrendo un'alternativa migliore.

1. Come si può imparare bene una lingua straniera?
   a. vivendo nel paese   b. studiando molto   c. frequentando persone che parlano quella lingua
2. Come si può dimagrire *(get thin)*?
   a. facendo ginnastica   b. seguendo una dieta   c. prendendo pillole
3. Come si combatte il terrorismo?
   a. trattando con i terroristi   b. restaurando la pena di morte *(capital punishment)*   c. non facendo niente
4. Come si può risparmiare benzina?
   a. obbligando la gente a prendere l'autobus   b. fabbricando macchine più piccole   c. riducendo il limite di velocità
5. Come si potrebbero evitare tanti incidenti?
   a. guidando più piano   b. rispettando i cartelli stradali   c. tenendo la distanza regolamentare

b. Express in Italian.

1. Not knowing the answer, he didn't raise his hand.   2. Having worked the whole night, we slept until eleven.   3. Why did you cry while closing your suitcase?   4. Good movies are easily remembered.   5. A great deal is gained by keeping quiet.

c. Express in Italian.

X: Last Saturday I was invited to dinner by Dave. I thought he didn't know how to cook and was expecting (to expect: *aspettarsi*) a very simple meal.
Y: Well, what did he fix?
X: An exquisite meal! Antipasto, ravioli, roast veal, baked potatoes, salad, and an apple pie *(crostata di mele).*
Y: Dave made all that? You must be joking!
X: Of course! He attended a cooking school *(istituto culinario)* in the East *(est)* before enrolling in this university.

d. Conversazione.

1. Ha mai visto girare un film?   2. Ha mai visto un film italiano neorealista?   3. Di solito, Lei va a vedere un film prima di leggere la recensione *(review)* sul giornale o dopo aver letto la recensione?   4. Lei sceglie un film secondo gli interpreti, secondo il regista o secondo il titolo e la trama *(plot)?*   5. Quale tipo di film Le piace di più (western, musical, drammatico, sentimentale, comico, di fantascienza)?   6. Preferisce vedere un film straniero doppiato *(dubbed)* o nella versione originale?   7. Ha mai visto in persona un attore famoso o un'attrice famosa?   8. Ha mai pensato di fare l'attore/l'attrice?   9. Secondo Beppino, fare film con pochi soldi è la specialità degli italiani. Secondo Lei, quali sono le altre specialità degli italiani?

V.
LETTURA CULTURALE: IL CINEMA ITALIANO

Fino agli anni '40 i film prodotti in Italia erano piuttosto mediocri e non potevano *gareggiare* con i film importati da Hollywood. Alla fine della seconda *guerra* mondiale, il cinema italiano diventa un'importante industria. Siamo nel 1945 e il film di Roberto Rossellini, "Roma, città aperta", è una *rivelazione*. Mostrando gente comune, *coinvolta* negli eventi di una guerra incomprensibile, il cinema *acquista* un nuovo stile: è il momento del neorealismo. Registi come Rossellini, De Sica e Germi, basano i loro film sulla realtà della vita, senza *evasioni in* un mondo fittizio dove tutto ha *un lieto fine*. I loro film documentano la vita così com'è, per banale e ordinaria che sia. "Il *ladro* di biciclette" di Vittorio De Sica, per esempio, racconta la storia di un povero lavoratore che non può più guadagnarsi da vivere senza la sua bicicletta. Cinecittà, la Hollywood italiana situata alla periferia di Roma, conosce il suo momento migliore: nei suoi stabilimenti si girano moltissimi film, non solo italiani ma anche stranieri, soprattutto quelli che richiedono molti costumi e *comparse* come "Cleopatra." Negli ultimi vent'anni il cinema italiano ha esplorato nuovi stili e seguito varie correnti. I *temi* più frequenti sono l'analisi della vita contemporanea, la satira della società dei consumi e della politica, la *lotta* di classe. I registi più importanti sono Fellini, Antonioni, Bertolucci e due donne, Lina Wertmüller e Liliana Cavani. Le commedie all'italiana e i western all'italiana (chiamati in America "spaghetti western") rappresentano inoltre una parte *notevole* della produzione cinematografica italiana.

compete
war
revelation
involved
acquires

escaping to
  a happy ending
  thief

extras

themes
struggle

important

Reading comprehension check

a. Domande.

    1. Quando diventa importante il cinema italiano?   2. Quali sono le caratteristiche dei film neorealisti?   3. Quali sono i nomi di quattro registi italiani?   4. Dov'è Cinecittà?   5. Quali sono i temi dei film italiani d'oggi?

b. Raccontare la trama di un film della Wertmüller.

(Leonard Speier)

Sophia Loren e Marcello Mastroianni nel film "Una giornata particolare" (UPI)

La regista Lina Wertmüller e l'attore Giancarlo Giannini (Umberto Pizzi/Liaison Agency)

Il regista Federico Fellini (Pierluigi/ Liaison Agency)

(Leonard Speier)

(Leonard Speier)

VI.
PAROLE DA RICORDARE

VERBS
adottare to adopt
celebrare to celebrate
girare to shoot (a movie)
notare to notice
produrre (p. p. **prodotto**) to produce
sciare to ski
scoperto (p. p. of **scoprire**) discovered
slogare to sprain

NOUNS
ambiente (m) atmosphere, setting
buco hole
caos chaos
caviglia ankle

crisi (f) crisis
dopoguerra (m) post-war period
fenomeno phenomenon
gioia joy
impiego job
industriale (m or f) industrialist
interesse (m) interest
mezzi (m. pl.) means
milionario millionaire
ottimismo optimism
personalità personality, V.I.P.
regista (m or f) movie director
ricevimento reception, party
sacco sack
    un sacco di a lot of
scultore, scultrice sculptor
sistema (m) system

specialità specialty
speranza hope
tesi (f) thesis

ADJECTIVES
depresso depressed
disoccupato unemployed
entusiasta (di) enthusiastic (about)
intellettuale intellectual
ottimista optimistic
sconosciuto unknown

OTHERS
di ritorno having returned
fuori di outside (preposition)
fuori esercizio out of shape
per sbaglio by mistake

I. A CIASCUNO IL SUO MESTIERE

Quale mestiere o quale professione si dovrebbe esercitare quando si hanno certe attitudini? Completare le seguenti frasi usando **si dovrebbe fare** + il nome del mestiere o della professione. Troverete una lista di vocaboli utili dopo le frasi.

Esempio: Quando si parlano molte lingue, si dovrebbe fare l'interprete.

quando si ama la moda
quando si ha molta pazienza
quando si è bravi in matematica
quando si scrive bene
quando si vogliono guadagnare molti
   soldi

quando si ama il pericolo
quando si amano i bambini
quando si ha molta fantasia
quando si vuole aiutare la gente

Professioni: dottore/dottoressa; avvocato/avvocatessa; attore/attrice; infermiere(a); scrittore/scrittrice; banchiere; ingegnere; fotografo(a); commerciante; esploratore/esploratrice.

Mestieri: elettricista; idraulico; cuoco(a); falegname *(carpenter)*; parrucchiere(a) *(hairdresser)*; sarto(a) *(tailor; dressmaker)*.

Confrontare le risposte con quelle dei compagni.

II. UN GIOCO PER TUTTI

Ciascuno dei cinque personaggi del disegno ha assistito a un film diverso: osservando la scenetta ed esaminando il cartellone degli spettacoli, dite in quale cinematografo è andato ciascuno dei cinque.

APPENDIX

Conjugation of the verb AVERE

INDICATIVE			SUBJUNCTIVE		

INDICATIVE / SUBJUNCTIVE

PRESENT	PASSATO COMPOSTO		PRESENT	PAST	
ho	ho	avuto	abbia	abbia	avuto
hai	hai	avuto	abbia	abbia	avuto
ha	ha	avuto	abbia	abbia	avuto
abbiamo	abbiamo	avuto	abbiamo	abbiamo	avuto
avete	avete	avuto	abbiate	abbiate	avuto
hanno	hanno	avuto	abbiano	abbiano	avuto

IMPERFETTO	TRAPASSATO		IMPERFECT	PLUPERFECT	
avevo	avevo	avuto	avessi	avessi	avuto
avevi	avevi	avuto	avessi	avessi	avuto
aveva	aveva	avuto	avesse	avesse	avuto
avevamo	avevamo	avuto	avessimo	avessimo	avuto
avevate	avevate	avuto	aveste	aveste	avuto
avevano	avevano	avuto	avessero	avessero	avuto

IMPERATIVE

PASSATO SEMPLICE	TRAPASSATO REMOTO		IMPERATIVE	
ebbi	ebbi	avuto	——	
avesti	avesti	avuto	abbi (non avere)	
ebbe	ebbe	avuto	abbia	
avemmo	avemmo	avuto	abbiamo	
aveste	aveste	avuto	abbiate	
ebbero	ebbero	avuto	abbiano	

CONDITIONAL

FUTURE	FUTURE PERFECT		PRESENT	PERFECT	
avrò	avrò	avuto	avrei	avrei	avuto
avrai	avrai	avuto	avresti	avresti	avuto
avrà	avrà	avuto	avrebbe	avrebbe	avuto
avremo	avremo	avuto	avremmo	avremmo	avuto
avrete	avrete	avuto	avreste	avreste	avuto
avranno	avranno	avuto	avrebbero	avrebbero	avuto

Infinitive: PRESENT: avere   PAST: avere avuto

Participle: PAST: avuto

Gerund: PRESENT: avendo PAST: avendo avuto

Conjugation of the verb ESSERE

INDICATIVE

PRESENT	PASSATO COMPOSTO	
sono	sono	stato-a
sei	sei	stato-a
è	è	stato-a
siamo	siamo	stati-e
siete	siete	stati-e
sono	sono	stati-e

IMPERFETTO	TRAPASSATO	
ero	ero	stato-a
eri	eri	stato-a
era	era	stato-a
eravamo	eravamo	stati-e
eravate	eravate	stati-e
erano	erano	stati-e

PASSATO SEMPLICE	TRAPASSATO REMOTO	
fui	fui	stato-a
fosti	fosti	stato-a
fu	fu	stato-a
fummo	fummo	stati-e
foste	foste	stati-e
furono	furono	stati-e

FUTURE	FUTURE PERFECT	
sarò	sarò	stato-a
sarai	sarai	stato-a
sarà	sarà	stato-a
saremo	saremo	stati-e
sarete	sarete	stati-e
saranno	saranno	stati-e

SUBJUNCTIVE

PRESENT	PAST	
sia	sia	stato-a
sia	sia	stato-a
sia	sia	stato-a
siamo	siamo	stati-e
siate	siate	stati-e
siano	siano	stati-e

IMPERFECT	PLUPERFECT	
fossi	fossi	stato-a
fossi	fossi	stato-a
fosse	fosse	stato-a
fossimo	fossimo	stati-e
foste	foste	stati-e
fossero	fossero	stati-e

IMPERATIVE

——————
sii (non essere)
sia
siamo
siate
siano

CONDITIONAL

PRESENT	PERFECT	
sarei	sarei	stato-a
saresti	saresti	stato-a
sarebbe	sarebbe	stato-a
saremmo	saremmo	stati-e
sareste	sareste	stati-e
sarebbero	sarebbero	stati-e

Infinitive: PRESENT: essere   PAST: essere stato (-a, -i, -e)

Participle: PAST: stato (-a, -i, -e)

Gerund: PRESENT: essendo PAST: essendo stato (-a, -i, -e)

Conjugation of the verb CANTARE

INDICATIVE

PRESENT	PASSATO COMPOSTO	
canto	ho	cantato
canti	hai	cantato
canta	ha	cantato
cantiamo	abbiamo	cantato
cantate	avete	cantato
cạntano	hanno	cantato

IMPERFETTO	TRAPASSATO	
cantavo	avevo	cantato
cantavi	avevi	cantato
cantava	aveva	cantato
cantavamo	avevamo	cantato
cantavate	avevate	cantato
cantạvano	avẹvano	cantato

PASSATO SEMPLICE	TRAPASSATO REMOTO	
cantai	ebbi	cantato
cantasti	avesti	cantato
cantò	ebbe	cantato
cantammo	avemmo	cantato
cantaste	aveste	cantato
cantạrono	ẹbbero	cantato

FUTURE	FUTURE PERFECT	
canterò	avrò	cantato
canterai	avrai	cantato
canterà	avrà	cantato
canteremo	avremo	cantato
canterete	avrete	cantato
canteranno	avranno	cantato

SUBJUNCTIVE

PRESENT	PAST	
canti	abbia	cantato
canti	abbia	cantato
canti	abbia	cantato
cantiamo	abbiamo	cantato
cantiate	abbiate	cantato
cạntino	ạbbiano	cantato

IMPERFECT	PLUPERFECT	
cantassi	avessi	cantato
cantassi	avessi	cantato
cantasse	avesse	cantato
cantạssimo	avẹssimo	cantato
cantaste	aveste	cantato
cantạssero	avẹssero	cantato

IMPERATIVE

———
canta (non cantare)
canti
cantiamo
cantate
cạntino

CONDITIONAL

PRESENT	PERFECT	
canterei	avrei	cantato
canteresti	avresti	cantato
canterebbe	avrebbe	cantato
canteremmo	avremmo	cantato
cantereste	avreste	cantato
canterẹbbero	avrẹbbero	cantato

Infinitive: PRESENT: cantare   PAST: avere cantato

Participle: PAST: cantato

Gerund: PRESENT: cantando PAST: avendo cantato

Conjugation of the verb RIPĘTERE

INDICATIVE

PRESENT	PASSATO COMPOSTO	
ripeto	ho	ripetuto
ripeti	hai	ripetuto
ripete	ha	ripetuto
ripetiamo	abbiamo	ripetuto
ripetete	avete	ripetuto
ripętono	hanno	ripetuto

IMPERFETTO	TRAPASSATO	
ripetevo	avevo	ripetuto
ripetevi	avevi	ripetuto
ripeteva	aveva	ripetuto
ripetevamo	avevamo	ripetuto
ripetevate	avevate	ripetuto
ripetęvano	avęvano	ripetuto

PASSATO SEMPLICE	TRAPASSATO REMOTO	
ripetei	ebbi	ripetuto
ripetesti	avesti	ripetuto
ripetè	ebbe	ripetuto
ripetemmo	avemmo	ripetuto
ripeteste	aveste	ripetuto
ripetęrono	ębbero	ripetuto

FUTURE	FUTURE PERFECT	
ripeterò	avrò	ripetuto
ripeterai	avrai	ripetuto
ripeterà	avrà	ripetuto
ripeteremo	avremo	ripetuto
ripeterete	avrete	ripetuto
ripeteranno	avranno	ripetuto

SUBJUNCTIVE

PRESENT	PAST	
ripeta	abbia	ripetuto
ripeta	abbia	ripetuto
ripeta	abbia	ripetuto
ripetiamo	abbiamo	ripetuto
ripetiate	abbiate	ripetuto
ripętano	ąbbiano	ripetuto

IMPERFECT	PLUPERFECT	
ripetessi	avessi	ripetuto
ripetessi	avessi	ripetuto
ripetesse	avesse	ripetuto
ripetęssimo	avęssimo	ripetuto
ripeteste	aveste	ripetuto
ripetęssero	avęssero	ripetuto

IMPERATIVE

———
ripeti (non ripętere)
ripeta
ripetiamo
ripetete
ripętano

CONDITIONAL

PRESENT	PERFECT	
ripeterei	avrei	ripetuto
ripeteresti	avresti	ripetuto
ripeterebbe	avrebbe	ripetuto
ripeteremmo	avremmo	ripetuto
ripetereste	avreste	ripetuto
ripeterębbero	avrębbero	ripetuto

Infinitive: PRESENT: ripętere   PAST: avere ripetuto

Participle: PAST: ripetuto

Gerund: PRESENT: ripetendo PAST: avendo ripetuto

Conjugation of the verb DORMIRE

INDICATIVE | SUBJUNCTIVE

PRESENT	PASSATO COMPOSTO		PRESENT	PAST	
dormo	ho	dormito	dorma	abbia	dormito
dormi	hai	dormito	dorma	abbia	dormito
dorme	ha	dormito	dorma	abbia	dormito
dormiamo	abbiamo	dormito	dormiamo	abbiamo	dormito
dormite	avete	dormito	dormiate	abbiate	dormito
dormono	hanno	dormito	dormano	abbiano	dormito

IMPERFETTO	TRAPASSATO		IMPERFECT	PLUPERFECT	
dormivo	avevo	dormito	dormissi	avessi	dormito
dormivi	avevi	dormito	dormissi	avessi	dormito
dormiva	aveva	dormito	dormisse	avesse	dormito
dormivamo	avevamo	dormito	dormissimo	avessimo	dormito
dormivate	avevate	dormito	dormiste	aveste	dormito
dormivano	avevano	dormito	dormissero	avessero	dormito

IMPERATIVE

PASSATO SEMPLICE	TRAPASSATO REMOTO		
dormii	ebbi	dormito	———
dormisti	avesti	dormito	dormi (non dormire)
dormì	ebbe	dormito	dorma
dormimmo	avemmo	dormito	dormiamo
dormiste	aveste	dormito	dormite
dormirono	ebbero	dormito	dormano

CONDITIONAL

FUTURE	FUTURE PERFECT		PRESENT	PERFECT	
dormirò	avrò	dormito	dormirei	avrei	dormito
dormirai	avrai	dormito	dormiresti	avresti	dormito
dormirà	avrà	dormito	dormirebbe	avrebbe	dormito
dormiremo	avremo	dormito	dormiremmo	avremmo	dormito
dormirete	avrete	dormito	dormireste	avreste	dormito
dormiranno	avranno	dormito	dormirebbero	avrebbero	dormito

Infinitive: PRESENT: dormire   PAST: avere dormito

Participle: PAST: dormito

Gerund: PRESENT: dormendo PAST: avendo dormito

Conjugation of the verb CAPIRE

INDICATIVE

PRESENT	PASSATO COMPOSTO	
capisco	ho	capito
capisci	hai	capito
capisce	ha	capito
capiamo	abbiamo	capito
capite	avete	capito
capiscono	hanno	capito

IMPERFETTO	TRAPASSATO	
capivo	avevo	capito
capivi	avevi	capito
capiva	aveva	capito
capivamo	avevamo	capito
capivate	avevate	capito
capivano	avevano	capito

PASSATO SEMPLICE	TRAPASSATO REMOTO	
capii	ebbi	capito
capisti	avesti	capito
capì	ebbe	capito
capimmo	avemmo	capito
capiste	aveste	capito
capirono	ebbero	capito

FUTURE	FUTURE PERFECT	
capirò	avrò	capito
capirai	avrai	capito
capirà	avrà	capito
capiremo	avremo	capito
capirete	avrete	capito
capiranno	avranno	capito

SUBJUNCTIVE

PRESENT	PAST	
capisca	abbia	capito
capisca	abbia	capito
capisca	abbia	capito
capiamo	abbiamo	capito
capiate	abbiate	capito
capiscano	abbiano	capito

IMPERFECT	PLUPERFECT	
capissi	avessi	capito
capissi	avessi	capito
capisse	avesse	capito
capissimo	avessimo	capito
capiste	aveste	capito
capissero	avessero	capito

IMPERATIVE

———
capisci (non capire)
capisca
capiamo
capiate
capiscano

CONDITIONAL

PRESENT	PERFECT	
capirei	avrei	capito
capiresti	avresti	capito
capirebbe	avrebbe	capito
capiremmo	avremmo	capito
capireste	avreste	capito
capirebbero	avrebbero	capito

Infinitive: PRESENT: capire   PAST: avere capito

Participle: PAST: capito

Gerund: PRESENT: capendo PAST: avendo capito

IRREGULAR VERBS

I. Irregular verbs of the first conjugation

There are only four irregular **-are** verbs: ***andare, dare, fare,*** and ***stare.****

1. **andare** (*to go*)

Pres. ind.:	vado, vai, va; andiamo, andate, vanno
Pres. subj.:	vada, vada, vada; andiamo, andiate, vadano
Imperative:	va' (vai), vada; andiamo, andate, vadano
Future:	andrò, andrai, andrà; andremo, andrete, andranno
Conditional:	andrei, andresti, andrebbe; andremmo, andreste, andrebbero

2. **dare** (*to give*)

Pres. ind.:	do, dai, dà; diamo, date, danno
Pres. subj.:	dia, dia, dia; diamo, diate, diano
Imperative:	da' (dai), dia; diamo, date, diano
Imperfect subj.:	dessi, dessi, desse; dessimo, deste, dessero
Passato semplice:	diedi (detti), desti, diede (dette); demmo, deste, diedero (dettero)
Future:	darò, darai, darà; daremo, darete, daranno
Conditional:	darei, daresti, darebbe; daremmo, dareste, darebbero

3. **fare** (*to do, to make*)

Pres. ind.:	faccio, fai, fa; facciamo, fate, fanno
Pres. subj.:	faccia, faccia, faccia; facciamo, facciate, facciano
Imperative:	fa' (fai), faccia; facciamo, fate, facciano
Imperfetto:	facevo, facevi, faceva; facevamo, facevate, facevano
Imperfect subj.:	facessi, facessi, facesse; facessimo, faceste, facessero
Past participle:	fatto
Passato semplice:	feci, facesti, fece; facemmo, faceste, fecero
Future:	farò, farai, farà; faremo, farete, faranno

---

* The forms or tenses not listed here follow the regular pattern.

Conditional: farei, faresti, farebbe; faremmo, fareste, farebbero

Gerund: facendo

4. stare (to stay)

Pres. ind.:   sto, stai, sta; stiamo, state, stanno

Pres. subj.:   stia, stia, stia; stiamo, stiate, stiano

Imperative: sta' (stai), stia; stiamo, state, stiano

Imperfect subj.:   stessi, stessi, stesse; stessimo, steste, stessero

Passato semplice: stetti, stesti, stette; stemmo, steste, stettero

Future: starò, starai, starà; staremo, starete, staranno

Conditional: starei, staresti, starebbe; staremmo, stareste, starebbero

II.   Irregular verbs of the second conjugation

1. accludere (to enclose)

Past participle: accluso

Passato semplice: acclusi, accludesti, accluse; accludemmo, accludeste, acclusero

2. assumere (to hire)

Past participle: assunto

Passato semplice: assunsi, assumesti, assunse; assumemmo, assumeste, assunsero

3. bere (to drink)

Pres. ind.:   bevo, bevi, beve; beviamo, bevete, bevono

Pres. subj.:   beva, beva, beva; beviamo, beviate, bevano

Imperative: bevi, beva; beviamo, bevete, bevano

Imperfetto: bevevo, bevevi, beveva; bevevamo, bevevate, bevevano

Imperfect subj.:   bevessi, bevessi, bevesse; bevessimo, beveste, bevessero

Past participle: bevuto

Passato semplice: bevvi, bevesti, bevve; bevemmo, beveste, bevvero

Future: berrò, berrai, berrà; berremo, berrete, berranno

| Conditional: | berrei, berresti, berrebbe; berremmo, berreste, berrebbero |
| Gerund: | bevendo |

4. **cadere** (*to fall*)

Passato semplice:	caddi, cadesti, cadde; cademmo, cadeste, caddero
Future:	cadrò, cadrai, cadrà; cadremo, cadrete, cadranno
Conditional:	cadrei, cadresti, cadrebbe; cadremmo, cadreste, cadrebbero

5. **chiedere** (*to ask*) (**richiedere** *to require*)

| Past participle: | chiesto |
| Passato semplice: | chiesi, chiedesti, chiese; chiedemmo, chiedeste, chiesero |

6. **chiudere** (*to close*)

| Past participle: | chiuso |
| Passato semplice: | chiusi, chiudesti, chiuse; chiudemmo, chiudeste, chiusero |

7. **conoscere** (*to know*) (**riconoscere** *to recognize*)

| Past participle: | conosciuto |
| Passato semplice: | conobbi, conoscesti, conobbe; conoscemmo, conosceste, conobbero |

8. **convincere** (*to convince*)

| Past participle: | convinto |
| Passato semplice: | convinsi, convincesti, convinse; convincemmo, convinceste, convinsero |

9. **correre** (*to run*)

| Past participle: | corso |
| Passato semplice: | corsi, corresti, corse; corremmo, correste, corsero |

10. **cuocere** (*to cook*)

| Pres. ind.: | cuocio, cuoci, cuoce; cuociamo, cuocete, cuociono |
| Pres. subj.: | cuocia, cuocia, cuocia; cociamo, cociate, cuociano |

Imperative: cuoci, cuocia; cociamo, cocete, cuociano
Past participle: cotto
Passato semplice: cossi, cocesti, cosse; cocemmo, coceste, cossero

11. **decidere** (*to decide*)

Past participle: deciso
Passato semplice: decisi, decidesti, decise; decidemmo, decideste, decisero

12. **dipendere** (*to depend*)

Past participle: dipeso
Passato semplice: dipesi, dipendesti, dipese; dipendemmo, dipendeste, dipesero

13. **dipingere** (*to paint*)

Past participle: dipinto
Passato semplice: dipinsi, dipingesti, dipinse; dipingemmo, dipingeste, dipinsero

14. **discutere** (*to discuss*)

Past participle: discusso
Passato semplice: discussi, discutesti, discusse; discutemmo, discuteste, discussero

15. **distinguere** (*to distinguish*)

Past participle: distinto
Passato semplice: distinsi, distinguesti, distinse; distinguemmo, distingueste, distinsero

16. **dividere** (*to divide*)

Past participle: diviso
Passato semplice: divisi, dividesti, divise; dividemmo, divideste, divisero

17. **dovere** (*to have to*)

Present ind.:   devo (debbo), devi, deve; dobbiamo, dovete, devono (debbono)
Pres. subj.:   debba, debba, debba; dobbiamo, dobbiate, debbano
Future: dovrò, dovrai, dovrà; dovremo, dovrete, dovranno

Conditional: dovrei, dovresti, dovrebbe; dovremmo, dovreste, dovrebbero

18. **leggere** (*to read*)

    Past participle: letto
    Passato semplice: lessi, leggesti, lesse; leggemmo, leggeste, lessero

19. **mettere** (*to put*) (**promettere** *to promise;* **scommettere** *to bet*)

    Past participle: messo
    Passato semplice: misi, mettesti, mise; mettemmo, metteste, misero

20. **muovere** (*to move*)

    Past participle: mosso
    Passato semplice: mossi, muovesti, mosse; muovemmo, muoveste, mossero

21. **nascere** (*to be born*)

    Past participle: nato
    Passato semplice: nacqui, nascesti, nacque; nascemmo, nasceste, nacquero

22. **offendere** (*to offend*)

    Past participle: offeso
    Passato semplice: offesi, offendesti, offese; offendemmo, offendeste, offesero

23. **parere** (*to seem*)

    Pres. ind.:   paio, pari, pare; paiamo, parete, paiono
    Pres. subj.:   paia, paia, paia; paiamo, paiate, paiano
    Past participle: parso
    Passato semplice: parvi, paresti, parve; paremmo, pareste, parvero
    Future: parrò, parrai, parrà; parremo, parrete, parranno
    Conditional: parrei, parresti, parrebbe; parremmo, parreste, parrebbero

24. **piacere** (*to please*)

    Pres. ind.:   piaccio, piaci, piace; piacciamo, piacete, piacciono
    Pres. subj.:   piaccia, piaccia, piaccia; piacciamo, piacciate, piacciano

Imperative:	piaci, piaccia; piacciamo, piacete, piacciano
Past participle:	piaciuto
Passato semplice:	piacqui, piacesti, piacque; piacemmo, piaceste, piacquero

25. **piangere** (*to cry*)

Past participle:	pianto
Passato semplice:	piansi, piangesti, pianse; piangemmo, piangeste, piansero

26. **potere** (*to be able*)

Pres. ind.:	posso, puoi, può; possiamo, potete, possono
Pres. subj.:	possa, possa, possa; possiamo, possiate, possano
Future:	potrò, potrai, potrà; potremo, potrete, potranno
Conditional:	potrei, potresti, potrebbe; potremmo, potreste, potrebbero

27. **prendere** (*to take*) (**riprendere** *to resume;* **sorprendere** *to surprise*)

Past participle:	preso
Passato semplice:	presi, prendesti, prese; prendemmo, prendeste, presero

28. **produrre** (*to produce*)

Pres. ind.:	produco, produci, produce; produciamo, producete, producono
Pres. subj.:	produca, produca, produca; produciamo, produciate, producano
Imperfetto:	producevo, producevi, produceva; producevamo, producevate, producevano
Imperfect subj.:	producessi, producessi, producesse; producessimo, produceste, producessero
Past participle:	prodotto
Passato semplice:	produssi, producesti, produsse; producemmo, produceste, produssero

29. **rendere** (*to give back*)

Past participle:	reso
Passato semplice:	resi, rendesti, rese; rendemmo, rendeste, resero

30. **ridere** (*to laugh*)

Past participle:	riso
Passato semplice:	risi, ridesti, rise; ridemmo, rideste, risero

31. **rimanere** (*to remain*)

Pres. ind.:	rimango, rimani, rimane; rimaniamo, rimanete, rimangono
Pres. subj.:	rimanga, rimanga, rimanga; rimaniamo, rimaniate, rimangano
Imperative:	rimani, rimanga; rimaniamo, rimanete, rimangano
Past participle:	rimasto
Passato semplice:	rimasi, rimanesti, rimase; rimanemmo, rimaneste, rimasero
Future:	rimarrò, rimarrai, rimarrà; rimarremo, rimarrete, rimarranno
Conditional:	rimarrei, rimarresti, rimarrebbe; rimarremmo, rimarreste, rimarrebbero

32. **rispondere** (*to answer*)

Past participle:	risposto
Passato semplice:	risposi, rispondesti, rispose; rispondemmo, rispondeste, risposero

33. **rompere** (*to break*) (**interrompere** *to interrupt*)

Past participle:	rotto
Passato semplice:	ruppi, rompesti, ruppe; rompemmo, rompeste, ruppero

34. **sapere** (*to know*)

Pres. ind.:	so, sai, sa; sappiamo, sapete, sanno
Pres. subj.:	sappia, sappia, sappia; sappiamo, sappiate, sappiano
Imperative:	sappi, sappia; sappiamo, sappiate, sappiano
Passato semplice:	seppi, sapesti, seppe; sapemmo, sapeste, seppero
Future:	saprò, saprai, saprà; sapremo, saprete, sapranno
Conditional:	saprei, sapresti, saprebbe; sapremmo, sapreste, saprebbero

35. **scegliere** (*to choose*)

Pres. ind.:	scelgo, scegli, sceglie; scegliamo, scegliete, scelgono
Pres. subj.;	scelga, scelga, scelga; scegliamo, scegliate, scelgano
Imperative:	scegli, scelga; scegliamo, scegliete, scelgano
Past participle:	scelto
Passato semplice:	scelsi, scegliesti, scelse; scegliemmo, sceglieste, scelsero

36. **scendere** (*to descend*)

Past participle:	sceso
Passato semplice:	scesi, scendesti, scese; scendemmo, scendeste, scesero

37. **scrivere** (*to write*) (**iscriversi** *to enroll*)

Past participle:	scritto
Passato semplice:	scrissi, scrivesti, scrisse; scrivemmo, scriveste, scrissero

38. **sedere** (*to sit*)

Pres. ind.:	siedo, siedi, siede; sediamo, sedete, siedono
Pres. subj.:	sieda, sieda, sieda (segga); sediamo, sediate, siedano (seggano)
Imperative:	siedi, sieda (segga); sediamo, sedete, siedano (seggano)

39. **succedere** (*to happen*)

Past participle:	successo
Passato semplice:	successi, succedesti, successe; succedemmo, succedeste, successero

40. **tenere** (*to hold*) (**appartenere** *to belong;* **ottenere** *to obtain*)

Pres. ind.:	tengo, tieni, tiene; teniamo, tenete, tengono
Pres. subj.:	tenga, tenga, tenga; teniamo, teniate, tengano
Imperative:	tieni, tenga; teniamo, tenete, tengano
Passato semplice:	tenni, tenesti, tenne; tenemmo, teneste, tennero

| Future: | terrò, terrai, terrà; terremo, terrete, terranno |
| Conditional: | terrei, terresti, terrebbe; terremmo, terreste, terrebbero |

41. **uccidere** (*to kill*)

| Past participle: | ucciso |
| Passato semplice: | uccisi, uccidesti, uccise; uccidemmo, uccideste, uccisero |

42. **vedere** (*to see*)

Past participle:	veduto or visto
Passato semplice:	vidi, vedesti, vide; vedemmo, vedeste, videro
Future:	vedrò, vedrai, vedrà; vedremo, vedrete, vedranno
Conditional:	vedrei, vedresti, vedrebbe; vedremmo, vedreste, vedrebbero

43. **vincere** (*to win*)

| Past participle: | vinto |
| Passato semplice: | vinsi, vincesti, vinse; vincemmo, vinceste, vinsero |

44. **vivere** (*to live*)

Past participle:	vissuto
Passato semplice:	vissi, vivesti, visse; vivemmo, viveste, vissero
Future:	vivrò, vivrai, vivrà; vivremo, vivrete, vivranno
Conditional:	vivrei, vivresti, vivrebbe; vivremmo, vivreste, vivrebbero

45. **volere** (*to want*)

Pres ind.:	voglio, vuoi, vuole; vogliamo, volete, vogliono
Pres. subj.:	voglia, voglia, voglia; vogliamo, vogliate, vogliano
Imperative:	voglia; vogliamo, vogliate, vogliano
Passato semplice:	volli, volesti, volle; volemmo, voleste, vollero

Future:	vorrò, vorrai, vorrà; vorremo, vorrete, vorranno
Conditional:	vorrei, vorresti, vorrebbe; vorremmo, vorreste, vorrebbero

III. Irregular verbs of the third conjugation

1. **aprire** (*to open*)

Past participle:	aperto

2. **dire** (*to say, tell*)

Pres. ind.:	dico, dici, dice; diciamo, dite, dicono
Pres. subj.:	dica, dica, dica; diciamo, diciate, dicano
Imperative:	di', dica; diciamo, dite, dicano
Imperfetto:	dicevo, dicevi, diceva; dicevamo, dicevate, dicevano
Imperfect subj.:	dicessi, dicessi, dicesse; dicessimo, diceste, dicessero
Past participle:	detto
Passato semplice:	dissi, dicesti, disse; dicemmo, diceste, dissero
Gerund:	dicendo

3. **morire** (*to die*)

Pres. ind.:	muoio, muori, muore; moriamo, morite, muoiono
Pres. subj.:	muoia, muoia, muoia; moriamo, moriate, muoiano
Imperative:	muori, muoia; moriamo, morite, muoiano
Past participle:	morto

4. **offrire** (*to offer*) (**soffrire** *to suffer*)

Past participle:	offerto

5. **salire** (*to climb*)

Pres. ind.:	salgo, sali, sale; saliamo, salite, salgono
Pres. subj.:	salga, salga, salga; saliamo, saliate, salgano
Imperative:	sali, salga; saliamo, salite, salgano

6. **scoprire** (*to discover*)

Past participle:	scoperto

7. **uscire** (*to go out*) (**riuscire** *to succeed*)

Pres ind.:	esco, esci, esce; usciamo, uscite, escono
Pres. subj.:	esca, esca, esca; usciamo, usciate, escano
Imperative:	esci, esca; usciamo, uscite, escano

8. **venire** (*to come*)

Pres. ind.:	vengo, vieni, viene; veniamo, venite, vengono
Pres. subj.:	venga, venga, venga; veniamo, veniate, vengano
Imperative:	vieni, venga; veniamo, venite, vengano
Past participle:	venuto
Passato semplice:	venni, venisti, venne; venimmo, veniste, vennero
Future:	verrò, verrai, verrà; verremo, verrete, verranno
Conditional:	verrei, verresti, verrebbe; verremmo, verreste, verrebbero

IV. Verbs with irregular past participles

accludere	to enclose	**accluso**
aprire	to open	**aperto**
assumere	to hire	**assunto**
bere	to drink	**bevuto**
chiedere	to ask	**chiesto**
chiudere	to close	**chiuso**
convincere	to convince	**convinto**
correre	to run	**corso**
cuocere	to cook	**cotto**
decidere	to decide	**deciso**
dipendere	to depend	**dipeso**
dipingere	to paint	**dipinto**
dire	to say, tell	**detto**
discutere	to discuss	**discusso**
distinguere	to distinguish	**distinto**
dividere	to divide	**diviso**
esistere	to exist	**esistito**
esprimere	to express	**espresso**
essere	to be	**stato**
fare	to do, make	**fatto**
interrompere	to interrupt	**interrotto**
iscriversi	to enroll	**iscritto**
leggere	to read	**letto**

mẹttere	to put	messo
morire	to die	morto
muọversi	to move	mosso
nạscere	to be born	nato
offẹndere	to offend	offeso
offrire	to offer	offerto
pẹrdere	to lose	perso or perduto
piạngere	to weep, cry	pianto
prẹndere	to take	preso
produrre	to produce	prodotto
promẹttere	to promise	promesso
rẹndere	to return, give back	reso
richiẹdere	to require	richiesto
rịdere	to laugh	riso
rimanere	to remain	rimasto
riprẹndere	to resume	ripreso
risọlvere	to solve	risolto
rispọndere	to answer	risposto
rọmpere	to break	rotto
scẹgliere	to choose	scelto
scẹndere	to get off	sceso
scoprire	to discover	scoperto
scrịvere	to write	scritto
soffrire	to suffer	sofferto
sorprẹndere	to surprise	sorpreso
succẹdere	to happen	successo
vedere	to see	visto or veduto
venire	to come	venuto
vịncere	to win	vinto
vịvere	to live	vissuto

V. List of verbs conjugated with *essere* in compound tenses

andare	to go
arrivare	to arrive
bastare	to suffice, be enough
bisognare	to be necessary
cadere	to fall
cambiare*	to change, become different
campare	to live
cessare*	to cease, stop
cominciare*	to begin
costare	to cost

* When used with a direct object, it is conjugated with **avere**.

crepare	to die
dipendere	to depend
dispiacere	to be sorry
diventare	to become
durare	to last
entrare	to enter
esistere	to exist
essere	to be
finire*	to finish
fuggire	to run away
ingrassare	to put on weight
morire	to die
nascere	to be born
parere	to seem
partire	to leave, depart
passare*	to stop by
piacere	to like, be pleasing
restare	to stay
rimanere	to remain
ritornare	to return
riuscire	to succeed
scappare	to run away
scendere*	to get off
sembrare	to seem
stare	to stay
succedere	to happen
tornare	to return
uscire	to leave, go out
venire	to come

In addition to the verbs listed above, all reflexive verbs are conjugated with **essere**.

* When used with a direct object, it is conjugated with **avere**.
** When the meaning is *to spend (time)*, *to pass*, it is conjugated with **avere**.

VOCABULARIES

ITALIAN/ENGLISH VOCABULARY

This vocabulary contains contextual meanings of most words used in this book. Proper and geographical names as well as many words and expressions appearing in the readings and **Intermezzo** are not included in this list.

The gender of nouns is indicated by the form of the definite article, or by the abbreviations *m.* or *f.* if the article does not show gender. Adjectives are listed under the masculine form. Stress is indicated by a dot under the stressed vowel. Idiomatic expressions are listed under the major word in the phrase, usually a noun or a verb. An asterisk * before a verb indicates that the verb requires **essere** in compound tenses. (isc) after an **-ire** verb indicates that the verb is conjugated with **-isc-** in the present indicative and subjunctive and in the imperative. The following abbreviations have been used:

adj.   adjective
adv.   adverb
art.   article
conj. conjunction
f.   feminine
ind.   indicative
inf.   infinitive
inv.   invariable

m.   masculine
p.p.   past participle
pl.   plural
prep. preposition
pron. pronoun
p.s.   **passato semplice**
subj. subjunctive

A

a   in, at, to
abbasso (M)   down with
abbastanza   enough; **avere abbastanza di**   to have had it with, to be fed up with
l'abbigliamento   clothes
abbracciare   to embrace
l'abbraccio   embrace
abbreviato   abbreviated
l'abbreviazione (f)   abbreviation
abbuffarsi   to stuff oneself
abitare   to live
l'abitudine (f)   habit
l'aborto   abortion
l'accademia   academy

accanto a   next to
accelerato   accelerated
accettare (**di** + inf.)   to accept
l'acciaio   steel
l'acciuga   anchovy
accludere (p.p. **accluso**)   to enclose
accogliere (p.p. **accolto**)   to welcome
accomodarsi   to make oneself comfortable; to come in
accompagnare   to accompany
l'accordo   agreement; **essere d'accordo**   to agree
l'acqua   water
l'acquisto   purchase
acquoso   watery
adagio   slowly
l'adattamento   adaptation

adatto suitable

adottare to adopt

l'aeroplano (l'aęreo) airplane

l'aeroporto airport

l'afa muggy weather

l'affare (m) business; **per affari** on business; **uomo d'affari** businessman

affettuoso affectionate

affilare to sharpen

affinchè so that

affittare to rent

affrescare to fresco

l'affresco fresco

affumicato smoked

l'aggettivo adjective

l'agguato ambush

agguerrito trained for war

l'agio: a mio (tuo, suo, ecc.) agio at ease

l'agnello lamb

l'agosto August

ahi! ouch!

aiutare (a + inf.) to help

l'albergo hotel

l'albero tree

l'alcool alcohol

allegro cheerful, lively

allontanarsi to walk away

allora then

almeno at least

l'alternativa alternative

alto tall, high

altro other; **un altro, un'altra** another

l'alunna pupil (f)

alzarsi to get up

amare to love

amaro bitter

l'ambiente (m) atmosphere, setting

a meno che non unless

l'Amęrica America

americano American

amica (pl. amiche) female friend (f)

amico (pl. amici) male friend (m)

l'amore (m) love

l'analogia analogy; **per analogia** by analogy

anche also, too; **anche se** even if

ancora still; **non . . . ancora** not yet

*andare to go; **andare in bestia** to get mad; **andare in rovina** to go bankrupt

l'anello ring

l'anfiteatro amphitheater

l'animale (m) animal

animato animated

l'anno year

annoiarsi to get bored

annuo yearly

antico ancient, antique; **all'antica** old-fashioned; **anticamente** in the past

anziano elderly, old

apątico apathetic

l'aperitivo apéritif, drink taken before a meal

aperto open; **all'aperto** in the open

*apparire (p.p. apparso) to appear

l'appartamento apartment

appartenere to belong

l'appassionato fan, admirer

appena as soon as

applicare to apply, to enforce

apposta deliberately, on purpose

approvare to approve

l'approvazione (f) approval

l'appuntamento date, appointment

l'aprile (m) April

aprire to open

l'aquila eagle

l'aranciata orangeade

l'architetto architect

l'architettura architecture

l'aria air, appearance; **avere l'aria (romantica, scema)** to look (romantic, stupid)

l'aroma (m) aroma

arrabbiarsi to get mad

arrangiarsi to manage

l'arredamento furnishings

*arrivare to arrive

l'arrivo arrival

l'ascensore (m) elevator

ascoltare to listen, to listen to

l'ascoltatore (m) listener

aspettare to wait, to wait for

l'associazione (f)   association
assolutamente   absolutely
assumere (p.p. assunto)   to hire
astemio   teetotaler
l'attacco   bout
l'attenzione (f)   attention
attirare   to attract
l'attore (m)   actor
attraversare   to cross
attribuire (isc)   to attribute
attuale   present, current
l'augurio   wish
aumentare   to increase
l'aumento   raise
l'autobus   bus
l'automobile (f)   car; automobilistico   car (adj.)
l'autore   author
autoritario   strict, authoritarian
l'autostop   hitchhiking; fare l'autostop   to hitchhike
l'avaro   miser
avere   to have; avere bisogno di   to need; avere il piacere di + inf.   to be delighted to; avere ragione   to be right (about something); avere voglia di   to feel like
avventuroso   adventurous
l'avverbio   adverb
avvicinarsi   to approach, to get close, to near
l'avvocato   lawyer
l'avvoltoio   vulture
l'azienda   firm

B

il babbo   dad (in Tuscany)
baciare   to kiss
il bacio   kiss
i baffi   moustache
bagnato   wet, soaked
il bagno   bath; fare il bagno   to take a bath
ballare   to dance
il balletto   ballet
il ballo   dance
il bambino   kid, child

la banana   banana
la banca   bank
la bancarella   stall, booth
il banco   counter
il bar   bar, café
la barba   beard
basso   low; in basso   below
*bastare   to suffice, to be enough
beh, boh   well
la bellezza   beauty; gorgeous person
bello   beautiful, handsome; cosa fa di bello?   what are you up to?
benchè   although
bene   well; benone   quite well; benissimo   very well; fare bene a   to be good for
ben tornato   welcome back
la benzina   gasoline
bere (p.p. bevuto)   to drink
bianco   white
la biblioteca   library; in biblioteca   at, to, in the library
il bicchiere   glass
la bicicletta   bicycle
la biglietteria   ticket office
il biglietto   ticket; biglietto da visita   visiting card
biondo   blond
la birra   beer
*bisognare   to be necessary
il bisogno   need; avere bisogno di   to need
la bistecca   steak
bizantino   Byzantine
blu (inv.)   blue
la bocca   mouth; in bocca al lupo!   good luck!
la borsa   purse, handbag; borsa di studio   scholarship
il bosco   woods
il braccio (pl. le braccia)   arm
bravo   good, able
breve   short, brief
bruno   dark
brutto   ugly, plain
il buco   hole

buffo   funny
la bugia   lie
il buongustaio   gourmet
buono   good
il burro   butter; **al burro**   with butter
buttare   to throw; to start cooking

C

***cadere**   to fall
il caffè   coffee; café, coffee shop
il calcio   soccer
il caldo   heat; **avere caldo**   to be hot (person); **fare caldo**   to be hot (weather)
il callo   callus, corn
le calzature   footwear
i calzettoni   knee socks
cambiare   to change, become different
la camera   bedroom
la cameriera   waitress; maid
il cameriere   waiter
la camicetta   blouse
la camicia   shirt
il caminetto   fireplace
camminare   to walk
la campagna   country; **in campagna**   in, to the country
la campana   bell
il campanello   doorbell
il campanile   bell tower
***campare**   to live
il campeggio   camping; **fare un campeggio**   to go camping
il campo   field
il Canadà   Canada
canadese   Canadian
il canale   channel
la candela   candle
il cane   dog
il cannone   cannon; ace, champion, whiz
cantare   to sing
il cantautore   singer/songwriter
la cantina   cellar, basement
il canto   singing
la canzone   song

il caos   chaos
capace (di)   capable (of)
i capelli   hair
capire (isc)   to understand
la capitale   capital
il capitolo   chapter
il capo   head; boss
il capolavoro   masterpiece
il cappello   hat
il cappotto   winter coat
il cappuccino   cappuccino (expresso coffee and hot milk)
il cappuccio   hood; *Cappuccetto Rosso Little Red Riding Hood*
la capra   goat
il carattere   character, disposition
la caratteristica   characteristic; **caratteristico**   characteristic (adj.)
caratterizzare   to characterize
carino   pretty, cute
la carità   charity; **per carità!**   good heavens!
la carne   meat
caro   dear, expensive
la carriera   career; **fare carriera**   to be successful, to go up the ladder
il carro   cart
la carrozzella   carriage
la carruba   carob
la carta   playing card
il cartello   sign
i cartoni animati   cartoons
la casa   house, home; **a casa, in casa**   at home; **a casa di**   at the house of
la casalinga   housewife
caspita!   you don't say so!
la cassa   box; case; cashier's desk
castano   brown
il castello   castle
la categoria   category
la catena   chain
cattivo   bad, naughty
il cavallo   horse; **a cavallo**   on a horse
cavarsela   to manage, to make out
la caviglia   ankle
celebrare   to celebrate

cẹlebre famous

la cena supper

cenare to have supper

il centro center; **in centro** downtown

cercare to look for; **cercare di** + inf. to try, attempt to do something

certo (che) sure, of course

cessare to cease, stop

che who, which, that; **che? che cosa? what?**

chi he, she, who, the one who; **chi? who? whom?**

la chiạcchiera chat

chiacchierare to chat

chiamarsi to be called

chiaro clear; **il chiaro di luna** moonlight

chiassoso noisy, gaudy

la chiave key

chiẹdere (p.p. **chiesto**) to ask, ask for

la chiesa church

la chitarra guitar

chiụdere (p.p. **chiuso**) to close

chiuso closed

ciao hello, hi, goodbye

ciascuno each, each one

il cibo food

il cielo sky

cin cin! cheers!

il cịnema (**cinematọgrafo**) movie theater

cinese Chinese

ciò this thing

la cioccolata chocolate

circa approximately, about

circondato surrounded

la città city, town

la cittadinanza citizenship

il ciuffo lock of hair

civile civil

la civiltà civilization

la coalizione coalition

la cognata sister-in-law

la colazione breakfast; lunch; **fare colazione** to have breakfast, lunch

il colle hill

collettivo collective

la collezione collection

il colore color

il coltello knife

combinare: **combinarne di tutti i colori** to be up to all sorts of tricks

come how; like; as; **(come) fare a** + inf. (how) to manage to do something; **come mai?** how come? **come se** as if; **come stai?** how are you? **come va?** how is it going?

cominciare (**a** + inf.) to begin (doing something)

la commedia comedy, play

il commediọgrafo playwright

il commento comment

commerciale commercial

il commercio commerce

il commesso salesman

commosso moved

cọmodo convenient, comfortable

la compagnịa company; **in compagnịa di** in the company of

il compagno/la compagna companion, mate; **il compagno di camera** roommate

il comparativo comparative

il compleanno birthday

completare to complete

complicato complicated

il complimento compliment; **fare un complimento** to pay a compliment

il compositore composer

composto composed

comprare to buy

il compratore buyer

comune common

comunista communist

comunque however; no matter how

con with

concepire (**isc**) to conceive

il concerto concert

il concetto concept

la concorrenza competition

condito seasoned

la condizione condition

conferire (**isc**) to confer, to give

confermare to confirm

confrontare to compare

cọnico   conical
il coniglio   rabbit
la conoscenza   knowledge
conọscere (p.p. conosciuto)   to know, be
  acquainted with, meet
conosciuto   well known
la conquista   conquest
conquistare   to conquer
consacrato   consecrated
consegnare   to deliver
conservare   to preserve
consigliare (di + inf.)   to advise
il consiglio   advice
consumato   used
contribuire (isc)   to contribute
il contadino   farmer
contare   to count
il contemporaneo   contemporary
contenere   to contain
contento   glad
il continente   continent
continuare (a + inf.)   to continue
il conto   check
il contrario   opposite
controllare   to control
il controllore   conductor
convenzionale   conventional
convịncere (a + inf.)   to convince
convinto   convinced
il coraggio   courage; avere coraggio   to be
  brave
il coro   chorus
la corrente   current
cọrrere (p.p. corso)   to run
la corsa   race
il corso   course
la corte   court
la cosa   thing
cosa?   what? cosa fa di bello?   what is
  he/she up to? what are you up to?
così   so
*costare   to cost
la costituzione   constitution
il costo   cost, price
costruire (isc)   to build
la costruzione   construction

il costume   costume
la cravatta   tie
creare   to create
crẹdere (a)   to believe (in)
la crema   vanilla (ice cream); cream
*crepare   to die
la crisi   crisis
cristiano   Christian
la crostata   pie
il cubo   cube
la cucina   cooking; kitchen
cucinare   to cook
il cugino; la cugina   cousin
culinario   culinary
la cultura   culture
culturale   cultural
cuọcere (p.p. cotto)   to cook
il cuoco; la cuoca   cook
il cuore   heart
la cụpola   dome
la cura   treatment; care
curioso   curious

D

da   from
il dado   die
dappertutto   everywhere
dare   to give; dare del tu a   to address
  somebody in the *tu* form
la data   (calendar) date
dato che   since
davvero   really
decịdere (p.p. deciso) (di + inf.)   to decide
la decisione   decision; prẹndere una
  decisione   to make a decision
dedicarsi   to devote oneself
la democrazịa   democracy
democristiano   Christian democrat
il dente   tooth
il/la dentista   dentist
depresso   depressed
*derivare   to derive
la descrizione   description
desiderare   to wish, wish for

il **desiderio** desire
designare to designate
il **destinatario** addressee
la **destra** right
il **dettaglio** detail
di of
il **dicembre** December
dietro a behind
il **difetto** defect, fault
la **differenza** difference; **a differenza di** unlike
difficile difficult
dimagrante slimming
dimenticare (**di** + inf.) to forget
il **diminutivo** diminutive
dimostrare to demonstrate
la **dimostrazione** demonstration
i **dintorni** surroundings
di nuovo again
il **dio** god
dipendere (p.p. **dipeso**) (**da**) to depend (on)
dipingere (p.p. **dipinto**) to paint
diplomarsi to graduate from high school
dire (p.p. **detto**) to say, tell
il/la **dirigente** manager
il **diritto** right
il **disco** record
la **discoteca** discotheque
la **discussione** discussion
discutere (p.p. **discusso**) to discuss
disegnare to design
il **disegno** design, sketch
disoccupato unemployed
*****dispiacere** (p.p. **dispiaciuto**) to be sorry; to mind
disposto (**a** + inf.) willing (to do something)
distinguere (p.p. **distinto**) to distinguish
distruggere (p.p. **distrutto**) to destroy
il **dito** (pl. **le dita**) finger
la **ditta** firm
*****diventare** to become
diverso different; **diversi** several
il **divertimento** fun; **buon divertimento!** have fun!

divertirsi to enjoy oneself, have a good time
dividere (p.p. **diviso**) to share, split, divide
il **divorzio** divorce
dolce (adj.) sweet
il **dolce** sweet
il **dollaro** dollar
il **dolore** pain
la **domanda** question
domandare to ask
domani tomorrow; **a domani** see you tomorrow
la **domenica** Sunday
la **domestica** maid
la **dominazione** domination
la **donna** woman; maid
dopo after
il **dopoguerra** post-war period
dormire to sleep
il **dottore**; la **dottoressa** doctor; university graduate
dove where; **di dove sei?** where are you from?
dovere to have to, must
dovunque everywhere
dubitare to doubt
duemila two thousand
il **duomo** cathedral
durante during
*****durare** to last
la **durata** duration; durability

E

e and
è is
ebbene well then
l'**eccezione** (f) exception
ecco here you are; here is, here are, there is, there are
l'**economia** economy
l'**edificio** building
edile (adj.) building
educato polite

elegante elegant
elettrico electric
l'elezione (f) election
l'emancipazione (f) emancipation
enorme enormous
***entrare** to enter, go in, come in
entusiasta (**di**) enthusiastic (about)
l'episodio episode
l'era era
l'erre (f) letter "r"
l'errore (m) mistake
l'eruzione (f) eruption
esagerare to exaggerate
esagerato exaggerated
l'esame (m) examination
esaminare to examine
esclamare to exclaim
eseguire (**isc**) to do
l'esempio example; **ad esempio/per esempio** for example
l'esercizio exercise
esigere to expect, demand
***esistere** (p.p. **esistito**) to exist
esitare to hesitate
l'esperienza experience
esportare to export
l'espressione (f) expression
l'espresso expresso coffee
esprimere (p.p. **espresso**) to express
***essere** (p.p. **stato**) to be; **essere al verde** to be broke; **essere d'accordo** to agree; **essere in ritardo** to be late
estero: all'estero abroad
estetico esthetic
l'età age; **di mezza età** middle-aged
l'etto hectogram (100 grams = 1/4 pound)

F

fa ago
la faccenda matter, business; **le faccende di casa** household chores
la faccia face
facile easy
la facoltà school (of a university)

la fame hunger; **avere fame** to be hungry; **avere una fame da lupi(o)** to be hungry as a wolf
la famiglia family
famoso famous
la fantasia imagination
fantastico fantastic
fare (p.p. **fatto**) to do, make; **fare alla romana** to go Dutch; **fare bella (brutta) figura** to make a good (bad) impression; **fare bene a** to be good for; **fare carriera** to get on, to go up the ladder; **fare colazione** to have breakfast, lunch; **fare colpo su qualcuno** to impress someone; **fare compere** to go shopping; **fare esercizio** to exercise; **fare fortuna** to make one's fortune; **fare il (la) + noun** to be a + profession; **fare il bagno** to take a bath; **fare l'autostop** to hitchhike; **fare la conoscenza di** to make the acquaintance of; **fare la doccia** to take a shower; **fare la spesa** to buy groceries; **fare lo jogging (il footing)** to jog; **fare male (a)** to hurt, ache; **fare parte di** to be part of; **fare presto** to hurry up; **fare progressi** to make progress; **fare una passeggiata** to take a walk; **fare un complimento** to pay a compliment; **fare uno spuntino** to have a snack; **farsi la barba** to shave; **farsi male** to hurt oneself; **farsi sentire** to make oneself heard; **fare vedere a qualcuno** to show someone
fasciare to bandage
la fasciatura bandage
il/la fascista fascist
la fatica effort
faticoso tiring
il fato fate
il fatto fact
la fattoria farm
la favola fairy tale, fable
il favore favor; **per favore** please
il febbraio February
felice happy
la femmina female

femminile feminine
il/la femminista feminist
il fenomeno phenomenon
fermarsi to stop
la fermata stop
fermo still; **stare fermo** to be still
la festa party; feast day
festeggiare to celebrate
la fiaba fairy tale
il/la ficcanaso busybody
il fidanzato; la fidanzata fiancé; fiancée
il figlio; la figlia son; daughter; child
la figura figure
figurati! just imagine!
la fila row
il filo thread
il filobus trolley; trolley car
il filtro filter
finalmente finally
finanziare to finance
la fine end
la finestra window
il finestrino train window
finire to finish, end; **finire per** + inf. to end up by
fino a till, until, as far as
fino da from, since
fiorentino Florentine
Firenze Florence
fonetico phonetic
la fontana fountain
la forchetta fork
il formaggio cheese
formare to form
il fornaio baker
il forno oven; **al forno** baked
forse perhaps, maybe
forte strong, sharp
la fortuna fortune; **avere fortuna** to be lucky; **fare fortuna** to make one's fortune; **per fortuna** fortunately
la foto (la fotografia) photo
fra among, between, in
francamente frankly
francese French
il francese Frenchman; French language

la frase sentence, phrase
il fratello brother
il freddo cold; **avere freddo** to be cold (people); **fare freddo** to be cold (weather)
frequentare to attend
la frequenza frequency
fresco cool, fresh
la fretta hurry; **avere fretta** to be in a hurry; **in fretta** in a hurry, fast
il frigo (il frigorifero) refrigerator
la fronte front; **di fronte a** in front of
la frontiera border
la frutta fruit
il fruttivendolo fruit vendor
il frutto piece of fruit
la fuga escape
***fuggire** to run away
fumare to smoke
il fumetto comic strip
il fumo smoke
funzionare to work, function
fuori out, outside; **fuori di** (prep.) outside; **fuori esercizio** out of shape

G

la gamba leg; **in gamba** great, "together"
garantire (isc) to guarantee
il gatto cat
la gazza magpie
la gazzetta gazette
il gelato ice cream
la generazione generation
il genere genre; **in genere** generally
i genitori parents
il gennaio January
la gente people
gentile kind
genuino genuine
il ghiro dormouse; **dormire come un ghiro** to sleep like a log
già already, yet
la giacca jacket
giallo yellow
giapponese Japanese
il giardino garden

il ginocchio knee
giocare (a + noun) to play (a sport or game); **giocare al pallone** to play ball
il giocatore player
la gioia joy
il giornale newspaper
il/la giornalista journalist
la giornata day (descriptive)
il giorno day; **al giorno d'oggi** nowadays
giovane young
il/la giovane young man/young woman
il giovedì Thursday
la gioventù youth
girare to turn; to go around; to shoot (a movie)
il giro tour; **in giro** around; **prendere in giro** to make fun of
la gita excursion
giù down
il giugno June
giurare to swear
giusto right
gnaulare to miaow
gli gnocchi dumplings
lo gnomo gnome
la gola throat
la gonna skirt
governare to govern
il governo government
la grammatica grammar
grande big, great
grasso fat
grazie thank you
grazioso pretty
gridare to shout, scream
grigio gray
grosso big, large
il gruppo group
guadagnare to earn; **guadagnarsi da vivere** to earn a living
guardare to look at
guastare to spoil
guasto out of order
la guerra war
la guida guide
guidare to drive

il gusto taste
gustoso tasty

I

l'idea idea
l'identikit (m) composite drawing
l'idraulico plumber
ieri yesterday; **ieri sera** last night
ignorare to ignore
illustrare to illustrate
imbarazzante embarassing
imitare to imitate
immaginare to imagine
imparare (a + inf.) to learn
l'impero empire
l'impianto system
impiccare to hang (a person)
l'impiego job
importante important
l'importanza importance
***importare** to matter, to be important
in in, at, to
incantevole enchanting
incartare to wrap up (in paper)
l'incenso incense
l'inchiesta poll
inciampare (in) to stumble over
incluso included
incontrare to meet; **incontrarsi con** to meet with
l'incontro meeting; match
l'indipendenza independence
l'indirizzo address
l'individualismo individualism
l'industria industry
industriale industrial
l'industriale (m. or f.) industrialist
industrializzare to industrialize
infatti in fact
infelice unhappy
inferiore lower
l'infermiere; l'infermiera nurse
infinito infinite
l'inflazione (f) inflation
l'influsso influence

l'informazione (f)   information
l'ingegnere (m)   engineer
l'Inghilterra   England
l'ingiustizia   injustice
ingiusto   unjust
inglese   English
l'inglese (m)   Englishman; English language
*ingrassare   to put on weight, get fat
l'iniziale (f)   initial
iniziare (a + inf.)   to begin
innamorarsi (di)   to fall in love (with)
innamorato (di)   in love (with)
inoltre   also, in addition
inquinato   polluted
l'insalata   salad; lettuce
l'insegnante (m. or f.)   teacher
insegnare   to teach
inseguire   to chase, pursue
insieme   together
insomma   in short
intanto   in the meantime
l'intellettuale (m. or f.)   intellectual
intelligente   intelligent
l'intenzione (f)   intention; avere intenzione di + inf.   to plan to do something
intercettare   to intercept
interessante   interesting
interessare   to interest; interessarsi a   to be interested in
l'interesse (m) (per)   interest (in)
interferire (isc)   to interfere
internazionale   international
intero   entire
l'interprete (m. or f.)   interpreter
interrompere (p.p. interrotto)   to interrupt
*intervenire (p.p. intervenuto)   to intervene
l'intervista   interview
intorno a   around
invadere (p.p. invaso)   to invade
invece   instead; invece di   instead of
inviare   to send
l'invio   shipment
invitare   to invite
l'invito   invitation

iscriversi (p.p. iscritto) (a)   to enroll (in)
l'isola   island
ispirare   to inspire
l'istituzione (f)   institution
l'istruzione (f)   education
l'Italia   Italy
italiano   Italian
l'italiano   Italian man; Italian language
l'itinerario   itinerary

L

laggiù   down there
il lago   lake
lamentarsi (di)   to complain (about)
la lana   wool
largo   wide
lasciare   to leave; lasciare in pace   to leave alone; lasciare stare   to leave alone
il lato   side
il latte   milk
la laurea   doctorate (from an Italian university)
laurearsi   to graduate from a university
lavare   to wash; lavarsi   to wash up
lavorare   to work
il lavoratore   worker
il lavoro   job, work
legare   to tie
la legge   law
leggere (p.p. letto)   to read
leggero   slight
la legna   wood
il lento   slow (music)
la lettera   letter
letteralmente   literally
letterario   literary
le Lettere   Liberal Arts
il letto   bed; a letto   in bed
la lettura   reading
la lezione   lesson; class
lì   there
libero   free
la libreria   bookstore
il libro   book
lieto (di)   glad (about)

limitato limited
il limite limit
il limone lemon
la linea shape
la lingua language
la linguistica linguistics
la liquidazione sale
il liquore liqueur
la lira lira (Italian currency)
la lirica lyric poetry
lirico lyric
liscio straight
il livello level
locale local
lontano distant, far
la lotta struggle
la lotteria lottery
la luce light
il luglio July
la luna moon
il lunedì Monday
lungo long; **a lungo** a long time
il lupo wolf
il lusso luxury

M

ma but
la macchina car; machine; **macchina da scrivere** typewriter
il macellaio butcher
il maestro; la maestra elementary school teacher
magari if only
il maggio May
maggiore bigger, greater; older; **la maggior parte di** most
maggiormente more
la maglietta t-shirt, top
magro thin, skinny
mah well
mai ever; **non . . . mai** never, not . . . ever
male badly, poorly
il maleducato ill-bred person
la mamma mom; **mamma mia!** good heavens!

la mancia tip
mandare to send
mangiare to eat
la maniera manner
la mano (pl. **le mani**) hand
la mano d'opera labor, workmanship
la manovra maneuver
la mantella coat, cloak
la marca make, brand
il marciapiede sidewalk
il mare sea; **al mare** at, to the beach
il margine margin
il marinaio sailor
il marito husband
il marmo marble
il marzo March
la maschera mask
il maschio male
la massa mass
il massimo maximum
il materasso mattress
materno maternal
la matita pencil
la mattina morning; **da mattina a sera** from morning till evening
matto crazy
maturo ripe
il mazzo bouquet
la medicina medicine
il medico doctor
medio middle; average
mediocre mediocre
meglio (adv.) better
il membro member
la memoria memory
meno less; **meno male!** thank God!
la mensa cafeteria
mentire to lie
mentre while
il menù menu
meravigliarsi to be surprised
meraviglioso marvelous
il mercato market
la merenda afternoon snack; **fare merenda** to have an afternoon snack
meritare to deserve

il mese month

messicano Mexican

la meta goal

il metro meter

mettere (p.p. **messo**) to put; **mettere piede** to set foot; **mettersi** to put on; **mettersi in mostra** to show off; **mettersi in testa** to get into one's head, to have one's mind already made up

mezzo (adj.) half

il mezzo/i mezzi means; **per mezzo di** through

il mezzogiorno twelve noon

la mezz'ora half an hour

mica not at all; **mica male** not bad

mi dispiace I am sorry

il miglio (pl. **le miglia**) mile

migliore better (adj.)

il milionario millionaire

militare military

mille thousand

il mimo mime

minerale mineral

il ministero ministry

minore smaller; younger

il minuto minute

la mira aim

la mirra myrrh

il mito myth

il mobile piece of furniture; **i mobili** furniture

la moda fashion; **di moda** fashionable

il modello model

il modo way

il moggio bushel

mogio depressed

molto (inv.) very

molto much, a lot; **molto tempo** a long time; **molti** many

mondiale world (adj.)

il mondo world

la montagna mountain; **in montagna** in, to the mountains

il monumento monument

***morire** (p.p. **morto**) to die, **morire di fame** to starve; **morire d'infarto** to die of a heart attack

morto dead

il mosaico mosaic

la mostra exhibit

mostrare to show

la moto (la motocicletta) motorcycle

la motoretta motor scooter

il motoscafo motorboat

il mulo mule

la multa fine

muoversi (p.p. **mosso**) to move

il muro wall

il museo museum

la musica music

N

napoletano Neapolitan

***nascere** (p.p. **nato**) to be born

il Natale Christmas

naturalmente naturally

nazionale national

la nazione nation

neanche not even; **neanche per idea!** not on your life!

la nebbia fog

necessario necessary

il negozio store

nero black

nervoso nervous

la neve snow

nevicare to snow

niente nothing; **niente di speciale** nothing special

il/la nipote nephew, niece; grandchild

no no

noioso boring

noleggiare to rent (a car, a boat, a bicycle, etc.)

il nome name

non not; **non c'è male** not bad; **non è vero?** isn't it true? **non . . . mai** never; **non . . . nessuno** no one; **non . . . niente** nothing; **non . . . più** no more, no longer

il nonno; la nonna grandfather; grandmother

il nord north

normale normal
il notaio notary public
notare to notice
la notizia news; **avere notizia di** to hear
  about (of)
noto well known
la notte night
il novembre November
la novità news
il numero number; **numero telefonico**
  telephone number
numeroso numerous, large
nuotare to swim
il nuoto swimming
nuovo new
la nuvola cloud

O

o or
obbligare (**a** + inf.) to oblige
obbligatorio mandatory
l'obiettivo objective
l'occasione (f) occasion, opportunity
l'occhio eye
occupare to occupy
l'oceano ocean
odiare to hate
l'odore (m) odor
offendersi (p.p. **offeso**) to take offense
offrire (p.p. **offerto**) to offer
l'oggetto object
oggi today
ogni every
ognuno everyone
oltre a in addition to
onorare to honor
l'onore honor; **in onore di** in honor of
l'opera opera; work
l'operaio worker, laborer
operare to operate
l'opposizione (f) opposition
ora now; **per ora** for the time being
l'ora hour, time; **a che ora?** at what
  time? **è ora che** it's time that; **ora di**
  punta rush hour

l'orario schedule
ordinare to order
l'orecchia ear
organizzare to organize
l'organizzazione (f) organization
originale original
l'originalità originality
l'origine (f) origin
ormai by now
l'oro gold
l'orologio watch, clock
l'ospedale (m) hospital
osservare to observe, to say
l'osso (pl. **le ossa**) bone
l'ostrica oyster
ottenere to obtain
l'ottimismo optimism
ottimista optimistic
ottimo excellent
l'ottobre (m) October

P

il pacco package
la pace peace
il padre father
il padrone owner; boss
il paesaggio landscape
il paese country; village
pagare to pay
la pagella report card
il paggio pageboy
la pagina page
la paglia straw
il pagliaccio clown
il paio (pl. **le paia**) pair
la pala shovel
il palazzo palace
la palestra gym
la palla ball
la palma palm tree
la panca bench; **panchina** bench
panciuto pot bellied
il pane bread
la panetteria bakery
il panino sandwich; roll

il **panorama** panorama, view
la **pantofola** slipper
il **papa** pope
il **papà** dad, daddy
paragonare to compare
il **parco** park
il/la **parente** relative
la **parentela** relationship
*parere to seem (p.p. **parso**)
il **parere** opinion; **a mio (tuo, suo, ecc.)**
  parere in my (your, his, her, etc.)
  opinion
la **parità** equality
parlare to speak, talk
il **parmigiano** parmesan cheese
la **parola** word
a **parte** separate; **dall'altra parte** in the
  opposite direction; **fare parte di** to be
  part of
la **parte** part
partecipare (a) to participate (in)
la **partecipazione** participation
particolarmente particularly
*partire to leave, depart
la **partita** game
il **partito** party
la **Pasqua** Easter
il **passaggio** lift
il **passaporto** passport
passare to stop by; to spend (time); **passare il tempo a** + inf. to spend one's
  time doing something
il **passato** past
la **passeggiata** walk; **fare una passeggiata**
  to take a walk
la **pasta** macaroni products; pastry
la **pastasciutta** cooked pasta in sauce
il **pasto** meal (grain)
la **patata** potato
paterno paternal
il **patrimonio** patrimony
il **patriota** patriot
il **patrono** patron (saint)
il **patto** pact; **a patto che** provided that
la **paura** fear; **avere paura** to be afraid,
  scared

la **pausa** pause
la **pazienza** patience; **avere pazienza** to
  be patient
peccato too bad
la **pecora** sheep
la **pelliccia** fur coat
la **pena** sorrow
la **penisola** peninsula
la **penna** pen
pensare (a) to think (of); **pensare di** +
  inf. to plan
il **pensionato** retired man
la **pensione** boarding house
il **pepe** pepper
per for, through; in order to
perchè why; because; **perchè** + subj. so
  that
perdere (p.p. **perduto** *or* **perso**) to lose
il **pericolo** danger
la **periferia** outskirts
il **periodo** period; sentence
però however
per quanto although
la **persona** person
il **personaggio** famous person; character
  (in a book, play)
la **personalità** personality, V.I.P.
la **pesca** peach
il **pesce** fish
il **pescivendolo** fishmonger
la **peste** pest
il **pettegolezzo** gossip
pettinarsi to comb one's hair
il **pezzo** piece
*piacere (p.p. **piaciuto**) to like, be pleasing
il **piacere** pleasure; **avere il piacere di** +
  inf. to be delighted to; **per piacere!**
  please! **piacere!** pleased to meet you!
  how do you do!
piacevole pleasant
il **pianeta** planet
piangere (p.p. **pianto**) to cry, weep
il **piano** floor
il **piatto** dish, plate
la **piazza** square

piccolo small, little
il piede foot; **a piedi** on foot
pieno full
la pietra stone
pignolo fussy
il pignolo fussy man
pigro lazy; **pigrone/pigrona** lazy bones
il/la pilota pilot
la pinna fin
la pioggia rain
il piolo rung of a ladder
il pioniere pioneer
piovere to rain
la piscina swimming pool
il pittore painter
pittoresco picturesque
la pittura painting
piuttosto rather
la platea (theatre) orchestra
pochi few
poco little; **a poco a poco** little by little;
  poco dopo soon after; **un po'** a little
la poesia poem; poetry
il poeta poet
poi then, afterwards
la polenta corn mush
la politica politics
politico political
il pollo chicken
il polo pole
il pomeriggio afternoon
il ponch (diminutive **ponchino**) warm
  alcoholic drink
la popolarità popularity
il popolo people
la porta door
il portafoglio wallet
portare to bring, take
la portata: a portata di mano within reach
portoghese Portuguese
il portone big door; street door
possibile possible
la possibilità possibility
la posta mail
il postino mailman
il posto seat; place

potere to be able, can, may
povero poor
la povertà poverty
pranzare to have dinner, to dine
il pranzo dinner
precedente preceding
precedere to precede
preferire (isc) to prefer
pregare to beg
prego! please! you're welcome!
il premio prize
prendere (p.p. **preso**) to take; have (food);
  prendere il sole to sunbathe; **prendere
  in giro** to make fun of
prenotare to reserve, book
la prenotazione reservation
preoccupato worried
la preoccupazione worry
preparare to prepare
la preparazione preparation
la preposizione preposition
presentare to present, introduce
la presenza presence
presso at, in care of
prestare to lend
il prestigio prestige
presto early
il prete priest
il prezzo price
la prigione prison
il prigioniero prisoner
prima before; **prima che** (+ subjunctive
  verb) before; **prima di** (prep.) before
la primavera spring
primo first
il principio principle
privato private
probabile probable
il prodotto product
produrre (p.p. **prodotto**) to produce
la produzione production
la professione profession
il professore male teacher
la professoressa female teacher
il profilo profile, outline
il profumo perfume

il **progetto** project, plan

il **programma** program

prom**ẹttere** (p.p. **promesso**) (**di** + inf.) to promise

il **pronome** pronoun

pronto ready; **pronto!** hello! (over the phone)

la **pronuncia** pronunciation

il **propọsito** subject; **a propọsito** by the way

proprio (adj.) proper; (one's) own

proprio (adv.) really; exactly

il **prosciutto** ham

pr**ọssimo** next

la **prova** proof; evidence

provenzale Provençal

provvedere (**a**) to take care (of)

lo **psicọlogo** psychologist

la **pubblicità** publicity, advertisements

il **pụbblico** public

pulire (isc) to clean

il **pulmino** van

il **punto** point; dot; **in punto** on the dot, sharp

puntuale punctual

può darsi maybe

purchè provided that

puro pure

purtroppo unfortunately

Q

il **quadro** picture, painting

qualche some; **qualche volta** sometimes

qualcosa something

qualcuno someone

quale which; such as

qualunque any, any sort of

quando when

quanti how many

quanto how much; **quanto tempo** how long

quantunque although

il **quartiere** section

il **quarto** quarter

quasi almost

i **quattrini** money

quello that

questo this

qui here; **qui vicino** nearby

il **quinto** fifth

R

raccontare to tell

radicale radical

la **radio** radio

la **radiografia** X-ray

raffinato refined

il **raffreddore** cold

il **ragazzo**; la **ragazza** boy, young man; girl, young woman

raggruppato grouped

la **ragione** reason; **avere ragione** to be right (about something)

il **ragù** meat sauce

il **rapido** express train

rappresentare to represent

raro rare

rassicurato reassured

la **razza** race

il **re** king

il **realismo** realism

realizzarsi to fulfill oneself

la **realtà** reality

recente recent

regalare to give (as a present)

il **regalo** present; **fare un regalo a** to give a present to

r**ẹggere** to hold

la **reggia** royal palace

regio royal

il/la **regista** movie director

la **rẹgola** rule

regolare regular

r**ẹndere** (p.p. **reso**) to return, give back; r**ẹndersi conto** to realize

la **repụbblica** republic

repubblicano republican

respirare to breathe

*restare to stay
restaurare to remodel, restore
restituire (isc) to return, give back
ribattezzare to rename
il ribelle rebel
ricambiare to reciprocate
ricciuto curly
la ricerca research; **alla ricerca di** in search of
la ricetta recipe
ricevere to receive
il ricevimento reception, party
richiamare to call back
richiedere (p.p. richiesto) to require
riconoscere (p.p. riconosciuto) to recognize
ricordare to remember; **ricordarsi di** to remember
la ricreazione recreation
ridere (p.p. riso) to laugh; **ridere sopra a** to laugh about
il riflesso reflex
la riforma reform
riguardare to concern
rilassarsi to relax
*rimanere (p.p. rimasto) to remain
rimare to rhyme
ringraziare to thank
riparare to repair, fix
ripetere to repeat
riportare to bring back
riposarsi to rest
il riposo rest
riprendere (p.p. ripreso) to resume
le risa laughter
*risalire to go back, date back
il riscaldamento heating
il riso rice
risolvere (p.p. risolto) to solve
i risparmi savings
rispondere (p.p. risposto) to answer, reply
la risposta answer
la rissa fight
il ristorante restaurant
*risultare to result
il ritmo rhythm

il rito ritual
*ritornare to return
il ritorno return; **di ritorno** having returned
il ritrovo meeting place
ritto erect
la riunione meeting
*riuscire (a + inf.) to succeed (in)
rivedere to see again
la rivista magazine
la roba stuff
robusto stout, plump
romantico romantic
il romanzo novel
rompere (p.p. rotto) to break
rosa (inv.) pink
la rosa rose
rosso red
rotondo round
rotto broken
rovinare to ruin
rovinato ruined; in trouble
rubare to steal
il rumore noise
rumoroso noisy
il ruolo role

S

il sabato Saturday
il sacco sack; **un sacco di** a lot of
la sala room; **sala da pranzo** dining room
il salame salami
il salario salary
il sale salt
salire to climb
saltare to skip; jump
i salumi cold cuts
il salumiere delicatessen clerk
salutare to greet, say hello to
la salute health
il saluto greeting
salve! hi!
il sangue blood
sano healthy
santo holy, saintly, blessed; **santo cielo!**

good heavens!
il santo   saint
sanzionare   to sanction
sapere   to know, know how
il sapone   soap
il sapore   taste
la satira   satire
lo sbaglio   mistake; **per sbaglio**   by mistake
la scala   staircase
scaldare   to warm
lo scalino   step
scambiare   to exchange; **scambiare quattro chiacchiere**   to have a chat
***scappare**   to run away; **scappare di casa** to run away from home
la scarpa   shoe
scarso   scarce
la scatola   can; box; **in scatola**   canned
scavare   to dig
scegliere (p.p. **scelto**)   to choose
la scelta   choice
scemo   stupid
la scena   scene
***scendere** (p.p. **sceso**)   to get off
lo schema   scheme
scherzare   to joke
lo schifo   disgust
lo sci   ski
lo scialle   shawl
sciare   to ski
lo scienziato   scientist
la sciocchezza   rubbish, nonsense
lo scioglilingua   tongue twister
scioperare   to (go on) strike
lo sciopero   strike; **essere in sciopero**   to be on strike
sciupare   to waste
scocciare   to bother, "bug"
scommettere (p.p. **scommesso**)   to bet
scomodarsi   to inconvenience oneself
lo scompartimento   compartment
sconosciuto   unknown
lo sconto   discount
scontrarsi (con)   to bump into
lo scopo   purpose

scoprire (p.p. **scoperto**)   to discover
scorso   last
lo scrittore   writer
scrivere (p.p. **scritto**)   to write; **scrivere a macchina**   to type
lo scultore   sculptor
la scultura   sculpture
la scure   axe
scusi   excuse me; **scusi tanto**   sorry about that
la sdraia (sedia a sdraio)   deck chair
se   if
sebbene   although
lo seccatore   bore, nuisance
il secolo   century
secondario   secondary
secondo; a seconda di   according to
sedersi   to sit down; **seduto**   seated, sitting
la seggiovia   ski lift
il segreto   secret
seguire   to follow
sembrare   to seem
semplice   simple
sempre   always, all the time
il senso   sense
sentire   to hear, listen to; **sentire parlare di**   to hear about; **sentirsi bene**   to feel well
senza   without; **senz'altro**   of course, definitely; **senza che** (+ subjunctive verb)   without
la sera   evening
la serata   evening (descriptive)
la serie   series; **in serie**   in large quantity
serio   serious; **sul serio**   seriously
il serpente   snake
servire   to serve
il servizio   service
la seta   silk
la sete   thirst; **avere sete**   to be thirsty
il settembre   September
la settimana   week
settimanale   weekly
il settore   sector
severo   strict

la sfilata show; parade
sfogliare to leaf through
lo sgelo thaw
sgobbare to work hard; "cram" (for a test)
sì yes
sia . . . che both . . . and
la Sicilia Sicily
sicuro sure
la sigaretta cigarette
il sigaro cigar
la sigla abbreviation
significare to mean
la signora lady, Mrs.
il signore gentleman, sir, Mr.
la signorina young lady, miss
il simbolo symbol
simile similar
simpatico likeable, nice
la sinistra left
il sistema system
il sito site
la situazione situation
slegare to untie
slogare to sprain
snello slender
snob snob
socialista socialist
la società society
soffrire (p.p. **sofferto**) (**di**) to suffer (from)
sofisticato sophisticated
il soggetto subject
il soggiorno living room, family room
sognare (**di** + inf.) to dream
il sogno dream
solamente only
i soldi money
il sole sun; **prendere il sole** to sunbathe
solito usual; **di solito** usually
solo alone; (adv.) only
soltanto (adv.) only
la soma load
la somma sum
il sonnifero sleeping pill
il sonno sleep; **avere sonno** to be sleepy
sopra on, above
soprattutto above all

sordo deaf
la sorella sister
sorprendere (p.p. **sorpreso**) to surprise
la sorpresa surprise
sorpreso surprised
sottile thin
sotto under
sottovoce in a low voice
spagnolo Spanish
speciale special
la specialità specialty
spedire (**isc**) to mail
la speranza hope
sperare (**di** + inf.) to hope
la spesa expense; **fare la spesa** to go grocery shopping
spesso often
lo spettacolo show
lo spettatore spectator
spiegare to explain
spiritoso witty
splendere to shine
splendido splendid
lo splendore splendor
sportivo (adj.) sports, sporty
sposarsi to marry, get married
lo spuntino snack; **fare uno spuntino** to have a snack
squillare to ring
squisito exquisite
stabilire to establish; **stabilirsi** to settle
lo stadio stadium
stamani this morning
stamattina this morning
stanco tired
la stanza room
stappare to uncork, open
*stare to stay; **stare a sentire** to listen; **stare attento** to pay attention; **stare attento a** + inf. to be careful to, to watch out for; **stare bene** to be well; **stare fermo** to be still; **stare al fresco** to stay cool; **stare per** + inf. to be about to; **stare tranquillo** to relax, not to worry; **stare zitto** to be quiet
stasera tonight, this evening

statale   state (adj.)

lo stato   state; **gli Stati Uniti**   United States

la statua   statue

la statura   height

la stazione   station

stesso   same; **lo stesso**   just the same

lo stile   style

stimolare   to stimulate

lo stivale   boot

la stoffa   material

la storia   history; story

storico   historical

la strada   street, road

straniero   foreign

lo straniero   foreigner

strano   strange

straordinario   extraordinary

stravagante   eccentric

la striscia   strip

lo strumento   instrument

lo studente; la studentessa   student

studiare   to study

lo studio   study

la stufa   stove

lo stufato   stew

stufo (di)   fed up (with)

stupendo   stupendous

stupido   stupid; **che stupido (a)!**   how stupid of me!

su   on, upon, above

subito   right away

*succedere (p.p. **successo**)   to happen

successivo   subsequent

il successo   success

il sud   south

il sugo   sauce; **al sugo**   with tomato sauce

suonare   to play (an instrument)

il supermercato   supermarket

superstizioso   superstitious

il supplemento   supplement

i surgelati   frozen food

svedese   Swedish

svegliarsi   to wake up

svelto   quick

la Svizzera   Switzerland

T

tagliare   to cut

il taglio   cut

tale   such

tanto   so much; **di tanto in tanto**   from time to time

tardi   late; **dormire fino a tardi**   to sleep late; **più tardi**   later on

la targa   license plate

la tassa   tax; fee

la tavola   table; **il tavolino**   little table

il tè   tea

il teatro   theater; **a teatro**   in, at, to the theater

tedesco   German

telefonare (a)   to phone

la telefonata   telephone call

il telefono   phone

la televisione   television; **alla televisione**   on TV

televisivo (adj.)   television

il televisore   TV set

il tema   theme

il tempo   time; weather; **molto tempo**   a long time

la tenda   tent

tenere   to keep, hold

il tentativo   attempt

terminare   to terminate

la terra   earth; **per terra**   on the ground

il terrazzo   terrace

terribile   terrible

la tesi   thesis

tessile   textile

la testa   head

il tetto   roof

la tigre   tiger

tiepido   lukewarm

timido   shy

tinto   colored

tipico   typical

il tipo   guy

il titolo   title

ti va?   is that O.K? does that suit you?

toccare   to touch

la **tomba** tomb
il **topo** mouse; **Topolino** Mickey Mouse
*****tornare** to return
la **torre** tower
toscano Tuscan
totale total
il **tovagliolo** napkin
tra among, between; in (referring to future time)
la **traccia** trace
la **tradizione** tradition
il **traffico** traffic
la **tragedia** tragedy
tranquillo quiet
trapiantare to transplant
trasferirsi (isc) to move
trasformare to transform
trasgredire (isc) to break (a law), to transgress
trasmesso transmitted
la **trasmissione** telecast
la **trattoria** restaurant, diner
il **treno** train; **in treno** by train
trionfare to triumph
triste sad
troppo (adv.) too
troppo (adj.) too much; too many (pl.)
trovare to find; to see (socially); **trovarsi** to get along (in a place); to find oneself
il **tuffo** dive
il/la **turista** tourist
turistico (adj.) tourist
la **tuta** overalls
tutt'e due both
tutti everybody
tutto everything
tutto + def. art. all, whole

U

ubbidire (isc) to obey
l'**uccello** bird
l'**ufficio** office
ultimo last
l'**umore** (m) mood; **di buon umore** in a good mood

l'**umorismo** humor
umoristico humorous
l'**unghia** nail (of the hand, foot)
unico only
unire to unite
l'**università** university
un po' a bit, a little
l'**uomo** (pl. **gli uomini**) man; **uomo d'affari** business man
l'**uovo** (pl. **le uova**) egg
urgente urgent
l'**urna** poll
usare to use
*****uscire** to go out, leave; **uscire di casa** to leave the house
l'**uscita** exit
l'**uso** use; **con uso di cucina** with kitchen privileges
utilitario utilitarian
utilizzare to utilize
l'**utopia** utopia

V

va bene? is that O.K?
la **vacanza** vacation, holiday; **andare in vacanza** to go on vacation
la **valigia** suitcase
il **valore** value
variare to vary
la **variazione** variation
vario various
il **vassoio** tray
il **vecchietto** little old man
vecchio old
vedere to see
il **vegetariano** vegetarian
la **veglia** watch; wake (funeral)
la **vela** sail
il **veleno** poison
il **venditore** seller
*****venire** (p.p. **venuto**) to come
il **vento** wind
veramente truly
il **verbo** verb
verde green; **essere al verde** to be broke

la verdura   vegetables
la verità   truth
il vermouth   vermouth
vero   true; **non è vero?**   isn't it true?
verso   towards
il verso   verse
vestirsi   to get dressed; **vestito (da)** dressed (as)
il vestito   dress; suit
la vetrina   shop window
il vetro   glass
via   away; **e così via**   and so forth
la via   street
viaggiare   to travel
il viaggio   trip
il viale   avenue
vicino   close, near; **vicino a**   near
il villaggio   village
vincere (p.p. **vinto**)   to win
il vino   wine
la violenza   violence
visibile   visible
la visita   visit; **fare visita a**   to visit (a person)
visitare   to visit
la vista   view
la vita   life
la vittoria   victory, success
viva (W)   long live

vivace   vivacious, lively
vivere   to live (p.p. **vissuto**)
vivo   alive
la voglia   wish; **avere voglia di** + inf.   to feel like
volare   to fly
volentieri   gladly
volere   to want; **volere dire**   to mean
il volo   flight
la volta   time, occurrence; **a sua volta**   in turn
voltarsi   to turn
il volto   face
votare   to vote
il voto   vote; grade
il vulcano   volcano

Z

lo zaino   backpack
lo zero   zero
lo zingaro; la zingara   gypsy
lo zio; la zia   uncle; aunt
zitto   silent; **stare zitto**   to keep quiet
la zona   zone
lo zoo   zoo
la zoologia   zoology
lo zucchero   sugar
lo zucchino   squash

ENGLISH/ITALIAN VOCABULARY

A

able bravo; **to be able to** potere
about circa
above su; **above all** su, sopra; soprattutto
accelerated accelerato
to accept accettare (di + inf.)
accident incidente (m)
to accompany accompagnare
ace cannone (m)
to ache fare male a
acquaint: to be acquainted with conoscere; **to make the acquaintance of** fare la conoscenza di
actor attore (m)
actress attrice (f)
addition: in addition inoltre
address (n) indirizzo; **to address a person in the familiar form** dare del tu a + person
adjective aggettivo
to adopt adottare
advertisement pubblicità
advice consiglio
affectionate affettuoso
afraid: to be afraid avere paura
after dopo; **soon after** poco dopo
afternoon pomeriggio
afterward poi
again di nuovo
age età
ago fa
to agree essere d'accordo
air aria
airport aeroporto
alcohol alcool (m)
all tutto + (def. art.); **(not) at all** mica
almost quasi
alone solo; **to leave alone** lasciare stare
already già
also anche, inoltre

alternative alternativa
although benchè, per quanto, quantunque, sebbene
always sempre
American americano
among fra
amphitheater anfiteatro
ancient antico (pl. antichi)
and e
angry: to get angry arrabbiarsi
animal animale (m)
animated animato
ankle caviglia
another un altro, un'altra
answer risposta; **to answer** rispondere (p.p. risposto)
antique antico (pl. antichi)
any (sort of) qualunque
anyone chiunque
apartment appartamento
apéritif (drink taken before a meal) aperitivo
appearance aria
to apply applicare
appointment appuntamento
approach: to approach avvicinarsi a
approximately circa
April aprile (m)
architect architetto
arm braccio (pl. le braccia)
around in giro; intorno a; verso
to arrive *arrivare
artist artista (m or f)
as come; **as if** come se
to ask domandare; **to ask (for)** chiedere (p.p. chiesto)
at a (prep.), presso (prep.)
atmosphere ambiente (m)
attempt: to attempt to do something cercare di + infinitive
to attend frequentare
attention attenzione (f)

to attract   attirare
August   agosto
aunt   zia
author   autore (m)
authoritarian   autoritario
avenue   viale (m)
away   via

B

bad   cattivo; **too bad**   peccato
badly   male
baked   al forno (lit. in the oven)
ball   pallone (m); **to play ball**   giocare al pallone
ballet   balletto
bank   banca (pl. banche)
bankrupt: to go bankrupt   andare in rovina
bar   bar (m)
bath (room)   bagno
basement   cantina
to be   *essere; **to be a (profession)**   fare + def. art. + noun
beach: to go to the beach   andare al mare
beard   barba
beautiful   bello
beauty   bellezza
because   perchè
to become   *diventare
bed   letto; **in bed**   a letto
bedroom   camera
beer   birra
before   prima di, prima che
to beg   pregare
to begin   cominciare; **to begin doing something**   cominciare a + infinitive
behind   dietro a
to believe   credere; **to believe (in) something or someone**   credere a qualcosa or a qualcuno
bell tower   campanile (m)
to belong   appartenere
below   in basso
bench   panchina
best   migliore
to bet   scommettere (pp. scommesso)
better   meglio

between   fra
bicycle   bicicletta
big   grande, grosso
bird   uccello
birthday   compleanno
black   nero
blessed   santo
blond   biondo
blood   sangue (m)
blouse   camicetta
bone   osso
book   libro; **to book**   prenotare
bookstore   libreria
boot   stivale (m)
booth   bancarella
border   frontiera
bore   seccatore (m); **to get bored**   annoiarsi
boring   noioso
born: to be born   *nascere (p.p. nato)
both   tutt'e due
to bother ("bug")   scocciare
bout (of illness)   attacco
boy   ragazzo
brave: to be brave   avere coraggio
bread   pane (m)
to break (the law)   trasgredire (isc)
breakfast   colazione (f); **to have breakfast**   fare colazione
breathe   respirare
to bring   portare; **to bring back**   riportare
broke: to be broke   essere al verde
broken   rotto
brother   fratello
brown   castano
building   edile (adj.)
to bump (into)   scontrarsi con
bus   autobus (m)
business   affare (m); **on business**   per affari
businessman   uomo d'affari
busybody   ficcanaso (il or la)
but   ma
butter   burro; **with butter**   al burro
to buy   comprare; **to buy groceries**   fare la spesa
buyer   compratore (m)

C

café bar (m), caffè (m)
cafeteria mensa
to call telefonare; **to call back** richiamare; **to be called** chiamarsi
camping campeggio; **to go camping** fare un campeggio
Canadian canadese
cannon cannone (m)
capable (of) capace (di)
cappuccino (expresso coffee and hot milk) cappuccino
car automobile (f); macchina
card cartolina; **(playing) card** carta; **(visiting) card** biglietto da visita
care: in care of presso; **to take care of** provvedere a
career carriera
careful attento; **to be careful to** stare attento a + infinitive
cat gatto
cathedral duomo
to celebrate celebrare, festeggiare
cellar cantina
center centro
century secolo
chain catena
champion cannone (m)
to change cambiare
channel canale (m)
chaos caos (m)
character personaggio
to chase inseguire
chat chiacchiera; **to chat** chiacchierare; **to have a chat** scambiare quattro chiacchiere
check conto
cheerful allegro
cheese formaggio
chicken pollo
child bambino; figlio (pl. figli)
choice scelta
to choose scegliere (p.p. scelto)
church chiesa
cigarette sigaretta

citizenship cittadinanza
city città
class lezione (f); classe (f)
to clean pulire (isc)
to climb salire
cloak mantella
close vicino (adj.); **to get close** avvicinarsi
to close chiudere (p.p. chiuso)
closed chiuso
clothes abbigliamento
cloud nuvola
coat mantella; **winter coat** cappotto
coffee; coffee shop caffè (m)
cold freddo
cold (in the head) raffreddore (m)
to be cold avere freddo; fare freddo
cold cuts salumi (m. pl.)
color colore (m); **to make (some kind of) mischief** combinarne di tutti i colori
column colonna; **(newspaper) column** rubrica
comb: to comb one's hair pettinarsi
to come *venire (p.p. venuto); **to come back** *ritornare; **to come in** accomodarsi
comedy commedia
comfortable comodo; **to make oneself comfortable** accomodarsi
communist comunista
company compagnia; **in the company of** in compagnia di
compartment scompartimento
to complain (about) lamentarsi (di)
complicated complicato
compliment complimento
concert concerto
condition condizione (f)
conductor controllore (m)
construction costruzione (f)
to continue continuare
convenient comodo
conventional convenzionale
to convince convincere; **to convince someone to do something** convincere qualcuno a + infinitive
convinced convinto

to cook   cucinare; **to start cooking**   buttare giù

cool   fresco; **to stay cool**   stare al fresco

cost   costo; **to cost**   costare

counter   banco (pl. banchi)

country   campagna; paese (m); **in the country**   in campagna

courage   coraggio; **to have courage**   avere coraggio; **to have the courage to do something**   avere il coraggio di + inf.

course   corso; **of course**   certo, senz'altro

cousin   cugina (f), cugino (m)

crazy   matto

to create   creare

crisis   crisi (f)

to criticize   criticare

to cross   attraversare

to cry   piangere (p.p. pianto)

culture   cultura

current   attuale (adj.)

cut   taglio; **to cut**   tagliare

cute   carino

D

dad, daddy   papà (m)

dance   ballo; **to dance**   ballare

dark   bruno

date   appuntamento; **(calendar) date**   data

daughter   figlia

day   giorno

day   giornata (descriptive)

dead   morto

deaf   sordo

dear   caro

December   dicembre

to decide   decidere (p.p. deciso) (di + inf.)

decision   decisione (f); **to make a decision**   prendere una decisione

defect   difetto

definitely   senz'altro

deliberately   apposta

delicatessen clerk   salumiere (m)

delighted: to be delighted to   avere il piacere di + infinitive

to demand   esigere

democracy   democrazia

demonstration   dimostrazione (f)

dentist   dentista (m. or f.)

to depart   *partire

to depend   *dipendere (p.p. dipeso)

depressed   depresso

to descend (get off, go down)   *scendere (p.p. sceso)

to deserve   meritare

design   disegno

dialog   dialogo

to die   *morire (p.p. morto)

different   diverso

difficult   difficile

to dig   scavare

diminutive   diminutivo

to dine   pranzare

diner   trattoria

dining room   sala da pranzo

dinner   pranzo; **to have dinner**   pranzare

direction: in another direction   dall'altra parte

to discover   scoprire (p.p. scoperto)

discussion   discussione (f)

dish   piatto; **to do the dishes**   lavare i piatti

disposition   carattere (m)

distant   lontano

to divide   dividere (p.p. diviso)

to do   fare (p.p. fatto) eseguire (isc)

doctor   medico; **doctor; university graduate**   dottore (m); dottoressa (f)

dog   cane (m)

dollar   dollaro

dome   cupola

door   porta

doorbell   campanello

to doubt   dubitare

down   giù; **to go down**   scendere (p.p. sceso)

to dream (about)   sognare; **to dream of doing something**   sognare di + infinitive

dress   vestito; **cute, little dress**   vestitino; **to dress, to get dressed**   vestirsi

dressed (as)   vestito (da)

drink, warm alcoholic   ponch (ponchino); **to drink**   bere (p.p. bevuto)

to drive guidare
durability durata
duration durata
during durante
Dutch: to go Dutch fare alla romana

E

each, each one ciascuno
eagle aquila
early presto
to earn guadagnare; **to earn a living** guadagnarsi da vivere
earth terra; **on the ground** per terra
ease agio; **at ease** a mio (tuo, suo, ecc.) agio
easy facile
to eat mangiare
eccentric stravagante
egg uovo (pl. le uova)
elderly anziano
election elezione (f) (normally used in the plural)
elegant elegante
elementary elementare
elevator ascensore (m)
else altro
embarrassing imbarazzante
embrace abbraccio; **to embrace** abbracciare
enchanting incantevole
to enclose accludere (p.p. accluso)
end fine (f); **to end up doing (something)** finire per + infinitive
to enforce applicare
English inglese (adj.); **English language, Englishman** inglese (m)
to enjoy (oneself) divertirsi
enough abbastanza; **to have enough (be fed up with)** avere abbastanza di; **to be enough** bastare
to enroll (in) iscriversi (p.p. iscritto) (a)
enthusiastic (about) entusiasta (di)
entire intero
eruption eruzione (f)
escape fuga

Europe Europa
even anche; **even if** anche se
evening sera; serata (descriptive); **this evening** stasera
every ogni (invariable)
everybody tutti
everything tutto, tutto quello che
everywhere dappertutto
evidence prova
to exaggerate esagerare
exaggerated esagerato
examination esame (m)
example esempio; **for example** per esempio
excellent ottimo
to exchange scambiare
excursion gita
excuse scusa; **excuse me** scusi
exercise esercizio; **to exercise** fare esercizio
exhibit mostra
to expect esigere
expense spesa
expensive caro
experience esperienza
to explain spiegare
to export esportare
expresso espresso
exquisite squisito
extraordinary straordinario
eye occhio (pl. occhi)

F

fable favola
face faccia
fact fatto; **in fact** infatti
fair giusto
fairy tale favola, fiaba
to fall *cadere
family famiglia; **family room** soggiorno
famous famoso
far lontano; **as far as** fino a
farm fattoria
farmer contadino
fascist fascista (m. *or* f.)

fashion moda; **fashionable** di moda
fast in fretta
fat grasso; **to get fat** *ingrassare
father padre (m)
fault difetto
favor favore (m)
feast day festa
February febbraio
fed up (with something) stufo (di)
to feel sentire; **to feel like** avere voglia
  di + noun *or* infinitive; **to feel well**
  sentirsi bene
female femmina
feminine femminile
festival festa
few pochi(e); **a few** alcuni(e)
fiancé(e) fidanzato(a)
finally finalmente
to find trovare; **to find out** sapere
finger dito (pl. le dita)
to finish finire (isc)
fireplace caminetto
firm azienda (n); ditta
first primo
fish pesce (m)
to fix riparare, preparare
floor piano
Florence Firenze
Florentine fiorentino
flower fiore (m)
to fly volare
fog nebbia
to follow seguire
foot piede (m); **on foot** a piedi
for per
foreign; foreigner straniero
to forget dimenticare (di + inf.)
forth: and so forth e così via
fortunately per fortuna
fortune fortuna; **to make one's fortune**
  fare fortuna
fountain fontana
frankly francamente
free libero
French francese (adj.); **French language,**
  Frenchman francese (m)

fresh fresco
Friday venerdì
friend amica (f., pl. amiche); amico (m.,
  pl. amici)
from da; **where are you from?** di dove
  sei (è)?
front fronte (f); **in front of** di fronte a
fruit frutta
full (of) pieno (di)
fun divertimento; **have fun!** buon divertimento!; **to make fun of** prendere in
  giro
fur (coat) pelliccia
furnishings arredamento
furniture mobili (pl.); **piece of furniture**
  mobile (m)
fussy pignolo

G

to gain guadagnare
game partita
garden giardino
gasoline benzina
gaudy chiassoso
gentleman signore (m)
genuine genuino
German tedesco (adj.); **German language**
  tedesco
get: to get on fare carriera; **to get up**
  alzarsi; **to get along (in a place)** trovarsi
girl ragazza
to give dare; **to give (as a present)** regalare; **to give back** rendere (p.p. reso)
glad (about) contento, lieto (di)
gladly volentieri
glass bicchiere (m)
to go *andare; **to go in** *entrare; **to go**
  out *uscire
gold oro
good bravo, buono; **to be good for** fare
  bene a
goodbye ciao, arrivederci
gossip pettegolezzo
government governo
grade voto

to graduate (from high school); (from a university) diplomarsi; laurearsi
grammar grammatica
grandchild nipote (m. *or* f.)
grandfather nonno
grandmother nonna
great grande
green verde
to greet salutare
ground terra; **on the ground** per terra
group gruppo
to guarantee garantire (isc)
gym palestra
gypsy zingara(o)

H

habit abitudine (f)
hair capelli (m. pl.)
half mezzo; **half an hour** mezz'ora
hand mano (f., pl. mani)
handbag borsa
handsome bello
to hang (a person) impiccare
to happen *succedere (p.p. successo)
happy felice
hat cappello
to hate odiare
to have avere; **to have to** dovere
head testa; **to get into one's head (have one's mind made up)** mettersi in testa
health salute (f)
to hear sentire; **to hear about** sentire parlare di + person or thing; **to hear of** avere notizia di
heard: to make oneself heard farsi sentire
heart cuore (m)
heating riscaldamento
heaven cielo; **good heavens!** mamma mia! santo cielo!
hectogram (100 grams = 1/4 pound) etto
hello! (over the phone) pronto!
to help aiutare
here qui; **here is (are); here (you) are** ecco
hi! ciao! salve!

high alto
to hire assumere (p.p. assunto)
history storia
to hitchhike fare l'autostop
to hold tenere
hole buco
holiday vacanza
holy santo
home casa; **at home** a casa, in casa
to honor onorare
hood cappuccio; **little hood** cappuccetto
hope speranza; **to hope (to do something)** sperare (di + infinitive)
hospital ospedale (m)
hot caldo; **to be hot** avere caldo; fare caldo
hotel albergo (pl. alberghi)
hour ora; **half an hour** mezz'ora
house casa; **at the house of** a casa di
how come; **how are you?** come stai? **how come?** come mai? **how's it going?** come va?
however comunque, però
hug abbraccio
hungry: to be hungry, to feel hungry avere fame; **to be very hungry** avere una fame da lupi(o)
hurry fretta; **in a hurry** in fretta; **to be in a hurry** avere fretta; **to hurry up** fare presto
to hurt fare male a
husband marito

I

ice cream gelato
idea idea
if se; **as if** come se; **if only** magari
to illustrate illustrare
imagination fantasia
to imagine immaginare; **just imagine** figurati
important importante; **to be important** importare
to impress someone fare colpo su qualcuno

impression impressione (f); **to have the impression** avere l'impressione
in at, in; **in (referring to future time)** tra; **in short** insomma
to inconvenience oneself scomodarsi
industrialist industriale (m. *or* f.)
inflation inflazione (f)
information informazione (f)
instead invece; **instead of** invece di
intellectual intellettuale (m. *or* f.)
intelligent intelligente
interest (in) interesse (per) (m); **to interest** interessare; **to be interested in** interessarsi a + person or thing
interesting interessante
to interfere interferire (isc)
interpreter interprete (m. *or* f.)
interview intervista
to introduce presentare
invitation invito
to invite invitare
to irritate irritare
is è
island isola
Italian italiano (adj.); **Italian person, Italian language** italiano (n.)

J

jacket giacca
January gennaio
jerk maleducato
job impiego, lavoro
to joke scherzare
journalist giornalista (m. *or* f.)
joy gioia
July luglio
June giugno

K

to keep tenere; **to keep quiet** stare zitto
key chiave (f)
kid bambino
to kill uccidere (p.p. ucciso)
kind gentile

kiss bacio (pl. baci); **to kiss** baciare
kitchen cucina; **with kitchen privileges** con uso di cucina
knee ginocchio (pl. le ginocchia)
to know conoscere, sapere
knowledge conoscenza
known conosciuto (p.p. of conoscere); **well known** noto

L

labor mano d'opera
laborer operaio
lady signora
lake lago
landscape paesaggio
language lingua
large numeroso
last scorso, ultimo; **last night** ieri sera
late tardi; **to sleep late** dormire fino a tardi; **to be late** essere in ritardo
later più tardi
to laugh ridere (p.p. riso); **to laugh about** ridere sopra a
lawyer avvocato
lazy pigro; **lazy bones** pigrone(a)
to learn (to do something) imparare (a + inf.)
least: at least almeno
to leave lasciare, *partire, *uscire; **to leave alone** lasciare in pace, lasciare stare; **to leave the house** uscire di casa
lecture conferenza
left sinistra
leg gamba
to lend prestare
less meno
lesson lezione (f)
to let lasciare
letter lettera
liberal liberale; **Liberal Arts** Lettere (f. pl.)
library biblioteca; **at, in, to the library** in biblioteca

lie (falsehood) bugia; **to (tell a) lie** mentire

life vita; **not on your life!** neanche per idea!

lift passaggio

light luce (f)

like come; **to like** *piacere

likeable simpatico

lira (Italian currency) lira

to listen (to) ascoltare, sentire; stare a sentire

little piccolo; **a little (bit)** un po'

to live abitare; vivere (p.p. vissuto)

lively allegro

living room soggiorno

long lungo; **a long time** a lungo; **how long** quanto tempo; **so long** tanto tempo; **too long** troppo tempo

longer: no . . . longer, not . . . any longer non . . . più

to look (at) guardare

to look (for) cercare

to lose perdere (p.p. perso *or* perduto)

lot: a lot molto; **a lot of** un sacco di

loud chiassoso; **louder** più forte

love amore (m); **to fall in love (with)** innamorarsi (di); **to be in love (with)** essere innamorato (di)

luck fortuna; **to be lucky** avere fortuna; **good luck!** in bocca al lupo!

lukewarm tiepido

lunch colazione; **to have lunch** fare colazione

M

macaroni pasta (sing.)

mad: to get mad *andare in bestia

magazine rivista

magnificent magnifico

maid domestica; donna

mail posta

make (brand) marca; **to make** fare (p.p. fatto)

male maschio

man uomo (pl. uomini)

to manage arrangiarsi; cavarsela; **(how) to manage to do something** (come) fare a + infinitive

manager dirigente (m. *or* f.)

mandatory obbligatorio

manner maniera

many molti; **how many** quanti

marble marmo

March marzo

market mercato

to marry sposare; **to get married** sposarsi

marvelous meraviglioso

masterpiece capolavoro

maternal materno

to matter *importare

May maggio

maybe forse; può darsi

meal pasto

to mean significare; volere dire

means mezzi (m. pl.)

meantime; in the meantime intanto

meat carne (f)

medicine medicina

to meet incontrare, conoscere; **to meet with** incontrarsi con

meeting riunione (f)

memory memoria

Mexican messicano

middle-aged di mezza età

milk latte (m)

millionaire milionario

to mind *dispiacere

minute minuto

mischief: to make (some kind of) mischief combinarne di tutti i colori

miser avaro

Miss signorina

mistake sbaglio; **by mistake** per sbaglio

model modello

mom mamma

money quattrini (m. pl.); soldi (m. pl.)

month mese (m)

mood umore (m); **in a good mood** di buon umore

moon luna

moonlight chiaro di luna
morning mattina; **from morning till evening** da mattina a sera; **this morning** stamani, stamattina
most la maggior parte di
motorboat motoscafo
motorcycle moto (f) (short for motocicletta)
motor scooter motoretta
mountain montagna; **in, to the mountains** in montagna
mouse topo
moustache baffi (m. pl.)
to move trasferirsi (isc)
moved commosso
movie film; **to go to the movies** andare al cinema
movie director regista (m. *or* f.)
movie theater cinema (m) (from cinematografo)
Mr. signore (m)
much molto; **how much** quanto; **so much** tanto; **too much** troppo
museum museo
music musica
must dovere

N

nail unghia
name nome
naturally naturalmente
near vicino (a); **to come near** avvicinarsi
nearby qui vicino
necessary: to be necessary *bisognare
to need avere bisogno di
neighborhood quartiere (m)
nephew nipote
nerve coraggio
nest nido
never non . . . mai
new nuovo
news novità
newspaper giornale (m)
next prossimo; **next to** accanto a
nice simpatico, bello
niece nipote (f)

night notte (f), sera; **last night** ieri sera
no no
noise rumore (m)
noisy rumoroso
noon mezzogiorno
normal normale
north nord
not non; **not bad** non c'è male
nothing niente; **nothing special** niente di speciale
to notice notare
November novembre
now ora; **by now** ormai
nowadays al giorno d'oggi
nuisance seccatore (m)
number numero
numerous numeroso

O

to obey ubbidire (isc)
to oblige obbligare (a + infinitive)
to observe osservare
to obtain ottenere
occasion occasione (f)
occurrence volta
ocean oceano
October ottobre (m)
of di
off: to get off *scendere (p.p. sceso)
to offend offendere; **to take offense** offendersi (p.p. offeso)
to offer offrire (p.p. offerto)
office ufficio
often spesso
okay va bene; **is that okay?** ti va?
old anziano, vecchio
old-fashioned all'antica
on su
only solamente, soltanto (adv.); solo, unico (adj.)
open aperto; **to open** aprire, stappare
opinion parere (m); **in my (your, his, her, etc.) opinion** a mio (tuo, suo, ecc.) parere
opportunity occasione (f)
opposite contrario

opposition opposizione (f)
optimism ottimismo
optimistic ottimista
or o
orangeade aranciata
to order ordinare; **in order to** per; **out of order** guasto
to organize organizzare
origin origine (f)
original originale
other altro
otherwise altrimenti
ouch! ahi!
out fuori; **to go out** *uscire
outline profilo
outside fuori; fuori di

P

package pacco
to paint dipingere (p.p. dipinto)
painter pittore (m)
pair paio (pl. le paia)
panorama panorama (m)
parade sfilata
parents genitori (m. pl.)
park parco
parmesan parmigiano
part parte (f); **to be part of** fare parte di
to participate (in) partecipare (a)
particularly particolarmente
party festa; ricevimento; **party (political)** partito
passport passaporto
past passato; ultimo (adj.)
pastry pasta
paternal paterno
patience pazienza; **to have patience, be patient** avere pazienza
patron (saint) patrono
to pay (for) pagare
peace pace (f)
pen penna
pencil matita
people gente (f); persone (f. pl.)
pepper pepe (m)

perfume profumo
perhaps forse
person persona; **famous person** personaggio; **ill-bred person** maleducato; **retired person** pensionato
personal personale
personality personalità
pharmacy farmacia
phenomenon fenomeno
to phone telefonare (a)
photo foto (f) (short for fotografia)
phrase frase (f)
pianist pianista (m. or f.)
picture fotografia; **to take a picture** fare una fotografia
picturesque pittoresco
pie crostata
piece pezzo
plain brutto
to plan to do something pensare di + infinitive
plane aereo (short for aeroplano)
play commedia; **to play (a sport or a game)** giocare (a + noun); **to play ball** giocare al pallone; **to play (an instrument)** suonare
playing card carta
playwright commediografo
pleasant piacevole
please per favore, per piacere; prego! **to please** *piacere (p.p. piaciuto) **pleased to meet you!** piacere!; **pleased with** contento (di)
pleasure piacere (m)
plumber idraulico
poem poesia
poet poeta (m)
point punto; **on the dot** in punto
poison veleno
pole polo
politics politica
poor povero
poorly male
pope papa (m)
possibility possibilità
post-war period dopoguerra (m)

potato patata
to precede precedere
preceding precedente
to prefer preferire (isc)
to prepare preparare
present (adj.) attuale
present (n.) regalo; **to give a present to**
  fare un regalo a; **to present** presentare
pretty carino, grazioso
price prezzo, costo
prison prigione (f)
prize premio
probable probabile
problem problema (m)
to produce produrre (p.p. prodotto)
profile profilo
program programma (m)
progress progresso; **to make progress**
  fare progressi
project progetto
to promise promettere (p.p. promesso) (di
  + inf.)
pronunciation pronuncia
proof prova
provided (that) a patto che, purchè
publicity pubblicità
purchase acquisto
pure puro
purpose: on purpose apposta
purse borsa
to pursue inseguire
to put mettere (p.p. messo); **to put on**
  mettersi

Q

quarter quarto
question domanda; **to ask a question**
  fare una domanda
quiet: to be quiet stare zitto

R

rabbit coniglio
race razza
radical radicale

rain pioggia; **to rain** piovere
raise aumento; **to raise** alzare
rather piuttosto
reach: within reach a portata di mano
to read leggere (p.p. letto)
ready pronto
to realize rendersi (p.p. reso) conto
really davvero; proprio; veramente
to receive ricevere
recent recente
reception ricevimento
recipe ricetta
to reciprocate ricambiare
to recognize riconoscere
record disco (pl. dischi)
red rosso
reform riforma
refrigerator frigo (from frigorifero)
relationship parentela
relative parente (m. or f.)
to relax rilassarsi
to remain *rimanere (p.p. rimasto)
to remember ricordare; ricordarsi di
to remodel restaurare
to rename ribattezzare
to rent (a car, etc.) noleggiare; **to rent (an
  apartment)** affittare
to repair riparare
to repeat ripetere
to reply rispondere (p.p. risposto)
republican repubblicano
reservation prenotazione (f)
to reserve prenotare
rest resto; **to rest** riposarsi
restaurant trattoria
to restore restaurare
to resume riprendere (p.p. ripreso)
return ritorno; **to return** *ritornare
  (tornare); rendere; **having returned** di
  ritorno
rhythm ritmo
to ride *andare; **to ride a bicycle** andare
  in bicicletta
right giusto; **to be right (about something)**
  avere ragione; **right away** subito
to ring squillare

road strada

roast arrosto

role ruolo

roll panino

romantic romạntico; **to look (romantic)** avere l'aria (romantica)

Rome Roma

roof tetto

room stanza, sala

roommate compagno(a) di camera

rose rosa

to ruin rovinare

ruined rovinato

rule rẹgola

to run cọrrere (p.p. corso); **to run away** *scappare; **to run away from home** scappare di casa

S

sack sacco

sad triste

saint santo; **(patron) saint** patrono

saintly santo (adj.)

salad insalata

salami salame (m)

salary salario

salt sale (m)

same stesso; **just the same** lo stesso

sandwich panino

Saturday sạbato

sauce: with tomato sauce al sugo

savings risparmi (m. pl.)

to say dire (p.p. detto), osservare; **to say hi to** salutare; **you don't say!** cạspita!

scarce scarso

scared: to be scared avere paura

schedule orario

scholarship borsa di studio

school scuola

school (of a university) facoltà

scientist scienziato

to scream gridare

sculptor scultore (m), scultrice (f)

sculpture scultura

sea mare (m)

seat posto

seated seduto

to see vedere (p.p. visto *or* veduto); trovare; **to see again** rivedere

to seem *parere, *sembrare

send inviare, mandare

sentence frase (f); perịodo

separate a parte

September settembre

serious serio

seriously sul serio

to serve servire

to set mettere (p.p. messo); **to set foot** mettere piede

setting ambiente (m)

to settle stabilirsi

several diversi

shape linea; **out of shape** fuori esercizio

to share divịdere (p.p. diviso)

to shave farsi la barba

to shine splẹndere

shipment invịo

shirt camicia

shoe scarpa

to shoot (a movie) girare

shopping: to shop, to go shopping fare compere; **to go grocery shopping** fare la spesa

short: in short insomma

to shout gridare

show sfilata, spettạcolo; **to show** mostrare; **to show off** mẹttersi in mostra; **to show someone** far vedere a qualcuno

shower doccia; **to take a shower** fare la doccia

shy tịmido

Sicilian siciliano

sick malato

silk seta

simple sẹmplice

since dato che

to sing cantare

sir signore (m)

sister sorella

sister-in-law cognata

to sit   sedere; **to sit down**   sedersi
sitting   seduto
sketch   disegno
to ski   sciare
to skip   saltare
skirt   gonna
sky   cielo
to sleep   dormire; **to sleep late**   dormire
   fino a tardi
sleepy: to be sleepy   avere sonno
slender   snello
slight   leggero
slimming   dimagrante
slowly   adagio
small   piccolo
to smoke   fumare
snack   spuntino; **afternoon snack**
   merenda; **to have a snack**   fare uno
   spuntino
snow   neve (f); **to snow**   nevicare
so   così; **and so forth**   e così via; **so much**
   tanto; **so that**   affinchè, perchè + subjunctive
soaked   bagnato
soccer   calcio
socialist   socialista
solution   soluzione (f)
some   qualche, alcuni(e)
someone   qualcuno
something   qualche cosa, qualcosa
sometimes   qualche volta
son   figlio (pl. figli)
song   canzone (f)
soon   presto; **soon after**   poco dopo; **as**
   soon as   appena
sorry: I'm sorry   mi dispiace
south   sud (m)
Spanish   spagnolo
to speak   parlare
special   speciale
specialty   specialità
to spend (time)   passare; **to spend one's**
   time doing something   passare il tempo
   a + infinitive
splendid   splendido
to split   dividere (p.p. diviso)
to sprain   slogare

staircase   scala
stall   bancarella
to start   cominciare; **to start cooking**
   buttare giù
to starve   *morire di fame
state   stato
station   stazione (f)
to stay   *restare, *stare
steak   bistecca
step   scalino
stop   fermata; **to stop**   fermarsi; **to stop by**
   *passare
store   negozio
story   storia
stove   stufa
strange   strano
street   strada, via
strict   autoritario, severo
strike   sciopero; **to be on strike**   essere in
   sciopero; **to (go on) strike**   scioperare
strong   forte
student   studente (m); studentessa (f)
study   studio; **to study**   studiare
stupid   scemo, stupido; **to look (stupid)**
   avere l'aria (scema); **how stupid (of me)!**
   che stupido(a)! **how stupid (of us)!**   che
   stupidi(e)!
to succeed (in doing something)   *riuscire
   a + infinitive
success   successo
successful: to be successful   fare carriera
such as   come
to suffer (from)   soffrire (p.p. sofferto) (di)
to suffice   *bastare
sugar   zucchero
suit: does that suit you?   ti va?
suitable   adatto
suitcase   valigia
summer   estate (f)
sun   sole (m)
to sunbathe   prendere il sole
Sunday   domenica; **on Sundays**   la
   domenica
superstitious   superstizioso
supper   cena; **to have supper**   cenare
supplement   supplemento
sure   certo, sicuro

to surprise sorprendere (p.p. sorpreso)
  surprised sorpreso
surroundings dintorni (m. pl.)
swallow rondine (f)
to swear giurare
sweet dolce (adj.); dolce (n.m.)
to swim nuotare
swimming nuoto
swimming pool piscina
system impianto, sistema (m)

T

table tavola
to take portare, prendere (p.p. preso)
to talk parlare
tall alto
taste gusto, sapore (m)
tea tè (m)
to teach insegnare; **teacher** professore
  (m); professoressa (f)
teetotaler astemio
telecast trasmissione (f)
telephone call telefonata
telephone number numero telefonico
television (adj.) televisivo
television, TV televisione (f)
to tell dire, raccontare; **to tell about**
  parlare di
tent tenda
terrace terrazzo
terrible terribile
to thank ringraziare; **thank God!** meno
  male!; **thank you** grazie
that che, quello
theater teatro; **at, to the theater** a teatro
then allora, poi
there lì; **there is, there are** ecco
thesis tesi (f)
thin magro, sottile
thing cosa
to think (about) pensare (a)
third terzo
thirsty: to be thirsty avere sete
this questo
thousand mille
through per mezzo di

to throw buttare
Thursday giovedì
ticket biglietto; **ticket office** biglietteria
tie cravatta
till fino a
time ora, tempo, volta; **a long time**
  molto tempo; **at what time** a che ora;
  it's time that è ora che
tip mancia
tired stanco
tiring faticoso
today oggi
together insieme
tomorrow domani; **see you tomorrow** a
  domani
tonight stasera
too troppo, anche; **too much** troppo
tooth dente (m)
top maglietta
tour giro
tourist turista (m. *or* f.), turistico (adj.)
toward verso
tragedy tragedia
train treno; **by train** in treno; **express
  train** rapido
to transgress trasgredire (isc)
to travel viaggiare
to treat trattare
treatment cura
tricks: to be up to all sorts of tricks
  combinarne di tutti i colori
trip viaggio; **to take a trip** fare un
  viaggio
trolley (car) filobus
trouble: in trouble rovinato
true vero; **isn't it true?** non è vero?
truly veramente
truth verità
to try (to do something) cercare (di +
  infinitive)
t-shirt maglietta
to turn voltarsi; **to turn away** voltarsi
  dall'altra parte
two due; **two thousand** duemila
to type scrivere a macchina
typewriter macchina da scrivere
typical tipico

U

ugly brutto
unable: to be unable (to)   non potere
uncle zio
to uncork stappare
under sotto
to understand capire (isc)
unemployed disoccupato
unfortunately purtroppo
university università
unknown sconosciuto
unless a meno che non
until fino a
up(on) su; **to get up** alzarsi
urgent urgente
to use usare
usual solito
usually di solito

V

vacation vacanza (normally used in the plural)
van pulmino
various vario
veal vitello
vegetables verdura
very molto (inv.); **V.I.P. (Very Important Person)** personalità
view panorama (m), vista
village paese (m)
to visit visitare; fare visita a
voice voce (f); **in a low voice** sottovoce
vote voto; **to vote** votare

W

to wait (for) aspettare
waiter cameriere (m)
to wake (up) svegliarsi
walk passeggiata; **to walk** camminare; **to go for (take) a walk** fare una passeggiata; **to walk away** allontanarsi
wallet portafoglio
to want volere

warm caldo; **to warm** scaldare; **to be very warm** avere caldo
to wash lavare; **to wash up** lavarsi
watch orologio; **to watch** guardare; **to watch out for** stare attento a + infinitive
water acqua
way modo
to wear portare
weather tempo; **muggy weather** afa
week settimana
to weep piangere (p.p. pianto)
weight: to put on weight *ingrassare
welcome: you are welcome! prego! **welcome back** ben tornato
well bene; **to feel well** sentirsi bene; **quite well** benone; **very well** benissimo; **well then** ebbene
wet bagnato
what? che? cosa? che cosa?; **what a** che; **What is he/she up to? What are you up to?** Cosa fa di bello?
whatever qualunque cosa, qualsiasi cosa; qualunque
when quando
where dove; **Where are you from?** Di dove sei?
wherever dovunque
which che; **which?** quale
while mentre
whiz cannone (m)
who che, chi
whole tutto + def. art.
why perchè
wide largo
wife moglie (f)
willing (to do something) disposto (a + infinitive)
to win vincere (p.p. vinto)
wind vento
window finestra; **(train) window** finestrino
wine vino
wish augurio; **to wish (for)** desiderare
with con
without senza (che)

witty spiritoso
wolf lupo
woman donna
wood legna
woods bosco
wool lana
word parola
work lavoro; **to work** lavorare
worker lavoratore (m); operaio
workmanship mano d'opera
world mondo
worried preoccupato
to wrap up (in paper) incartare
to write scrivere (p.p. scritto)
writer scrittore (m)

Y

year anno
yes sì
yesterday ieri
yet già; **not yet** non ancora
young giovane; **young lady** signorina;
  young man ragazzo; **young people**
  giovani (m. *or* f. pl.); **young woman**
  ragazza

Z

zone zona
zoo zoo

INDEX

Illustrations Credits

Cover   By permission of Dizionario Enciclopedico Italiano.

Cartoons   All cartoons and cartoon strips by permission of Disegnatori Riuniti, Milan, Italy.

Sketches   All sketches are by Alarico Gattia, Milan, Italy, except the following: pp. 4, 17, 39, 91 by permission of *Settimana Enigmistica,* Milan, Italy; p. 105 by permission of Scoop, Neuilly-sur-Seine, France; pp. 147, 220, 251, and 269 by permission of Disegnatori Riuniti, Milan, Italy; p. 276, Mickey Mouse. © Walt Disney Productions, Burbank, California; p. 212 from Aldo Gabrielli, *Avventure nella Foresta del Vocabolario,* p. 66, Casa Editrice Ceschina, Milan, Italy, 1963.

Advertisements P. 30, Nutella ad by permission of P. Ferrero & Co., Pino Torinese, Italy; and Permaflex ad by permission of Commissione Italiana Fabbriche Arredamento, Rome, Italy.

Exercises   P. 214, exercise c., adapted from Carlo Manzoni, *Chico Pipa spara due volte,* Rizzoli Editore, Milan, Italy, 1974; p. 295, exercise c., by permission of Dear Abby (Abigail Van Buren), Los Angeles, California; p. 327, exercise e., by permission of Cassio Morosetti, *Relax,* p. 64, June 1977, Milan, Italy.

Photograph   P. 276, Fiat Topolino, from author's collection.

ABOUT THE AUTHORS

Graziana Lazzarino is Professor of Italian at the University of Colorado, Boulder. She is the author of *Workbook for Basic Italian* and *Da capo: A Review Grammar.* She is a native of Genoa, received her *Laurea* from the University of Genoa, and has taught at various European schools and American colleges and universities.

Annamaria Kelly is a Lecturer in Italian language and literature at the University of Arizona, Tucson. She is the author of *I rapporti tra Unamuno e Pirandello nella critica letteraria contemporanea* and has contributed to Italian and American journals. She received her *Laurea* from the University of Rome, her native city.

Antonella Centaro Pease is Assistant Professor of Italian at the University of Texas, Austin. A native of Florence, she received her *Laurea* from the University of Florence.

Luigi Romeo is Professor of Linguistics at the University of Colorado, Boulder. He is the editor of *Ars semeiotica* (International Journal of American Semiotic). A native of Italy, he received his Ph.D. at the University of Washington. He has held academic posts at several universities and NDEA Institutes in the United States and Canada.